Bankenaufsichtsrecht in China und Deutschland

Saarbrücker Studien
zum Privat- und Wirtschaftsrecht
Herausgegeben von Hannes Ludyga,
Michael Martinek (geschäftsführender Herausgeber),
Helmut Rüßmann und Markus Würdinger

Band 108

Yi Zhao

Bankenaufsichtsrecht in China und Deutschland

Eine rechtsvergleichende Analyse unter Berücksichtigung der europäischen Vorgaben

PETER LANG
Lausanne · Berlin · Bruxelles · Chennai · New York · Oxford

Bibliografische Information der Deutschen Nationalbibliothek
Die Deutsche Nationalbibliothek verzeichnet diese Publikation in der Deutschen Nationalbibliografie; detaillierte bibliografische Daten sind im Internet über http://dnb.d-nb.de abrufbar.

Zugl.: Saarbrücken, Univ., Diss., 2022

D 291
ISSN 1433-8866
ISBN 978-3-631-89794-2 (Print)
E-ISBN 978-3-631-90450-3 (E-PDF)
E-ISBN 978-3-631-90451-0 (EPUB)
DOI 10.3726/b20971

Verlegt durch:
Peter Lang GmbH, Berlin, Deutschland
info@peterlang.com http://www.peterlang.com

Meinen Eltern

Vorwort

Die vorliegende Arbeit wurde im Wintersemester 2022 von der Rechtswissenschaftlichen Fakultät der Universität Saarlandes als Dissertation angenommen. Sie entstand während meiner Tätigkeit als Rechtsanwältin in der Legal & Compliance Abteilung einer internationalen Bank in Frankfurt a. M.
Für meine Doktorarbeit schulde ich vielen Menschen meinen herzlichen Dank. Zuallererst gilt mein Dank meinem Doktorvater Prof. Dr. Dr. Dr. h.c. mult. Michael Martinek für die außerordentliche Unterstützung bei der Erstellung dieser Arbeit. Ohne seine wertvollen Hinweise und Vorschläge und ständige Ermutigung wäre diese rechtsvergleichende Untersuchung nicht möglich gewesen. Weiter danke ich Prof. Dr. Torsten Stein für seine schnelle und zügige Erstellung des Zweitgutachtens.
Mein aufrichtiger Dank gilt auch der Dr. Feldbausch-Stiftung, die die Qualität meiner Doktorarbeit mit Auszeichnung gewürdigt hat.
Mein ganz besonderer Dank gilt meinem Mann Dr. Guobing Rong. Er stand und steht dabei stets liebevoll, unterstützend, hilfsbereit, nachsichtig und mit viel Verständnis an meiner Seite. Zudem danke ich meinem wundervollen Sohn Maximilian, der unser Glück und unsere Familie komplettiert.
Mein größter Dank gebührt meinen Eltern Frau Minzhen Zhang und Herr Jiaxu Zhao, die mein Interesse an der Rechtswissenschaft geweckt haben und mich in jeder Lebenslage vorbehaltslos mit Tat und Kraft unterstützen. Ohne sie wird diese Arbeit nicht ermöglicht. Ihnen ist dieses Buch gewidmet.

Karlsfeld, im Dezember 2022
Yi Zhao

Inhaltsverzeichnis

Abkürzungen

a.A.	andere Ansicht
aaO	am angegebenen Ort
ABC	Agricultural Bank of China
ADBC	Agricultural Development Bank of China
AEUV	Vertrag über die Arbeitsweise der Europäischen Union
Art.	Artikel
ausl.	Ausländisch
BaFin	Bundesanstalt für Finanzdienstleistungsaufsicht
BAG	Bankenaufsichtsgesetz
BOC	Bank of China
BuBa	Bundesbank
CAMEL	Capital, Asset, Management, Earnings, Liquidity
CARPALs	Capital, Asset, Risk, Provisioning, Affiliated institutions, Liquidity, self-prevention control
CBIRC	China Banking and Insurance Regulatory Commission
CBRC	China Banking Regulatory Commission
CCB	China Construction Bank
chin.	Chinesisch
CIPS	Cross border Interbank Payment
CIRC	China Insurance Regulatory Commission
CNAPS	China National Advanced Payment System
CNY	Offizielle Abkürzung für die chinesische Währung "Renminbi"
CRD	Capital Requirements Directive (2013/36/EU)
CRR	Capital Requirements Regulation (EU) Nr. 575/2013 (Kapitaladäquanzverordnung)
CSRC	China Securities Regulatory Commission
d.h.	das heißt
dt.	Deutsch
DVO	Durchführungsordnung
EU	Europäische Union
GBG	Geschäftsbankgesetz
gem.	Gemäß
ggf.	Gegebenenfalls
GGG	Gesetzgebungsgesetz China
ggü.	Gegenüber

i.d.R.	in der Regel
ICAAP	Internal Capital Adequacy Assessment Process
ICBC	Industrial and Commercial Bank of China
ICBS	Conference of Banking Supervisors
ILAAP	Internal Liquidity Adequacy Assessment Process
insbes.	Insbesondere
insg.	Insgesamt
ITIC	International Trust and Investment Corporation
JSBCs	Joint Stock Commercial Banks (Aktienbanken)
JV	Joint Venture
Kap.	Kapitel
KMU/SME	Klein- und mittelständische Unternehmen
KWG	Kreditwesengesetz
MoF	Ministry of Finance
MoU	Memorandum of Understanding
MPA	Makroprudenzielle Aufsicht
NBFI	Non Bank Financial Institutions
NPL	Non Performing Loans/Uneinbringliche (Notleidende) Kredite
OECD	Organization for Economic Cooperation and Development
PBoC	People's Bank of China
RL	Richtlinie
RMB	Renminbi (Yuan)
Rn.	Randnummer
ROA	Return on Assets (Gesamtkapitalrendite)
ROCA	Risk Management, Operational Control, Compliance and Asset Quality
ROE	Return on Equity (Eigenkapitalrendite)
S.	Seite
SCHUFA	Schutzgemeinschaft für allgemein Kreditsicherung
SOCB	State Owned Commercial Bank (staatliche Geschäftsbanken = Staatsbanken)
sog.	Sogenannte
SOSA	Strength of Support Assessment
SREP	Supervisory Review and Evaluation Process
SSM	Single Supervisory Mechanism
TIC/TIG	Trust and Investment Companies (Treuhandgesellschaften)
u.a.	unter anderen
usw.	und so weiter
v.a.	vor allem
VBG	Volksbankgesetz

Vg	Verwaltungsgenehmigung
Vgl.	Vergleiche
VO	Verordnung
VR China	Volksrepublik China
WpHG	Wertpapierdienstleistungsgesetz
WTO	World Trade Organisation (Welthandelsorganisation)
z.B.	zum Beispiel
z.T.	zum Teil
Ziff.	Ziffer
ZwNL	Zweigniederlassung

Abbildungsverzeichnis

Tabellenverzeichnis

Einleitung

A. Gegenstand der vorliegenden Untersuchung

Das hohe und dynamische Wachstum der chin. Wirtschaft und der erfolgreiche Übergang von einer zentral geplanten Wirtschaft zur Marktwirtschaft in den letzten vier Jahrzehnten gehen mit der rasanten Entwicklung und einer großen Transformation des chin. Bankensektors einher. Dies hat zur Folge, dass sich das chin. Bankenaufsichtsrecht zu einem interessanten Forschungsgebiet entwickelt. Um aussagekräftigere Untersuchungsergebnisse zu erzielen, wurde das deutsche Bankenaufsichtsrecht unter dem Einfluss der europäischen Vorgaben als Vergleichsgegenstand ausgesucht.

Die Untersuchung des chin. bankenaufsichtsrechtlichen Regulierungssystems sowie dessen Vergleich mit dem deutschen Bankenaufsichtsregime des einheitlichen europäischen Aufsichtsmechanismus (Single Supervisory Mechanism -SSM) bilden den Rahmen der vorliegenden Arbeit. Dabei zielt diese darauf ab, das chinesische Bankenaufsichtsrecht in seinem gegenwärtigen Entwicklungsstand systematisch zu untersuchen, Probleme sowie die in der Praxis angebotenen Lösungen aufzuzeigen und die Zukunftsaussichten des chin. Bankensektors zu analysieren. Insbesondere stehen folgende Fragen im Vordergrund:

- Wie hat China historisch den Bankensektor durch bankenaufsichtsrechtliche Maßnahmen gelenkt?
- Welche Erfolge hat die chinesische Bankenaufsichtsbehörde im engeren Sinne seit ihrer Gründung im Jahr 2003 erzielt?
- Was hat die chin. Zentralregierung im Bereich der Bankenaufsicht in Zukunft vor?
- Was hat die chinesische Bankenaufsichtsbehörde im Vergleich mit dem deutschen Amtsträger noch zu verbessern?

B. Aufsichtsaufgabe und -ziele

Aus der ökonomischen Perspektive könnte die Insolvenz einer systemrelevanten Bank das Vertrauen in das gesamte Bankwesen und sogar in der ganzen Gesellschaft erschüttern, was zur Folge haben könnte, dass die Bankkunden ihre Gelder schnell aus der Bank abheben und aufgrund des Misstrauens nicht zu anderen Banken bringen (Bank-run). Durch den daraus entstehenden

Mangel an Liquidität könnten viele Banken gleichzeitig in Schwierigkeiten geraten. Wenn die Bankenaufsichtsbehörden solche Risiken in einem solchen Fall nicht rechtzeitig erkennen und keine angemessenen und wirksamen Maßnahmen ergreifen, kann diese Krise andere Sektoren oder Länder erfassen und sogar Auswirkungen auf die globale Wirtschaft entfalten, bis hin zu deren Zusammenbruch.

Da der Bankensektor in den Wirtschaftskreisläufen eine so wichtige Rolle spielt, sind die Regulierung und Überwachung des chin. Bankensektors, die Vermeidung und Minderung von Risiken im Bankensektor, die Wahrung der rechtmäßigen Rechte und Interessen der Banken, Einleger und sonstiger Bankkunden sowie die Förderung der gesunden Entwicklung des Bankensektors die Hauptziele der chin. Bankenaufsicht. Diese Ziele sind in Art. 1 chin. Bankenaufsichtsgesetz[1] (folgend: BAG) definiert. In Deutschland beinhaltet § 6 Abs. 1 Kreditwesengesetz (folgend: KWG) zugleich eine Generalklausel für die Aufgaben der Bundesanstalt für Finanzdienstleistung (folgend: BaFin)[2]. § 6 Abs. 2 KWG enthält die Hauptziele der deutschen Bankenaufsicht, welche darin bestehen, Missständen im Kreditwesen entgegenzuwirken, die

- die Sicherheit der den Instituten anvertrauten Vermögenswerten gefährden,
- die ordnungsgemäße Durchführung der Bankgeschäfte beeinträchtigen oder
- erhebliche Nachteile für die Gesamtwirtschaft nach sich ziehen können.

Nach diesen Regulierungszielen unterscheiden sich die beiden Amtsträger bei der Aufsicht nicht gravierend.

Zum einen gewährleistet weder die chin. noch die dt. Bankenaufsicht einen unmittelbaren Gläubigerschutz im Interesse des einzelnen Bankkunden, zum anderen ist der Kunden- bzw. Verbraucherschutz der Bankenaufsicht in beiden Aufsichtsgesetzen vorgeschrieben. Schließlich wird die Gewährleistung eines funktionsfähigen, stabilen und integren Finanzsystems im Interesse der Gesamtwirtschaft großgeschrieben.

1 Artikel 1 Bankaufsichtsgesetz der VR China v. 27.12.2003, revidiert am 31.10.2006 von dem Ständigen Ausschuss des Nationalen Volkskongresses, erhältlich unter http://www.cbrc.gov.cn/chinese/home/docView/2419.html.

2 Schäfer, in: Boos/Fischer/Schulte-Mattler/Schäfer, 5. Aufl. 2016, KWG § 6 Rn. 1.

C. Methodik der Untersuchung

I. Rechtsvergleichung

Methodisch werden durch die Gegenüberstellung der bankenaufsichtlichen Themen und Tätigkeitsfelder in China und Deutschland die Fortschritte des chin. Aufsichtsamtsträgers sowie die noch zu lösenden Problemfelder im Bereich der Bankenaufsicht aufgezeigt. Hierbei sind in beiden Ländern die aktuell angewendeten Regelungen und die Bankenaufsichtsstandards im Rahmen der jeweiligen Rechtsordnung zu untersuchen. Grundsätzlich werden die einzelnen Gesichtspunkte der vorliegenden Untersuchung in der Volksrepublik China und der Bundesrepublik Deutschland getrennt dargestellt. Dabei wird mit den Gegebenheiten in China begonnen. Allgemeine Definitionen und Erörterungen werden bereits an dieser Stelle angesprochen. Die Auseinandersetzung mit den Konstellationen in Deutschland folgt im direkten Anschluss, wobei hier insbesondere Abweichungen und Spezifika einer vergleichenden und tiefergehenden Betrachtung unterzogen werden. Diese Vorgehensweise wurde nicht nur gewählt, um bloße Wiederholungen zu vermeiden, sondern auch, um solche Spezifika verständlicher zu machen. Ausnahmsweise erfolgt eine einschichtige Beschreibung, wenn allgemeine Einführungen, Fragen oder Erörterungen vorgenommen werden. Ausgesuchte Aspekte, die sowohl China als auch Deutschland betreffen, werden in diesem Zusammenhang bereits im Rahmen der laufenden Erörterung gegenübergestellt.

In zeitlicher Hinsicht erlebt die chin. Bankenaufsicht eine tiefgreifende Änderung insbesondere seit 2017, da einerseits der Sozialismus chin. Prägung laut dem Regierungsarbeitsbericht am 15. Oktober 2017 auf dem 19. Parteitag etabliert war; andererseits die neue chin. Bankenaufsichtsbehörde – China Banking and Insurance Regulatory Commission (folgend als CBIRC) nach der Verschmelzung von CBRC und CIRC – seit Mai 2018 nach den sog. „3-Festlegungen“ (Festlegung von Kompetenzen, Organisation und Personalbesetzung) die Aufsichtsarbeit aufnahm; des Weiteren erfolgten die neuen 3-Festlegungen der PBoC in 2019. Im Anschluss an die Organisationsreform der chin. Aufsichtsbehörden ist als nächste Reformmaßnahme die Gesetzesnovelle von GBG, BAG und VBG durch die PBoC angekündigt. Zuletzt waren im Oktober 2020 die Novellenentwürfe für GBG und VBG von PBoC zur Konsultation veröffentlicht. Aufgrund der zahlreichen Änderungen der zu untersuchenden Regelungen wird versucht, mit dieser Folge von Novellierungen in der Arbeit möglichst Schritt bis zum Oktober 2021 zu halten.

Vor der Gründung der China Banking Regulatory Commission (folgend als CBRC) in 2003 war die PBoC ausschließlich für die Bankenaufsicht zuständig. Nach der Organisationsreform der CBRC im März 2018 ist die CBIRC nur für die Beaufsichtigung von chin. Geschäftsbanken aus dem mikroprudenziellen Aspekt zuständig, obwohl der Gesetzeswortlaut im GBG sowie viele ursprünglich von der CBRC erlassenen Vorschriften durch die von der Organisationsreform verursachten Änderungen für die CBIRC noch nicht vollständig angepasst ist. Folgend wird der Begriff die chin. Bankenaufsichtsbehörde im engeren Sinne im Allgemeinen zur Vermeidung von Verwirrung im Prinzip für CBIRC verwendet. Ausnahmsweise wird CBRC zu deren Ausführung benutzt. Für die vor dem Mai 2018 von der CBRC als Vorgänger der CBIRC erlassenen oder revidierten Gesetze, Verwaltungsvorschriften und Bestimmungen zitiert diese Arbeit gesetzestreu die „CBRC" als Aufsichtsbehörde bzw. Gesetzgeber und versteht sie aber nach dem Mai 2018 als CBIRC.

II. Auswertung der bisherigen Literatur

Zur Untersuchung des Bankenaufsichtsrechts beider Länder wird vor allem die Literatur aus den chinesischen, deutschen und englischen Sprachkreisen benutzt.

Seine Arbeit „Die Bankenaufsicht in der VR China und in der Bundesrepublik Deutschland - eine rechtsvergleichende Analyse (1999)" hat Weihua Ma aus dem rechtsvergleichenden Aspekt der Rechtsgrundlage der Bankenaufsicht in China[3] bis zum Jahr 1999 gewidmet. Seine Arbeit entstand in einer Zeit, in der die Abwicklung von Bankgeschäften und die Bankenaufsicht auf die PBoC vereint sind. Elmar E. Schmitz hat in seiner Dissertation - vor dem Hintergrund einer grundlegenden Neuordnung des chinesischen Finanzsektors seit Ende der siebziger Jahre - dargestellt, welche Bedeutung der Entwicklungsstand und die Funktionsfähigkeit des finanziellen Sektors für das Innovations- und Wachstumspotenzial einer Volkswirtschaft haben[4]. Zudem wird analysiert, welche Rolle die Reform des Finanzsektors bei der Transformation eines Wirtschaftssystems von einer Zentralverwaltungswirtschaft in eine - wenngleich sozialistisch geprägte - Marktwirtschaft spielt. Paulina Nowaczyk hat in ihrer 28-seitigen Studienarbeit kurz Ziele und Entwicklung der Wechselkurspolitik

---

3 Weihua Ma: Die Bankenaufsicht in der VR China und in der Bundesrepublik Deutschland - eine rechtsvergleichende Analyse, Regensburg 1999.

4 Elmar E. Schmitz, Bankenreform und geldpolitische Steuerung in der Volksrepublik China, 2004.

der VR China analysiert[5]. Ferner werden die Gründe für die Festkurspolitik und Auswirkungen auf die Leistungsbilanz der VR China und auf die Weltwirtschaft untersucht. Die beiden Arbeiten haben die chinesische Bankenaufsicht rein aus dem marktökonomischen Aspekt beleuchtet. Mit einem Beitrag aus dem Jahr 2005 hat Thuoy-Phuong Ta die Auswirkungen der Asienkrise im Jahr 1997 und des Beitritts der VR China zur Welthandelsorganisation auf den chin. Reformprozess dargestellt[6]. Insbesondere wird hierbei auf die sogenannten „drei großen Bankgesetze" eingegangen, die Ende 2003 revidiert bzw. neu verabschiedet worden sind. Außerdem werden derzeitige und zukünftige Reformschwerpunkte aufgezeigt, um in einem Fazit eine Einschätzung der chin. Bankenreform zu versuchen. Dieser Beitrag behandelt schwerpunktmäßig den Gesetzgebungshintergrund in der vierten Entwicklungsphase (2003–2008) des chin. Bankenaufsichtsrechts als die Reaktion auf die Finanzkrise 1997.
Die englische Literatur wie „The banking law system in transitional China a comparative review in the light of EU banking rules" (2005)[7] von Wenbin Wei konzentriert sich eher darauf, wie das chin. Bankenrecht durch die europäischen Regelungen beeinflusst wurde. Auch die englische Literatur von Wei Wang „China's Banking Law and the National Treatment of Foreign-Funded Banks" (2013)[8] behandelt hauptsächlich die Beaufsichtigung von Banken mit ausländischen Beteiligungen.
Die Literatur aus dem chin. Sprachkreis behandelte den Sachstand hauptsächlich über die chin. Bankenaufsicht bis zur Gründung der CBRC, jedoch entweder im Allgemeinen oder nur vereinzelt auf eine Fragestellung eingehend.
Bisher gibt es auf dem Rechtsgebiet des chin. Bankenaufsichtsrechts noch keine abschließende Literatur, die dieses Thema systematisch auf dem heutigen Stand vom Oktober 2021 erforscht. Dies ist einerseits auf eine sehr starke dynamische Entwicklung des chin. Bankenaufsichtsrechts und andererseits auf die schrittweise Marktöffnung der VR China zurückzuführen. Jedoch soll – vor dem Hintergrund, dass China bei der Gesetzgebung auf diesem Gebiet immer mehr das internationale Rechtsniveau als Muster genommen hat und bankenaufsichtsrechtlichen Rahmenbedingungen stabiler sind – diese Arbeit diese Forschungslücke füllen.

---

5 Paulina Nowaczyk, Wechselkurs und Währungsregime der Volksrepublik China, 2011.
6 Thuoy-Phuong Ta: Die chinesische Bankenreform im Spiegel der „drei großen Bankgesetze" in: Zeitschrift für Chinesisches Recht (2005), Seite 304–328.
7 Wenbin Wei: Verlag: Schulthess Juristische Medien; 2005.
8 WANG Wei: Farnham, Surrey, UK: Ashgate Publishing, 2013.

Dagegen gibt es zur Behandlung des europäischen und deutschen Bankenaufsichtsrechts eine Reihe von Lehrbüchern, Handbüchern und Dissertationsarbeiten mit anderen Vergleichsordnungen, z.B. „The SEC and BaFin – US and German capital market supervision in comparison" (2008)[9], „Aktuelle Fragen des Bankwesens, speziell der Bankenaufsicht in Deutschland und Syrien im Vergleich" (2013)[10], „Zur Entwicklung der Zentralbanken und der Bankenaufsicht in Deutschland und in den Niederlanden" (2010), „Das deutsche Bankensystem im internationalen Vergleich" (2014)[11], „Die indirekte Bankenaufsicht durch die Europäische Zentralbank" (2017)[12], „Handbuch Bankenaufsichtsrecht" von 2021[13] etc. Darüber hinaus informieren die europäischen und nationalen Aufsichtsbehörden auf ihrer Webseite die Öffentlichkeit umgehend und umfangreich aus unterschiedlichen Blickwinkeln über ihre regulatorischen Anforderungen und Regulierungen.

D. Gang der Untersuchung

Im Zentrum der chin. Bankenaufsicht stehen hauptsächlich die People's Bank of China (folgend: PBoC) und die CBIRC als Bankenaufsichtsbehörde. Die Mitteilungen und Praxisanweisungen der beiden Regulierungsbehörden sind neben Gesetzen, Mitteilungen, Gesetzesauslegungen und Literatur wesentliche Informationsquellen, um die Strukturen im chin. Bankenaufsichtsrecht zu erfassen. Daher geht die Arbeit gleich im **ersten Kapitel** auf die historische Entwicklung des chin. und des deutschen Bankenaufsichtsrechts ein, während sie im **zweiten Kapitel** das Bankenaufsichtssystem aus Aufsichtssubjekte, -objekte und -gegenstände sowie schwerpunktartig die Kompetenzen von verschiedenen Bankenaufsichtsbehörden behandelt.
Beim Bankenaufsichtsrecht im engeren Sinne kann grob zwischen der Aufsicht über den Marktzugang, der über den laufenden Geschäftsbetrieb, der Überwachungsmethode sowie den Maßnahmen und Sanktionen unterschieden

9 Dissertation von Veronika Fischer, veröffentlicht unter https://opus.bibliothek.uni-augsburg.de/opus4/frontdoor/deliver/index/docId/1033/file/Diss_Fischer_SEC_BaFin.pdf.

10 Dissertation von Muaiad Ibrahim, veröffentlicht unter https://monarch.qucosa.de/api/qucosa%3A19876/attachment/ATT-0/.

11 Andreas Mugler, Das deutsche Bandensystem im internationalen Vergleich: Vergleich der Banksystem Deutschland, der USA, Japans und Großbritanniens 2014.

12 Dissertation von Tilmann Roth, veröffentlicht beim Verlag Nomos, 2018.

13 Binder/Gloss/Riepe: Handbuch Bankenaufsichtsrecht, 2018.

werden. Nachdem hiermit die Grundlagen des Bankenaufsichtsrechts in den ersten beiden Kapiteln dargestellt sind, widmet sich das **dritte Kapitel** der Aufsicht über den Marktzugang – dem Zulassungsrecht. Hier werden insbesondere das formelle Zulassungsverfahren und die materiellen Zulassungsvoraussetzungen sowohl für chin. als auch für ausländische Banken vergleichend untersucht.

Im **vierten Kapitel** beschäftigt sich diese Arbeit mit dem Recht der laufenden Aufsicht. Im Vordergrund steht die Auswertung der Bankenbewertungskonzepte beider Länder für die laufende Aufsicht. Dabei werden die rechtliche Grundlage und der Inhalt der risikoorientierten Bankenaufsicht aufgezeigt. In China gibt es unterschiedliche Bankenbewertungssysteme durch verschiedene Aufsichtsbehörden aus mikro- und makroprudenziellen Aspekten. In Deutschland steht das Recht der laufenden Aufsicht seit der Einführung des einheitlichen europäischen Bankenaufsichtsmechanismus (Single Supervisory Mechanism, folgend: SSM) unter dem Einfluss des primären und sekundären europäischen Rechts. Für die laufende Aufsicht gilt in Deutschland vor diesem Hintergrund einheitlich der aufsichtliche Überprüfungs- und Bewertungsprozess (Supervisory Review and Evaluation Process, folgend: SREP). Aus den wichtigsten analysierten Ergebnissen aus den vorherigen vier Kapiteln – jeweils unter Teil C als Zwischenergebnisse – werden am Ende dieser Arbeit **im fünften Kapitel** die Probleme und Lösungsvorschläge sowie Ausblicke für die Zukunft vorgestellt.

1. Kapitel: Historische Entwicklung der Bankenaufsicht in beiden Ländern

Ein historischer Rückblick auf die Entwicklungsgeschichte der Bankenaufsichtssysteme in beiden Ländern dient einem besseren Verständnis über ihre gegenwärtigen Strukturen.
Rückblickend kann die Entwicklung der chin. Bankenaufsicht in fünf Phasen eingeteilt werden[14]. Jede Phase wird durch einige bahnbrechende Ereignisse gekennzeichnet.

A. Entwicklungsgeschichte der chinesischen Bankenaufsicht

I. Monobankensystem (1948–1978)

In der ersten Phase zwischen Dezember 1948 und 1978 wurde die Aufsicht vollständig unmittelbar durch den Staat gesteuert.

1. Monobankensystem

Nach der Machtübernahme durch die Kommunistische Partei im Jahr 1949 wurden die privaten Kreditinstitute verstaatlicht. Die am 01. Dezember 1948 neu gegründete People's Bank of China (folgend: PBoC), basierend auf der Konsolidierung der Huabei Bank, der Xibei Bank und der Beihai Xibei Farmer Bank, untersteht dem Staatsrat der Regierung. Die PBoC war zugleich eine Noten-/Zentralbank, eine Geschäftsbank und Politikbank[15]. Zeitweise als eine Abteilung des Finanzministeriums bzw. selbst ein Ministerium, das unmittelbar dem Staatsrat untergeordnet war, übte die PBoC entsprechend dem System der Plan- bzw. Staatsverwaltungswirtschaft nach sowjetischem Vorbild einerseits die Bankenaufsichtskompetenz aus und führte andererseits gleichzeitig bis 1978 alle Bankgeschäfte durch. Ihre weiteren Aufgaben waren die Zuteilung von Finanzmitteln aus dem Staatshaushalt für die Anlageinvestitionen entsprechend der Investitionsplanung und die Kontrolle der plangerechten Verwendung dieser Dotationen in den Unternehmen[16]. Insofern war die PBoC „keine

14 YANG Jiacai: Bankenaufsichtsrecht 2003, S. 110 – S. 111; ZHENG Zehua [2004] S. 37 – 40.
15 HUANG Dawei [2002] S. 23.
16 HUANG Dawei [2002] S. 4.

Bank im eigentlichen Sinne", sondern eher eine „Zahlstelle und Rechnungsprüfungsabteilung" des Finanzministeriums. Daher war sie bei der Ausübung ihrer Tätigkeit an politische Ziele und Planvorgaben der Regierungen gebunden[17].

2. *Staatsbanken*

Seit 1949 gab es neben der PBoC noch zwei staatliche Institutionen, die auch als „Banken" bezeichnet wurden, nämlich die Bank of China (folgend: BoC) durch die Verstaatlichung im Dezember 1949 und die People's Construction Bank of China (folgend: PCBC) durch die Neugründung am 1. Oktober 1954, die dann im Jahr 1996 ihren heutigen Namen „Construction Bank of China" (folgend: CBC) erhielt[18]. Die beiden „Banken" waren jeweils nach ihrer Umwandlung oder Neugründung mit Spezialaufgaben betraut. Unter der Leitung und Kontrolle der PBoC wurde die BoC mit der Durchführung der Devisengeschäfte und -verwaltung beauftragt. Dafür wurde der BoC am 27.10.1953 eine ausschließliche Banklizenz[19] zur Durchführung von Devisen erteilt. Dabei durfte sie Devisengeschäfte und -kredite, die Abwicklung der Außenhandelsfinanzierung und des internationalen Zahlungsverkehrs durchführen. Die BoC war bis zur Einführung der chinesischen Reform- und Öffnungspolitik in 1978 zeitweise eine Abteilung der PBoC für internationale Geschäfte[20].

Im damaligen chin. Bankensystem gab es außerdem noch die ländlichen Kreditgenossenschaften. Sie stellten anfangs freiwillige Zusammenschlüsse von Bauern auf der Basis gegenseitigen Nutzens zur Absorption und Umverteilung überschüssiger Liquidität dar und waren damit zunächst nicht Bestandteil des staatlichen Bankensystems. Ab Mitte der 50er Jahre, mit der Einführung der Volkskommunen, wurde ein Großteil dieser Kreditgenossenschaften zu „Kredit- und Einlagenabteilungen" der Kommunen. Als lokale Zweigstellen der

---

17 Giberto Libanio, People's Bank of China, in: The Encyclopedia of Central Banking, (Hrsg.) von Louis-Philippe Rochon und Sergio Rossi, S. 403–405.

18 ZHANG Sheng/ZHANG Tian, Aus 60 großen Ereignisse zur Bewertung der 60-Jährigen Entwicklung von Construction of Bank, in: 中国银行业[China Banking] 2014, Nr. 10 S. 102.

19 Bestimmung über die Bank of China, erlassen vom Staatsrat am 27.10.1953, welche die Aufgabe von BoC festgelegt war als die ausschließlich bevollmächtigte Bank zur Durchführung von Devisengeschäft (1953年10月27日中央人民政府政务院公布《中国银行条例》，明确中国银行为中华人民共和国中央人民政府政务院特许的外汇专业银行).

20 WU Kangping Lehrbuch über Währung und Kreditwesen [1999] S. 69.

PBoC wurden sie anschließend aber formell in das staatliche Bankensystem integriert.

Als Zwischenergebnis lässt sich das chin. Bankenaufsichtssystem bis 1978 anhand von zwei wesentlichen Merkmalen charakterisieren. Zum einen existierte in China bis zum Beginn der Reformen 1978 ein hochzentralisiertes Monobankensystem, in dem die PBoC mit ihrer Doppelfunktion sowohl als Zentral- als auch Geschäftsbank dominierte. Zum anderen beschränkte sich die Funktion der Banken als administrative Organe überwiegend auf die Finanzierung des Wirtschaftsplanes im Rahmen staatlicher Finanzzuweisungen und auf die Überwachung ihrer zweckbestimmten Nutzung[21].

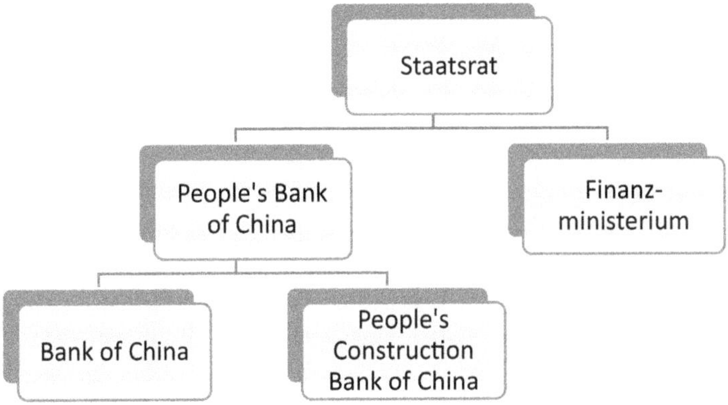

Abbildung 1 Das chin. Bankenaufsichtssystem bis 1978[22]

II. Dualistisches Bankensystem (1978–1994)

Die zweite Entwicklungsphase der chin. Bankenaufsicht ist gekennzeichnet durch die Gründung eines dualistischen Bankensystems, den Anfang der Kommerzialisierung von chin. Banken sowie die Erlaubniserteilung an die ausländischen Banken[23].

1. Dualistisches Bankensystem: Gründung von vier Spezialbanken

Im Zuge der Markteröffnung in 1978 reformierte China sein Finanzsystem grundlegend und richtete Geschäftsbanken ein, die nach marktwirtschaftlichen

21 HUANG Dawei [2002] S. 6.
22 HUANG Dawei [2002] S. 23.
23 LI Yang, 60 Jahre China's Finanzwesen [2009] S. 41.

Kriterien wirtschaften sollten. Im Mittelpunkt der Reformmaßnahmen stand zunächst die organisatorische Trennung von Zentralbank und Geschäftsbanken (dualistisches Bankensystem).

Während dieses Stadiums war das Hauptziel der Finanzsystemreform, das Monobankensystem zu einem Dualbankensystem umzustrukturieren, das aus einer Zentralbank und verschiedenen Finanzinstituten besteht. Am 17. September 1983 wurde mit dem „Beschluss über die Festlegung der Zentralbankfunktion der PBoC“[24] vom Staatsrat beschlossen, das bisherige Monobankensystem abzuschaffen.

In den 1980er Jahren wurde als Teil der Finanzsystemreform die Geschäftsbankfunktion der PBoC in vier unabhängige, aber staatseigene Banken aufgeteilt und im Jahr 1983 verkündete der Staatsrat, dass die PBoC ausschließlich als Zentralbank fungieren soll.

Von 1978 bis 1984 wurden die vier Staatsbanken wieder von der PBoC getrennt; jeder wurde eine spezielle Funktion zugewiesen. Im Rahmen der Umorganisation zum Dualbankensystem wurde im Januar 1984 die Industrial and Commercial Bank of China (folgend: ICBC) gegründet. Sie übernahm von der PBoC die kommerziellen Bankgeschäfte für die chinesische Industrie. Seitdem ist die PBoC ausschließlich mit den Aufgaben der Zentralbank betraut.

Bereits im Februar 1979 wurde als die erste sog. Spezialbank, die Agricultural Bank of China (folgend: ABC), von der PBoC ausgegliedert bzw. wiedereröffnet. Sie hatte den bisher überwiegend von der PBoC übernommenen Geschäftsbankenbereich in ländlichen Gebieten aufgenommen. Im März 1979 hatte sich die Bank of China (BoC) als die zweite Spezialbank von der PBoC getrennt und war eigenständig für die finanziellen Transaktionen im Zusammenhang mit Auslandsgeschäften zuständig. Anschließend (in der zweiten Hälfte des Jahres 1979) war die People’s Construction Bank of China (PCBC) vom Finanzministerium losgelöst und hatte nun neben den bisherigen Aufgaben der Verwaltung sowie Kontrolle der staatlichen Finanzmittel die Aufgaben einer Spezialbank. Außerdem wurde im Jahre 1979 die erste städtische Kreditgenossenschaft in der Stadt Zhumadian (Provinz Henan) gegründet[25]. Dann haben die meisten der großen und mittelgroßen chinesischen Städte ihre

24 Entscheidung des Staatsrates über die Festlegung der Zentralbankfunktion durch PBoC (《关于人民银行专门行使中央银行职能的决定》), mit Referenznr. Guo Fa [1983]146 (国发1983/146) erlassen am 17. September 1983, gültig seit dem 01. Januar 1984, erhältlich unter http://www.law-lib.com/law/law_view.asp?id=45654.

25 DAI Xianglong [2018] S. 22.

eigenen Kreditgenossenschaften errichtet, die Investitionskredite ausschließlich an kleine und mittlere Unternehmen innerhalb des Stadtgebietes vergeben. Mitte der 80er Jahre wurden die Geschäftsbereichsbeschränkungen für die vier staatlichen Spezialbanken gelockert und die Wettbewerbssituation unter den vier Spezialbanken wurde bezeichnet als „Erlaubt ist die Erbringung von Bankgeschäften durch die BoC für das Inland, durch ABC in den Städten, durch ICBC in den Dörfern und durch PCBC in den Unternehmen“[26].

Im Zuge der Einbindung Chinas in das internationale Finanzsystem durch die Gewährung der Mitgliedschaft im IWF und in der Weltbank wurde im Jahr 1981 die China Investment Bank (CIB) gegründet mit dem Zweck der Abwicklung von Krediten aus diesen genannten und anderen internationalen Institutionen.

2. *Entadministrierung bzw. Kommerzialisierung der chin. Banken*

Seit 1978 durfte sich Privatkapital an den ländlichen und städtischen Kreditgenossenschaften beteiligen oder Kreditgenossenschaften gründen, um die ungenügenden Finanzdienstleistungen der Staatsbanken auszugleichen und den Finanzierungs- und Abwicklungsbedarf aufstrebender kollektiver Unternehmen zu decken[27]. Gleichzeitig wurden auch die ländlichen Kreditgenossenschaften schrittweise aus ihrer Rolle als reine Zweigstellen der PBoC bzw. der späteren ABC im ländlichen Raum entlassen und tätigen seit ihrer Umstrukturierung im Jahre 1983 eigene Bankgeschäfte.

Darüber hinaus erfolgte neben der weiteren Gründung von Geschäftsbanken die Einführung marktwirtschaftlicher Wettbewerbsmechanismen in den Bankensektor. Von den kleineren ländlichen und städtischen Kreditgenossenschaften abgesehen, blieben bis Mitte der 80er Jahre alle chin. Banken ausnahmslos in der Hand des Zentralstaates. Dieser Status änderte sich erst, als die Bank of Communications (BoCOMM) als die sog. „Aktiengesellschaftsbank“ am 24. Juli 1986 in Shanghai vom Staatsrat zugelassen wurde[28]. In den anschließenden Jahren kamen noch mehrere derartige Geschäftsbanken hinzu, die nicht im Besitz des Zentralstaates sind und ihre Geschäfte überregional bzw.

---

26 chinesische Texte: 工商银行下乡、农业银行进城、建设银行脱土、中国银行上岸.

27 HUANG Jianhui/WANG Yifeng/LI Xing [2018] S. 5.

28 Bekanntmachung des Staatsrates über die Umstrukturierung der Bank für Kommunikation (《国务院关于重新组建交通银行的通知》) mit Referenznr. Guo Fa Nr. 1986/81(国发〔1986〕81号)4.07.1986, erhältlich unter http://www.gov.cn/zhengce/content/2013-09/06/content_2550.htm.

regional tätigen. Mit ihnen ist das bisherige staatliche Bankenmonopol in der Volksrepublik gebrochen und ein gewisser Bankenwettbewerb eingeführt worden. Mit der Gründung dieser Geschäftsbanken ist auch das heutige chinesische Bankensystem institutionell weitgehend etabliert.
Neben diesem institutionellen Wandel kam es gleichzeitig im Zuge einer generellen Dezentralisierung der wirtschaftlichen Entscheidungsbefugnisse auch zur Beschränkung des strengen Subordinationsprinzips und damit zur ersten Entadministrierung bzw. Kommerzialisierung der chin. Banken. Hierdurch wurde zum einen den Niederlassungen und Filialen innerhalb der eigenen Bankhierarchie mehr Unabhängigkeit zugestanden und zum anderen sollte das gesamte Bankensystem eine größere Unabhängigkeit von den staatlichen Planungs- und Lenkungsinstanzen erhalten. Mit diesem Schritt sollten für die einzelnen Geschäftsbanken Anreize geschaffen werden, im Rahmen ihrer Geschäftstätigkeit bankbetriebswirtschaftliche und rentabilitätsorientierte Überlegungen zu berücksichtigen. Darüber hinaus hatten die staatlichen Spezialbanken in dieser Phase mit fortschreitender Erweiterung ihrer Geschäfte langsam die Spezialbankenfunktionen aufgehoben und sind zu Universalbanken übergegangen.
Die PBoC war funktional ausschließlich für die Bankenaufsicht zuständig. Ihre weitere Hauptaufgabe lag darin, die Kreditpolitik festzulegen und die Umsetzung der Gesetze zu überwachen. Dadurch erfolgte die Trennung von Bankgeschäften und -aufsicht.

3. *Startphase zur Zulassung von ausl. Banken in China*

1979 bis 1993 war auch der Anfang der Marktöffnung für die ausl. Banken in China. Kennzeichnend für diese Phase war die Genehmigung der ersten ausländischen Repräsentanz der Export-Import Bank of Japan in Beijing am 05.12.1979[29]. Eine Repräsentanz kann aber keine operationellen Bankgeschäfte durchführen. Im Jahr 1982 hat die Nanyang Commercial Bank, deren Headquarter in Hong Kong ist, als erste Bank in China eine Zweigniederlassung gegründet. Im Hinblick auf die Aufsicht über die ausl. Banken wurde eine Reihe von speziellen Vorschriften erlassen. Im Jahr 1983 erließ die PBoC die erste Regelung bzgl. ausländischer Banken, und zwar die „Verwaltungsmaßnahmen für die Einrichtung von Ständigen Vertretungen in China durch die von Überseechinesen oder Auslandsbeteiligung gegründeten Finanzinstitute“[30]. Dies

29 QU Yufei [2018], S 14.
30 Verwaltungsmaßnahmen für die Einrichtung von Ständigen Vertretungen in China durch die von Überseechinesen oder Auslandsbeteiligung gegründeten

war der erste Schritt, um den Marktzugang für die ausl. Banken nach China zu ermöglichen.

Im Jahr 1985 erließ der Staatsrat die Verwaltungsmaßnahme über die Geschäftsbanken mit ausschließlich ausländischem Kapital und chinesisch-ausländische Joint-Venture-Geschäftsbanken in den Sonderwirtschaftszonen[31], sodass ausländische Banken in den vier Sonderwirtschaftszonen Shenzhen, Xiamen, Zhuhai und Shantou gegründet werden und die operationellen Geschäfte in den Sonderwirtschaftszonen durchführen konnten. Im Jahr 1987 veröffentlichte der Staatsrat eine provisorische Verwaltungsverordnung über die Bankgeschäfte von Geschäftsbanken mit ausschließlich ausländischem Kapital und chinesisch-ausländische Joint-Venture-Geschäftsbanken in den Sonderwirtschaftszonen[32]. Im Jahr 1990 wurde die Erlaubnis für Geschäftsbanken mit ausschließlich ausländischem Kapital und chinesisch-ausländische Joint-Venture-Geschäftsbanken schrittweise regional um Shanghai erweitert[33]. Ende 1993 gab es insgesamt 76 Banken mit Auslandkapital, verteilt auf 13 chinesische Städte, die die Bankgeschäfte in China durchführten. Das Gesamtkapital der ausländischen Banken erreichte damals 8,9 Milliarden USD[34], obwohl die

---

Finanzinstitute (《关于侨资外资金融机构在中国设立常驻代表机构的管理办法》), erlassen durch PBoC am 01.02.1983 und revidiert unter dem Titel Verwaltungsmaßnahmen zur Einrichtung von Ständigen Vertretungen in China für die durch Auslandkapital gegründeten Finanzinstitute (《关于外资金融机构在中国设立常驻代表机构的管理办法》) mit Referenznr. Yin Fa Nr. [1991]155 (银发〔1991〕第155号) am 11.Juni 1991, ungültig am 29.04.1996.

31 Verwaltungsmaßnahme über die Geschäftsbanken mit ausschließlich ausländischem Kapital und chinesisch-ausländische Joint-Venture-Geschäftsbanken in den Sonderwirtschaftszonen (中华人民共和国经济特区外资银行、中外合资银行管理条例) mit Referenznr. Guo Fa Nr. [1985]48 (国发(1985/48号), erlassen durch Staatsrat am 2. April 1985, ungültig am 1. April 1994.

32 provisorische Verwaltungsverordnung über die Bankgeschäfte von Geschäftsbanken mit ausschließlich ausländischem Kapital und chinesisch-ausländische Joint-Venture-Geschäftsbanken in den Sonderwirtschaftszonen (关于经济特区外资银行，中外合资银行业务管理的若干暂行规定) mit Referenznr. Yin Fa Nr. [1987]185 (银发(1987)185号), erlassen durch Staatsrat am 17. Juni 1987, ungültig am 1. April 1994.

33 Verwaltungsmaßnahme über die Finanzinstitute mit Auslandsbeteiligung und die Joint-Venture in Shanghai (关于上海外资机构、中外合资金融管理条例), erlassen durch PBoC am 8. September 1990, ungültig am 1. April 1994.

34 Bericht über die Markteröffnung in Bankensektor 2007, veröffentlicht im März 2007 durch CBRC, erhältlich unter https://www.gov.cn/jrzg/2008-07/06/content_1037388.htm.

ausl. Banken damals nur berechtigt waren, Devisengeschäfte nur für ausl. Firmen und Ausländer in China anzubieten.

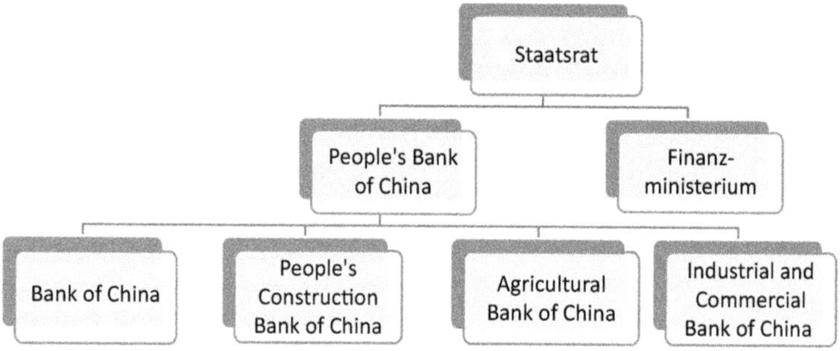

Abbildung 2 Das chin. Bankenaufsichtssystem bis 1993

III. Startphase der Finanzsystemreform (1994–2002)

Diese Phase gilt als Startphase für Chinas Finanzsystemreform. Ihr Anfangszeichen war der Erlass der Entscheidung des Staatsrates über die Finanzsystemreform vom 25. Dezember 1993[35], in welcher die folgenden sieben Reformziele festgelegt wurden:

- Etablierung eines starken Makrosteuerungssystems durch die Zentralbank
- Gründung von Politikbank
- Umwandlung von Spezial- bzw. Fachbanken zu echten staatlichen Geschäftsbanken
- Aufbau eines einheitlichen, offenen, geordneten und streng verwalteten Finanzmarkts
- Reform des Devisenmanagementsystems und Koordinierung der Devisen- und Geldpolitik
- Lenkung von Nicht-Bank-Finanzinstituten zur stetigen Entwicklung
- Stärkung der Infrastruktur der Finanzindustrie und Aufbau eines modernen Finanzmanagementsystems.

Davon sind drei Punkte im Zusammenhang mit der Bankenaufsicht relevant und werden nachfolgend dargestellt.

35 Entscheidung vom Staatsrat über die Finanzsystemreform mit Referenznr. Guo Fa [1993] 91(《国务院关于金融体制改革的决定》, 国发1993第91号), erlassen am 25. Dezember 1993, erhältlich unter http://www.reformdata.org/1993/1225/23288.shtml.

1. Bankenaufsichtsbefugnis durch die PBoC

Im Mittelpunkt der Finanzsystemreform standen die Verstärkung der Unabhängigkeit der PBoC als Zentralbank und die weitere Kommerzialisierung der staatlichen Geschäftsbanken.
In dieser Phase norminierte die PBoC die einzelnen Bankgeschäfte durch einheitliche Richtlinien, registrierte die existierenden Banken erneut, verwaltete die Finanzinstitute nach Geschäftsgebieten (Bank-, Versicherungs- und Wertpapiergeschäfte) und legte zum ersten Mal die Anforderungen an die Berufsqualifikation für Geschäftsleiter sowie Bankmitarbeiter[36] fest. Am 18. März 1995 verabschiedete die dritte Plenarsitzung des 8. Nationalen Volkskongresses das „Gesetz der VR China über die Chinesische Volksbank", sog. Volksbankgesetz (folgend: VBG), welches den Status der PBoC als Zentralbank Chinas rechtlich verankerte. Am 10. Mai 1995 verabschiedete die dreizehnte Plenarsitzung des 8. Nationalen Volkskongresses das „Geschäftsbankengesetz der VR China" (folgend: GBG), welches der PBoC in dieser Phase die alleinige Bankenaufsicht zugewiesen war und die Bankenaufsichtsfunktion grob in fünf Aufsichtsbereiche einteilen lässt: Marktzugangsregulierung, Genehmigung und Überwachung von Berufsqualifikationen, laufende Aufsicht über den Geschäftsbetrieb, Überwachung von Risikomanagement und Meldewesen/Informationsoffenlegung[37]. Diese grobe Einteilung hat bis heute große Bedeutung für die Festlegung der Aufsichtsaktivitäten durch die CBIRC aus dem mikroprudenziellen Aspekt.

(1) Marktzugangsaufsicht

Vor dem Jahr 2002 genehmigte die PBoC die Errichtung von inländischen Banken/Geschäftsbanken und deren Zweigniederlassungen nach einem institutionellen Entwicklungsplan, bis die Mitteilung über die einschlägigen Fragen zur Marktzugangsverwaltung von chinesischen Geschäftsbanken im April 2002 die Genehmigung nach dem Entwicklungsplan annullierte. Danach erfolgt die Genehmigung einer neuen Geschäftsbank nach dem Sorgfaltsprinzip durch Qualifikationsprüfung. Des Weiteren war die PBoC noch zuständig für die Errichtung von Geschäftsbanken mit ausschließlich ausländischem Kapital,

36 DAI Xianglong [2018] Nr. 23, S. 22 ff.

37 LIAO Fan/WANG Siman [2003], S. 49. [Diskussion über die Verteilung und Harmonisierung der Aufsichtsfunktion zwischen PBoC und CBRC], in: 金融法苑 [Jinrong Fayuan] 2003, Nr. 8, S. 49.

chinesisch-ausländische Joint-Venture-Geschäftsbanken, Zweigniederlassungen und Repräsentanzen von ausländischen Geschäftsbanken. Außer für die Marktzugangsgenehmigung war sie noch für die wichtigen Änderungen einer Bank und für den Marktaustritt zuständig.

(2) Genehmigung und Überwachung von Berufsqualifikationen

Es gab zwei Regularien der PBoC, die detailliert die Anerkennung der Berufsqualifikation von leitenden Angestellten in Finanzinstituten regelten. Dies sind die „Verwaltungsmethode über die Berufsqualifikation von leitenden Angestellten in Finanzinstituten" von 2000 und die „Durchführungsordnung für die ausl. Finanzinstitute" von 2002.

(3) Laufende Aufsicht über den Geschäftsbetrieb

Die laufende Finanzaufsicht über den Geschäftsbetrieb durch die PBoC beinhaltete fünf Bereiche: die getrennte Geschäftsaufsicht, die Aufsicht über den Geschäftsumfang, die Überwachung der Interbankenkreditaufnahme, die Abwicklungsaufsicht und die Aufsicht über die Zinssätze[38].

a. Getrennte Aufsicht: Zur Zeit der Aufsicht durch die PBoC durften Geschäftsbanken weder Treuhandinvestitions- und Wertpapierhandelsgeschäfte ausüben, noch in Nichtbanken-Finanzinstitute und -unternehmen investieren. Umgekehrt durften Treuhandinvestitionsunternehmen auch keine klassischen Bankgeschäfte wie Einlagen- und Darlehensgeschäfte ausüben[39]. Entsprechend überwachte die PBoC die jeweiligen Arten von Finanzinstituten nach jeweiligen Kriterien.
b. Aufsicht über den Geschäftsumfang: Im Rahmen der getrennten Aufsicht definierten alle Finanzinstitute in der Satzung ihren Geschäftsumfang. Nachdem die PBoC die Satzung genehmigt hatte, überwachte sie sodann gezielt die genehmigten Produkte.
c. Aufsicht über die Interbankenkreditaufnahme: Die PBoC kontrollierte für diesen Zweck durch die Verwaltung des nationalen Interbankenkreditmarktes und des Handelssystems streng die Interbankenkreditaufnahme. Ein Handelsgeschäft wie die Rückversicherung durch die Banken und

38 DAI Xianglong [2018], S. 22 ff.

39 Vgl. Verwaltungsmaßnahmen über die Treuhandinvestitionsunternehmen von 2002.

Nicht-Banken ohne Beitritt in den Nationalen Interbankenkreditmarkt ist bei der PBoC vorher anzuzeigen.

d. Abwicklungsaufsicht: Die PBoC überwachte streng die Abwicklungsgeschäfte wie die Ausgabe und Annahme von Rechnungen.
Nach den Bestimmungen über die Geschäftsaufnahme und den -austritt bei Wechselgeschäften (2000) durften Banken und Kreditgenossenschaften nur nach der vorherigen Genehmigung der PBoC einen Wechsel akzeptieren. Anschließend hatte die PBoC noch die Mitteilung zur verstärkten Verwaltung von Bankakzeptanzgeschäften (2001) erlassen, welche vorsah, dass Banken und Kreditgenossenschaften das Akzeptanzgeschäft nur nach der vorherigen Genehmigung durch die PBoC ausüben durften. Darüber hinaus übte die PBoC die vollständige Kontrolle über das Akzeptanzgeschäft durch die Steuerung des Gesamtgeschäftsvolumens aus. Der Gesamtbetrag der Akzeptanz darf 5 % des Einlagensaldos am Ende des Vorjahres nicht überschreiten.

e. Aufsicht über die Zinssätze: Nach der Verordnung über das RMB-Zinsmanagement (1999) ist die PBoC für die Formulierung und Anpassung der Einlagen- und Darlehenszinssätze sowie der Nachzinssätze von Finanzinstituten, der Vorzugsdarlehenszinssätze, der Strafzinssätze, der Interbankeinlagenzinssätze und der Zinsschwankungen zuständig.

Nach den einschlägigen Bestimmungen der PBoC konnten die Finanzinstitute den variablen Zinssatz, den internen Kapitalwechselkurs, den Interbank-Angebotssatz, den Diskontsatz sowie sonstige von der PBoC zugelassene Zinssätze bestimmen.
Das Headquarter der PBoC formuliert die allgemeinen Zinsrichtlinien und Verwaltungsvorschriften gemäß den geldpolitischen Anforderungen, während die Zweigstellen für die tägliche Überwachung der Zinssätze von Finanzinstituten sowie die Untersuchung und Behandlung von Zinsverstößen zuständig waren.

(4) Überwachung des Risikomanagements

Die Risikoaufsicht durch die PBoC über Finanzinstitute zeigte sich zunächst in einer strengen Kontrolle des Verhältnisses von Aktiva und Passiva. Das Geschäftsbankgesetz 1995 sah damals vor, dass die Eigenkapitalquote von Geschäftsbanken nicht weniger als 8 % betragen durfte, wobei das Verhältnis von Krediten zu Einlagen nicht über 75 % und das Verhältnis des Saldos der liquiden Mittel zum Saldo der liquiden Verbindlichkeiten nicht unter 25 %

liegen darf. Der Kreditsaldo des Kreditnehmers und der Kapitalbestand der Geschäftsbank dürfen 10 % nicht überschreiten.
Angesichts des hohen Verschleierungsrisikos und des hohen Risikos des außerbilanziellen Geschäfts von Geschäftsbanken hatte die PBoC im Jahr 2000 die „Richtlinien für das Risikomanagement des außerbilanziellen Geschäfts von Geschäftsbanken" herausgegeben, wonach diese der PBoC außerbilanzielle Geschäfte offenlegen und unter der Kontrolle der PBoC stehen. Im Jahr 2002 erließ die PBoC die „Anleitung für die interne Kontrolle in der Geschäftsbank", welche Stellungnahmen und Anweisungen zum internen Risikomanagement und Kontrollverfahren beinhaltete.

(5) Offenlegung von Informationen

Nach dem Volksbankgesetz ist die PBoC berechtigt, von den Finanzinstituten die Bilanzen, Gewinn- und Verlustrechnungen und sonstige Abrechnungen anzufordern. Den Empfehlungen des Basler Ausschusses zur Überwachung der Offenlegung von Bankinformationen folgend, erließ die PBoC in 2002 die „vorläufige Durchführungsordnung über die Informationsoffenlegung Geschäftsbanken", wonach die Finanzinstitute sämtliche offenzulegenden Informationen in Form von Jahresberichten innerhalb von vier Monaten nach dem Buchhaltungsjahr gegenüber Gesellschaftern, relevanten verbundenen Parteien und der Öffentlichkeit offenlegen müssen.
Als Reaktion auf das finanzielle Chaos und die hohe Inflationsrate von 24–25 % in 1992/1993 und um die staatlichen Geschäftsbanken von politischen Engagements zu entlasten, wurden in 1994 Politikbanken, also die State Development Bank (SDB), die Agricultural Development Bank of China (ADBoC) sowie die Import-Export Bank of China (IEBoC) gegründet. Die Politikbanken übernehmen im Rahmen der politischen Vorstellungen spezielle Kredite zu subventionierten Zinssätzen und befreien die staatlichen Geschäftsbanken hierdurch von politisch begründeten Geschäften.
Neben der Gründung mehrerer Politikbanken zählt hierzu vor allem die Etablierung eines chinesischen Bankrechts. Seit 1995 wurden nacheinander das Volksbankgesetz, das Geschäftsbankgesetz und die allgemeinen Regeln für Darlehensgeschäfte erlassen. Diese drei Gesetze zählen zu den grundlegendsten Gesetzen für die Finanzbranche. Sie legen die Geschäftsprinzipien zum effizienten, sicheren und liquiden Betrieb von Geschäftsbanken fest, regeln Marktzugang, Berufsqualifikation, Geschäftsbetrieb, Corporate Governance, Buchhaltung usw. im Sinne der Bankenaufsicht und bilden den ersten rechtlichen Rahmen für die Bankenaufsicht in China.

2. *Zulassung der Privatbeteiligung an den chin. Banken*

Nach dem XIV. Nationalkongress in 1992 war ein Leitbild der chin. Gesellschaft deutlicher, nach dem das Staats- und das Kollektiveigentum die Substanz der chin. Wirtschaft unter gemeinsamer Entwicklung mit verschiedenen, gemeinsam existierenden Eigentumsarten bilden[40]. Aus diesem Hintergrundgedanken wurde überlegt, dass sich private Unternehmen ebenfalls an einer staatlichen Geschäftsbank beteiligen könnten. Am 6. Mai 1995 erklärte sich der Staatsrat ggn. der PBoC bereit, eine private Geschäftsbank einzurichten und am 12. Januar 1996 wurde die China Minsheng Bank eröffnet[41]. Da der chin. Bankensektor damals jedoch nicht wirklich offen für Privatkapital war, war die Minsheng Bank eher eine „öffentlich-private Partnerschaft" oder ein „staatlich überwachtes Unternehmen". Dennoch bedeutet dies den ersten Schritt zur Privatisierung der chinesischen Banken und ist damit formal als der Anfang einer Transformation des chinesischen Bankensystems verzeichnet.
Innerhalb dieser Phase war die Überwachung von chin. Banken mit privater Beteiligung noch nicht normiert und beschränkte sich eher auf die Erteilung der Erlaubnis durch die PBoC.

3. *Erweiterung des erlaubten Kundenkreises und Geschäfte durch ausl. Banken*

Zwischen 1994 und 1997 erlebten die ausländischen Banken in China eine rasante Entwicklung. Basierend auf den Erfahrungen mit der Regulierung der ausländischen Banken seit der Markteröffnung, erließ China im Jahr 1994 die Verwaltungsverordnung über die ausländischen Banken[42], welche die Marktzugangsvoraussetzungen, die erlaubten Bankengeschäfte sowie den Kundenkreis einer ausländischen Bank normierte. Mit diesem will China den Bankensektor für ausländische Banken transparenter und stabil regeln. Zudem war Chinas Aufnahme in die Welthandelsorganisation (WTO) im Dezember 2001 mit der Auflage verbunden, den Dienstleistungssektor schrittweise für ausländische Anbieter zu öffnen. Danach wurde der Marktzugang für ausländische Banken nach China

---

40 HUANG Jianhui/WANG Yifeng/LI Xing [2018] S. 7.

41 HUANG Jianhui/WANG Yifeng/LI Xing [2018] S. 7.

42 Verwaltungsverordnung für die ausländischen Finanzinstitute (《外资金融机构管理条例》) mit Referenznr Guo Wu Yuan Ling 148., erlassen durch Staatsrat am 25. Feb. 1994, gültig seit dem 01. Apr. 1994, revidiert am 1. Feb. 2002, erhältlich unter http://www.pbc.gov.cn/rhwg/020101f.htm.

durch die Aufhebung der geografischen und Kundenkreisbeschränkungen erheblich erweitert und zunächst in den vier Städten Shanghai, Shenzhen, Tianjin und Dalian erlaubt, RMB-Geschäfte durchzuführen. Seit Dezember 2003 waren die Beteiligung ausl. Banken an den chin. Finanzinstituten sowie das Beteiligungsverhältnis mit den Verwaltungsmaßnahmen über die Beteiligung ausl. Banken an den chin. Finanzinstituten festgelegt.

IV. Etablierung der chin. Bankenaufsichtsbehörde (2003–2008)

Der Meilenstein dieser Entwicklungsphase wird gekennzeichnet durch die Etablierung der China Banking Regulatory Commission (CBRC) im Jahr 2003 und die Revidierung von drei wichtigen Bankengesetzen:

- „Gesetz der VR China über die Chinesische Volksbank"[43] (Volksbankgesetz, folgend: VBG),
- „Geschäftsbankgesetz der VR China"[44] (folgend: GBG) und
- „Bankenaufsichtsgesetz der VR China"[45] (folgend: BAG).

1. Übertragung der Bankenaufsichtsaufgabe auf die CBRC

Durch die Etablierung der CBRC sollten im Rahmen der Finanzaufsichtsreform die Aufsicht über die Banken gestärkt und die Regulierungszuständigkeiten zwischen der CBRC und der PBoC klargestellt werden.
Mit der Aufgabenverteilung zwischen der PBoC und der CBRC wurde die Umwandlung des Monobankensystems in ein zweistufiges Bankensystem vollzogen. Die Aufgaben der Bankenaufsicht wurden auf die China Banking Regulatory Commission (CBRC) übertragen. Während die PBoC als Zentralbank für die makroökonomische Steuerung des Finanzmarktes, insbesondere für

---

43 Volksbankgesetz (《中华人民共和国中国人民银行法》) vom 18.3.1995, chinesisch-englisch in: CLP, Vol. 9 (1995), Nr. 5, S. 23–30 und die Revision vom 27.12.2003, deutsch in: Frank Münzel (Hrsg.), a.a.O., 27.12.03/3.

44 Geschäftsbankengesetz von Volksrepublik China中华人民共和国商业银行法 vom 10.5.1995, chinesisch-englisch in: CLP, Vol. 9 (1995), Nr. 5, S. 3–48 und die Revision vom 27.12.2003, deutsch in: Frank Münzel (Hrsg.), a.a.O., 27.12.03/2.

45 Bankenaufsichtsgesetz von Volksrepublik China (《中华人民共和国银行业监督管理法》) vom 27.12.2003, chinesischdeutsch in: ZChinR, Heft 3/2005, S. 245–255. Näheres zum Hintergrund des Gesetzes siehe Frank Münzel, Das neue Bankaufsichtsgesetz der VR China, in: ZChinR, Heft 3/2005, S. 241–244.

die Geldpolitik zuständig ist[46], überwacht die CBRC die operative Tätigkeit der Geschäftsbanken.

2. *Neuerlass des Bankenaufsichtsgesetzes*

Mit dem Neuerlass des BAG am 27.12.2003 ist die neu gegründete CBRC in erster Linie zur landesweiten Ausübung der Aufsichts- und Verwaltungsfunktion über die Bankinstitute ermächtigt und gesetzlich legitimiert (vgl. § 1 BAG). Die zu beaufsichtigenden Banken bzw. das Aufsichtsobjekt sind nicht nur die Geschäftsbanken, sondern auch die städtischen und ländlichen Kreditgenossenschaften, aber auch Politikbank, Vermögensverwaltungsunternehmen (Asset Management Company, folgend: AMCs), Treuhand- und Investment Gesellschaften (Trust and Investment Companies, folgend: TICs), Finanzierungs- und Finanzleasinggesellschaften, Banken mit ausschließlich ausl. Beteiligung, Joint-Venture-Banken und Niederlassungen ausländischer Banken sowie sonstige mit der Genehmigung der CBRC gegründete Finanzinstitute (vgl. §§ 2 Abs. 2, Abs. 3 und 49 BAG).

§§ 15–32 BAG zählen die Aufsichtsaufgaben der CBIRC sowie die zu genehmigenden Bereiche auf, wie z. B. die Errichtung, Veränderung und Beendigung von Bankinstituten, Geschäftsbereiche, Bankprodukte und das leitende Bankpersonal, Aufbau eines Datensystems zum Informationsaustausch und zur Bekanntmachung von Statistiken, Vor-Ort-Prüfung und Off-Site-Prüfung und Überwachung von Selbstregulierungsorganisationen für Banken, ohne dabei konkretere Anforderungen aufzustellen. Orientiert an den Basler Grundsätzen für eine wirksame Bankenaufsicht[47], erwähnt § 21 BAG den Grundsatz für

46 Art. 1, 2, 23 ff. Volksbankgesetz. Durch die Entlastung von der Aufgabe der Bankenaufsicht kann sich die Zentralbank stärker auf ihre währungspolitischen Steuerungsaufgaben konzentrieren. Dabei ist eine nicht abgeschlossene Entwicklung von der direkten Preissteuerung durch planmäßige Festlegung der Zinsen für jedes einzelne Darlehen, über die Geldmengensteuerung, hin zur Leitzinspolitik, also von planwirtschaftlichen Steuerungsmitteln hin zur makroökonomischen Marktsteuerung erkennbar. Vgl. zu den schrittweisen Reformen der währungspolitischen Steuerungsmittel der Zentralbank: Guo [2002], S. 150ff.

47 Das im September 1997 veröffentlichte Papier wurde in den Jahren 1999 und 2001 durch eine Methodik und eine praktische Anleitung ergänzt. Es enthält 25 elementare Grundsätze, deren Erfüllung für eine effektive Aufsicht entscheidend ist; diese sind in 7 Bereiche unterteilt: 1. Voraussetzungen für eine wirksame Bankenaufsicht (BGS 1), 2. Zulassung und Struktur (BGS 2–5), 3. Aufsichtliche (engl. Prudential)

einen umsichtigen Bankbetrieb. Dabei werden insbesondere die Aspekte Risikomanagement, interne Kontrollen, Eigenkapitalanforderungen, Verlustrückstellungen, Vermögensqualität, Vermögensliquidität, verbundene Geschäfte und Risikokonzentrationen aufgeführt. Die detaillierten Implementierungsanforderungen sind durch die chin. Bankenaufsichtsbehörde im engeren Sinne noch zu erwarten.

Das BAG regelt in großer Übereinstimmung mit den Basler Grundsätzen die laufenden Aufsichtsmaßnahmen einschließlich Corporate Governance, Risikomanagement, interne Kontrolle, Kapitaladäquanzquote und Qualität der Vermögenswerte, Verlustreserven, Risikokonzentration, verbundene Transaktionen, Liquidität von Vermögenswerten usw.

Daneben spielen Überprüfungen vor Ort eine wichtige Rolle. Hierzu werden in § 34 BAG ausführlich die Maßnahmen beschrieben, die hierfür zulässig sind, wie bspw. die Überprüfung von Computersystemen oder Unterlagen. Zusätzlich sind ein Rating- und ein Risikowarnsystem für Bankinstitute vorgesehen, die die Häufigkeit und das Ziel der Überprüfungen festsetzen sollen (vgl. § 27 BAG). Eine weitere Form der Aufsicht stellt das in § 28 BAG festgelegte „Verantwortungssystem am einzelnen Arbeitsplatz zur Feststellung und Weitergabe von unerwarteten Ereignissen" dar. Ferner haben Vorstandsmitglieder und leitende Manager der Bankinstitute bei „schwerwiegenden Angelegenheiten" weitreichende Auskunftspflichten gegenüber der Aufsichtsbehörde (vgl. § 35 BAG). In Erfüllung ihrer Aufsichtsaufgaben ist es der CBRC gestattet, erforderliche Bilanzen, Gewinn- und Verlustrechnungen sowie weitere Aufstellungen und Berichte zu verlangen (vgl. § 33 BAG). Außerdem sind die Bankinstitute angehalten, ihre Finanz- und Buchführungsberichte, wichtige Änderungen und sonstige bedeutende Angelegenheiten wahrheitsgemäß zu publizieren (vgl. § 36 BAG). Zudem verfügt das Gesetz über angemessene Aufsichtsinstrumente, die die CBRC befähigen, frühzeitig Gegenmaßnahmen zu ergreifen, wenn Bankinstitute bspw. Aufsichtsvorschriften nicht erfüllen oder gegen sie verstoßen. Die zu ergreifenden Maßnahmen reichen von einer Korrektur über eine teilweise Geschäftseinstellung bis hin zur Schließung (vgl. §§ 37, 39 BAG).

Vorschriften und Mindestanforderungen (BGS 6–15), 4. Methoden der laufenden Bankenaufsicht (BGS 16–20), 5. Informationsbedarf (BGS 21), 6. Formelle Befugnisse der Aufsichtsbehörden (BGS 22), 7. Grenzüberschreitendes Bankgeschäft (BGS 23–25). Für die Basler Grundsätze, siehe unter: http://www.bis.org/publ/bcbs30ade.pdf und unter: http://www.bis.org/publ/bcbs61de.pdf (Methodik) sowie unter: http://www.bis.org/publ/bcbs81.pdf (Anleitung).

Im Falle einer Zahlungskrise bzw. einer drohenden Zahlungskrise, bei der die Interessen der Kunden erheblich beeinträchtigt werden, kann die CBRC die Verwaltung des Instituts übernehmen oder eine Reorganisation auf der Basis einschlägiger Gesetze und Staatsratsbestimmungen befördern (vgl. § 38 BAG). Hinsichtlich der rechtlichen Haftung unterscheidet das Gesetz zwischen Verletzungen durch das Aufsichtspersonal (§ 42 BAG) und durch Bankinstitute und deren Beschäftigte (§§ 43–47 BAG). Dabei werden in detaillierter Form die Rechtsverletzungen und die Rechtsfolgen aufgeführt, die dem Vergehen entsprechend mit Bußgeldern oder Verwaltungs-, Disziplinar- oder strafrechtlichen Sanktionen geahndet werden. Im Hinblick auf die Vielzahl international tätiger Banken in China und eine wachsende Zahl chinesischer Banken im Ausland nehmen der internationale Austausch und die Zusammenarbeit bei der Bankenaufsicht einen zunehmend großen Stellenwert ein. Eine entsprechende Absichtserklärung zur internationalen Kooperation findet sich daher in §§ 7, 32 BAG.

Obwohl der Gesetzestext in der Hinsicht keine Angaben zur Finanzierung der CBRC enthält, wurde diese hauptsächlich von der Regierung finanziert. Man kann aus den Jahresabrechnungen von CBRC/CBIRC erkennen, dass die Staatsfinanzierung bis heute die Praxis ist.

3. Novellierung des Volksbankgesetzes

Eine wesentliche Änderung im neuen VBG betrifft die Streichung bzw. Neuregelung der Vorschriften zur Bankenaufsicht (§§ 1, 2 Abs. 2, 13, 31 VBG). Nunmehr liegen die Kernaufgaben der Zentralbank in der Geldpolitik, der Makrosteuerung, der Verhinderung von Finanzkrisen und der Überwachung des Kreditwesens in einer Gesamtheit; mit dem Ziel, die Geldwertstabilität zu wahren und dadurch das Wirtschaftswachstum zu fördern (§§ 2, 3, 31 VBG). Die revidierte Fassung vom VBG umfasst nun 53 statt 51 Paragrafen. Unter „Finanzinstitute im Bankensektor" (auch als: Bankinstitute) sind gemäß § 52 VBG alle im Gebiet der VR China errichteten Finanzinstitute zu verstehen, die Publikumseinlagen annehmen. Dazu gehören Geschäftsbanken, städtische und ländliche Kreditgenossenschaften, aber auch politische Banken, Vermögensverwaltungsunternehmen (Asset Management Company, folgend: AMCs), Treuhand- und Investment Gesellschaften (Trust and Investment Companies, folgend: TICs), Finanzierungs- und Finanzleasinggesellschaften sowie sonstige mit der Genehmigung der CBRC gegründete Finanzinstitute.

Im Zuge der Neugestaltung der PBoC kann die Geldpolitik als deren wichtigste Aufgabe bezeichnet werden, was sich u. a. darin zeigt, dass die für Geldpolitik zuständige Kommission eine Aufwertung erfuhr; sie soll bei der Festlegung der makroökonomischen Kontrolle durch den Staat und bei der Geldpolitik „wichtige Funktionen" erfüllen (§ 12 VBG). Ein weiteres Anliegen der Revision liegt darin, die Finanzstabilität der Bankinstitute zu wahren. Um dies zu gewährleisten, spielt die Zusammenarbeit zwischen der PBoC, der CBRC und anderen Finanzaufsichtsbehörden eine zentrale Rolle. Daher soll zum einen der Staatsrat ein Koordinierungssystem zur Beaufsichtigung des Finanzwesens schaffen (§ 9 VBG), zum anderen sollen die Finanzaufsichtsorgane gemeinsam ein System zur Nutzung von Aufsichtsdaten aufbauen (§ 35 Abs. 2 VBG). Auch nach Abtretung der „mikroökonomischen" Aufsichtsfunktion an die CBRC übt die PBoC angesichts ihrer Zuständigkeit für die makroökonomische Kontrolle nach wie vor großen regulatorischen Einfluss aus. Innerhalb des § 4 VBG umfassen ihre Aufsichtsverpflichtungen v.a. die Bereiche Renminbi, Interbanken-Kreditmarkt, Interbanken-Bondmarkt, Interbanken-Devisenmarkt und den Goldmarkt; zudem leitet sie die Arbeit zur Bekämpfung der Geldwäsche im Bankensektor an.

Weiterhin ist die PBoC ermächtigt, Handlungen von Finanzinstituten, anderen Einheiten und Individuen, die die Mindestreserven, Spezialdarlehen, Renminbi, Devisen, Gold, Verrechnungen, den Interbankenmarkt, Markt für Schuldverschreibungen unter Banken, Geldwäsche und die Staatskasse betreffen, selbst zu überprüfen (§ 32 Abs. 1 VBG). Außerdem kann sie mit Genehmigung des Staatsrates Bankinstitute einer Überprüfung unterziehen, falls sich diese in schwerwiegenden Zahlungsbilanzschwierigkeiten befinden, die eine Finanzkrise auslösen könnten (§ 34 VBG). Ferner ist die Notenbank im Rahmen ihrer Funktionserfüllung berechtigt, Bilanzen, Gewinn- und Verlustrechnungen und andere statistische Aufstellungen und Unterlagen von den Bankinstituten einzufordern (§ 35 VBG). Des Weiteren kann die PBoC gegenüber der CBRC die Untersuchung einzelner Finanzinstitute erbitten, wenn sie dies zum Schutz eines stabilen Finanzwesens als erforderlich ansieht (§ 33 VBG).

Im Wesentlichen bezieht sich die rechtliche Verantwortung auf die in den §§ 4, 32 VBG aufgeführten Zuständigkeitsbereiche der PBoC. Insgesamt wollte man eine gewisse Härte zeigen und hat folglich die Geldbußen von RMB 5.000 auf 10.000 erhöht (§§ 42–43 VBG). Zudem wurden die Straftatbestände detaillierter ausformuliert und teilweise um Geldbußen und Verwaltungsstrafen ergänzt (§§ 46, 50, 51 VBG).

An verschiedenen Stellen wird im Gesetz die Kooperation zwischen der PBoC und der CBRC niedergelegt (§§ 9, 27, 33, 35 VBG). Damit soll auf die notwendige enge Zusammenarbeit und Kommunikation, v.a. durch

Informationsaustausch, zwischen diesen beiden Regulierungsbehörden hingewiesen werden.

4. *Novellierung des Geschäftsbankengesetzes 2003*

Zur Anpassung der Finanzaufsichtsreform und der Bankenreform und -entwicklung sowie zur Ausweitung der Aufsichtsinhalte über die Geschäftsbanken erfolgte am 27.12.2003 die Revision des Geschäftsbankengesetzes. Da das Ziel der Novellierung die Erlaubnis für die Geschäftsbanken war, weitere Produkte anzubieten, wurden weitere Geschäftsarten wie Wechselannahme, Kauf und Verkauf von Finanzanleihen, Kartengeschäft sowie Genehmigungstatbestände durch die PBoC wie Devisenabwicklung und -verkäufe aufgenommen. Darüber hinaus hatte das GBG 2003 die Sanktionsmöglichkeiten gegen den Vorstand sowie sonstige direkt Verantwortliche aufgenommen. Schließlich gibt es insgesamt 37 geänderte Paragrafen, welche die Zuständigkeitsübertragung von der PBoC auf die CBRC betrafen.

V. Reaktion auf die globale Finanzkrise (2009 bis heute)

Der chin. Bankensektor sowie dessen Aufsicht entwickeln sich in einem atemberaubenden Tempo. Diese Phase ist von der Umwandlung der chin. Finanzaufsichtsstruktur sowie von Durchsetzung der darauf gerichteten Finanzaufsicht, RMB-Internationalisierung und Digitalisierung geprägt.

1. *Präzisierung des aufsichtsrechtlichen Systems durch Finanzreform*

Im XII. Fünfjahresplan (2011 bis 2015) sowie im XIII. Fünfjahresplan (2016 bis 2020) wird die weitere Reform des Finanz- und Bankensystems als hohes Ziel angesetzt. Auf der am 14. Juli 2017 tagenden „National Financial Work Conference" sagte Präsident Xi Jinping, „Finanzen sind ein Kernwettbewerbsfaktor eines Landes; die Finanzsicherheit gehört zum wichtigen Teil der Staatssicherheit; das Finanzsystem ist eines der Grundsysteme für die wirtschaftliche und soziale Entwicklung"[48], woraufhin PBoC, CBRC, CIRC (China Insurance Regulatory Commission) und CSRC (China Securities Regulatory Commission) einen gemeinsamen Arbeitsplan für die Entwicklung und Reform des Finanzsektors erarbeitet und veröffentlicht haben. Damit wird die politische Vorgabe

48 Chinesische Texte: 习近平在2017年7月14日全国金融工作会议中的讲话：金融是国家重要的核心竞争力，金融安全是国家安全的重要组成部分，金融制度是经济社会发展中重要的基础性制度.

für den Finanzbereich konkretisiert. Die ambitionierte Zielsetzung verdeutlicht, dass der Schwerpunkt weiterhin auf einer Präzisierung des rechtlichen und aufsichtsrechtlichen Systems liegt, um einen transparenten und effizienten Markt zu schaffen.
Als erstes Ziel dieser Transformationsphase zeichnet sich die strukturelle Anpassung der chinesischen Finanzstruktur ab. Die bedeutenden Veränderungen liegen in der Strukturänderung der Vermögenswerte. Der Anteil der verbrieften Vermögenswerte im Verhältnis zu den gesamten chinesischen Vermögenswerten nimmt rasant zu, was zur gleichwertigen Finanzierung und Investition in der Finanzfunktion führen kann. Dem entsprechend hat sich die chinesische Bankenaufsicht neu auf die Bedürfnisse der Stabilität und Entwicklung einzustellen. Die Veränderungen in der Finanzstruktur Chinas deuten gleichzeitig darauf hin, dass sich die Finanzrisikostruktur stark verändert hat. In der Vergangenheit war das größte Risiko im chinesischen Finanzsystem vor allem auf das Risiko einer Unterkapitalisierung der Finanzinstitute zurückzuführen und die Bankenaufsicht konzentrierte sich vor allem auf die Kapitaladäquanz. Heutzutage ist China in eine Ära des Übergangs von einem Kapitalmangelrisiko zu einem gleichzeitigen Vorhandensein von Kapitalmangel- und Transparenzrisiko eingetreten. Infolgedessen will die chin. Aufsichtsbehörde im engeren Sinne Maßnahmen wie die Stärkung der systemischen Risikoaufsicht ergreifen, die Regulierung weiter verbessern und sich in die Richtung einer funktionalen Aufsicht orientieren, durch verstärkte Kontrolle die Schuldenquote von Unternehmen senken, um die Verschuldung der Haushalte zu beschränken, sektorenübergreifende Finanzprodukte zu standardisieren und gegen Schattenbanken vorzugehen.

2. *Organisationsreform der Bankenaufsichtsbehörde*

Seit 2015 wurde vor dem Hintergrund, dass es immer mehr Finanzprodukte auf dem chin. Markt gibt, die die bislang üblichen Grenzen von Versicherungs- und Kreditwesen und Wertpapierhandel verwischen lassen, und dieser Trend durch Internetberatung noch verstärkt wurde, die Forderung laut, dass alle drei Finanzaufsichtsträger CBRC, CSRC und CIRC zusammengeführt werden sollten. Daraufhin gab es unzählige Literatur zur Auswertung der Vor- und Nachteile von den Trennungs- und Allfinanzaufsichtsmodellen[49]. So hat die

49 YUAN Kaiyu [2017] Nr. 2 Seit 189–198; LIU Jipeng/LIU Jibiao [2016] Nr. 1 Seite 36–44; GUO Fenghua [2017] Nr. 30 Seite 19–20; ZHANG Li [2016] Nr. 26 Seie 11–12; SUN Xitao [2015] Nr. 26 Seite 25.

chinesische Regierung auf der Nationalen Konferenz über die Finanzarbeit vom 15.07.2017 den Finanzreformplan vorgestellt, nämlich die neue Einrichtung eines dem Staatsrat unterstehenden Komitees, welches die Finanzstabilität und Entwicklung beaufsichtigen soll[50]; die PBoC soll eine größere Rolle beim makrobesonnenen Management und gegen systemische Risiken spielen; die Finanzreform soll zur Verbesserung der Unterstützung des Finanzsektors für die Realwirtschaft, zur Eindämmung von Finanzrisiken und zur Vertiefung der Finanzreformen beitragen. Zuletzt hat die chinesische Regierung im XIII. Nationalen Volkskongress am 11. März 2018 angekündigt, die Versicherungs- und Bankenaufsicht zusammenzulegen, um die bisherigen Überschneidungen eliminieren zu können. Sodann wurde am 13. März 2018 der „Plan zur Organisationsreform“ vom Staatsrat beim Nationalen Volkskongress vorgelegt und genehmigt. Danach sollen CBRC und CIRC verschmolzen werden. Bei dieser Fusion wurden beide aufgelöst und ein neues Organ unter der Bezeichnung CBIRC als Institutionseinheit auf Ministerialebene errichtet, das dem Staatsrat direkt unterstellt ist.

Die Hauptfunktionen der CBIRC sind in Übereinstimmung mit den Gesetzen und Vorschriften die einheitliche Überwachung und Verwaltung des Kredit- und Versicherungswesens, die Aufrechterhaltung des legitimen und stabilen Funktionierens des Kredit- und Versicherungswesens, die Vermeidung und Auflösung von Finanzrisiken, der Schutz der legitimen Rechte und Interessen von Verbrauchern bei Finanzprodukten, die Wahrung der Finanzstabilität.

Die vorher der CBRC und der CIRC zugeordneten Verantwortlichkeiten zum Festlegen von wichtigen Gesetzen und Verwaltungsvorschriften sowie von Sorgfaltsaufsichtsprinzipien sind von nun an der PBoC zugewiesen[51].

a. *CBRC-Organisationsreform 2015*

Entsprechend den Anforderungen durch den 18. Nationalkongress und die 3. und 4. Plenarsitzung des 18. Zentralkomitees der Kommunistischen Partei (KP) Chinas erfolgte die erste organisationale Reform der CBRC am 20.01.2015,

---

50 http://german.beijingreview.com.cn/Wirtschaft/201711/t20171110_800109656.html.

51 Erläuterung über die Organisationsreform vom Staatsrat (关于国务院机构改革方案的说明) vom 13.03.2018 auf der ersten Sitzung vom XIII Nationalen Volkskongress durch den Staatsratskommissar WANG Yong (2018年3月13日在第十三届全国人民代表大会第一次会议上国务委员 王勇) erhältlich unter http://www.gov.cn/guowuyuan/2018-03/14/content_5273856.htm.

zwölf Jahre nach deren Gründung, zum Vertiefen der Finanzreform und zum Vorantreiben der wichtigen Entscheidungen sowie zum Transformieren der Regierungsfunktion des Staatsrats[52]. Am 20. Januar 2015 hat die CBRC öffentlich bekannt gegeben, dass die schon von der Regierung genehmigte, umfassende Umstrukturierung – zum ersten Mal seit ihrer Gründung im Jahr 2003 – begonnen hat, um der Entwicklung des Geschäftsmodells im Bankensektor in den letzten Jahren zu entsprechen. Inhaltlich sieht diese organisatorische Reform wie folgt aus:

Zunächst erfolgten die neue Bestimmung der Verantwortungsbereiche und der Mitarbeiterzahl in den vier Bereichen der regelbasierten Aufsicht, der funktionalen Aufsicht, der institutionellen Aufsicht und der Aufsichtsunterstützung nach den Prinzipien der Trennung zwischen Gesetzgebungs- und Durchsetzungsfunktion, Trennung von Sorgfalts- und Verhaltensaufsicht, Trennung von Verwaltungs- und Aufsichtsangelegenheiten und Trennung der Vor-Ort-Prüfungen und Sanktionen.

Zweitens erfolgten die Abschaffung des Trainingszentrums und des Informationstechnologiezentrums, die Neueinrichtung der Abteilungen zur Überwachung der städtischen Geschäftsbanken, zur Überwachung der Geschäftsbanken, städtischen Kreditgenossenschaften und Privatgeschäftsbanken sowie die Neueinrichtung der Abteilung zur Überwachung der Trustgesellschaften.

Drittens erfolgte die Reorganisation der Statistikabteilung, der Abteilung für die Bankenfallinspektion und der Kreditsicherheitsaufsicht zu drei neuen Abteilungen: Off-Site-Prüfungsabteilung zur Festlegung von Regeln und Vorschriften für den bankinternen Betrieb sowie Off-Site-Prüfung, On-Site-Prüfungsabteilungen für die On-Site-Überwachung der landesweiten wichtigen Banken, Financial-Inklusion-Abteilung zur Förderung der finanziellen Inklusion im Bankensektor.

Viertens erfolgte die Benennung der Abteilungen nach deren Verantwortungsbereich. Die Bankenaufsichtsabteilung I wird jetzt Abteilung für die Aufsicht der signifikanten Institute, Abteilung II wird Abteilung für die Aufsicht der landesweiten Geschäftsbanken in Aktiengesellschaften, Abteilung III wird Abteilung für die Aufsicht der ausländischen Banken, Abteilung IV wird die Abteilung für die Aufsicht der politischen Banken, die Abteilung für die

52 vgl. Online Bekanntmachung am 20.01.2015 unter https://www.reuters.com/article/idCNL4S0UZ43K20150120.

Aufsicht der Genossenschaftsbanken wird jetzt die Abteilung für die Aufsicht der kleinen und mittleren ruralen Banken.

Eine weitere Zielsetzung dieser Reform ist die Transformation des Aufsichtsmodels zur Verstärkung der Vor-Ort-Kontrolle sowie der In-Prozess- und Nachschauprüfung, zur Erhöhung der Aufsichtseffizienz und -wirksamkeit, zur Inklusion von Finanzdienstleistungen zum Verbraucherschutz, damit die Grenzen zwischen Systemrisiko und Regionalrisiko eingehalten sind.

b. CBRC-Organisationsreform 2018

Wenn man die erste Organisationsreform 2015 als institutsinterne Reform betrachtet, erstreckt sich die Organisationsreform 2018 über CBRC-eigene-Institutionen hinaus. Denn die Verschmelzung von CBRC und CIRC zur CBIRC betrifft nicht nur die Änderung der Organisationen, sondern auch die Zuständigkeit. Diese Reform 2018 soll die bestehenden Probleme unklarer Aufsichtspflichten, überschneidender Regulierungen und Regelungslücken im derzeitigen Aufsichtssystem lösen, die umfassende Aufsicht stärken und das systematische Risiko vermeiden.

Die Führung der CBIRC besteht aus dem 1. Vorsitzenden und 6. Vizevorsitzenden. Die „3-Feststellungen“ (Festlegungen von Kompetenzen, Organisation und Personal) am 13. November 2018 erfolgten durch die Bestimmungen über die sachlichen Kompetenzen, Organisation und Personal der CBIRC. Die neu gebildete CBIRC hat insgesamt 26 Abteilungen und ein Parteikomitee, das sind im Vergleich mit dem CBRC 2. Abteilungen weniger.

c. PBoC-Organisationsreform 2019

Am 02.02.2019 gab der SR die Bestimmungen über die Organisations-, Zuständigkeits- und Personalbesetzung der PBoC[53] öffentlich bekannt. Im Vergleich zu den vorherigen Kompetenzen und Organisationen ist vor allem ihre makroprudenzielle Regulierungskompetenz gestärkt. Für diesen Zweck sie eine Reihe von Neuerungen durch

- Gründung des makroprudenziellen Aufsichtsamts in der PBoC zur Stärkung ihrer makroprudenziellen Regulierungsfunktion;

53 Bestimmungen über die Organisations-, Zuständigkeits- und Personalbesetzung der PBoC (《中国人民银行职能配置、内设机构和人员编制规定》), veröffentlicht am 02.02.2019, erhältlich unter http://www.gov.cn/zhengce/2019-02/02/content_5363338.htm.

- Gründung des Sekretariats innerhalb des Finanzstabilitätsrats zur Verstärkung der Risikoüberwachung und Frühwarnung sowie der Leitungs- und Koordinationsfunktion durch die PBoC;
- Verbesserung der Zwei-Säulen-Steuerungskompetenz der PBoC in der Geldpolitik und in der makroprudenziellen Politik;
- Die reorganisierte PBoC besteht nach den Bestimmungen des SR aus 21 Abteilungen und hat 20 Aufgaben, wovon einige Aufgaben direkten Einfluss auf die Beaufsichtigung von Geschäftsbanken haben:
- Ausarbeitung von wichtigen Gesetzen und Verordnungen im Zusammenhang mit Geld- und Kreditpolitik, Wechselkurspolitik für den RMB, Zahlungs- und Abwicklungssystem, makroprudenziellen Regulierungsrahmenbedingungen;
- Ausarbeitung von Finanzreformplänen zur Förderung und Aufrechterhaltung einer gesunden Entwicklung des Finanzsektors;
- Festlegung des Standards und einheitlichen Arbeitsmechanismus für eine umfassende Statistik der Finanzindustrie, Aufbau einer nationalen Finanzbasisdatenbank für die finanzstatistischen Untersuchungen;
- Leitung und Koordination des Aufbaus der Finanzinfrastruktur sowie Netzwerksicherheits- und Informationsarbeit in der Finanzindustrie;
- Führung von SAFE;
- Überwachung und Bekämpfung der Geldwäsche und Terrorismusfinanzierung;
- Beaufsichtigung der Kreditprüfungsagentur;
- internationale Zusammenarbeit und Teilnahme an der globalen Wirtschafts- und Finanzpolitik.

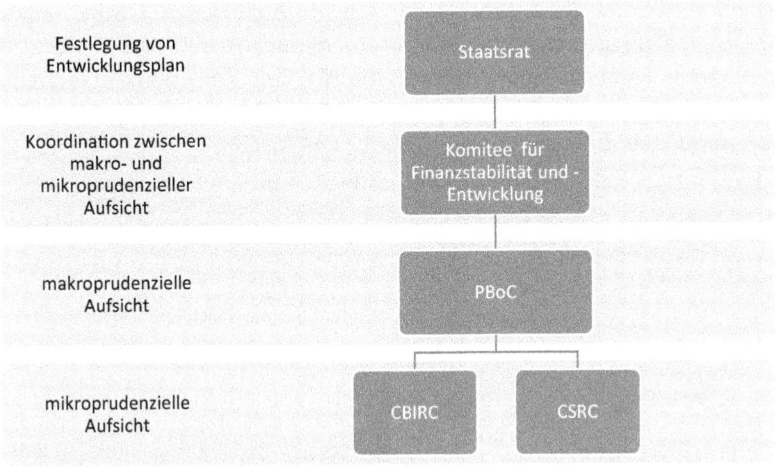

Abbildung 3 Das chinesische Bankenaufsichtssystem Mai 2018 – März 2023

d. Gründung der National Financial Supervisory Authority auf Grundlage der CBIRC

Am 7. März 2023 beschloss der 14. Nationale Volkskongress die Gründung der National Financial Supervisory Authority auf Grundlage der im Jahr 2018 gegründeten China Banking and Insurance Regulatory Commission (CBIRC). Die National Financial Supervisory Authority setzt die Arbeit der CBIRC inhaltlich fort (vgl. https://www.cbirc.gov.cn/cn/view/pages/index/index.html). Diese Behörde ist einheitlich verantwortlich für die Aufsicht über den Finanzsektor, mit Ausnahme des Wertpapiersektors. Ihre Aufgaben umfassen die Stärkung der institutionellen Überwachung, die Verhaltens- und Fachaufsicht, die Einführung der Durchdringungsaufsicht (Look-through-Supervision) sowie die kontinuierliche Überwachung. Zudem obliegt ihr die Sicherung der Rechte und Interessen der Verbraucher, die Stärkung des Risikomanagements, der Prävention und die gesetzeskonforme Verfolgung illegaler und regelwidriger Handlungen. Weiterhin soll sie einige Aufgaben der People's Bank of China (PBOC) und der China Securities Regulatory Commission (CSRC) übernehmen, um eine effektivere Überwachung des Finanzmarktes zu gewährleisten. Dazu gehören beispielsweise die tägliche Überwachung von Finanzkonzernen sowie der Schutz von Finanzproduktverbrauchern und privaten Investoren auf dem Wertpapiermarkt. Diese Behörde untersteht direkt dem Staatsrat und wurde am 18. Mai 2023 offiziell eröffnet.

Folgend verwendet diese Arbeit weiterhin die Abkürzung „CBIRC“ für die chinesische Bankenaufsichtsbehörde, meint damit aber seit dem 7. März 2023 die National Financial Supervisory Authority, um Konsistenz in Bezug auf die noch gültige Gesetzgebung durch CBIRC im Bereich der Bankenaufsicht sicherzustellen und mögliche Verwirrung zu vermeiden.

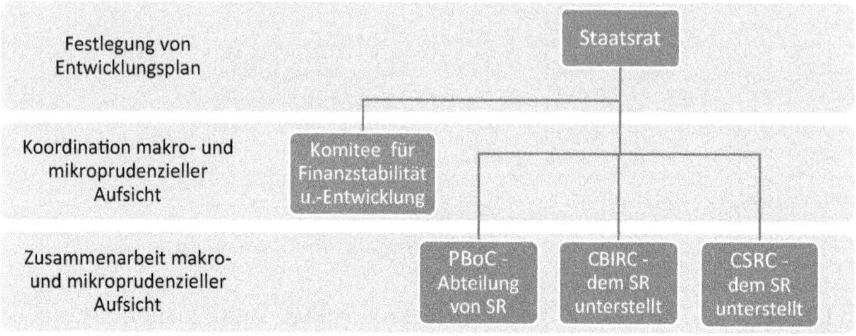

Abbildung 4 Das chin. Bankenaufsichtssystem seit 07. März 2023

3. *Öffnung des Finanzmarkts für die ausländischen Banken in China*

Zur Umsetzung des Arbeitsplans des 19. Nationalkongresses der Kommunistischen Partei Chinas im Oktober 2017 hat das Land seitdem eine Reihe von neuen Maßnahmen angekündigt, um seine Finanzmärkte weiter für die ausländischen Investoren zu öffnen.
Ab dem 30. Juni 2018 soll es ausländischen Unternehmen erlaubt sein, die Mehrheit an chinesischen Banken, Vermittlern oder auch Versicherern zu übernehmen. Unter anderem dürfen ausländische Investoren Anteile bis zu 51 % an Finanzunternehmen halten. Ab 2020 wird auch diese Anteilseinschränkung für die ausländischen Investoren an Banken aufgehoben[54].

4. *RMB-Internationalisierung*

Die Strategie der chinesischen Entscheidungsträger zur Internationalisierung des Renminbis ist auf langfristigen Erfolg ausgerichtet. China spielt eine immer wichtigere Rolle auf der Weltbühne. Mit verschiedenen Programmen, die ausländischen Investoren den Zugang zu den chinesischen Kapitalmärkten

---

54 Pressemitteilung der chin. Regierung am 21.07.2019 in: http://www.gov.cn/xinwen/2019-07/21/content_5412236.htm.

ermöglichen sollen, wurde gleichzeitig die Nutzung des RMB als Reserve- und Investitionswährung schrittweise ausgebaut.

Darüber hinaus zeigt die chinesische Aufsichtsbehörde mehr Aktivitäten auf der Weltbühne. Zum Beispiel wurde am 16.03.2009 die CBRC auf der Jahrestagung des Baseler Ausschusses für Bankenaufsicht (BCBS) als offizielles Mitglied aufgenommen[55]. Vom 22.-25. September 2014 lud die CBRC zur Versammlung der Bankeninspektoren (Conference of Banking Supervisors ICBS) nach Tianjin ein und empfing 250 Delegierte aus 110 Aufsichtsbehörden[56]. Des Weiteren wurde am 25.12.2015 auf chinesische Initiative die Asiatische Infrastrukturinvestmentbank (AIIB) durch 56 Gründungsstaaten in Beijing/China gegründet, für die China den Vorstandssitz innehält. Mit der erfolgreichen Aufnahme des RMB in den Währungskorb des IWF seit dem 01. Oktober 2016 sowie dem globalen Projekt „Eine Straße, Eine Welt" schreitet China ein weiteres Stück auf dem Weg der Internationalisierung des RMB voran.

Diese Rolle Chinas zeigt sich aber nicht nur an der Globalisierung der heimischen Währung, sondern auch an der starken Stellung als Investor in andere Währungen.

5. *Verstärkung der FinTech-Aufsicht*

Ein weiterer Auslöser der geplanten zielgerichteten Regulierung ist das durch die schnelle Entwicklung des Digitalisierungsprozesses in der chinesischen Bankindustrie verursachte Risiko, welches aufgrund der asymmetrischen Information zwischen Aufsichtsträger und -subjekten, vernachlässigter Aufsichtstheorie und Rahmenbedingungen ggü. der FinTech-Branche noch vergrößert ist. Um solche Risiken zu vermeiden, ist die verstärkte Überwachung von FinTech einer der Schwerpunkte der Finanzreform. Am 15.05.2017 wurde das FinTech-Komitee innerhalb der PBoC gegründet, um die Auswirkungen der FinTech auf die Geldpolitik, die Finanzmärkte, die Finanzstabilität sowie den Zahlungsverkehr zu erforschen und zu leiten; um die Finanzsicherheit und Entwicklung in Einklang zu bringen und um die Anwendungspraxis der Regulierungstechnologie (RegTech) zu stärken, Big Data, künstliche Intelligenz, Cloud-Computing und andere Technologien effektiv zu nutzen und die finanziellen Risiken durch FinTech zu verhindern und zu reduzieren[57].

55 Pressemitteilung in: https://www.bis.org/press/p090313.htm.

56 Pressemitteilung in: http://english.www.gov.cn/news/photos/2014/10/02/content_281474991481772.htm.

57 Pressemitteilung von chin. Pressemitteilung in: http://www.gov.cn/xinwen/2017-05/15/content_5194115.htm.

6. *Reform von Deregulierung, Dezentralisierung und Service der Verwaltungsbehörde*

Im Dezember 2020 erließ das Exekutive Office der CBIRC die Mitteilung über die tiefgreifende Reform zur Deregulierung, Dezentralisierung und Service der Verwaltungsbehörde sowie Optimierung des Geschäftsumfeldes in Banken- und Versicherungssektor[58], welche ab dem 1. Februar 2021 in Kraft tritt. Nach dieser Mitteilung ist die schriftliche Eignungsprüfung für Vorstandsmitglieder, Aufsichtsräte sowie sonstige Führungskräfte im Bankensektor seit dem Februar 2021 aufgehoben.

Im Juli 2021 erließ der CBIRC eine weitere Mitteilung über den Umsetzungsplan für die Reform zur trennenden Verwaltung von Geschäftslizenz und Genehmigungsurkunde zur Belebung der Wirtschaft[59], wonach einige Genehmigungsverfahren und die von PBoC bzw. CBIRC als Genehmigungsbehörde angeforderten Antragsunterlagen entsprechend vereinfacht werden sollten. Seit 2019 veröffentlichte die Zentralregierung die nach der Reform betroffenen zu vereinfachenden Verwaltungsverfahren. Zuletzt gilt die Reformlist über die von der Verwaltungsreform betroffenen Gewerbelizenzverfahren durch die Zentralregierung (Version 2021)[60] vom Oktober 2021. Darüber hinaus durch

---

58 Mitteilung über die tiefgreifende Reform zur Deregulierung, Dezentralisierung und Service der Verwaltungsbehörde sowie Optimierung des Geschäftsumfeldes im Banken- und Versicherungssektor (《中国银保监会办公厅关于深化银行业保险业"放管服"改革 优化营商环境的通知》(银保监办发〔2020〕129号) erhältlich unter http://www.scio.gov.cn/xwfbh/xwbfbh/wqfbh/44687/45008/xgzc45014/Document/1699536/1699536.htm.

59 Mitteilung über den Umsetzungsplan für die Reform zur trennenden Verwaltung von Gewerbelizenz und Genehmigungserlaubnis zur Belebung der Wirtschaft mit Referenznr. Yin Bao Jian Fa [2021]25 (《中国银保监会关于印发深化"证照分离"改革进一步激发市场主体发展活力实施方案的通知》银保监发〔2021〕25号), erhältlich unter https://www.cbirc.gov.cn/cn/view/pages/govermentDetail.html?docId=998692&itemId=861&generaltype=1.

60 Reformliste über die betroffenen Verwaltungsgenehmigungsangelegenheiten (《中央层面设定的涉企经营许可事项改革清单(2021年全国版)》), erhältlich unter http://www.jiangxi.gov.cn/module/download/downfile.jsp?classid=0&showname=%E4%B8%AD%E5%A4%AE%E5%B1%82%E9%9D%A2%E8%AE%BE%E5%AE%9A%E7%9A%84%E6%B6%89%E4%BC%81%E7%BB%8F%E8%90%A5%E8%AE%B8%E5%8F%AF%E4%BA%8B%E9%A1%B9%E6%94%B9%E9%9D%A9%E6%B8%85%E5%8D%95%EF%BC%882021%E5%B9%B4%E5%85%A8%E5%9B%BD%E7%89%88%EF%BC%89.pdf&filename=ba40386469d04a38a2600538d6b339ad.pdf.

die getrennte Verwaltung von Gewerbelizenz[61] und Genehmigungserlaubnis[62] soll die vorherige Genehmigung durch CBIRC für bestimmte Verfahren zunächst im Pilot-Freihandelszone fördern soll untersucht werden.

7. Novelle von GBG und VBG

Im Oktober 2020 hat die PBoC jeweils den Entwurf der GBG-Novelle 2020 und der VBG-Novelle 2020 zur öffentlichen Konsultation veröffentlicht.

a. GBG-Novelle 2020

In den letzten zehn Jahren war der chin. Bankensektor durch seine rasante Entwicklung mit starkem Wachstum des Geschäftsumfangs und der sukzessiven Ausweitung von innovativen Finanzdienstleistungen gekennzeichnet. Das aktuelle GBG entspricht nicht mehr der aktuellen Situation und bedarf dringend einer umfassenden Überarbeitung. Am 16. Oktober 2020 hat die PBoC das GBG 2020 (Entwurf) zur Konsultation veröffentlicht, wonach das GBG von aktuell 9 Kapiteln mit 95 Klauseln auf 11 Kapitel mit 127 Klauseln zu erweitern ist. Die Erweiterungen befassen sich mit dem Corporate Governance, Eigenmitteln und Risikomanagement, Kundenschutz sowie Marktaustritt.

Im Vergleich mit dem GBG 2015 weist dieser überarbeitete Entwurf im Wesentlichen folgende Änderungen auf:

Zunächst wurde das Prinzip der funktionalen Aufsicht eingeführt, sobald die nach den wirtschaftlichen Erfordernissen und sozialen Entwicklungen eingerichtete Dorf- und Stadtbank die öffentlichen Einlagen aufnimmt, Kredite gewährt und Settlement Geschäfte durchführt (vgl. § 2 S. 2 GBG-Entwurf 2020). Darüber hinaus sind die erlaubnispflichtigen Bankgeschäfte von 14 auf 17 Geschäfte erweitert.

Des Weiteren wurde ein neues Kapitel 3 über Corporate Governance eingeführt, wonach die Positionen von Vorstand, selbständigem Vorstand, Aufsichtsrat sowie Interner Kontrolle gestärkt werden sollen (vgl. §§ 30–43 GBG-Entwurf 2020).

Drittens wurde in Kapitel 4 die Position der PBoC dadurch verstärkt, dass die makroprudenzielle Bewertung der PBoC in den GBG-Entwurf 2020 aufgenommen ist. Die Einhaltung der makroprudenziellen Management- und Risikomanagementanforderungen bedeutet die Einhaltung der Kapital-, Vermögensverwaltungs-, Liquiditäts-, Konzentrations-, grenzüberschreitenden

61 ausgestellt von Verwaltungsbehörde für Industrie und Handel.

62 ausgestellt von PBoC bzw. CBIRC für Banken- und Versicherungssektor.

antizyklischen Kapital- und anderer makroprudenzieller Management- und Risikoindikatoren.
Viertens wurde das neue Kapitel 6 Kundenschutz eingeführt, um die legitimen Rechte und Interessen von Bankkunden zu schützen, wonach die Kundeninteressen insbesondere in den Bereichen von Marketing, Offenlegung von Informationen, Schutz personenbezogener Daten sowie Kosten ausdrücklich geschützt werden sollen.
Fünftens sind in Kapitel 9 des GBG-Entwurfs 2020 das Risikomanagement und der Marktaustrittmechanismus verbessert worden, wonach die Anforderungen an die Risikomitigation und -klassifizierung, Frühwarnung, rechtzeitige Korrekturen, Umstrukturierungen, Übernahmen, Insolvenzen präzisiert sind. Schließlich ist die Sanktion von Gesellschaftern, wirtschaftlich Berechtigten sowie direkt Verantwortlichen für Risikoereignisse vorgesehen.

b. VBG Novelle 2020

Nach der Novellierung im Jahr 2003 wurde das VBG zum ersten Mal seit 17 Jahren überarbeitet. Fast gleichzeitig hat die PBoC am 23. Oktober 2020 das VBG Entwurf 2020 zur Konsultation veröffentlicht. Im Vergleich zu dem aktuell gültigen VBG wird die Konsultationsversion von 8 Kapiteln mit 53 Klauseln auf 9 Kapitel mit 73 Klauseln erweitert.
Diese Überarbeitung umfasst hauptsächlich folgende acht Bereiche[63]:

(1) Gesetzliche Manifestation der Förderung der Realwirtschaft durch die Finanzdienstleistungen und Verstärkung der makroökonomischen Steuerung durch die PBoC in der Finanzindustrie.

Hierfür verdeutlichte die Konsultationsversion in Artikel 1, 2 und 33 VBG Entwurf 2020 die Verantwortlichkeiten der PBoC für die Formulierung und Umsetzung makroprudenzieller Maßnahmen und die Verbesserung der Effektivität der geld- und kreditpolitischen Aufsicht.

(2) Klarstellung und Stärkung der Position der PBoC in der Bankenaufsicht.

Hierfür stellt die Konsultationsversion die 3-Koordinationsaufgaben der PBoC fest, nämlich dass sie wichtige Gesetze und Vorschriften für die Finanzindustrie einschließlich der aufsichtsrechtlichen Regelungen organisiert, koordiniert und einheitlich festlegt; die Verantwortung für die systemische

---

63 Pressemittelung der chin. Regierung vom 23.10.2020 in: http://www.gov.cn/hudong/2020-10/16/content_5551867.htm.

Finanzrisikoprävention und Notfallmaßnahmen übernimmt und koordiniert; als Büro für den Finanzstabilitäts- und Entwicklungsausschuss des SR tätig wird und die Regulierungskoordinierung und den Informationsaustausch zwischen Finanzaufsichtsbehörde koordiniert (vgl. Artikel 5 und 10 VBG Entwurf 2020).

(3) Etablierung des Zwei-Säulen Regulierungsmechanismus für Geldpolitik und makroprudenzielle Politik.

Um die Lücken in der makroprudenziellen Aufsicht zu schließen, legt die Konsultationsversion die makroprudenziellen Aufsichtsrahmenbedingungen durch die Stärkung der antizyklischen Anpassung, die Aufnahme von makroprudenziellen Instrumenten wie antizyklische Kapitalpuffer, Risikoreserven und Stresstests fest (vgl. Artikel 4 u. Artikel 34 VBG Entwurf 2020).

(4) Koordination des Aufsichtssystems für die systemrelevanten Finanzinstitute, Finanzholdinggesellschaften und wichtige Finanzinfrastrukturen.

Hierfür soll die PBoC die Kriterien zur Bewertung, Identifizierung, Überwachung und Analyse, konsolidierten Aufsicht sowie der Festlegung von Sanierungsplänen bzgl. systemrelevanter Finanzinstitute und Finanzholdinggesellschaften sowie die Kriterien zum Aufbau, zur Identifizierung, Inspektion, Prüfung, Bewertung und Überwachung wichtiger Finanzinfrastrukturen festlegen (§§ 35, 36, 39, 54 VBG Entwurf 2020). Darüber hinaus verbessert die Konsultationsversion umfassend die Vorschriften für die Statistik und das Meldewesen der Finanzindustrie (Artikel 40 VBG Entwurf 2020).

(5) Funktion der PBoC bei der Aufrechterhaltung der Finanzstabilität und der Vorbeugung und Handhabung systemischer Finanzrisiken.

Die Konsultationsversion sieht einige Maßnahmen vor, nämlich dass die PBoC für die Überwachung und Bewertung des Finanzsystems, für die Risikoprävention und Auflösung systematischer Finanzrisiken, für die gesetzeskonformen Abschreibungen, für die Leistung von Liquiditätshilfe sowie Bildung von Zweckgesellschaften zuständig ist. (vgl. § 37 u. 55 VBG Entwurf 2020).

(6) Klarstellung der RMB-Ausgabe in der physischen und digitalen Währung.

Hierfür stellt die Konsultationsversion klar, dass keiner Person oder Einheit die Generierung oder der Verkauf von digitalem Token erlaubt ist, um die Risiken virtueller Währungen zu verhindern (§ 19 u. 22 VBG Entwurf 2020).

(7) Verbesserung des internen Governance-Systems der PBoC (§ 32 Entwurf 2020).

Hierfür legt die Konsultationsversion fest, dass die PBoC keine direkten Staatsanleihen zeichnen und keine Kredite an lokale Regierungen vergeben darf (§ 32 VBG Entwurf 2020). Zur Gewährleistung der gesunden Bilanz der PBoC sieht sie ein unabhängiges Finanzhaushaltsmanagementsystem sowie einen vom SR zu genehmigenden Budgetplan vor (§ 57 bis 59 VBG Entwurf 2020).

(8) Verbesserung der Aufsichtskompetenzen der PBoC sowie Aufnahme von Sanktionsmaßnahmen.

Die Konsultationsversion verbessert die seitens der PBoC zur Beaufsichtigung erforderlichen Aufsichtsmaßnahmen wie die befristete Korrektur sowie den Korrekturzusicherungsmechanismus (vgl. §§ 47 bis 50, 56 und 66 VBG Entwurf 2020). Darüber hinaus sieht sie vor, dass die PBoC, orientiert an den tatsächlichen Umständen, nach eigenem Ermessen die Bußgelder bis höchstens 20 Millionen Yuan anheben sowie über neue Maßnahmen wie die Anordnung der vorläufigen Geschäftseinstellung, den Widerruf von Finanzlizenzen und Marktverbote verfügen kann (vgl. § 61 VBG Entwurf 2020).

B. Entwicklungsgeschichte der deutschen Bankenaufsicht[64]

Im Vergleich mit der chinesischen Entwicklung der Bankenaufsicht kann Deutschland hier auf eine fast hundertjährige Entwicklungsgeschichte zurückblicken. Die Entwicklungsphase kann nach der Literatur[65] im Allgemeinen in die Vor-Reichszeit bis 1931, die Reichs-Kreditwesengesetz-Zeit bis 1948, die Kreditwesengesetz-Zeit bis 2002, die EZB-Bankenaufsicht sowie die Globalisierung und Internationalisierung der Bankenaufsicht bis zum aktuellen Sachstand unterteilt werden.

64 Beber, Heike (1988) Wirkungen des bankaufsichtsrechtlichen Instrumentariums auf den Wettbewerb im Kreditgewerbe. Marburger Schriften zum Genossenschaftswesen Bd. 64, Marburg 1988.Bundesrat (1961) Stellungnahme des Bundesrates zum Gesetzesentwurf des KWG, in: Deutscher Bundestag Drucksache, 3/1114, S. 49.

65 Werner Neus, in: Luz/Neus/Schaber/Schneider/Wagner/Weber, Rn. 141 ff.; Bitz/Matzke, in Bankenaufsicht in Deutschland – Entwicklungslinien und –tendenzen -, S. 8.

I. Zeit vor der Weltwirtschaftskrise im Jahr 1931

Vor der Weltwirtschaftskrise im Jahr 1931 waren nur einzelne Institutsgruppen (die öffentlich-rechtlichen Sparkassen in Preußen seit 1838 und die Hypothekenbanken seit 1899) oder einzelne Arten von Bankgeschäften durch das Depotgesetz und das Börsengesetz von 1896 den Aufsichtsregeln unterworfen. Ansonsten herrschte bis zum Anfang der dreißiger Jahre des 20. Jahrhunderts auch im Bankensektor im Wesentlichen der Grundsatz der Gewerbefreiheit (Kern der Gewerbeordnung von 1869)[66] und somit Bankenfreiheit[67]. Unter Beaufsichtigung standen zu dieser Zeit lediglich Privatnotenbanken, Sparkassen und öffentlich-rechtliche Banken. Allerdings wurden unter dem Eindruck wiederholter Bankenzusammenbrüche bereits ab der Verabschiedung des Bankgesetzes von 1874[68], durch welches die Deutsche Reichsbank eingerichtet wurde, auch erste Vorschläge für eine generelle Bankenaufsicht diskutiert. Weitere Schritte zur umfassenden Aufsicht waren das Depotgesetz vom 5.7.1896 und das Börsengesetz vom 13.7.1896. Die Hypothekenbanken wurden sodann schließlich durch das Gesetz vom 13.7.1899 ebenfalls unter staatliche Aufsicht gestellt. Nach einer schweren Bankenkrise in den Jahren 1906/07 galt es, Regelungen einzuführen, durch die eine größere Sicherheit gegenüber den Gläubigern gewährleistet werden konnte. Somit verpflichtete die Bankenenquete 1908/09, bei der vor allem Sicherheits- und Liquiditätsaspekte erörtert wurden, die Institute zu einer erweiterten Publizität. Ferner wurden Geschäftsbetriebszulassungen notwendig und es kam zur Einführung von Geschäftsbeschränkungen.

Im Jahre 1918 wurde eine Anzeigepflicht für Geschäfte der Geldentnahme und Geldvergabe erlassen. In den Folgejahren 1919 und 1920 sollten schließlich Durchführungsverordnungen die Kapitalflucht verhindern[69].

Die Gesetzgebung über „Depot und Depositionsgeschäfte" erfolgte im Jahre 1925, wodurch genau geregelt wurde, wer welche Geschäfte betreiben durfte. Obwohl dieses Gesetz am 31.12.1929 wieder außer Kraft gesetzt wurde, ging es inhaltlich in das Kreditwesengesetz (KWG) von 1934 ein.

---

66 Bitz/Matzke, in Bankenaufsicht in Deutschland – Entwicklungslinien und – tendenzen -, S. 8.

67 Werner Neus, in: Luz/Neus/Schaber/Schneider/Wagner/Weber, Rn. 141.

68 Werner Neus, in: Luz/Neus/Schaber/Schneider/Wagner/Weber, Rn. 142.

69 Mayer [1981], S. 11.

II. Zeit bis zum Ende des Zweiten Weltkrieges 1931–1945

Die Bankenkrise von 1931 war der Auslöser dafür, eine umfassende staatliche Aufsicht über alle Banken in Deutschland zu etablieren. Sie war eine Folge der Weltwirtschaftskrise, die 1929 mit dem Börsencrash in New York („Schwarzer Freitag") begonnen hatte. Daraufhin erließ die deutsche Reichsregierung zahlreiche Notverordnungen, darunter die „Verordnung über Aktienrecht, Bankenaufsicht und über Steueramnestie" vom 19. September 1931 im Interesse der Stabilisierung des Finanzsektors. Die Verordnung wurde zum Grundstein für eine einheitliche staatliche Aufsicht über alle Banken. Eine darüber hinausgehende Bankenaufsicht wurde mit dem Reichsgesetz über das Kreditwesen (Reichs-Kreditwesengesetz – KWG) vom 5. Dezember 1934 etabliert. Das Gesetz markierte den Beginn einer allgemeinen, kodifizierten Bankenaufsicht. Wesentliche Grundprinzipien dieses Gesetzes, das im Jahre 1939 neu gefasst wurde, sind zum Teil bis heute erhalten. Dazu gehören zum Beispiel

- Unterstellung aller Kreditinstitute unter eine staatliche Aufsicht;
- Einbindung der Notenbank in die Bankenaufsicht (§ 7 KWG);
- Einführung einer Erlaubnispflicht für das Betreiben von Bankgeschäften;
- Anzeige- und Auskunftspflichten der Kreditinstitute, z. B. bei organisatorischen Veränderungen, bei der Vergabe von sog. Millionenkrediten, etc.;
- Begrenzung der Vergabe von Großkrediten;
- Grenzen für die Vergabe von sog. Organkrediten;
- Mindestanforderungen an Eigenkapital und Liquidität; Grundsätze für die Liquiditätshaltung und die Berichtspflicht aller Banken;
- Erweiterung der Publizitätsbestimmungen sowie
- gesetzliche Bestimmungen für den Spar- und bargeldlosen Zahlungsverkehr.

Das KWG von 1934 führte zudem das neue, bei der Reichsbank gebildete Aufsichtsamt für das Kreditwesen ein. In ihm waren sämtliche in Frage kommenden Regierungsstellen vertreten. Daneben sah es als Exekutivorgan einen Reichskommissar für das Kreditwesen vor, eine dem Reichswirtschaftsminister nachgelagerte Behörde. Der Reichskommissar war dafür zuständig, das KWG im Rahmen der vom Aufsichtsamt gegebenen Richtlinien umzusetzen.
Das KWG von 1934 wurde mehrfach geändert und mit Durchführungsverordnungen ergänzt. Als die Reichsbank 1939 ihre Unabhängigkeit verlor, wurden die bankenaufsichtlichen Aufgaben und Befugnisse auf das dem Reichswirtschaftsministerium nachgeordnete Reichsaufsichtsamt für das Kreditwesen

übertragen. Mit Verordnung vom September 1944 wurde dann auch dieses aufgelöst.

III. Zeit nach dem Zweiten Weltkrieg bis 2001

Nach Ende des Zweiten Weltkrieges dezentralisierten die westlichen Militärregierungen zunächst die zentrale staatliche Bankenaufsicht und übertrugen sie auf die neu geschaffenen Bundesländer. Zur Koordinierung schufen die Landesregierungen bald einen „Sonderausschuss Bankenaufsicht", dem Vertreter aller Bankenaufsichtsbehörden, der Bank deutscher Länder – der späteren Deutschen Bundesbank – sowie ab 1949 Vertreter der zuständigen Bundesministerien angehörten.

1. Neues KWG

Kurz nach Kriegsende setzten Bestrebungen ein, das KWG umfassend zu überarbeiten.
Problematische Ermächtigungen zur Ausfüllung von Rahmenvorschriften, unklare Kompetenzverteilungen und Wünsche seitens der Besatzungsmächte führten zu einer Reihe von Änderungswünschen, über die man ab 1950 diskutierte. Nach mehrjähriger Vorarbeit trat am 1. Jan. 1962 das „neue" Gesetz über das Kreditwesen vom 10. Juli 1961 in Kraft[70].
Die organisatorische Form der deutschen Bankenaufsicht hat sich mehrfach geändert.
Von Anfang an besaß die Notenbank wichtige Mitwirkungsbefugnisse. Aufgrund des „neuen" Gesetzes über das Kreditwesen wurde mit dessen Inkrafttreten das Bundesaufsichtsamt für das Kreditwesen (BAKred) als zentrale Bankenaufsichtsbehörde errichtet.
Das KWG wurde seit seinem Inkrafttreten mehrmals grundlegend überarbeitet („Novellen"). Damit folgte die Bankenaufsicht den Entwicklungen auf den nationalen und – in den letzten Jahrzehnten zunehmend auch – internationalen Finanzmärkten. Diese Entwicklungen bezogen sich auf die Organisation der Finanzmärkte und die Verwendung „neuer", derivativer Finanzinstrumente. Nach einigen nur punktuellen Änderungen durch die erste Novelle von 1971 brachten die nachfolgenden umfangreiche Neuerungen mit sich. Zu nennen sind folgende KWG-Novellen:

70 ebenda.

- die 2. KWG-Novelle vom 24. März 1976, die am 3. Mai 1976 in Kraft trat;
- die 3. KWG-Novelle vom 20. Dez. 1984, die am 1. Jan. 1985 in Kraft trat;
- die 4. KWG-Novelle vom 21. Dez. 1992, die am 1. Jan. 1993 in Kraft trat;
- die 5. KWG-Novelle vom 28. Sept. 1995, die am 1. Jan. 1996 in Kraft trat;
- die 6. KWG-Novelle vom 22. Okt. 1997, die mehrheitlich am 1. Jan. 1998 in Kraft trat, sowie
- die 7. KWG-Novelle vom 22. Nov. 2006, die am 1. Jan. 2007 in Kraft trat.

2. Verschärfung von Kreditregeln mit der 2. KWG-Novelle

Als Reaktion auf den Zusammenbruch des Kölner Bankhauses I. D. Herstatt KGaA und dessen Schließung durch das Bundesaufsichtsamt für das Kreditwesen (BAKred) am 26. Juni 1974 erfolgte die 2. KWG-Novelle. Schwerpunkte der Änderungen waren die Verschärfung der Großkreditregeln, die Erweiterung der Prüfungs- und Eingriffsbefugnisse des BAKred sowie die Einführung des sog. Vier-Augen-Prinzips auch bei der Geschäftsleitung einer Bank, d. h. jede Bank musste nun mindestens zwei Geschäftsleiter haben, die nicht nur ehrenamtlich für das Kreditinstitut tätig sind. Darüber hinaus ist die Bankenaufsicht nun berechtigt, über eine in Not geratene Bank ein vorübergehendes Veräußerungs- und Zahlungsverbot zu verhängen (§ 46a KWG); damit ist der Bankenaufsicht die Möglichkeit gegeben, eine „offene" Insolvenz einer Bank zu vermeiden und diese stattdessen „still" zu sanieren, z. B. durch „Stützungsmaßnahmen", etwa in Form von Krediten eines Einlagensicherungssystems oder anderer Banken. Die Bankenaufsicht kann zudem eine „Sonderprüfung" ohne besonderen Anlass vornehmen (§ 44 Abs. 1 KWG). Schließlich bemüht der Staat sich um den Ausbau von freiwilligen Einlagensicherungssystemen[71].

3. Konsolidierungsaufsicht und Anteilskontrolle mit der 3. KWG-Novelle

Umfassend überarbeitet wurde das KWG mit der 3. Novelle von 1984, mit der unter anderem die EG-Richtlinie über die Beaufsichtigung der Kreditinstitute auf konsolidierter Basis in deutsches Recht umgesetzt wurde. Außerdem wurden die Bestandteile des Deckungspotenzials von Banken neu festgesetzt sowie unter anderem die Regelungen über die Vergabe von Groß- und Organkrediten und die Meldepflichten für sog. Millionenkredite strenger gefasst[72].

---

71 ebenda.

72 Bitz/Matzke, in Bankenaufsicht in Deutschland – Entwicklungslinien und – tendenzen -, S. 13.

4. *Einführung der Anteilseignerkontrolle durch die 4. KWG-Novelle*

Mit der 4. KWG-Novelle von 1992 wurde u. a. als Reaktion auf den BCCI-Skandal die Anteilseignerkontrolle eingeführt: Neben der Kontrolle, ob die Geschäftsleiter einer Bank zuverlässig sind, müssen sich nun auch die Anteilseigner von Banken einer solchen Kontrolle unterwerfen. Dadurch sollen insbesondere Gefahren für die Funktionsfähigkeit der Banken und deren Gläubiger abgewendet werden, die sich aus der Zusammensetzung des Eigentümerkreises ergeben können, und Vorsorge dagegen getroffen werden, dass die Institute etwa zur sog. Geldwäsche missbraucht werden. Die Anteilseignerkontrolle setzt bei der Zulassung eines Instituts und bei späteren wesentlichen Änderungen der Eigentümerverhältnisse ein[73].

Werden an einem neu zuzulassenden Institut von einem Anteilseigner unmittelbar oder mittelbar über Tochterunternehmen mindestens 10 % des Kapitals oder der Stimmrechte gehalten (sog. bedeutende Beteiligung gemäß § 1 Abs. 9 KWG), so ist heutzutage im Erlaubnisverfahren von der Bundesanstalt für Finanzdienstleistungsaufsicht (BaFin) zu prüfen, ob der Inhaber der bedeutenden Beteiligung oder seine gesetzlichen Vertreter den im Interesse einer soliden und umsichtigen Führung des Instituts zu stellenden Ansprüchen genügen. Wird diese Voraussetzung nicht erfüllt, so ist die Erlaubnis gemäß § 33 Abs. 1 Satz 1 Nr. 3 KWG zu versagen. Darüber hinaus kann die BaFin gemäß § 33 Abs. 3 Nr. 1 KWG die Erlaubnis verweigern, wenn das zuzulassende Institut derart in eine Unternehmensgruppe eingegliedert wird, dass eine wirksame Beaufsichtigung nicht möglich ist. Beabsichtigt jemand, eine bedeutende Beteiligung an einem bestehenden Institut zu erwerben oder seine bestehende Beteiligung über die Schwellen von 20 %, 30 % oder 50 % der Stimmrechte oder des Kapitals zu erhöhen, hat er dies gemäß § 2c Abs. 1 KWG ebenfalls der BaFin und der Deutschen Bundesbank anzuzeigen. Die BaFin kann den beabsichtigten Erwerb oder die Beteiligungserhöhung aus den gleichen Gründen untersagen, aus denen wegen fehlender Zuverlässigkeit der Anteilseigner oder mangelnder Transparenz der Konzernstruktur ein Institut nicht zugelassen wird (§ 2c Abs. 1b KWG)[74].

Im Fall, dass der Erwerb einer bedeutenden Beteiligung verboten werden kann, kann die BaFin bei bestehenden Beteiligungen dem Anteilseigner gemäß § 2c Abs. 2 KWG untersagen, seine Stimmrechte auszuüben. Um zu vermeiden, dass die Arbeitsfähigkeit der Organe des Instituts durch den Ausfall der

---

73 ebenda.

74 ebenda.

Stimmrechte beeinträchtigt wird, kann ein Treuhänder zur Ausübung der Stimmrechte des ausgeschlossenen Inhabers bestellt werden. Auch müssen die Institute BaFin und Bundesbank nach § 24 Abs. 1 Nr. 11 KWG jährlich Namen und Anschriften der Inhaber bedeutender Beteiligungen anzeigen[75].

5. *Großkreditdefinition mit der 5. KWG-Novelle*

Im Rahmen der 5. KWG-Novelle vom 28.12.1994 wurden die Zweite Konsolidierungs-Richtlinie sowie die Großkredit-Richtlinie in deutsches Recht umgesetzt. Damit wurde die bankenaufsichtliche Konsolidierung auf Finanzholding-Gruppen und Unternehmen mit bankbezogenen Hilfsdiensten ausgeweitet, die Großkreditdefinition auf 10 % des haftenden Eigenkapitals der Bank gesenkt und die Bagatellgrenze ersatzlos gestrichen[76]. Die Großkrediteinzelobergrenze wurde erneut gesenkt, und zwar von 50 % auf 25 % und sogar auf 20 % des Deckungspotenzials der Bank für nicht konsolidierte Mutter-, Tochter-, Enkel- oder Schwesterunternehmen; bei derart verbundenen Unternehmen wurde offenbar ein größeres Risikopotenzial vermutet[77].

6. *Regulierung der Anteilseignerkontrolle mit der 6. KWG-Novelle*

Mit der 6. KWG-Novelle vom 22.10.1997 wurde die umfassendste Neustrukturierung des deutschen Bankenaufsichtsrechts seit Bestehen des KWG ausgelöst. Mit Umsetzung der Kapitaladäquanz-Richtlinie (RL 93/6/EWG) und der Wertpapierdienstleistungs-Richtlinie (RL 93/22/EWG) wurde die Beaufsichtigung von Kreditinstituten und Wertpapierhandelshäusern, die zuvor nur einer beschränkten Regulierung unterlagen, vereinheitlicht[78]. Infolge der Umsetzung der BCCI-Richtlinie (RL 95/26/EG) wurde die Regulierung der Anteilseignerkontrolle wieder aufgenommen und die BCCI-Folge-Richtlinie in deutsches Recht umgesetzt. Nach § 33 Abs. 1 Satz 1 Nr. 7 und Abs. 3 KWG ist Unternehmen des finanziellen Sektors die Zulassung nun auch dann zu versagen oder zu entziehen, wenn die Organisation des Unternehmens oder die Besitzverhältnisse an ihm eine wirksame Aufsicht beeinträchtigen[79].

---

75 ebenda.

76 Werner Neus, in: Luz/Neus/Schaber/Schneider/Wagner/Weber, Rn. 161.

77 Werner Neus, in: Luz/Neus/Schaber/Schneider/Wagner/Weber, Rn. 161.

78 Werner Neus, in: Luz/Neus/Schaber/Schneider/Wagner/Weber, Rn. 162.

79 Bitz/Matzke, Bankenaufsicht in Deutschland – Entwicklungslinien und – tendenzen -, S. 13, online erhältlich unter https://www.fernuni-hagen.de/csf/docs/festschrift_arnold_beitrag_bitz_matzke_csf_website.pdf.

IV. Allfinanzaufsicht der BaFin (2002–2012)

Am 1. Mai 2002 wurde schließlich die Bundesanstalt für Finanzdienstleistungsaufsicht (BaFin), mit Sitz in Bonn und Frankfurt am Main, gegründet. Die BaFin vereinigt die drei ehemals selbständigen Bundesaufsichtsämter für das Kreditwesen (BAKred), für das Versicherungswesen (BAV) und für den Wertpapierhandel (BAWe). Mit Gründung der BaFin im Jahre 2002 wurde in Deutschland die Allfinanzaufsicht eingeführt und damit eine neue staatliche Aufsicht geschaffen, die den gesamten Finanzmarkt umfasst und überwacht. Die bisherigen einzelnen Organe wurden abgeschafft und eine Einheit aus den Aufsichten für das Versicherungs-, Banken- und Wertpapierwesen errichtet. Dementsprechend ist die interne Struktur der BaFin von den drei Aufsichtssäulen Bankenaufsicht, Versicherungsaufsicht und Wertpapieraufsicht/Asset-Management geprägt, ein Hinweis auf die Aufgaben der ehemaligen drei Aufsichtsämter, die in diesen Säulen aufgegangen sind.
Die Bankenaufsicht in Deutschland wird heute durch die BaFin und die Deutsche Bundesbank ausgeübt.

V. EZB-Bankenaufsicht ab 2012

Eine der zentralen Konsequenzen aus der globalen Finanzkrise 2007/2008 war es, eine makroprudenzielle Aufsicht zu schaffen, um die erheblichen Bedrohungen für die Finanzstabilität in der gesamten Wirtschafts- und Währungsunion erfolgreich zu bewältigen.
Am 29. Juni 2012 beschlossen die Staats- und Regierungschefs der Länder des Euroraums, der EZB im Rahmen des Einheitlichen Aufsichtsmechanismus (Single Supervisory Mechanism – SSM) die Aufsichtsaufgaben zu übertragen[80].
Am 12. September 2012 legte die Europäische Kommission Verordnungsentwürfe vor, die der EZB bestimmte Aufsichtsaufgaben übertrugen (SSM-Verordnung) und die Rolle bzw. die Zuständigkeiten der EBA an die neuen Regelungen für die Bankenaufsicht anpassten. Außerdem präsentierte sie den Fahrplan für eine Bankenunion[81]. Am 15. Oktober 2013 erließ der Rat der Europäischen Union die SSM-Verordnung, wonach die EZB ihre Aufsichtsaufgaben ab dem 4. November 2014 in vollem Umfang übernimmt. Am 15. Mai 2014

80 EZB's Webseite von https://www.bankingsupervision.europa.eu/about/milestones/html/index.de.html.

81 https://eur-lex.europa.eu/legal-content/DE/TXT/PDF/?uri=CELEX:52012DC0510&from=EN.

trat die SSM-Rahmenverordnung in Kraft, welche die rechtliche Struktur für die Zusammenarbeit zwischen der EZB und den nationalen Aufsichtsbehörden beim SSM enthält und das Verhältnis zwischen diesen regelt[82]. Am 04.11.2014 nahm die EZB in vollem Umfang die Arbeit für die Aufsicht der Banken in den Mitgliedstaaten auf, die am einheitlichen europäischen Bankenaufsichtsmechanismus (Single Supervisory Mechanism – SSM) teilnehmen.
Der SSM setzt sich aus der EZB und den nationalen Bankenaufsichtsbehörden der teilnehmenden Mitgliedstaaten zusammen (vgl. Artikel 2 Nr. 9 SSM-VO.). Gem. der nur für die Mitgliedstaaten des Euroraums geltenden SSM-Rahmenverordnung[83] und der SSM-Verordnung[84] übernimmt die EZB unter Einbeziehung der nationalen Aufsichtsbehörden im Euroraum die Aufsicht über die CRR-Kreditinstitute. Die derzeit geltende Lösung sieht vor, dass die EZB die unmittelbare Aufsicht über systemrelevante Banken im Euroraum ausübt. Als systemrelevante Banken erfüllen sie gleichzeitig folgende Voraussetzungen:

- Banken mit mehr als 30 Mrd. EUR Bilanzsumme (derzeit ca. 130 Banken, davon 21 deutsche Banken),
- Banken mit einer Bilanzsumme von mehr als 20 % der Wirtschaftskraft eines Landes (mindestens 5 Mio. EUR),
- die drei größten Banken eines Landes,
- sonstige von der EZB unter ihre Aufsicht gestellte Banken.

Nicht bedeutende CRR-Institute (alle Sparkassen außer der Berliner und der Hamburger Sparkasse, alle Genossenschaftsbanken, weitere kleinere und Spezialbanken) und Nicht-CRR-Institute werden weiterhin von den mitgliedstaatlichen Aufsichtsbehörden beaufsichtigt. Die EZB kann jedoch Vorgaben und Leitlinien (Single Rule Book) für CRR-Institute erlassen und überwacht die nationalen Aufsichtsbehörden. Dabei steht ihr ein Eingriffsrecht auch gegenüber den ihr nicht unmittelbar unterstellten CRR-Instituten zu. Für die Erteilung und Aufhebung der Erlaubnis ist die EZB dagegen für alle CRR-Kreditinstitute unmittelbar zuständig. Der BaFin kommt lediglich

82 ebenda.
83 Verordnung der Europäischen Zentralbank vom 16.4.2014 zur Errichtung eines Rahmenwerks für die Zusammenarbeit zwischen der Europäischen Zentralbank und den nationalen zuständigen Behörden und den nationalen benannten Behörden innerhalb des einheitlichen Aufsichtsmechanismus, Dokument EZB/2014/17.
84 Verordnung (EU) Nr. 1024/2013 des Rates vom 15. Oktober 2013 zur Übertragung besonderer Aufgaben im Zusammenhang mit der Aufsicht über Kreditinstitute und die Europäische Zentralbank, ABl. L 287, 63.

vorbereitende und unterstützende Funktion zu (Art. 1 Abs. 2 SSM-Rahmenverordnung). Außerdem erlässt die EU-Kommission auf Vorschlag der EBA neben der EZB derzeit eine Vielzahl delegierter Verordnungen gemäß Art. 456 ff. CRR oder Durchführungsverordnungen insbesondere zu den Regelungen der CRR.

C. Zwischenergebnisse

Im Hinblick auf die bankenaufsichtsrechtliche Entwicklung beider Länder sind folgende Gemeinsamkeiten und Unterschiede als Befunde zu erkennen:

I. Entwicklungsgeschichte

Die Entwicklungsgeschichte der chinesischen Bankenaufsicht ist geprägt durch den vom Staat gelenkten Entwicklungsplan, den die Bankenaufsichtsbehörde und die Banken zeitlich erfüllen müssen. Hierfür werden die Entwicklungsziele und -pläne bis ins Detail im Rahmen des Nationalkongresses diskutiert und genehmigt. Zuletzt sieht der XIV. Fünfjahresplan von 2020 bis 2025 im Hinblick auf die Bankenaufsicht und Finanzreform vor, das chin. Finanzaufsichtssystem, die Transparenz sowie die Legalisierung der Finanzaufsicht und das Einlagensicherungssystem zu verbessern und die Bereiche der Risikoprävention, Frühwarnung, Sanierung und Haftung von Mitarbeitern in der Finanzindustrie sowie eine Nulltoleranz bei Verstößen gegen Gesetze und Vorschriften verstärkt zur regeln.
Dagegen sieht man bei der Entwicklungsgeschichte der Bankenaufsicht in Deutschland die wesentlichen Entwicklungsschritte als Reaktionen auf bestimmte krisenhafte Vorkommnisse. Zuletzt waren viele Gesetzesregeln auf die Finanzkrisen 2008 zurückzuführen. Parallel beeinflusst die europäische Gesetzgebung die deutsche Bankenaufsicht ebenfalls stark.

II. Ziele der Bankenaufsicht

Trotz des unterschiedlichen Wortlautes zu den Zielen der Bankenaufsicht in beiden Ländern sind Sinn und Zweck der Bankenaufsicht grundsätzlich identisch.
Artikel 1 Abs. 1 BAG besagt, dass die verstärkte Bankenaufsicht die Normalisierung der Aufsichtstätigkeit, die Risikovorbeugung und -beseitigung, den Schutz von Kundeninteressen und die Förderung einer gesunden Entwicklung des Bankensektors zum Ziel hat.

Die Hauptziele der Bankenaufsicht in Deutschland sind in § 6 Abs. 2 KWG zusammengefasst. Sie bestehen darin, Missständen im Kreditwesen entgegenzuwirken, die

- die Sicherheit der den Instituten anvertrauten Vermögenswerte gefährden,
- die ordnungsgemäße Durchführung der Bankgeschäfte beeinträchtigen oder
- erhebliche Nachteile für die Gesamtwirtschaft nach sich ziehen können[85].

Letztendlich liegen die Ziele der Bankenaufsicht in beiden Ländern im Schutz von Kundeninteressen, in der Risikovermeidung und in der Sicherung der Finanzstabilität, wobei sie Komponenten sowohl aus mikroprudenziellen als auch aus makroprudenziellen Aspekten enthalten.

III. Aufsichtsmodell

China erlebt seit 1949 innerhalb von 70 Jahren bei der Ausgestaltung der Finanzaufsichtsmodelle einen Prozess beginnend mit dem Allfinanzaufsichtsmodell durch die PBoC vor dem Jahr 2003; danach folgten die getrennte Aufsicht über Banken, Versicherungen und Kapitalmärkte durch CBRC, CIRC und CSRC bis 2017, ab 2018 ein gemischtes Aufsichtsmodell „eine Zentralbank und zwei Komitees", also die Banken- und Versicherungsaufsicht unter einem Dach der CBIRC und die Kapitalmarktaufsicht unter der CSRC, und bis jetzt tendenziell die zentralisierte Bankenaufsicht durch die PBoC. Bislang ist es noch nicht vorhersehbar, ob China wie Deutschland eine Superbehörde zur Allfinanzaufsicht für Banken-, Versicherungs- und Wertpapieraufsicht bilden will. Es ist aber vorstellbar, dass China weiterhin, wie in dem XIV. Fünfjahresplan angekündigt, den Weg eines effektiven Finanzaufsichtsmodells erforschen und die internationalen Erfolge zum Vorbild nehmen wird.
Dagegen herrscht in Deutschland seit 2002 das Allfinanzaufsichtsprinzip, nach dem die Banken-, Wertpapierhandel- und Versicherungsaufsicht, trotz des seit dem 4. November 2014 bestehenden SSM, ausschließlich der Aufsicht der BaFin unterstehen.

IV. Makro- und mikroprudenzielle Aufsicht

Aus dem historischen Grund, dass zunächst die PBoC in China als Bankenaufsichtsbehörde fungierte, regulierte sie den Bankensektor ausschließlich

85 Online-Veröffentlichung von BaFin über Ziele der deutschen Bankenaufsicht, erhältlich unter https://www.bafin.de/DE/DieBaFin/AufgabenGeschichte/Bankenaufsicht/bankenaufsicht_node.html.

aus dem makroprudenziellen Aspekt. Nachdem die chin. Bankenaufsichtsbehörde im engeren Sinne gegründet war, versuchte sie immer mehr, den Kurs auf die gleichzeitige makro- und mikroprudenzielle Aufsicht zu richten. Jedoch ist die chin. Bankenaufsichtsbehörde (CBIRC) eher für die mikroprudenzielle Aufsicht bzw. für die Durchsetzung der aufsichtlichen Vorgaben der PBoC und die PBoC für die makroprudenzielle Aufsicht zuständig. Zudem befindet sich das Büro des Finanzstabilitäts- und Entwicklungsausschusses des SR in der PBoC. Diese Aufteilung erfolgte vor dem Hintergrund, dass der SR auf der Fünften Nationalen Finanzarbeitskonferenz im Juli 2017 die Einrichtung des SR-Finanzstabilitäts- und Entwicklungsausschusses[86] zur Verstärkung der Verantwortung der PBoC für ein makroprudenzielles Management und eine systematische Risikoprävention beschlossen hatte und dass der PBoC nach dem auf der ersten Sitzung des 13. Nationalen Volkskongresses im März 2018 vom SR verabschiedeten Beschluss über das institutionelle Reformprogramm die Zuständigkeiten für das Entwerfen wichtiger Gesetze und Verordnungen im Bank- und Versicherungssektor zugewiesen sind[87].

Da die deutsche und europäische Aufsichtsbehörde nach der Finanzkrise 2007/2008 die Wichtigkeit der makroprudenziellen Aufsicht für die Aufrechterhaltung der Finanzstabilität erkannte, bündelte der ESRB die Expertise der EZB und der europäischen Aufsichtsbehörden mit dem Ziel, systemische Risiken zu identifizieren und zu bewerten, gegebenenfalls Warnungen auszusprechen und zu empfehlen, und schlug Anfang 2012 der ESRB vor, auch auf nationaler Ebene makroprudenzielle Behörden oder Gremien einzurichten[88]. Die EZB ist aufgrund ihrer zentralen Zuständigkeit im Bereich der mikro- und makroprudenziellen Bankenaufsicht, die durch die SSM-Verordnung auf sie übertragen wurde, stark in die Überwachung auf Ebene der EU-Länder eingebunden. Deutschland setzte diese Empfehlung des ESRB durch das Gesetz zur Überwachung der Finanzstabilität (FinStabG) um. Wesentlicher Inhalt des Gesetzes ist die Stärkung der Zusammenarbeit der Deutschen Bundesbank, der BaFin und des Bundesministeriums der Finanzen (BMF) auf dem Gebiet der

86 Chinesischer Name: 国家金融稳定发展委员会.

87 ZENG Youqing [2018] S. 26.

88 BaFin Fachartikel „Makroprudenzielle Aufsicht: Neues Gefüge auf globaler, europäischer und nationaler Ebene" unter https://www.bafin.de/SharedDocs/Veroeffentlichungen/DE/Fachartikel/2013/fa_bj_2013_06_makroprudenzielle_aufsicht.html.

Finanzstabilität. Insbesondere erfolgte mit der Gründung des Ausschusses für Finanzstabilität (AFS) am 18. März 2013 eine institutionelle Verzahnung der laufenden makroprudenziellen Überwachung der Bundesbank mit der mikroprudenziellen Aufsicht der BaFin[89].

89 ebenda.

2. Kapitel: Bankenaufsichtssysteme im Vergleich

A. Das chinesische Bankenaufsichtssystem

Ziel des Kapitels ist es, einen vergleichenden Überblick über die beiden Bankenaufsichtssysteme zu geben. Ein Bankenaufsichtssystem besteht grds. aus vier Komponenten – Rechtsgrundlage, Bankenaufsichtssubjekte, -objekte und die zu beaufsichtigenden Bankgeschäfte –, worauf das vorliegende Kapitel unter Außerachtlassung der zu beaufsichtigenden Bankgeschäfte eingehen will.

I. Rechtsetzung im chinesischen Bankenaufsichtsrecht

Zur Verdeutlichung der Rechtsgrundlage des chin. Bankenaufsichtsrechts ist vorab kurz auf die Rechtsetzungskompetenz einzelner relevanter einschlägiger Staatsorgane sowie auf die verschiedenen Erscheinungsformen von Rechtsnormen und auf deren Hierarchie einzugehen, damit man besser die Rechtswirkung einer chinesischen Regelung auf diesem Gebiet verstehen kann.

1. Rechtsetzende Staatsorgane und Gesetzgebungsformen in der chin. Bankenaufsicht

Obwohl die aktuell gültige chinesische Verfassung[90] keine Bestimmungen enthält, die direkt bankenaufsichtsbezogene Angelegenheiten regeln, sind die verfassungsrechtliche Regelung und ihre Organisation für das chinesische Banken- und Bankenaufsichtssystem von entscheidender Bedeutung. Für die Rechtsetzung auf dem Gebiet des Bankenaufsichtsrechts sind danach vor allem der Nationale Volkskongress (folgend: NVK，全国人民代表大会), der Ständige Ausschuss des Nationalen Volkskongresses (folgend: SA NVK，全国人民代表大会常务委员会), der Staatsrat (folgend: SR, 国务院) und die jeweiligen Ministerien (部) und Kommissionen (委员会) des SR zuständig. So wurden beispielsweise die Zentralbank nach § 2 Abs. 2 VBG und die Bankenaufsichtsbehörde nach § 2 Abs. 2 BAG als funktionsbedingte Abteilungen des Staatsrates gegründet, welche in die chin. Bankenaufsicht direkt eingebunden sind. Das

90 Die heutige Verfassung stammt vom 4. Dezember 1982 und wurde in den Jahren 1988, 1993, 1999 und 2004 sowie 2018 angepasst.

Gesetzgebungsgesetz der Volksrepublik China[91] (folgend: GGG) konkretisiert die Gesetzgebungskompetenzen auf dem Rechtsgebiet des Bankenaufsichtsrechts in Artikel 8 Nr. 9 GGG. Danach sind das grundlegende Wirtschaftssystem und die grundlegenden Systeme von Finanzen, Zoll, Bankwesen und Außenhandel nur durch Gesetze zu regeln.

a. Nationaler Volkskongress (NVK)

Der NVK, als das „höchste Organ der Staatsmacht" gem. Art. 57 S. 1 der Verfassung der Volksrepublik China (folgend: VerfVRC), ist zuständig für die „Ausarbeitung und Abänderung von grundlegenden Gesetzen (基本法律) über Strafsachen, zivile Angelegenheiten, die Staatsorgane und sonstige grundlegende Angelegenheiten" (Art. 62 Ziff. 3 VerfVRC). Das grundlegende Wirtschaftssystem und die grundlegenden Regelungen der Staatsfinanzen, des Zolls, des Bankwesens sowie des Außenhandels können nach § 8 Abs. 1 Nr. 9 GGG nur durch Gesetz vom NVK festgelegt werden. So wurde das Volksbankgesetz (VBG) am 18.03.1995 vom NVK erlassen.

b. Ständiger Ausschuss des Nationalen Volkskongresses (SA NVK)

Außerhalb des NVK hat sein ständiges Organ – Ständiger Ausschuss des Nationalen Volkskongresses (SA NVK) (Art. 57 S. 2 VerfVRC) – ebenfalls Rechtsetzungsbefugnisse zur Ausarbeitung und Abänderung der Gesetze mit Ausnahme derer, die vom NVK ausgearbeitet werden sollen (Art. 67 Ziff. 2 VerfVRC). Das Geschäftsbankengesetz (folgend: GBG) wurde am 10.05.1995 und das Bankenaufsichtsgesetz (folgend: BAG) am 27.12.2003 vom SA NVK erlassen.

c. Staatsrat

Darüber hinaus hat der SR die Rechtsetzungsbefugnis zum Erlass von Verwaltungsnormen (行政法规) gem. Art. 89 Ziff. 1 VerfVRC i. V. m. § 5 Bestimmungen über das Verfahren beim Erlass von Verwaltungsrechtsnormen[92].

91 Gesetzgebungsgesetz der Volksrepublik China, verabschiedet am 15.3.2000 auf der 3. Sitzung des 9. Nationalen Volkskongresses; revidiert auf Grund des „Beschlusses zur Revision des ‚Gesetzgebungsgesetzes der Volksrepublik China'"2 auf der 3. Sitzung des 12. Nationalen Volkskongresses am 15.3.2015, erhältlich unter https://www.zchinr.org/index.php/zchinr/article/download/1546/1692/.

92 Bestimmungen über das Verfahren beim Erlass von Verwaltungsrechtsnormen (《行政法规制定程序条例》), erlassen am 16.11.2001, revidiert am 22.12.2017,

Dies sind Normen, „die der Staatsrat zur Führung und Leitung von diversen Verwaltungstätigkeiten des Staates in den Bereichen von Politik, Wirtschaft, Erziehung, Wissenschaft und Technik, Kultur, Auswärtige Angelegenheiten etc." erlässt. Diese Normen können in verschiedenen Erscheinungsformen auftreten. Sie können Verwaltungsverordnungen (行政条例), Verwaltungsbestimmungen (行政规定) oder Verwaltungsmethoden (行政办法) heißen i.S.v. § 5 S. 1 Bestimmungen über das Verfahren beim Erlass von Verwaltungsrechtsnormen. Bis auf wenige Verwaltungsnormen auf dem Gebiet der Bankenaufsicht sind alle vom SR erlassen worden. Dies sind zum Beispiel die Verwaltungsordnung über die Devisenverwaltung[93], die Verwaltungsordnung über die Banken mit ausländischer Beteiligung[94], die Verwaltungsordnung über die Renminbi-Verwaltung[95].

d. *Die Ministerien und Kommissionen des SR*

Die Ministerien (部) und Kommissionen (委员会) des SR erlassen in Übereinstimmung mit den Gesetzen und Verwaltungsrechtsnormen die Regeln (规章) (Art. 90 Abs. 2 VerfVRC), welche ganz unterschiedliche Bezeichnungen für die Verwaltungsrechtsnormen tragen können. Wie im letzten Kapitel erwähnt,

---

chinesischer Text erhältlich unter http://www.gov.cn/zhengce/content/2018-01/16/content_5257039.htm.

93 Verwaltungsordnung über die Devisenverwaltung (《中华人民共和国外汇管理条例》), erlassen am 29.01.1996, dreimal revidiert und zuletzt revidiert am 05.08.2008 mit Referenznr. Guo Wu Yuan Ling 532-2008, erhältlich unter http://www.pkulaw.cn/fulltext_form.aspx?Gid=107240.

94 Verwaltungsbestimmungen über die Banken mit ausländischer Beteiligung (《中华人民共和国外资银行管理条例》), 08.11.2006, erlassen vom Staatsrat, 1. revidiert am 20.12.2014 mit Referenznr. Guo Wu Yuan Ling 2014/657 (中华人民共和国国务院令第657号), gültig ab 01.01.2015 erhältlich unter http://www.gov.cn/zhengce/content/2014-12/20/content_9309.htm, 2. Revidiert am 15.10.2019 mit Referenznr. Guo Wu Yuan Ling 2019/720 (中华人民共和国国务院令第720号)， erhältlich unter http://www.cbirc.gov.cn/cn/view/pages/ItemDetail.html?docId=879937&itemId=927&generaltype=0.

95 die Verwaltungsordnung über die Renminbi-Verwaltung (中华人民共和国人民币管理条例) mit Referenznr. Guo Wu Yuan Ling 280 ((中华人民共和国国务院令第280号), erlassen vom SR am 03.Febr. 2000, 1. revidiert am 29.07.2014 mit Referenznr. Guo Wu Yuan Ling 653 (中华人民共和国国务院令第653号); 2. Revidiert am 19.03.2018 mit Referenznr. Guo Wu Yuan Ling 698 (中华人民共和国国务院令第698号), erhältlich unter http://www.gov.cn/zhengce/2020-12/26/content_5574379.htm.

unterstellen sich CBRC, CIRC und CSRC direkt dem SR. Seit dem 22. März 2018 sind CBRC und CIRC in einer Institution verschmolzen – der China Banking Insurance Regulatory Commission (CBIRC). Die neue gebildete Kommission CBIRC unterstellt sich weiterhin dem SR. Die meisten bankenaufsichtsrechtlichen Regelungen wurden vormals von der CBRC erlassen und von der neuen Aufsichtsbehörde CBIRC übernommen und sukzessiv überarbeitet. Diese Vorschriften werden nun laufend auf der Webseite der CBIRC unter der Rubrik „Policy and Regulation" bekannt gegeben.

e. *Gebietskörperschaften*

Neben den genannten zentralstaatlichen Organen sind auch Organe der Gebietskörperschaften befugt, Rechtsnormen zu erlassen. Die Volkskongresse (folgend: VK) der Provinzen, Autonomen Regionen und der Zentralregierung direkt unterstellten Städte (folgend: PAS) sowie deren Ständige Ausschüsse können lokale (auch übersetzt als: territoriale oder örtliche) Rechtsnormen (地方性法规) ausarbeiten, die jedoch nicht im Widerspruch zu der Verfassung, den Gesetzen und den Verwaltungsvorschriften stehen dürfen (vgl. Art. 100 VerfVRC, §§ 72 ff. GGG). Gebiete mit ethnischer Autonomie haben die Befugnisse i. S. v. Art. 116 VerfVRC, Autonomieverordnungen (自治条例) und Einzelverordnungen (单行条例) entsprechend den politischen, wirtschaftlichen und kulturellen Besonderheiten der Nationalität oder der Nationalitäten dieses Gebietes auszuarbeiten. Diese Rechtsakte müssen jedoch, bevor sie in Kraft treten können, dem SA des NVK zur Genehmigung vorgelegt werden (Art. 116 VerfVRC). Inhaltlich betreffen die lokalen Rechtsakte zumeist die Konkretisierung zentralstaatlicher Grundsatzentscheidungen, die bisher noch nicht gesetzlich fixiert sind, oder stellen Durchführungsnormen zu Rechtsakten dar, die vom NVK bzw. vom SA NVK erlassen wurden. Schließlich können auch die Regierungen der PAS und größerer Städte gemäß den Gesetzen und Verwaltungsrechtsnormen und gemäß den örtlichen Rechtsnormen Regeln (规章) festlegen, wenn dies zur Durchführung solcher Rechtsakte erforderlich ist oder wenn Angelegenheiten geregelt werden, die zu der spezifischen Verwaltung des Bezirks gehören.

Vor dem Hintergrund, dass eine Gebietskörperschaft im Bereich der Bankenaufsicht in den Aspekten der Produktbezogenheit und der Aufsichtssubjekte stark eingeschränkt ist, zeichnen sich die dezentralen lokalen Regelungen durch ihre schwache Wirkung aus; deshalb hat die vorliegende Arbeit aus Platzgründen die Bankenaufsicht aus dem Aspekt der Gebietskörperschaft bewusst weggelassen.

2. Rechtsgrundlage der Bankenaufsicht

Die Rechtsgrundlage des chin. Bankenaufsichtsrechts entspricht den gesetzgebenden Ebenen, wie sie im vorigen Abschnitt dargestellt wurden. Die nachfolgende Übersicht über die wichtigsten Rechtsetzungen in der VRC in der Zeit von 1998 bis heute soll einen anschaulichen Überblick über die Rechtsetzungskompetenz zentralstaatlicher Organe (NVK/SA NVK, SR, CBRC/CBIRC, PBoC und andere Ministerien) geben, welche jedoch keinen Anspruch auf Vollständigkeit erhebt.
Da bei einigen Angelegenheiten die Sonderregelung für ausländische Banken gelten soll, wird diese hierfür in einem solchen Fall zusätzlich gegenübergestellt.

Gesetzgeber	**Rechtsformen**	**Gesetzesname**	**Ausländische Banken**
SA NVK	Gesetze[96]	– Geschäftsbankengesetz; – Volksbankgesetz; – Bankenaufsichtsgesetz; – Gesetz über die Immunität gegen Zwangsmaßnahmen für Vermögenswerte von ausländischen Zentralbanken[97]; – Geldwäschegesetz[98];	
SR	Verwaltungsordnung und -maßnahme, Mitteilung	– Verwaltungsordnung über die Devisenverwaltung[99]; – Verwaltungsordnung über die RMB-Verwaltung[100]; – Aufhebungsbestimmungen über die Finanzinstitute[101]; – Verwaltungsordnung über die Einlagengeschäfte	

96 Chinesisches Wort: 法律.
97 Chinesischer Titel: 《中华人民共和国外国中央银行财产司法强制措施豁免法》.
98 Chinesischer Titel: 《中华人民共和国反洗钱法》.
99 Chinesischer Titel: 《中华人民共和国外汇管理条例》.
100 Chinesischer Titel: 《中华人民共和国人民币管理条例》.
101 Chinesischer Titel: 《金融机构撤销条例》.

Gesetzgeber	Rechtsformen	Gesetzesname	Ausländische Banken
Organe des SR z. B. von CBIRC; PBoC	Regeln, Bestimmungen[102], Methode[103] Mitteilungen (通知)	– Vorläufige Verwaltungsordnung über die Vor-Ort-Prüfung durch CBIRC[104] – Vorläufige Bewertungsmethode über die Corporate Governance[105]	
		– Durchführungsordnung über die Verwaltungsgenehmigungen für die chin. Geschäftsbanken (folgend: DVO Vg chin. Bank)[106]	– Verwal-tungsordnung über die Banken mit ausländischer Beteiligung (folgend: VerwO AuslandsBetlg)[107],

102 Chinesisches Wort: 规定.

103 Chinesisches Wort: 办法.

104 Chinesischer Titel: 《中国银保监会现场检查办法（试行）》.

105 Chinesischer Titel: 《公司治理监管评估办法（试行）的通知》.

106 Durchführungsverordnung über die Verwaltungsgenehmigungen für die chinesische Verwaltungsangelegenheiten von chinesischen Geschäftsbanken (《中国银保监会中资商业银行行政许可事项实施办法》), erlassen am 12.01.2006 mit Referenznr. Yin Jian Hui Ling 2006/02 (银监会令2006年第2号), erst mal revidiert am 28.12. 2006 mit Referenznr. Yin Jian Hui Ling 2006/07, zweites Mal revidiert am 2013 mit Referenznr. Yin Jian Hui Ling 2015/02, drittes Mal revidiert am 2015 mit Referenznr. Yin Jian Hui Ling, viertes Mal revidiert am 2017 mit Referenznr. Yin Jian Hui Ling, zuletzt revidiert durch CBIRC am 17.08.2018 mit Referenznr. Yin Bao Jian Hui Ling 2018/05, erhältlich unter http://www.cbrc.gov.cn/chinese/files/2017/2134022BC727453EA7C55D896A8DA3F3.doc http://www.cbrc.gov.cn/chinese/home/docDOC_ReadView/A95D3E6E9DE043859C70C990156EFA7E.html.

107 Verwaltungsbestimmungen über die Banken mit ausländischer Beteiligung (《中华人民共和国外资银行管理条例》), erlassen 08.11.2006, erst revidiert am 20.12.2014 mit Referenznr. Guo Wu Yuan Ling 2014/657 (中华人民共和国国务院令第657号), gültig ab 01.01.2015 erhältlich unter http://www.gov.cn/zhengce/content/2014-12/20/content_9309.htm, 2. revidiert am 30.09.2019 mit Referenznr. Guo Wu Yuan Ling 2019/720 (中华人民共和国国务院令第720号), gültig ab 15.10.2019, erhältlich unter https://www.cbirc.gov.cn/cn/view/pages/ItemDetail.html?docId=879937&itemId=860&generaltype=0.

Gesetzgeber	Rechtsformen	Gesetzesname	Ausländische Banken
			- Durch-führungsverordnung zur VerwB AuslandsBetlg[108] (folgend: DVO VerwO AuslandsBetlg), - Durch-führungsverordnung zu den Verwaltungsgenehmigungen für die ausländischen Beteiligungen (folgend: DVO Vg AuslandsBetlg)[109].

108 Durchführungsverordnung zur Verwaltungsbestimmungen über die Banken mit ausländischer Beteiligung (《中华人民共和国外资银行管理条例实施细则》) mit Referenznr. Yin Jian Hui Ling Nr. 2006/06 (银监会令2006年第6号), erlassen von der CBRC am 24.11 2006, erstes Mal revidiert mit der Referenznr. Yin Jian Hui Ling 2017/07 (银监会令2015年第7号) am 01.07.2015, zweites Mal revidiert am 18.12.2019 mit Referenznr. Yin Bao Jian Hui Ling 2019 [6], erhältlich unter http://www.cbirc.gov.cn/cn/view/pages/ItemDetail.html?docId=862443&itemId=928&generaltype=0.

109 Durchführungsverordnung über die Verwaltungsgenehmigungen für die ausländischen Banken (《中国银监会外资银行行政许可事项实施办法》), erlassen am 28.12.2006 mit Referenznr. Yin Jian Hui Ling 2006/7 (中国银监会令2006第7号), erstes Mal revidiert am 11.09.2014 mit Referenznr. Yin Jian Hui Ling 2014/6 (中国银监会令2014年第6号), zweites Mal revidiert am 05.06.2015 mit Referenznr. Yin Jian Hui Ling 2015/4 (银监会令 2015年第4号), drittes Mal revidiert am 13.02.2018 mit Referenznr. Yin Jian Hui Ling 2018/03 (银监会令 2018年第3号), erhältlich unter http://www.cbrc.gov.cn/chinese/home/docDOC_ReadView/3C40D56C31DB4A9595382D03E36CA78B.html.

Gesetzgeber	Rechtsformen	Gesetzesname	Ausländische Banken
Lokale Regierungen	Rechtsakte[110], Bestimmungen, Methode[111], Mitteilungen[112], Vorschriften[113], Ansichten[114], Satzung[115]	– Vorschriften zur Förderung des Aufbaus des regionalen Finanzzentrums Stadt Dalian[116] – Vorschriften über die private Finanzierung der Stadt Wenzhou[117] – Durchführungsordnung über die Vorschriften über die private Finanzierung der Stadt Wenzhou[118] – Lokale Finanzvorschriften der Provinz Shandong[119]	

Übersicht: Rechtsetzende Organe, Normtypen und Anwendungsbereich im Überblick

II. Adressaten der Bankenaufsicht oder Bankenaufsichtsobjekte

§ 2 Abs. 2 bis Abs. 4 BAG legt fest, welche Bankenaufsichtsobjekte unter der Bankenaufsicht stehen, wonach die chin. Bankenaufsichtsbehörde die Finanzinstitute im Bankensektor beaufsichtigt. Finanzinstitute im Bankensektor bestehen sowohl aus Banking-Finanzinstituten als auch Non-Banking-Finanzinstituten.

Unter die Banking-Finanzinstitute fallen Geschäftsbanken, städtische Kreditgenossenschaften, ländliche Kreditgenossenschaften, Einlagen der Publikum einwerbenden Finanzinstitute, Politikbanken (vgl. § 2 Abs. 2 BAG) und ausländische Banken (vgl. § 51 BAG).

Unter den Geschäftsbanken gibt es weiterhin drei Unterkategorien: (1) staatliche Geschäftsbanken, einschließlich der Industrie- und Handelsbank von China, der Agricultural Bank of China, der Bank of China und der China Construction Bank; (2) Aktiengesellschaftsbanken, aufgeteilt in Nationale Aktiengeschäftsbanken wie die Bank of Communications, die CITIC Industrial Bank,

110 Chinesisches Wort: 规范性文件.

111 Chinesisches Wort: 办法.

112 Chinesisches Wort: 通知、通告.

113 Chinesisches Wort: 规则.

114 Chinesisches Wort: 意见.

115 Chinesisches Wort: 规程.

116 Chinesischer Titel: 《大连区域性金融中心建设促进条例》.

117 Chinesischer Titel: 《温州市民间融资管理条例》.

118 Chinesischer Titel: 《温州市民间融资管理条例实施细则》.

119 Chinesischer Titel: 《山东省地方金融条例》.

die China Everbright Bank, die China Minsheng Bank und regionale Aktiengeschäftsbanken wie die China Merchants Bank, die Guangdong Development Bank, die Shanghai Pudong Development Bank, die Hua Xia Bank usw.; (3) Geschäftsbanken mit ausländischer Beteiligung, darunter Geschäftsbanken mit ausschließlicher ausl. Beteiligung, chinesisch-ausländische Joint Venture Banken, Zweigstellen ausländischer Geschäftsbanken.
Unter Non-banking-Finanzinstitute fallen Treuhandgesellschaften, Vermögensverwaltungsgesellschaften, Finanzgesellschaften von Konzernen, Leasinggesellschaften, Automobilfinanzierungsgesellschaften, Konsumfinanzierungsgesellschaft, Geldmaklergesellschaften und sonstige Non-banking-Finanzinstitute (vgl. § 2 Abs. 3 BAG).
Da für die Nichtbanken-Finanzinstitute zusätzliche Sonderregelungen gelten, welche den Umfang dieser Arbeit sprengen würden, beschränkt sich die vorliegende Arbeit ausschließlich auf die Auseinandersetzung mit der Beaufsichtigung von Geschäftsbanken.

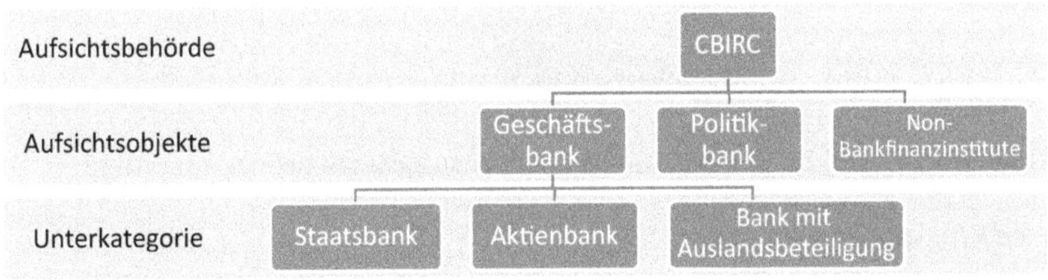

Abbildung 5 Bankenaufsichtsobjekte in China

III. Bankenaufsichtssubjekte

Seit der Organisationsreform vom 21. März 2018 herrscht in der chin. Finanzaufsicht das „Eine Zentralbank, zwei Komitees-Modell". Obwohl § 2 Abs. 1 BAG besagt, dass die dem Staatsrat unterstellte Bankenaufsichtsbehörde (CBIRC) für die Beaufsichtigung der landesweiten Finanzinstitute im Bankensektor und deren Bankgeschäfte zuständig ist, erteilte das BAG einigen Institutionen wie der PBoC, dem Ministerium für Finanzen (folgend: MoF) und dem SR bestimmte Befugnisse, welche ebenfalls bei der Bankenaufsicht eine Rolle spielen sollen. Bei der Bankenaufsicht ist außerhalb der CBIRC vor allem die PBoC nach § 6 (Informationsaustausch mit der CBIRC), § 26 (Vorschlagsrecht zur Prüfung bestimmter Banken), § 28 (Informationsrecht über das für die Finanzstabilität relevante Systemrisiken) und § 29 BAG (gemeinsame Ausarbeitung eines Notfallplans mit der CBIRC und dem Finanzministerium der Volksrepublik China) involviert.

Daher gilt die CBIRC als Bankenaufsichtssubjekt im engeren Sinne. Die Hierarchie des chin. Bankenaufsichtssystems mit allen Bankenaufsichtssubjekten im weiteren Sinne wird durch folgendes Bild veranschaulicht.

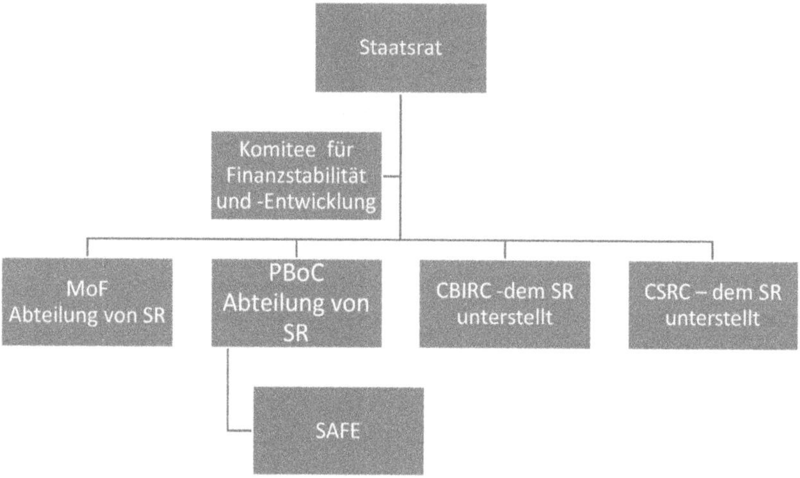

Abbildung 6 Struktur der chinesischen Bankenaufsicht seit dem 21. März 2018

1. China Banking Insurance Regulatory Commission

Das am 27. Dezember 2003 vom Ständigen Ausschuss des Nationalen Volkskongresses (SA NVK) verabschiedete Bankenaufsichtsgesetz[120] (folgend: BAG) bestätigte die zentrale Stellung der CBIRC bei der Bankenaufsicht. In § 2 BAG wird ihr die zusammengefasste und einheitliche Aufsicht über die Geschäftsbanken sowie deren Tätigkeiten übertragen. Nach § 8 Abs. 1 BAG kann die CBIRC nach Bedarf untergeordnete CBIRC-Dienststelle errichten und diese mit Kompetenzen ausstatten. Aktuell sie insgesamt 36 untergeordneten CBIRC-Dienststellen[121] auf Provinzebene.

120 Bankenaufsichtsgesetz (《中华人民共和国银行业监督管理法》), erlassen am 27. Dezember 2003, zuletzt am 31.10.2006 revidiert wurde, erhältlich unter https://www.cbirc.gov.cn/cn/view/pages/ItemDetail.html?docId=879932&itemId=927&generaltype=0.

121 http://www.cbirc.gov.cn/en/view/pages/ItemList.html?itemPId=974&itemId=978&itemUrl=About/CBIRCLocalOffices.html&itemTitle=CBIRC%20Local%20Offices&itemPTitle=About%20the%20CBIRC.

a. *Organisation*

Wie in Kapitel I im Rahmen der Entwicklungsgeschichte der chin. Bankenaufsicht detailliert dargestellt, besteht die CBIRC aus 27 Abteilungen und 36 Zweigstellen.

b. *Kompetenzen des CBIRC*

§ 1 BAG legt die grundlegenden Aufgaben der CBIRC fest zum Schutz der Interessen von Geschäftsbanken, Einlegern und sonstigen Bankkunden, zur Standardisierung der Geschäftsführung von Geschäftsbanken, zur Erhöhung der Kreditqualität, zur verstärkten Aufsicht, zur Gewährung einer stabilen Geschäftsführung von Geschäftsbanken, zur Förderung der stabilen Entwicklung der sozialistischen Marktwirtschaft.

Zur Erfüllung dieser Aufgaben legt das BAG in § 15 bis § 32 mehrere Einzelbefugnisse der CBIRC fest, die sich grob in acht Kategorien einteilen lassen. Darüber hinaus konkretisieren die vorläufigen Bestimmungen über die Verantwortungsbereiche und den Arbeitsprozess der CBRC aus dem Jahr 2004 die Einzelbefugnisse.

aa. *Rechtsetzungsbefugnis*

Die Rechtsetzungskompetenz leitet sich aus dem BAG ab, das seinerseits von der Legislative – Nationaler Volkskongress – verabschiedet wurde. Gemäß § 15 BAG kann die CBIRC Regeln (规章) und Vorschriften (规则) im Zusammenhang mit der Bankenaufsicht und -verwaltung festlegen. Obwohl § 6 Abs. 2 BAG besagt, dass keine lokalen Regierungen und Regierungsabteilungen aller Ebenen, Gesellschaften und Individuen die Aufsichtstätigkeit der CBIRC beeinträchtigen dürfen, ist sie jedoch eine dem Staatsrat unterstellte Organisation und daher weisungsgebunden.

Innerhalb der CBIRC ist deren Rechtsabteilung für das Entwerfen und die Vorbereitung der Rechtsetzungsakte zuständig.

bb. *Genehmigungsbefugnis*

Das BAG räumt der CBIRC an verschiedenen Stellen die Befugnisse zur Prüfung, Genehmigung und Billigung ein. Die Genehmigungsbefugnis erstreckt sich auf die Genehmigung der Banken in China (§ 18 BAG), von Produkten (§ 19 BAG) sowie von leitenden Mitarbeitern (§ 20 BAG). Unter dem Oberbegriff „Marktzugangsrecht“ wird diese Genehmigungsbefugnis explizit Kapitel 3 dieser Arbeit gewidmet.

cc. *Laufende Aufsicht über die Bankgeschäfte*

Die laufende Aufsicht über die Bankgeschäfte nach § 21 BAG gehört zur Kernaufgabe der CBIRC. Rechtliche Grundlage für die Aufsicht über die

Bankgeschäfte ist in erster Linie das Geschäftsbankengesetz, das seit seiner Ausfertigung im Jahre 1995 bis heute zweimal in größerem Umfang geändert wurde. Daneben gibt es einige Spezialregelungen zur Beaufsichtigung von chinesischen Geschäftsbanken und ausländischen Banken in Form von Verwaltungsordnungen. Da die laufende Aufsicht über die Bankgeschäfte Gegenstand von Kapitel 4 dieser Arbeit und auch Hauptteil der Forschungsarbeit ist, wird eine ausführliche Darstellung dort vorgenommen.

dd. Festlegung von Geschäftsstandards

Nach § 21 S. 1 BAG hat die CBIRC die Befugnis, Standards für einen sorgfältigen Geschäftsbetrieb festzulegen. Diese schließen die Grundsätze über Risikomanagement, interne Kontrolle, Eigenkapitalquote (capital adequacy ratio CAR), Kapitalqualität, Schadenreserven, Risikokonzentration, Transaktionen mit verbundenen Personen, Liquidität der Aktiva und so weiter ein. Darüber hinaus soll die CBIRC noch ein Ratingsystem für Bankeninstitute sowie ein Risikofrühwarnsystem einrichten (vgl. § 27 Halbs. 1 BAG). Schließlich soll sie in Zusammenarbeit mit der PBoC und der Finanzabteilung des SR sowie anderen relevanten Abteilungen ein Bankennotfallschutzsystem einrichten, einen Bankennotfallplan formulieren, die Entsorgungsagenturen und das Personal sowie deren Verantwortlichkeiten, Entsorgungsmaßnahmen und Entsorgungsverfahren, rechtzeitige und effektive Behandlung von Notfällen im Bankensektor klären (vgl. § 29 BAG).

ee. Inspektionsbefugnis

Gem. §§ 23, 24 BAG ist CBIRC berechtigt, die Vor-Ort- und Off-Site-Prüfungen durchzuführen. Die provisorischen Maßnahmen von CBIRC zur Prüfungsplanung und -durchführung für die Vor-Ort-Inspektion[122] sowie die provisorische Verwaltungsmaßnahme für die Vor-Ort-Prüfung durch CBIRC[123] konkretisieren die Anforderungen an eine Vor-Ort-Prüfung.

122 Maßnahmen von CBIRC zur Prüfungsplanung und -durchführung für die Vor-Ort-Inspektion (《银保监会现场检查立项和实施程序规定（试行）》) mit Referenznr. Yin Bao Jian Ban Fa [2020]84 (银保监办发[2020]84号), veröffentlicht am 06.09.2020 erhältlich unter https://www.cbirc.gov.cn/cn/view/pages/govermentDetail.html?docId=960573&itemId=861&generaltype=1.

123 Vorläufige Verwaltungsmaßnahme für die Vor-Ort-Prüfung durch CBRC (《中国银监会现场检查暂行办法》) mit Referenznr. Yin Jian Hui Ling 2015/10 (银监会令2015年第10号), erlassen am 10.12.2015 durch CBRC, revidiert am 26.12.2019 mit Referenznr. Yin Bao Jian Hui Ling 2019/7 (银保监会令2019年第7号) als Verwaltungsmaßnahme für die Vor-Ort-Prüfung durch CBIRC (Provisorisch) (《中国银保监会现场检查办法（试行）》), gütlich ab dem 28.01.2020, erhältlich unter

ff. Informationsbefugnis

§ 30 BAG legt die Art und Weise der Erhebung, Verarbeitung und Veröffentlichung der Daten von Bankeninstituten fest und klärt die Zuständigkeit der CBIRC für die einheitliche Zusammenstellung statistischer Daten und Berichte für die Bankfinanzinstitute.
Die statistischen Daten und Berichte der Bankeninstitute sind nicht nur ein Erfordernis der Bankenaufsicht zur Vor-Ort- oder Distanzprüfung, sondern auch ein wesentlicher Bestandteil der nationalen sozioökonomischen Statistik und eine wichtige Grundlage für andere Wirtschafts- und Finanzmanagementabteilungen, um Entwicklungspläne auszuarbeiten und Entscheidungen zu treffen.

gg. Ermittlungs- und Sanktionsbefugnisse

Die Verhängung von Sanktionen durch die CBIRC richtet sich nach dem BAG Kapitel 3 (§§ 30–42 BAG) und Kapitel 4 (§§ 43–49 BAG) in Verbindung mit der „Methode für Verwaltungssanktionen durch die CBIRC" (im folgenden VwSM), die am 1. Februar 2005 in Kraft getreten ist und 2007 sowie 2015 zweimal revidiert wurde[124]. Geplant ist die dritte Revision im Jahr 2020 nach der Bekanntmachung der Konsultationsversion der Methode am 12.10.2019.
Zuständig für die Einleitung von Ermittlungen, Beweiserhebung und die Ausarbeitung einer Sanktionsentscheidung ist gem. § 41 BAG in Verbindung mit § 5 S. 1 Nr. 1–3 VwSM innerhalb der CBIRC und der untergenordneten CBIRC-Dienststelle das Untersuchungsamt (监督检查部门), für die Festlegung und die Erteilung einer Sanktion innerhalb der CBIRC das Verwaltungssanktionskomitee (行政处罚委员会) und in der untergenordneten CBIRC-Dienststelle das Verwaltungssanktionsbüro (行政处罚办公室). Das Verwaltungssanktionskomitee und das Verwaltungssanktionsbüro unterliegen der Leitung der jeweiligen Rechtsabteilung innerhalb der CBIRC sowie der untergenordneten CBIRC-Dienststelle gem. § 5 S. 2 VwSM.

---

https://www.cbirc.gov.cn/cn/view/pages/ItemDetail.html?docId=862790&itemId=928&generaltype=0.

124 Methode für Verwaltungssanktionen durch CBIRC(《中国银行业监督管理委员会行政处罚办法》), erlassen am 28.12.2004 mit Referenznr. Yin Jian Hui Ling 2004[7] (银监会令2004年第7号)，revidiert am 03.07.2007 mit Referenznr. Yin Jian Hui Ling 2007[5] (银监会令2007年第5号), 2. Revidiert am 09.09.2015 mit Referenznr. Yin Jian Hui Ling 2015[8] (银监会令2015年第8号), erhältlich unter: http://www.cbrc.gov.cn/govView_36CBC5B183964E7696E9C20FB4E0E63E.html 2015.

§ 6 VwSM sieht einen Maßnahmenkatalog der CBIRC bei Verhängung von Sanktionen vor. Hierzu gehören Warnung, Bußgelder, Beschlagnahme illegaler Geschäftsgewinne, Betriebseinstellung zur Korrektion, Widerruf der Genehmigung, Widerruf der Berufszulassung als Vorstand, Aufsichtsrat und leitender Mitarbeiter, Berufsverbot für einen bestimmten Zeitraum oder lebenslang. Darüber hinaus legt die VwSM das Verfahren bei der Verhängung von Sanktionen fest. Das erstreckt sich von der Einleitung der Ermittlung (§§ 21–25 VwSM), Ermittlung (§§ 26–34 VwSM), Beweisaufnahme (§§ 35–48 VwSM), Verhandlung (§§ 49 - 56 VwSM), Diskussionsrunde (§§ 57–66 VwSM), Anhörung (§§ 67–76 VwSM) und dem Bescheid bis zur Vollstreckung (§§ 77–89 VwSM). Außerdem sieht es für den Fall der Verhängung von schwereren Sanktionen wie beispielsweise bei Widerruf der Genehmigung oder bei der Verhängung einer größeren Geldbuße ein Anhörungsverfahren vor.
Dieser Teil ist im Zusammenhang mit der laufenden Aufsicht über die Bankgeschäfte und die Bankeninstitute dem Kapitel 4 vorbehalten.

hh. Aufsicht der Bankenverbände

Nach § 31 BAG hat die CBIRC noch die Aufgabe, die Aktivitäten von Bankenverbänden anzuleiten und zu beaufsichtigen. Zwar lässt der Wortlaut der Vorschrift offen, welche Bankenverbände konkret der Aufsicht der CBIRC unterstellt sind, es kommt aber nur der Chinesische Bankenverband[125] als die einzige von der CBIRC beaufsichtigte selbstregulatorische Interessenvereinigung von Geschäftsbanken in China in Betracht. Dieser Verband wurde im Mai 2000 gegründet und unterlag vor der Gründung der CBIRC der Aufsicht durch die PBoC. Bis Januar 2018 hatte er insgesamt 656 Mitglieder.

ii. Zusammenarbeit mit anderen Bankenaufsichtsbehörden

Die PBoC muss dem SR ihre Entscheidungen über die jährliche Geldmenge, Zinssätze, Wechselkurse und andere wichtige Fragen berichten, die vom SR zur Genehmigung vorgegeben werden, bevor sie in Kraft gesetzt werden. Sie ist außerdem verpflichtet, dem Ständigen Ausschuss des Nationalen Volkskongresses einen Arbeitsbericht über die Durchführung der Geldpolitik und die Leistung der Finanzindustrie vorzulegen. Sämtliches Kapital der PBoC ist investiert und im Besitz des Staates.

---

125 Chinesisch Webseite: http://www.china-cba.net/list.php?fid=78.

jj. *Internationale Zusammenarbeit*

§ 32 BAG enthält noch die Befugnis der CBIRC, ausländische Kontakte und die internationale Zusammenarbeit im Kreditwesen anzuleiten und zu beaufsichtigen. Seit der Gründung der CBRC im Mai 2003 hat sie gleich im 2004 mit deutscher Aufsichtsbehörde BaFin die Memoranda of Understanding (MoU) vereinbart. MoU stellen die Kooperation der beiden Behörden und deren Austausch von Informationen über grenzüberschreitend tätige Kreditinstitute auf eine formale Grundlage. Ein großer Schritt zur internationalen Zusammenarbeit bei der Bankenaufsicht gelang der CBRC durch ihren Beitritt zum Basel Committee on Banking Supervision. Am 16.März2009 wurde die CBRC auf der Jahrestagung des BCBS als offizielles Mitglied aufgenommen[126]. Vom 22.-25. September 2014 lud die damalige CBRC zur Versammlung der Bankeninspektoren (Conference of Banking Supervisors ICBS) nach Tianjin und empfing 250 Delegierte aus 110 Aufsichtsbehörden[127].

In der Folgezeit schloss die CBIRC mit verschiedenen Mitgliedsländern der BIC weitere MoU über die Zusammenarbeit bei der Bankenaufsicht. Inspektoren der CBRC erhielten von Spezialisten aus ausländischen Amtsträgern Unterricht über die rechtlichen Grundlagen, die Organisation und die Funktionen der Aufsichtsarbeit in anderen Ländern. Bis Dezember 2020 wurden 122 MoU mit den Aufsichtsbehörden verschiedener Länder und Regionen abgeschlossen[128].

c. *Kompetenzen der untergenordneten CBIRC-Dienststelle*

Die gem. § 8 Abs. 1 BAG nach Bedarf durch die CBIRC errichteten untergeordneten CBIRC-Dienststellen in 31 Provinzen, regierungsunmittelbaren Städten und autonomen Regionen und in fünf nach dem staatlichen Entwicklungsplan gesondert aufgeführten Städten können die Aufsichtsbefugnisse nur im Rahmen des von CBIRC übertragenen Umfangs wahrnehmen (§ 8 Abs. 2 BAG), welcher gesetzlich vorzugeben ist. In Hinblick auf die Zuständigkeiten der untergeordneten CBIRC-Dienststelle gelten ebenfalls die vorläufigen Bestimmungen über die Verantwortungsbereiche und den Arbeitsprozess der CBRC[129]

---

126 Pressemitteilung in: https://www.bis.org/press/p090313.htm.

127 Pressemitteilung in CBRC Webseite: http://www.cbrc.gov.cn/chinese/home/docView/CFF1AC38C4FD4061AFA6161348356DAD.html.

128 Datenquelle aus der Presse, in: https://news.stcn.com/news/202103/t20210324_2945345.html und http://xw.cbimc.cn/2021-04/08/content_389174.htm.

129 Vorläufige Bestimmungen über die Verantwortungsbereiche und den Arbeitsprozess von den untergeordneten CBRC-Dienststellen mit Referenznr. Yin Bao

aus dem Jahr 2004, welche die CBIRC mit den Bestimmungen über die Verantwortungsbereiche und den Arbeitsprozess von der untergeordneten CBIRC-Dienststelle[130] (folgend: CBIRC-Dienststelle-Bestimmung) am 30.Juli 2021 aufgehoben hat.

aa. Genehmigungsbefugnis

Die Durchführungsverordnung über die Verwaltungsgenehmigungen für die chin. Geschäftsbanken (folgend: DVO Vg chin. Bank)[131], die Verwaltungsbestimmungen für Banken mit ausländischer Beteiligung (folgend: VerwB AuslandsBetlg)[132], die Durchführungsverordnung zu den Verwaltungsbestimmungen für Banken mit ausländischer Beteiligung[133] (folgend: DVO VerwB

Jian Hui Ling [2004] Nr. 28 (《中国银行业监督管理委员会监管职责分工和工作程序的暂行规定》(银监发〔2004〕28号), aufgehoben am 30. Juli 2021.

130 Bestimmungen über die Verantwortungsbereiche und den Arbeitsprozess von untergeordneten CBIRC-Dienststellen mit Referenznr. Yin Bao Jian Hui Ling [2021] Nr. 9《中国银行保险监督管理委员会派出机构监管职责规定》（2021年第9号）, erlassen am 30. Juli 2021, erhältlich unter http://www.gov.cn/zhengce/zhengceku/2021-08/10/content_5630471.htm.

131 Durchführungsverordnung über die Verwaltungsgenehmigungen für die chinesische Verwaltungsangelegenheiten von chinesischen Geschäftsbanken (《中国银保监会中资商业银行行政许可事项实施办法》), erlassen am 12.01.2006 mit Referenznr. Yin Jian Hui Ling 2006/02 (银监会令[2006]年第2号), erst mal revidiert am 28.12.2006 mit Referenznr. Yin Jian Hui Ling 2006/07, zweites Mal revidiert am 2013 mit Referenznr. Yin Jian Hui Ling 2015/02, drittes Mal revidiert am 2015 mit Referenznr. Yin Jian Hui Ling, viertes Mal revidiert am 2017 mit Referenznr. Yin Jian Hui Ling, zuletzt revidiert durch CBIRC am 17.08.2018 mit Referenznr. Yin Bao Jian Hui Ling 2018/05, erhältlich unter http://www.cbrc.gov.cn/chinese/files/2017/2134022BC727453EA7C55D896A8DA3F3.doc http://www.cbrc.gov.cn/chinese/home/docDOC_ReadView/A95D3E6E9DE043859C70C990156EFA7E.html.

132 Verwaltungsbestimmungen über die Banken mit ausländischer Beteiligung (《中华人民共和国外资银行管理条例》), erlassen 08.11.2006, erst revidiert am 20.12.2014 mit Referenznr. Guo Wu Yuan Ling 2014/657 (中华人民共和国国务院令第657号), gültig ab 01.01.2015 erhältlich unter http://www.gov.cn/zhengce/content/2014-12/20/content_9309.htm, 2. revidiert am 30.09.2019 mit Referenznr. Guo Wu Yuan Ling 2019/720 (中华人民共和国国务院令第720号), gültig ab 15.10.2019, erhältlich unter https://www.cbirc.gov.cn/cn/view/pages/ItemDetail.html?docId=879937&itemId=860&generaltype=0.

133 Durchführungsverordnung zur Verwaltungsbestimmungen über die Banken mit ausländischer Beteiligung (《中华人民共和国外资银行管理条例实施细则》) mit Referenznr. Yin Jian Hui Liang Nr. 2006/06 (银监会令[2006]年第6号), erlassen

AuslandsBetlg) und die Durchführungsverordnung über die Verwaltungsgenehmigungen für eine ausländische Bank (folgend: DVO Vg AuslandsBetlg)[134] konkretisieren noch das Genehmigungsverfahren, die -zuständigkeiten und -form der Gründung, Änderung und Beendigung einer Geschäftsbank, der Anpassung des Geschäftsumfangs und der Aufnahme eines neuen Produkts sowie der Anerkennung der Berufsqualifikationen von Vorstand und Führungskräften durch die untergenordneten CBIRC-Dienststellen. Es stellt sich jedoch die Frage, ob diese Bestimmungen über die Verantwortungsbereiche und den Arbeitsprozess von der untergeordneten CBIRC-Dienststellen überflüssig sind, wenn sie schließlich nur generelle Grundsätze vorschreiben sollen, da die Zuständigkeiten, Form und Verfahren über die Verwaltungsgenehmigungsangelegenheiten jeweils in den DVOen für chin. Banken und Banken mit ausl. Beteiligung schon geregelt waren.

bb. Inspektionsbefugnis

Gem. §§ 23, 24, 34 BAG in Verbindung mit § 2 Verwaltungsmaßnahme für die Vor-Ort-Prüfung durch CBIRC[135] ist die Vor-Ort-Prüfung innerhalb des

---

von der CBRC am 24.11.2006, erstes Mal revidiert mit der Referenznr. Yin Jian Hui Ling 2017/07 (银监会令[2015]年第7号) am 01.07.2015, zweites Mal revidiert am 18.12.2019 mit Referenznr. Yin Bao Jian Hui Ling 2019 [6], erhältlich unter http://www.cbirc.gov.cn/cn/view/pages/ItemDetail.html?docId=862443&itemId=928&generaltype=0.

134 Durchführungsverordnung über die Verwaltungsgenehmigungen für die ausländischen Banken (《中国银监会外资银行行政许可事项实施办法》), erlassen am 28.12.2006 mit Referenznr. Yin Jian Hui Ling 2006/7 (中国银监会令[2006]第7号), erstes Mal revidiert am 11.09.2014 mit Referenznr. Yin Jian Hui Ling 2014/6 (中国银监会令[2014]年第6号), zweites Mal revidiert am 05.06.2015 mit Referenznr. Yin Jian Hui Ling 2015/4 (银监会令[2015]年第4号), drittes Mal revidiert am 13.02.2018 mit Referenznr. Yin Jian Hui Ling 2018/03 (银监会令[2018]年第3号), erhältlich unter http://www.cbrc.gov.cn/chinese/home/docDOC_ReadView/3C40D56C31DB4A9595382D03E36CA78B.html.

135 Vorläufige Verwaltungsmaßnahme für die Vor-Ort-Prüfung durch CBRC (《中国银监会现场检查暂行办法》) mit Referenznr. Yin Jian Hui Ling 2015/10 (银监会令[2015]年第10号), erlassen am 10.12.2015 durch CBRC, revidiert am 26.12.2019 mit Referenznr. Yin Bao Jian Hui Ling 2019/7 (银保监会令[2019]年第7号) als Verwaltungsmaßnahme für die Vor-Ort-Prüfung durch CBIRC (Provisorisch) (《中国银保监会现场检查办法（试行）》), gütlich ab dem 28.01.2020, erhältlich unter https://www.cbirc.gov.cn/cn/view/pages/ItemDetail.html?docId=862790&itemId=928&generaltype=0.

örtlichen Zuständigkeitsbereichs nach dem von der CBIRC genehmigten Prüfungsplan durchzuführen.

cc. Ermittlungs- und Sanktionsbefugnisse

Die untergeordneten CBIRC-Dienststellen können außerdem innerhalb deren örtlichen Zuständigkeit die Verwaltungssanktionen erlassen und müssen gleichzeitig der CBIRC über die Ermittlungsergebnisse und die Verhängung von Verwaltungssanktionen unterrichten.

dd. Informationsbefugnisse

Die untergeordneten CBIRC-Dienststellen sind innerhalb deren örtlicher Zuständigkeiten für die Erhebung von risikobezogenen Informationen über die laufenden Geschäfte der örtlich zu beaufsichtigenden Geschäftsbanken zuständig (vgl. §§ 3, 6 CBIRC-Dienststellen-Bestimmungen).

2. The People's Bank of China (PBoC)

Wie die CBRC erlebte die PBoC nach der Verschmelzung von CBRC und CIRC im Jahr 2018 im Jahre 2019 Erneuerungen in den Bereichen Zuständigkeiten, interne Organisation und Personal.

a. Organisation

Die PBoC hat neun regionale Niederlassungen, je eine in Tianjin, Shenyang, Shanghai, Nanjing, Jinan, Wuhan, Guangzhou, Chengdu und Xi'an eingerichtet, zwei Betriebsbüros in Peking und Chongqing, 303 kommunale Zweigstellen und 1.809 auf Kreisebene[136].

Sie verfügt über sechs Übersee-Repräsentanzbüros in Europa, Tokyo, Frankfurt, die PBoC-Repräsentanz für Afrika, das Verbindungsbüro der PBoC in der Karibischen Entwicklungsbank. Trotz ihrer häufig betonten Unabhängigkeit in Bezug auf Lokalregierungen, Verwaltungen oder Einzelpersonen unterliegt die PBoC immer noch den Weisungen des Staatsrates. In Artikel 2 VBG heißt es: „The People´s Bank of China shall, under the leadership of the State Council, formulate and implement monetary stability […].“ Die PBoC ist somit eine Abteilung des Staatsrats und steht damit verwaltungsrechtlich auf gleicher Stufe wie das Finanzministerium.

136 Online-Information von PBoC: http://www.pbc.gov.cn/rmyh/105226/105442/index.html.

b. Kompetenzen

§ 2 Abs. 2 VBG schrieb als primäre Verantwortung der chin. Zentralbank – PBoC – unter Leitung des SR – die Festlegung und Umsetzung der Geldpolitik, die Vorbeugung und Auflösung von Finanzrisiken sowie die Wahrung der Finanzstabilität vor. § 2 Abs. 2 VBG Entwurf 2020 beabsichtigt die Aufnahme von der Festlegung und Umsetzung der makroprudenziellen Politik.
Nach der Übertragung der Aufsichtskompetenz auf die CBIRC im Jahr 2003 behält die PBoC eingeschränkte Aufsichtsbefugnisse über das Finanzwesen, was nach dem aktuell gültigen VGB im Kapitel 5 VBG in Verbindung mit § 4 Abs. 1 Nr. 11 VBG vorbehalten ist. In diesem Zusammenhang umfasst der § 4 VBG umfassen die Befugnisse der PBoC nach dem insgesamt 13 Aufgabenbereiche:

(1) Erlass und Ausführung der mit ihren Aufgaben im Zusammenhang stehenden Anweisungen und Vorschriften;
(2) Festlegung und Ausführung der Währungspolitik nach dem Gesetz;
(3) Ausgabe von Renminbi und Steuerung von deren Umlauf;
(4) Beaufsichtigung der Interbankengeschäfte für Geldleihen und Schuldverschreibungen;
(5) Durchführung der Devisensteuerung und Beaufsichtigung des Devisenmarktes;
(6) Beaufsichtigung des Goldmarktes;
(7) Halten, Verwaltung und Betreiben von staatlichen Devisen- und Goldreserven;
(8) Führung der Staatskasse;
(9) Aufrechterhaltung der ordnungsgemäßen Funktionalität des Zahlungs- und Verrechnungssystems;
(10) Arbeitsanleitung und Planung gegen Geldwäsche im Finanzwesen und Überwachung von Geldmitteln gegen Geldwäsche;
(11) Erfassung von Statistiken, Untersuchungen, Analysen und Prognosen für das Finanzwesen;
(12) Teilnahme an den einschlägigen internationalen Finanzaktivitäten als staatliche Zentralbank;
(13) sonstige vom Staatsrat erteilte Aufgaben.

VBG Entwurf 2020 hat die gesetzlichen Aufgaben von der PBoC auf 19 Aufgaben erweitert.

aa. Rechtsetzungsbefugnis

Nach der oben eingeleiteten Finanzreform wird die Rechtsetzungsbefugnis jeweils von CBRC und CIRC komplett an die PBoC transferiert. Infolgedessen soll die PBoC zentral die regulatorischen Anforderungen für den Bankensektor aufstellen und CBIRC diese umsetzen. Diese Gesetzgebungsbefugnis zeigt sich darin, dass die PBoC im Oktober 2020 die von ihr ausgearbeiteten Konsultationsentwürfe zu GBG und VBG zur Konsultation vorgelegt hat.

bb. Genehmigungsbefugnis

Für bestimmte Geschäfte im Zusammenhang mit RMB-Geschäften und RMB-Clearing-Geschäften ist die PBoC für die Erteilung der Geschäftsgenehmigung zuständig (§ 4 Abs. 1 VBG). Die PBoC dient als Clearing-Stelle im Bankensektor (§ 26 VBG). Sie eröffnet für die Geschäftsbanken Konten auf Guthabenbasis (§ 25 VBG).

cc. Überwachungsaufsicht über die Bankgeschäfte

Für bestimmte Geschäfte im Sinne von § 32 Abs. 1 VBG ist die PBoC verpflichtend, die Geschäftsbanken zu überwachen und kontrollieren. Neu aufgenommen durch den VBG Entwurf 2020 ist die Überwachungsbefugnis über die systemrelevanten Geschäftsbanken nach § 39 VBG Entwurf 2020.

dd. Informationsbefugnis

Wenn es zur Aufgabenausführung erforderlich ist, kann die Chinesische Volksbank von den Finanzinstituten im Bankensektor verlangen, dass diese ihr die nötigen Bilanzen, Gewinn- und Verlustrechnungen und andere finanzbuchhalterische und statistische Aufstellungen und Unterlagen einreichen. Die Chinesische Volksbank muss zusammen mit der Bankenaufsichtsbehörde und sonstigen Behörden des Staatsrates die Informationsaustauschmechanismen zur Beaufsichtigung des Finanzwesens schaffen (vgl. § 35 VBG). Darüber hinaus ermächtigt § 36 VBG die PBoC, die Zahlen und Aufstellungen der landesweiten Statistik des Finanzwesens einheitlich darzustellen und nach den einschlägigen staatlichen Vorschriften zu veröffentlichen.

ee. Inspektionsbefugnis

Wenn bei Finanzinstituten im Bankensektor Zahlungsschwierigkeiten auftreten, die zu einer riskanten Lage im Finanzwesen führen können, ist die PBoC berechtigt, diese zum Schutz der Finanzstabilität mit Genehmigung des Staatsrats zu überprüfen und zu überwachen (vgl. § 34 VBG).

ff. Ermittlungs- und Sanktionsbefugnisse

Wie die CBIRC hat die PBoC ebenfalls Ermittlungs- und Sanktionsbefugnisse sowohl nach dem VGB (§ 34 VGB) als auch nach dem GBG (§§ 76, 77, 80 GBG). Falls z. B. eine Geschäftsbank der PBoC nicht vorschriftsgemäß den einschlägigen Dokumenten und Unterlagen übermittelt, kann die PBoC zunächst eine Korrektur anordnen; ohne rechtzeitige Korrektur kann sie nach Fristablauf ein Bußgeld zwischen RMB 100.000 Yuan und RMB 300.000 Yuan verhängen.

In der GBG Entwurf 2020 ist der Bußgeldkatalog der PBoC deutlich länger. Neu aufgenommen sind vor allem die Bußgeldtatbestände wegen Verstößen gegen Geschäftsregeln der PBoC (§§ 111, 112 GBG Entwurf 2020), Verletzung von makroprudenziellen Grundsätzen, Verletzung der Kundeninteressen (§ 113 GBG Entwurf 2020) und Haftung der direkten Verantwortlichen (§ 114 GBG Entwurf 2020). Um die Aufgaben der PBoC aus dem makroprudenziellen Aspekt anzupassen, hat der VGB-Entwurf 2020 die weiteren Bußgeldtatbestände sowie die Haftung entsprechend aufgenommen (vgl. §§ 61–71 VGB Entwurf 2020).

Darüber hinaus gilt das Verwaltungssanktionsgesetz der Volksrepublik China[137] (folgend: VSG) als „Grundgesetz" für die PBoC zur Durchsetzung von Verwaltungssanktionen. Das VSG wurde im Januar 2021 neu revidiert und trat am 15. Juli 2021 in Kraft. Es nimmt einige Sanktionsmethoden auf wie die öffentliche Bekanntmachung, Herabsetzung der beruflichen Qualifikation, Einschränkung des Geschäftsumfangs, Anordnung der Einstellung von Produktion und Geschäft, Anordnung der Schließung und Einschränkung der Beschäftigung. Gegenwärtig beschränken sich die Hauptsanktionsmethoden der PBoC auf die Verwarnung und Geldstrafen. Abzuwarten ist, ob sie im Rahmen der VBG-Novellierung entsprechende neue Sanktionsinstrumente aufnehmen und anwenden wird.

c. Verhältnis zur CBIRC

Nach Übergabe der „mikroprudenziellen" Aufsichtsfunktion an die CBIRC übt die PBoC angesichts ihrer Zuständigkeit eher für die makroprudenzielle Kontrolle nach wie vor großen regulatorischen Einfluss aus. Obwohl VBG und BAG

137 Verwaltungssanktionsgesetz mit Referenznr. Zhu Xi Ling [1996] 63, veröffentlicht am 17.03.1996, erst revidiert am 27.08.2009, zweit revidiert am 01.09.2017, zuletzt revidiert am 22.01.2021 mit Referenznr. Zhu Xi Ling [2021] 70, erhältlich unter http://www.pkulaw.cn/fulltext_form.aspx?Gid=351831.

jeweils manchmal gleiche Bankenaufsichtsbefugnisse von PBoC u. CBIRC festgelegt haben und dort an verschiedenen Stellen auf eine Zusammenarbeit und Kommunikation bzw. Informationsaustausch zwischen diesen beiden Regulierungsbehörden, hingewiesen (vgl. §§ 9, 27, 33, 35 VBG, §§ 6, 26, 28 BAG), jedoch mangelt es an einer praktikablen Regelung, die das Zusammenarbeitsverfahren und -felder von beiden Aufsichtsbehörden möglich macht.
Aus diesem Grund kann einerseits die Abgrenzung zwischen mikro- und makroprudenzieller Aufsicht nicht immer eindeutig gezogen werden; andererseits können die Bankgeschäfte einer doppelten Überwachung durch PBoC und CBIRC unterliegen[138], da die Aufsichtsbefugnisse der PBoC nach § 4 VBG die Bereiche Renminbi, Interbanken-Kreditmarkt, Interbanken-Bondmarkt, Interbanken-Devisenmarkt und den Goldmarkt umfassen; zudem leitet die PBoC die Arbeit zur Bekämpfung der Geldwäsche im Bankensektor an. Gleichzeitig ist die CBIRC ebenfalls ermächtigt, Handlungen von Finanzinstituten im Bankensektor sowie anderer Einheiten und Individuen betreffend die Bestimmungen über Mindestreserven, Renminbi, Devisen, Gold, Verrechnungen, Interbankenmarkt, Markt für Schuldverschreibungen zwischen Banken, Geldwäsche und Staatskasse selbst zu überprüfen (§ 32 VBG). Des Weiteren kann die PBoC gegenüber der CBIRC die Untersuchung einzelner Finanzinstitute nach § 33 VBG vorschlagen, wenn sie es zur Durchführung der Geldpolitik und zum Schutz eines stabilen Finanzwesens als erforderlich ansieht. Außerdem kann die PBoC mit vorheriger Genehmigung des Staatsrates Bankinstitute einer Überprüfung unterziehen, falls sich diese in schwerwiegenden Zahlungsschwierigkeiten befinden, die eine Finanzkrise auslösen könnten (§ 34 VBG). Schließlich sehen VBG und BAG ebenfalls die Koordination von PBoC und CBIRC in den Bereichen der Entwicklung von Zahlungs- und Abrechnungsregeln (§ 27 VBG) sowie die Behandlung von Notfällen (§ 29 BAG) vor.

3. *State Administration of Foreign Exchange (SAFE)*

Als Devisenverwaltungsbehörde ist SAFE ebenfalls als Aufsichtsbehörde in beide Devisengeschäfte im Sinne von § 3 Abs. 1 Nr. 9 und Abs. 3 GBG (Kauf und Verkauf von Devisen im Eigengeschäft oder im Eigenhandel; Devisenabwicklungs- und Devisenhandelsgeschäfte) involviert, obwohl das Geschäft nach § 3 Abs. 1 Nr. 9 GBG von CBIRC und das nach § 3 Abs. 3 GBG von der PBoC zu genehmigen ist.

---

138 ZHU Daqi/QIU Chaobin [2004] S. 13.

a. Organisation

Die der PBoC unterliegende Ministerialbehörde SAFE besteht funktional aus acht Abteilungen, nämlich

- der Abteilung für allgemeine Angelegenheiten (sog. Abteilung für Politik und Regulierung),
- Zahlungsbilanzabteilung,
- Abteilung für die Verwaltung der laufenden Konten,
- Abteilung für die Überwachung des Kapitalprojektmanagements,
- Inspektionsabteilung,
- Reservemanagementabteilung,
- Personalabteilung (sog. Abteilung für Innenrevision) und
- Abteilung für Wissenschaft und Technologie.

Darüber hinaus gibt es vier Einheiten, die mit der SAFE verbunden sind, nämlich das Central Foreign Exchange Business Center, Information Center, General Services Center und das Editorial Office of the Foreign Exchange of China journal.
Die SAFE hat ihre Hauptsitze in Beijing und Shanghai und richtet in allen Provinzen, autonomen Regionen und Gemeinden die Außenstellen ein. Die lokalen SAFE-Außenstellen arbeiten mit den PBoC-Außenstellen am Ort zusammen.

b. Rechtsgrundlage zur Bankenaufsicht

Die wichtigsten Rechtsgrundlagen zur Bankenaufsicht durch SAFE sind die folgenden Regulationen:

- Verordnung der Volksrepublik China zur Devisenverwaltung[139] (DevisenVO),
- Rundschreiben über Devisenabwicklung, -verkauf und -bezahlung[140],
- Vorläufige Maßnahmen zur Verwaltung von Auslandsschulden[141],

139 Verordnung der Volksrepublik China zur Devisenverwaltung (《中华人民共和国外汇管理条例》), mit Referenznr. Guo Wu Yuan Ling (532) erlassen am 08. August 2008 durch Staatsrat, erhältlich unter http://www.lawinfochina.com/Display.aspx?lib=law&Cgid=107240.

140 Rundschreiben über die Devisenabwicklung. -verkauf und -bezahlung（《结汇、售汇及付汇管理规定》）.

141 Vorläufige Maßnahmen zur Verwaltung von Auslandsschulden（《外债管理暂行办法》）.

- Maßnahmen zur Verwaltung von Auslandsschulden inländischer Auslandsbanken[142],
- Verwaltungsgenehmigungsverzeichnis der State Administration of Foreign Exchange[143],
- Vorläufige Bestimmungen zur Überwachung der Auslandsschuldenstatistik[144],
- Verwaltungsmaßnahmen für die im Ausland zu gewährenden Garantien von inländischen Institutionen[145],
- Methode zur Erfassung der internationalen Einnahmen- und Ausgabenstatistiken[146].

c. Kompetenzen/Aufgaben

Die DevisenVO bestimmt die grundlegenden Aufgaben der SAFE hinsichtlich der Devisenverwaltung und -geschäfte. Konkret in Bezug auf die beiden Bankgeschäfte im Sinne von § 3 Abs. 1 Nr. 9 und Abs. 3 GBG übt diese entsprechenden Befugnisse aus.

aa. Genehmigungsbefugnis

Nach § 24 der DevisenVO sowie § 4 Verordnung über Devisenabwicklungs- und Devisenhandelsgeschäfte von Banken[147] (folgend: DevisenHandelVO) müssen die Finanzinstitute die Ausübung sowie Einstellung von Devisenabwicklungs- und -handelsgeschäften von SAFE genehmigen lassen (vgl. Nr. 57013 Katalog über die zu beaufsichtigenden Angelegenheiten durch SAFE[148]). Die Anleitung

---

142 Maßnahmen zur Verwaltung von Auslandsschulden inländischer Auslandsbanken （《境内外资银行外债管理办法》）.

143 Verwaltungsgenehmigungsverzeichnis von State Administration of Foreign Exchange （《国家外汇管理局行政许可项目表》）.

144 Vorläufige Bestimmungen zur Überwachung der Auslandsschuldenstatistik （《外债统计监测暂行规定》）.

145 Verwaltungsmaßnahmen für die im Ausland zu gewährenden Garantien von inländischen Institutionen (《境内机构对外担保管理办法》).

146 Methode zur Erfassung der internationalen Einnahmen- und Ausgabenstatistiken (《国际收支统计申报办法》).

147 Verordnung über die Devisenabwicklungs- und handelsgeschäfe von Banken mit Referenznr. Ren Min Yin Hang Ling [2014]2 (中国人民银行令〔2014〕第2号) （《银行办理结售汇业务管理办法》）, veröffentlicht am 22.06.2014, erhältlich unter http://www.pbc.gov.cn/tiaofasi/144941/144957/2807110/index.html.

148 Katalog über die zu beaufsichtigenden Angelegenheiten durch SAFE (《国家外汇管理局监管事项目录清单》) mit Referenznr. 000014453-2019-00737 (索引号:

zur Verwaltungsgenehmigung für das Geschäft von Devisenkauf und -settlement durch Geschäftsbanken[149] konkretisiert das Genehmigungsverfahren und die vorzulegenden Genehmigungsunterlagen, wonach die Geschäftsbanken zur Genehmigung eines solchen Geschäfts folgende Antragsunterlagen vorzubereiten haben (§§ 4 und 5 DevisenHandelVO):

- Antrag auf Genehmigung von Devisenabwicklung und -verkauf;
- Kopie der Banklizenz;
- Nachweis über das Vorhandensein von internen Regelungen, Arbeitsanweisungen, Statistiken, Personalausstattung im Hinblick auf Devisenabwicklung und -handelsgeschäft;
- Nachweis über das Vorhandensein von notwendiger Soft- und Hardwareausstattung für Devisenabwicklung und -handel;
- Nachweis über das Vorhandensein von Führungskräften und Mitarbeitern mit entsprechender Sachkunde;
- Sofern die Zulassung des Devisengeschäfts durch die CBIRC erforderlich ist, ist zusätzlich eine Kopie der Devisengeschäftslizenz vorzulegen.

Außer für den Marktzugang und -austritt bei Devisenabwicklung und -handel (Nr. 9 des Aufsichtskatalogs) ist SAFE ebenfalls für die Beaufsichtigung der Nutzung von Kreditlinien für die Auslandsinvestition (Nr. 3 des Aufsichtskatalogs) zuständig.

bb. Rechtsetzungsbefugnisse

Darüber hinaus ist die SAFE befugt, die Richtlinien und Vorschriften in Bezug auf Devisenreserven und Devisenhandel, die Überwachung und Kontrolle von Devisengeschäften und die Verwaltung von Chinas Devisen, Goldreserven und Fremdwährungsvermögen und die Aufrechterhaltung des internationalen Zahlungsbilanzsaldos auszuarbeiten. Die relevanten Regelungen sind die detaillierte Durchführungsverordnung für den Devisenverkauf und das Settlement durch Banken[150].

000014453-2019-00737), veröffentlicht am 15.10.2019, Referenznr.http://www.safe.gov.cn/safe/2019/1015/14359.html.

149 Chinesischer Titel: 《"银行、农村信用社、兑换机构及非金融机构等结汇、售汇业务市场准入、退出审批"行政审批服务指南》.

150 Durchführungsverordnung für den Devisenverkauf und das Settlement durch Banken (《银行办理结售汇业务管理办法实施细则》) mit Referenznr. Hui Fa [2014]53 (汇发[2014]53号), erhältlich unter http://www.safe.gov.cn/safe/2014/1230/5727.html.

cc. Aufsichtsbefugnis über die zugelassenen Devisengeschäfte

Nach § 33 Nr. 1 DevisenVO ist die SAFE berechtigt, die für Devisengeschäfte zugelassene Geschäftsbank durch Vor-Ort-Prüfung zu beaufsichtigen.

dd. Ermittlungs- und Sanktionsbefugnis über die Devisengeschäfte

Gem. §§ 33 Nr. 5, Nr. 7, 46, 48, 49 DevisenVO ist die SAFE befugt, gegenüber Unternehmenseinheiten und Individuen wegen rechtswidriger Devisengeschäfte oder des Betreibens ohne Genehmigung zu ermitteln.
Im gegebenen Fall gem. § 47 DevisenVO kann SAFE bei Unternehmenseinheiten die rechtswidrigen Gewinne beschlagnahmen und eine Geldstrafe von mindestens 200.000 Yuan bis höchstens 1 Million Yuan anordnen und/oder die verantwortlichen leitenden Mitarbeiter verwarnen bzw. Geldstrafen von mindestens 50.000 Yuan bis höchstens 500.000 Yuan anordnen (vgl. §§ 47–49 DevisenVO).

4. *Weitere an der Bankenaufsicht beteiligte Institutionen*

Im Bankenaufsichtsbereich wird die chin. Aufsichtsbehörde im engeren Sinne neben der PBoC noch von weiteren Gremien ergänzt, die Aufgaben der Regelsetzung und Aufsicht übernehmen, wie z. B. dem Ministry of Finance of the People's Republic of China (folgend: MoF)[151], der National Development and Reform Commission of the People's Republic of China (folgend: NDRC)[152] und der State-owned Assets Supervision and Administration Commission of the State Council (folgend: SASAC)[153] sowie den jeweiligen lokalen Zweigstellen.
Das MoF ist das wichtigste Organ für die Finanzpolitik der chinesischen Zentralregierung. Es ist auch beauftragt, die Finanzindustrie auf Makroebene zu managen und Finanzinstitute in Bezug auf ihren Eintrag zu leiten. Das MoF und seine lokalen Mitgliedsorganisationen wirken zur Beaufsichtigung der Banken mit der lokalen Aufsichtsbehörde mit.
Die NDRC regelt die Preisgestaltung von Bankdienstleistungen und -produkten.
Die SASAC ist grds. für die Überwachung von Staatsunternehmen (states-owed-entities, Abkürzung: SOEs) bei der Nutzung vom Staatskapital und -vermögen zuständig. Im Fall, dass ein ausländischer Investor in Staatsunternehmen

151 http://english.gov.cn/state_council/2014/09/09/content_281474986284115.htm.
152 http://en.ndrc.gov.cn/.
153 http://en.sasac.gov.cn/.

beteiligen will, gibt die SASAC vor, für welche Industriebranche ein ausländischer Investor unter welchen Voraussetzungen beteiligen darf. Zudem spielt SASAC ebenfalls eine Rolle im Rahmen der Reform von Staatsunternehmen im Bereich von Umwandlung der Bankenverbindlichkeiten von den staatlichen Geschäftsbanken in Anteilsscheine. Hierfür haben SASAC, MoF und CSRC gemeinsam am 16.05.2018 die Aufsichtsmaßnahmen über die staatseigenen Vermögensrechte von börsennotierten Gesellschaften[154].
Aus Platzgründen geht diese Forschungsarbeit nicht auf die Regelungen von MoF, SASAC und NDRC ein, sondern beschränkt sich auf die von solchen Aufsichtssubjekte, die am meisten mit der Bankenaufsicht im engeren Sinne zu tun haben.

IV. Gegenstände der Bankenaufsicht/zu beaufsichtigende Bankgeschäfte

Zum teilweisen oder vollständigen Betreiben der in § 3 Abs. 1 und Abs. 3 GBG aufgezählten Bankgeschäfte ist eine Genehmigung der CBIRC erforderlich. Für die sonstigen noch nicht durch Gesetz und Verwaltungsordnung geregelten Bankgeschäfte sind zusätzlich Voraussetzungen nach §§ 76 ff. DVO Vg chin. Banken u. §§ 125 ff. DVO Vg AuslandsBetlg zu erfüllen und von der CBIRC zu genehmigen, was unten im Kapitel 3 Marktzugang zu vertiefen ist.
Darüber hinaus kann eine Geschäftsbank nach § 3 Abs. 1 GBG mit der Genehmigung der PBoC die Devisenverrechnungs- und Devisenhandelsgeschäfte durchführen.
Da für jedes Einzelbankgeschäft umfangreiche Regelungen, Mitteilungen und Verordnungen entweder für unterschiedliche Geschäftsbanken (Aktiengesellschaftsbank, Staatsbanken, politische Bank etc.) oder für ausl. Banken gelten sollen, verzichtet diese Forschungsarbeit bewusst auf eine vertiefende Auseinandersetzung.

154 Aufsichtsmaßnahme über die staatseigenen Vermögensrechte von börsennotierten Gesellschaften, erlassen vom 16.05.2018 durch MoF, SASAC und CSRC (《上市公司国有股权监督管理办法》), erhältlich unter: http://www.sasac.gov.cn/n2588035/n2588320/n2588335/c9015521/content.html.

B. Das deutsche Bankenaufsichtssystem unter Einfluss des Europarechts

Anders als im chin. Bankenaufsichtssystem herrscht in Deutschland nach der Einführung des einheitlichen Aufsichtsmechanismus (Single Supervisory Mechanism, folgend: SSM) seit dem 01.01.2012 die zweistufige Aufsichtskonstruktion. Somit ist die Beaufsichtigung der Kreditinstitute in Deutschland stark durch Vorgaben des europäischen Gesetzgebers geprägt. Vor diesem Hintergrund ist das dt. Bankenaufsichtssystem sowohl auf der europäischen als auch auf der nationalen Ebene zu untersuchen.

I. Zweistufige Aufsichtskonstruktion

1. Auf der EU-Ebene

a. Primäres Recht

Die maßgeblichen Rechtsgrundlagen im europäischen Primärrecht bzgl. des Bankenaufsichtsrechts sind Art. 53 Abs. 1 AEUV (Kompetenz zum Erlass von Richtlinien für die Koordinierung der Rechts- und Verwaltungsordnung über die Aufnahme und Ausübung selbständiger Tätigkeiten) sowie Art. 114 AEUV (Rechtsangleichung im Binnenmarkt)[155].

b. Sekundäres Recht auf EU-Ebene

Für die Bankenaufsicht bedeutsame Rechtsgrundlagen im europäischen Sekundärrecht sind vor allem die europäische Kapitaladäquanzverordnung (Capital Requirements Regulation, folgend: CRR, Verordnung (EU) Nr. 575/2013 zur Ermittlung der angemessenen Kapitalausstattung), die Eigenmittelrichtlinie CRD IV und die SSM-Verordnung (Verordnung (EU) Nr. 1024/2013 zur Übertragung besonderer Aufgaben im Zusammenhang mit der Aufsicht über Kreditinstitute auf die Europäische Zentralbank). Außer Richtlinien (RiLi) und Verordnungen (VO), als Sekundärrecht, Basisrechtsakte oder Level-1-Maßnahmen bezeichnet, kommen noch die delegierte Rechtsakte, technische Regulierungsstandards (RTS) und Durchführungsrechtsakte (ITS) als Level-2-Maßnahmen[156], Beschlüsse, Empfehlungen und Stellungnahmen hinzu.

---

155 Binder, in: Binder/Glos/Riepe 2018, § 1 Rn. 10.

156 Überblick über alle aktuellen Level-2-Maßnahmen ist erhältlich unter https://ec.europa.eu/info/sites/info/files/overview-table-level-2-measures_en.pdf.

2. *Auf der nationalen Ebene*

Auf der nationalen Ebene sind in erster Linie das deutsche Kreditwesengesetz (KWG), die Anzeigenverordnung (AnzV) Großkredit- und Millionenkreditverordnung (GroMiKV), Institutsvergütungsverordnung (InstitutsVergV), Liquiditätsverordnung (LiqV), Solvabilitätsverordnung (SolvV) die wichtigsten Rechtsgrundlagen für die Aufsichtstätigkeiten der nationalen Aufsichtsbehörden. BaFin hat die einschlägigen Gesetze und Verwaltungsvorschriften für die Bankenaufsicht auf deren Webseite veröffentlicht[157].

II. Adressaten der Bankenaufsicht oder Bankenaufsichtsobjekte

Sobald ein Unternehmen nach § 1 Abs. 1 S. 1 KWG die Bankgeschäfte gewerbsmäßig oder in einem Umfang betreiben will, der einen in kaufmännischer Weise eingerichteten Geschäftsbetrieb erfordert, unterliegt es als Kreditinstitut in Deutschland der Bankenaufsicht von EZB und BaFin gemeinsam mit der BuBa. Die Eigenschaft des Kreditinstituts besteht unabhängig davon, ob eine Erlaubnis für das Betreiben dieser Geschäfte vorliegt[158]. Jedoch verwirklicht der Betrieb von Bankgeschäften ohne Bankerlaubnis, wie in China, einen Straftatbestand (§ 54 Abs. 1 Nr. 2 KWG). Auf den Umfang der Bankgeschäfte im Verhältnis zu Nichtbankgeschäften kommt es nicht an[159]. Das bedeutet, dass ein Unternehmen bereits dann als Kreditinstitut zu qualifizieren ist, wenn es nur ein Bankgeschäft aus dem Katalog des § 1 Abs. 1 KWG betreibt[160]. Das gilt auch für das Einlagen- und das Kreditgeschäft. Der Betrieb eines der beiden Geschäfte führt zum Erwerb der Kreditinstitutseigenschaft[161]. Für ein Einlagenkreditinstitut i. S. d. Terminologie bis zum CRD IV-UmsG bzw. ein CRR-Kreditinstitut in der seit dem 1.1.2014 geltenden Terminologie ist jedoch das Betreiben beider Geschäfte nach § 1 Abs. 3d KWG i. V. m. Art. 4 Abs. 1 Nr. 1 CRR erforderlich[162].

---

157 https://www.bafin.de/DE/RechtRegelungen/Rechtsgrundlagen/rechtsgrundlagen_node.html.

158 Boos/Fischer/Schulte-Mattler/Schäfer, 5. Aufl. 2016, KWG § 1 Rn. 8.

159 Boos/Fischer/Schulte-Mattler/Schäfer, 5. Aufl. 2016, KWG § 1 Rn. 31 ff.

160 Boos/Fischer/Schulte-Mattler/Schäfer, 5. Aufl. 2016, KWG § 1 Rn. 13; BVerwG, WM 2009, 1553 (1555).

161 Boos/Fischer/Schulte-Mattler/Schäfer, 5. Aufl. 2016, KWG § 1 Rn. 13.

162 Schäfer/Tollmann, in: Boos/Fischer/Schulte-Mattler/Schäfer, 5. Aufl. 2016, KWG § 1 Rn. 13.

§ 1 Abs. 1 S. 1 KWG definiert nach Art und Umfang der Tätigkeit, welche Unternehmen als Kreditinstitute gelten und damit der Aufsicht unterliegen. Sie umfasst alle Typen von Kreditinstituten wie Kreditbanken, Sparkassen und Landesbanken, Kreditgenossenschaften, Realkreditinstitute (Hypothekenbanken) und Bausparkassen, und zwar unabhängig von ihrer Rechtsform als Aktiengesellschaft, Personenhandelsgesellschaft (wie Offene Handelsgesellschaft oder Kommanditgesellschaft), Genossenschaft, Stiftung oder Anstalt des öffentlichen Rechts. Die beaufsichtigten Kreditinstitute werden von der BaFin in vier Institutsgruppen eingeteilt, nämlich Kreditbanken, Institute des Sparkassensektors, Institute des Genossenschaftssektors und sonstige Institute[163].

III. Bankenaufsichtssubjekte

Seit dem 1. Januar 2011 wurde das Europäische System der Finanzaufsichtsbehörden (ESFS, European System of Financial Supervisors) geschaffen, welches gem. Art. 1 Abs. 3 a) – f) EU VO 1092/2010 besteht aus:[164]

a) dem European Systemic Risk Board (ESRB)
b) der europäischen Bankenaufsichtsbehörde (EBA)
c) der europäischen Aufsichtsbehörde für das Versicherungswesen und die betriebliche Altersversorgung (EIOPA)
d) der europäischen Wertpapier- und Marktaufsichtsbehörde (ESMA)
e) einem gemeinsamen Ausschuss der europäischen Aufsichtsbehörden sowie
f) den Aufsichtsbehörden beziehungsweise sonstigen zuständigen Behörden auf nationaler Ebene.

Das ESFS ist ein mehrstufiges System aus Behörden für die Finanzaufsicht auf Mikro- und Makroebene, das für eine konsistente und kohärente Finanzaufsicht in der EU sorgen soll. Es ist nicht zu verwechseln mit dem einheitlichen Bankenaufsichtsmechanismus (SSM), der seit November 2014 für die zentrale Bankenaufsicht der systemrelevanten Kreditinstitute in der Eurozone zuständig ist.

---

163 Der Jahresbericht der BaFin 2019, S. 65.

164 Erwägungsgründe Nr. 14 von der VERORDNUNG (EU) Nr. 1092/2010 DES EUROPÄISCHEN PARLAMENTS UND DES RATES vom 24. November 2010 über die Finanzaufsicht der Europäischen Union auf Makroebene und zur Errichtung eines Europäischen Ausschusses für Systemrisiken https://www.esrb.europa.eu/shared/pdf/101216_ESRB_establishment.de.pdf?b4c82ccc2266bc7b018ebe34cb3ed2b9.

Vor diesem Hintergrund sind in Deutschland die Bankenaufsichtssubjekte sowohl auf europäischer als auch auf nationaler Ebene zu betrachten.

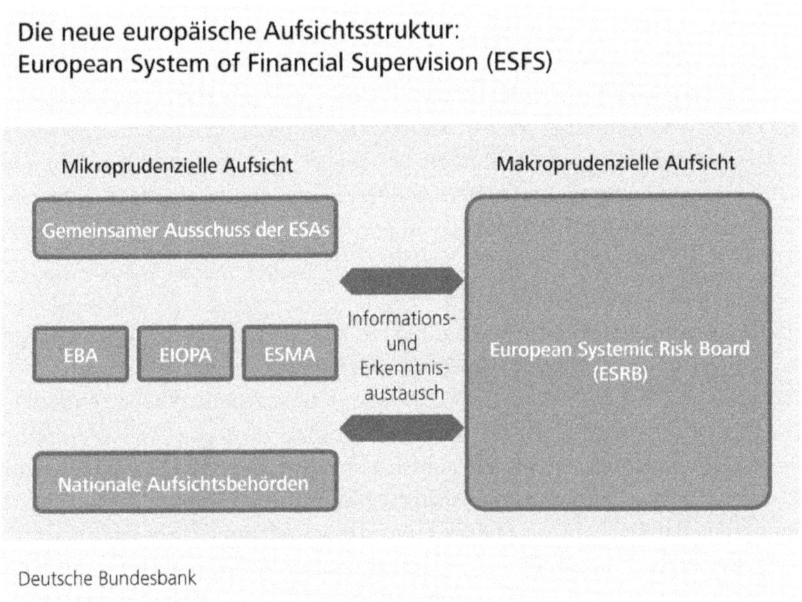

Abbildung 7 Europäische Aufsichtsstruktur[165]

1. *Europäische Bankenaufsichtsbehörde*

Die Europäische Bankenaufsichtsbehörde (folgend: EBA) – auf Englisch „European Banking Authority“ – ist, wie oben unter 2.3. erwähnt, Teil des Europäischen Systems der Finanzaufsicht (folgend: ESFS)[166].

Das ESFS ist wiederum ein Netzwerk, bestehend aus dem die Makroaufsicht verantwortenden Europäischen Ausschuss für Systemrisiken (folgend: ESRB), den drei Aufsichtsbehörden – für die Banken (EBA), die Wertpapiermärkte (ESMA) und die Versicherungen (EIOPA)[167] – sowie den nationalen Finanz- und Bankenaufsichtsbehörden der 27 EU-Mitgliedsstaaten. Die Errichtung

---

165 Quelle: Deutsche Bundesbank.

166 Deutsche Bundesbank Eurosystem-Website: European Banking Authority (EBA), http://www.bundesbank.de/Navigation/DE/Kerngeschaeftsfelder/Bankenaufsicht/EBA/eba.html.

167 ebenda.

solcher Behörden auf Europa-Ebene soll für eine harmonisierte Finanzaufsicht im europäischen Binnenmarkt sorgen[168].
Die sog. mikroprudenzielle Aufsicht kommt den genannten europäischen Aufsichtsbehörden EBA, EIOPA und ESMA – für Bankenaufsicht der EBA – zu. Jedoch beschränkt sich die mikroprudenzielle Aufsicht im Wesentlichen gleichfalls auf koordinierende Aufgaben, um eine weitere Harmonisierung und kohärentere Anwendung der Aufsichtsbestimmungen für die Finanzinstitute und Finanzmärkte in der Union zu bewirken[169]. Die laufende Aufsicht verbleibt – abgesehen von den weitreichenden Kompetenzen der EZB – bei den nationalen Aufsichtsbehörden[170].

a. Rechtsgrundlage zur Bankenaufsicht

Mit der Verordnung (EU) Nr. 1093/2010 wurde die EBA am 01.01.2011 eingerichtet, welche als Teil des ESFS für die Bankenaufsicht zuständig ist. Sie verfügt gem. Art. 5 EU-VO Nr. 1093/2010 über eine eigene Rechtspersönlichkeit und ist eine Einrichtung der Europäischen Union.
Die Ziele der Europäischen Bankenaufsichtsbehörde bestehen darin, die Qualität und Konsistenz der Bankenaufsicht europaweit zu verbessern, die Beaufsichtigung der Banken – insbesondere grenzüberschreitend tätiger Instituts- und Bankengruppen – zu stärken und die europäischen Regelungen im Bereich des Banken- und Finanzsektors zu vereinheitlichen[171].
Für die auf ihrem Territorium aktiven Finanzmärkte und die dort tätigen Finanzinstitute bleiben die nationalen Aufsichtsbehörden zuständig[172].
Die EBA verfügt gem. Art. 5 Abs. 2 EU-VO Nr. 1093/2010 in jedem Mitgliedstaat über weitestreichende Rechtsfähigkeit. Dieses Merkmal „Rechtsfähigkeit" erhebt ihre dort tätigen Körperschaften zu juristischen Personen nach jeweiligem nationalem Recht. In dieser Eigenschaft sind sie daher vor Gericht parteifähig.

---

168 ebenda.

169 Fischer/Boegl, in: Schimansky/Bunte/Lwowski, Bankrechts-Handbuch 5. Auflage 2017, § 126 Rn. 40.

170 ebenda.

171 Deutsche Bundesbank Eurosystem-Website: European Banking Authority (EBA), http://www.bundesbank.de/Navigation/DE/Kerngeschaeftsfelder/Bankenaufsicht/EBA/eba.html.

172 ebenda.

b. Organisation[173]

Die EBA wird nach außen durch ihren Vorsitzenden vertreten, zu dessen Aufgaben außerdem die Vorbereitung der Arbeiten und die Leitung der Sitzungen des Rates der Aufseher zählen. Der Exekutivdirektor bereitet die Sitzungen des Verwaltungsrates vor und überwacht die tägliche operative Tätigkeit der Behörde.
Die beiden Leitungsgremien der EBA sind:

- der **Rat der Aufseher** als wichtigstes Entscheidungsgremium der Behörde. Er trifft alle politischen Entscheidungen der EBA, z. B. über die Annahme von Entwürfen technischer Standards, Leitlinien, Stellungnahmen und Berichte;
- der **Verwaltungsrat**, der gewährleistet, dass die Behörde ihren Auftrag ausführt und die ihr zugewiesenen Aufgaben wahrnimmt. Diesbezüglich gehört es zu seinen Aufgaben, u. a. das Jahresarbeitsprogramm, den Jahreshaushaltsplan, die Personalplanung der Behörde und den Jahresbericht vorzuschlagen.

Die EBA beschäftigt sich im Rahmen des Gemeinsamen Ausschusses in enger Zusammenarbeit mit den anderen Europäischen Aufsichtsbehörden (ESA) mit sektorübergreifenden Fragen. Zum wirksamen Schutz der Rechte von Beteiligten, die von Beschlüssen der Behörde betroffen sind, wurde ein Beschwerdeausschuss eingerichtet.

c. Kompetenzen

aa. Rechtsetzungsbefugnis (Single Rulebook)[174]

Wesentliche Aufgabe der EBA ist die Entwicklung technischer Regulierungs- (Art. 10 bis Art. 14 EBA-Verordnung) und Durchführungsstandards (Art. 15 EBA-Verordnung) der europäischen Rechtsanwendung, deren Ziel die Harmonisierung der Regelanwendung in Europa („Single Rulebook") ist. Technische Standards lassen sich trotz des teilweisen identischen Wortlautes der Regelungen weiter nach zwei Arten differenzieren: Technische Regulierungsstandards (Regulatory Technical Standards, RTS) und Technische Durchführungsstandards (Implementing Technical Standards, ITS)[175]. Zur Ausübung

173 Darstellung aus der Website von EBA: https://www.eba.europa.eu/languages/home_de.

174 Art. 10–16 EBA-VO.

175 Fischer/Boegl, in: Schimansky/Bunte/Lwowski, Bankrechts-Handbuch, 5. Auflage 2017, § 126 Rn. 44–46.

der Rechtsetzungsbefugnis legt die EBA ihre Entwürfe zur Entwicklung der technischen Durchführungsstandards dem Kommissariat vor, damit diese Standards mittels Durchführungsakten gem. Art. 291 AEUV erlassen werden können (Art. 8 Abs. 2b i. V. m. Art. 15 Abs. 1 EBA-Verordnung).

bb. Kompetenzen im Fall der Verletzung von Unionsrecht (Breach of European Union Law)[176]

Gewährleistung einer kohärenten Anwendung von Gemeinschaftsregelungen im Aufsichtsrecht bzw. Verhinderung von Aufsichtsarbitrage.

cc. Kompetenzen im Krisenfall (Action in Emergency Situation)

In Krisenfällen kann die EBA gem. Art. 18 EBA-VO Maßnahmen von den nationalen Aufsichtsbehörden verlangen. Bei Untätigkeit kann unter engen Voraussetzungen eine direkte Entscheidung gegenüber Kreditinstituten getroffen werden. Voraussetzung hierzu ist allerdings, dass der Rat in Abstimmung mit der EU-Kommission und dem ESRB den Krisenfall festgestellt hat. Schließlich kann die EBA auf die Beilegung von Streitigkeiten zwischen nationalen Aufsichtsbehörden hinwirken[177].

dd. Streitschlichtung (Settlement of Disagreement between Competent Authorities in Cross-Border Situations)

Die EBA ist ebenfalls gem. Art. 19 EBA-VO berechtigt, eine Schlichtung zwischen den nationalen Aufsichtsbehörden bei Meinungsunterschieden in Fällen mit grenzüberschreitendem Bezug herbeizuführen;

ee. Unterstützung der Tätigkeit der Aufsichtskollegien (Supervisory Colleges) und Teilnahme an den Sitzungen[178]

Die EBA trägt gemäß Art. 21 EBA-VO zur Förderung und Überwachung einer effizienten, wirkungsvollen und konsequenten Arbeit der Aufsichtskollegien bei. Hierzu gehören nicht nur die Beteiligung an der Sitzung von Aufsichtskollegien, sondern auch die Vor-Ort-Prüfung.

---

176 Art. 17 EBA-VO.

177 Fischer/Boegl, in: Schimansky/Bunte/Lwowski, Bankrechts-Handbuch, 5. Auflage 2017, § 126 Rn. 51.

178 Art. 21 EBA-VO.

2. *Europäische Zentralbank*

Die Europäische Zentralbank (EZB) ist die zentrale Einrichtung der Wirtschafts- und Währungsunion und seit dem 1. Januar 1999 für die Geldpolitik im Euro-Währungsgebiet zuständig. Die EZB bildet zusammen mit den nationalen Zentralbanken aller Mitgliedstaaten der EU das Europäische System der Zentralbanken (ESZB). Neben der vorrangigen Zielsetzung des ESZB zur Gewährleistung der Preisstabilität in EU ist die EZB im Rahmen des einheitlichen Aufsichtsmechanismus (SSM) seit dem 4. November 2014 für besondere Aufgaben im Zusammenhang mit der Aufsicht über Kreditinstitute zuständig, und zwar entweder unmittelbar für die größten Banken oder mittelbar für andere Kreditinstitute. Die EZB beaufsichtigt die größten Banken direkt, während die nationalen Aufsichtsbehörden weiterhin über die verbleibenden Banken überwachen. Die wichtigste Aufgabe der EZB und der einzelstaatlichen Aufsichtsbehörden besteht darin, zu prüfen, ob die Banken die Bankenvorschriften der EU einhalten, und Probleme frühzeitig in Angriff zu nehmen. Sie arbeitet in dieser Funktion eng mit den übrigen Stellen im Europäischen Finanzaufsichtssystem (ESFS) zusammen. Die EZB und die nationalen zuständigen Behörden der Mitgliedstaaten des Euro-Währungsgebiets bilden gemeinsam den einheitlichen Aufsichtsmechanismus. Die zuständigen Behörden von Mitgliedstaaten, die nicht dem Euro-Währungsgebiet angehören, können sich freiwillig an dem Aufsichtsmechanismus beteiligen.

a. *Rechtsgrundlage*

Durch die Verordnung (EU) Nr. 1024/2013 des Rates vom 15. Oktober 2013 zur Übertragung besonderer Aufgaben im Zusammenhang mit der Aufsicht über Kreditinstitute auf die Europäische Zentralbank (Verordnung über den Aufsichtsmechanismus) wurden der EZB ab dem 4. November 2014 bestimmte Aufsichtsfunktionen über Kreditinstitute übertragen.

b. *Organisation*

Die Europäische Zentralbank hat insgesamt vier Beschlussorgane: den EZB-Rat, das Direktorium, den Erweiterten Rat und das Aufsichtsgremium. Der EZB-Rat besteht aus den sechs Mitgliedern des Direktoriums und den Präsidenten der nationalen Zentralbanken der 19 Mitgliedstaaten des Eurosystems[179].

179 https://www.europarl.europa.eu/factsheets/de/sheet/13/die-europaische-zentralbank-ezb-.

c. Kompetenzen

Die einzelnen Befugnisse der EZB für die Bankenaufsicht sind in Kapitel III der SSM-VO aufgezählt. Hierzu zählen zunächst die in Art. 9 SSM-VO niedergelegten allgemeinen Aufsichts- und Untersuchungsbefugnisse, die in Art. 10 bis 13 SSM-VO konkretisiert werden.

aa. Rechtsetzungsbefugnisse nach Art. 132 AEUV

In Wahrnehmung der dem Eurosystem und der Bankenaufsicht übertragenen Aufgaben kann die EZB Rechtsakte erlassen, die sich nicht nur auf die nationalen Behörden des Eurosystems sowie die nationalen Bankenaufsichtsbehörde, sondern auch unmittelbar auf Dritte auswirken (Art. 132 Abs 1 AEUV und Artikel 34.1 ESZB-Satzung)[180]. Diese Instrumente sind die EZB-Verordnungen und -Entscheidungen. Die Regelungsbefugnisse der EZB erlauben es dieser, ihren Auftrag eigenständig zu erfüllen, ohne sich auf Rechtsakte der Gemeinschaftsorgane oder der Mitgliedstaaten zu stützen. Im Einklang mit dem Prinzip der beschränkten Ermächtigung kann die EZB ihre Rechtsetzungsbefugnisse jedoch nur insoweit ausüben, als dies zur Erfüllung der Aufgaben des Eurosystems erforderlich ist.

bb. Allgemeine Aufsichtsbefugnisse nach Art. 9 SSM-VO

Neben den der EZB unmittelbar gem. Art. 4 Abs. 1 SSM-VO übertragenen Befugnissen, kann diese im Rahmen des Einheitlichen Aufsichtsmechanismus gem. Art. 9 Abs. 1 UAbs. 2 SSM-VO auf sämtliche Befugnisse zurückgreifen, um die bedeutenden Institute in den teilnehmenden Mitgliedstaaten und bedeutende Zweigstellen von Kreditinstituten in nicht teilnehmenden Mitgliedstaaten zu verpflichten, frühzeitig die notwendigen Maßnahmen zu ergreifen, falls: a) gegen aufsichtsrechtliche Vorgaben verstoßen wurde, b) der EZB nachweislich bekannt ist, dass ein solcher Verstoß innerhalb der nächsten zwölf Monate voraussichtlich stattfinden wird, oder c) die Regelungen, Strategien, Unternehmensführung und -kultur, Prozesse und Mechanismen des Kreditinstituts sowie seine Eigenmittel- und Liquiditätsausstattung kein solides Risikomanagement und keine solide Risikoabdeckung gewährleisten[181]. Mit

180 Geschichte, Rolle und Aufgaben der EZB, Teil 2.5.3 Regelungsbefugnisse der EZB Seite 75, erhältlich unter https://www.ecb.europa.eu/pub/pdf/other/ecbhistoryrolefunctions2006de.pdf.

181 SSM-Aufsichtshandbuch Europäische Bankenaufsicht: Funktionsweise des SSM und aufsichtlicher Ansatz, Stand: März 2018 Nr. 4.11.1, erhältlich unter

anderen Worten, die EZB kann keine allgemeinen Aufsichtsbefugnisse für dem SSM nicht ausdrücklich zugewiesene Bereiche der Bankenaufsicht ausüben, wie beispielsweise die Geldwäscheprävention oder den Verbraucherschutz. Soweit es zur Erreichung der Ziele der SSM-VO erforderlich ist, kann die EZB die nationalen Aufsichtsbehörden anweisen, von ihren nationalen Rechten Gebrauch zu machen, die der EZB durch die SSM-VO nicht übertragen worden sind (vgl. Art. 9 Abs. 1 UAbs. 3 SSM-VO).

cc. Genehmigungsbefugnis nach Art. 4 Abs. 1 SSM-VO

Das der EZB übertragene Verfahren für die Zulassung zur Aufnahme der Tätigkeit als Kreditinstitut gilt für sämtliche Tätigkeiten, die Kreditinstituten vorbehalten und zulassungspflichtig sind. Hierzu zählen Tätigkeiten, für die gemäß Anhang I der CRD gegenseitige Anerkennung gilt, sowie andere regulierte Tätigkeiten, die nach nationalem Recht einer Zulassung durch die Aufsichtsbehörde bedürfen. Dementsprechend gilt das SSM-Zulassungsverfahren auch für Fälle, in denen ein Kreditinstitut im Sinne von Artikel 4 Absatz 1 Nummer 1 CRR, welches bereits über eine Bankzulassung verfügt, eine Ausweitung dieser Zulassung benötigt, um eine neue regulierte Tätigkeit aufzunehmen, wenn das nationale Recht eine solche Zulassung vorsieht. Dies gilt unabhängig davon, ob es sich dabei um eine neue Tätigkeit gemäß Anhang I der CRD handelt oder um eine regulierte Tätigkeit, die nur nach dem Recht eines teilnehmenden Mitgliedsstaates, das einer Aufsichtsfunktion zugrunde liegt, einer Zulassung bedarf. Der Antrag wird von der NCA und der EZB beurteilt. Die NCA dient den Antragstellern als erste Anlaufstelle. Sie nimmt anhand der Anforderungen des nationalen Rechts eine Beurteilung des Antrags vor und bezieht dabei gegebenenfalls das zuständige JST ein. Die EZB beurteilt den Antrag auf der Grundlage der unionsrechtlichen Anforderungen. Die Beurteilungen der NCA und EZB sind eng miteinander verknüpft. Mit der gemeinsamen Beurteilung wird sichergestellt, dass das antragstellende Unternehmen die maßgeblichen Anforderungen erfüllt, insbesondere in Bezug auf Governance, Geschäftsführung, Aufsichtsanforderungen und Geschäftsmodell. Sie sorgt außerdem dafür, dass die maßgeblichen nationalen Anforderungen erfüllt sind. Sowohl die NCA als auch die EZB sind berechtigt, vom Antragsteller zusätzliche, für die Beurteilung erforderliche Informationen anzufordern. Sowohl die NCA als auch die EZB haben Zugriff auf sämtliche antragsbezogene Informationen und Daten.

---

https://www.bankingsupervision.europa.eu/ecb/pub/pdf/ssm.supervisorymanual201803.de.pdf?42da4200dd38971a82c2d15b9ebc0e65.

dd. Informationsersuchen nach Art. 10 SSM-VO

Art. 10 SSM-VO sieht vor, dass die EZB grundsätzlich alle Informationen verlangen und auch an die NCAs weiterleiten kann, die sie für die Wahrnehmung der ihr durch die SSM-VO übertragenen Aufgaben benötigt. Dies gilt gem. Art. 10 Abs. 1 S. 1 SSM-VO ebenfalls für Informationen, die in regelmäßigen Abständen und in festgelegten Formaten zu Aufsichts- und entsprechenden Statistikzwecken zur Verfügung zu stellen sind. Gemäß Art. 141 SSM-RVO kann die EZB im Einklang mit dem einschlägigen Unionsrecht die Informationen in jeweilige Kategorien einteilen und Verfahren, Formate, Zeitabstände und Fristen für die Vorlage der betreffenden Informationen festlegen.

ee. Untersuchungsbefugnis nach Art. 11 SSM-VO

Im Rahmen des SSM wurden der EZB weitreichende Untersuchungsermächtigungen eingeräumt. So sieht Art. 11 Abs. 1 SSM-VO vor, dass die EZB zur Wahrnehmung der ihr durch SSM-VO übertragenen Aufgaben „alle erforderlichen Untersuchungen durchführen" darf. Zur Formalität der Untersuchungen sieht Art. 142 SSM-RVO vor, dass die EZB eine Untersuchung durch Beschluss anordnet. Dieser muss zunächst die einschlägige Rechtsgrundlage und den Zweck der Untersuchung benennen. Ferner muss er die Absicht kundtun, von den Befugnissen gem. Art. 11 Abs. 1 SSM-VO Gebrauch zu machen. Zu guter Letzt muss der Adressat darüber aufgeklärt werden, dass eine Behinderung der Untersuchung von der EZB als Verstoß gegen den entsprechenden Beschluss nach Art. 18 Abs. 7 SSM-VO sanktioniert werden kann. Die allgemeine, inhaltlich nur durch die Aufgaben der EZB im Zusammenhang mit dem einheitlichen Aufsichtsmechanismus begrenzte Ermächtigung wird in Art. 11 Abs. 1 Unterabs. 2 SSM-VO in einem nicht enumerativen Katalog konkretisiert. Hiernach wird die EZB ermächtigt:

- die Unterlagen zu verlangen,
- die Bücher und Aufzeichnungen von Personen im Sinne des Art. 10 Abs. 1 SSM-VO zu prüfen und Kopien oder Auszüge dieser Bücher und Aufzeichnungen anzufertigen,
- von einer Person im Sinne des Art. 10 Abs. 1 SSM-VO oder deren Vertretern oder Mitarbeitern schriftliche oder mündliche Erklärungen einzuholen,
- jede andere Person zu befragen, die dieser Befragung zum Zweck der Einholung von Informationen über den Gegenstand einer Untersuchung zustimmt.

ff. Inspektionsbefugnis nach Art. 12, 13 SSM-VO

Die EZB ist ausdrücklich ermächtigt, die Vor-Ort-Prüfung nach Art. 12 SSM-VO durchzuführen. Hierfür veröffentlicht sie den Leitfaden, welcher den Ablauf der Prüfung vom Beschluss über die Einleitung einer Prüfung bis hin zur Follow-up-Phase beschreibt. Außerdem werden die besten Verfahren dargelegt, die eine fruchtbare Zusammenarbeit zwischen den geprüften Unternehmen und den Prüfungsteams fördern. Dieser Leitfaden findet Anwendung bei Prüfungen von bedeutenden Instituten (Art. 6 Abs. 4 der SSM-VO), weniger bedeutenden Instituten, sofern die EZB beschließt, alle einschlägigen aufsichtlichen Befugnisse in Bezug auf ein weniger bedeutendes Institut direkt auszuüben (Art. 6 Abs. 5b SSM-VO) und sogar anderen Rechtssubjekten im Sinne von Artikel 10 Absatz 1 der SSM-Verordnung, insbesondere Dritten, an die Kreditinstitute Funktionen oder Tätigkeiten ausgelagert haben, sowie sonstigen Unternehmen, die in die Beaufsichtigung auf konsolidierter Basis einbezogen sind und für die die EZB die konsolidierende Aufsichtsbehörde (vgl. Art. 12 Abs. 1 SSM-VO) ist. Die EZB kann Prüfungen insbesondere vornehmen in:

- Mitgliedstaaten, die am SSM teilnehmen (nachstehend „teilnehmende Mitgliedstaaten"), mit Unterstützung der NCAs,
- Mitgliedstaaten der Europäischen Union (EU), die nicht am SSM teilnehmen (nachstehend „nicht teilnehmende Mitgliedstaaten"),
- Nicht-EU-Ländern[182].

gg. Durchsetzungsmaßnahmen und Sanktionen

Zur Wahrnehmung ihrer Aufgaben aus der SSM-Verordnung kann die EZB nach Art. 124 SSM-Verordnung beschließen, eine oder mehrere der folgenden Maßnahmen zu treffen, um Probleme zu beseitigen:

- Ausübung von Aufsichtsbefugnissen,
- Unmittelbare Verhängung von Durchsetzungsmaßnahmen gegen beaufsichtigte Unternehmen oder Aufforderung der nationalen zuständigen Behörden zur Ausübung ihrer nationalen Aufsichtsbefugnisse
- Verhängung von Verwaltungssanktionen oder Aufforderung der NCAs zur Einleitung von Sanktionsverfahren[183]

---

182 Leitfaden für Vor-Ort Prüfungen und Prüfungen interner Modelle, Stand: September 2018, erhältlich unter https://www.bankingsupervision.europa.eu/ecb/pub/pdf/ssm.osi_guide201809.de.pdf.

183 SSM-Aufsichtshandbuch [2018] Seite 113, Teil 4.11.

3. *Bundesanstalt für Finanzdienstleistungsaufsicht (BaFin)*[184]

a. *Organisation*

§ 5 Abs. 1 FinDAG regelt die Organisation der BaFin, welche aus dem Direktorium, dem Präsidenten oder der Präsidentin und dem Verwaltungsrat besteht. Das Direktorium besteht seit 2008 aus dem Präsidenten und vier Exekutivdirektoren (vgl. § 6 Abs. 1 FinDAG), wobei jeder der vier Bereiche, also Banken-, Versicherungs-, Wertpapier- und Innenverwaltung, jeweils von einem Exekutivdirektoren geleitet wird.
Die innere Organisation der BaFin wird vom Direktorium durch eine Geschäftsordnung geregelt. Über die Geschäftsordnung und deren Änderungen entscheidet das Direktorium, wozu es jedoch die Genehmigung des Bundesministeriums benötigt.
Neben dem Präsidenten ist der Verwaltungsrat, das sog. „Anstaltsparlament", als zweites bedeutendes Organ gebildet worden. Er überwacht die Geschäftsführung der Bundesanstalt und unterstützt sie bei der Erfüllung der ihr obliegenden Aufgaben. Zu diesem Zweck wird er vom Präsidenten über die Geschäftsführung der Bundesanstalt unterrichtet (§ 7 Abs. 1 FinDAG). Neben den Überwachungs- und Unterstützungsaufgaben soll er den Haushaltsplan festlegen und den Präsidenten entlasten (§ 12 Abs. 2 und 3 FinDAG).
Des Weiteren wird noch ein 24-köpfiger Fachbeirat nach § 8 FinDAG und ein Verbraucherbeirat nach § 8a FinDAG gebildet, welche die BaFin bei wissenschaftlichen Fragen, die sich bei der Erfüllung ihrer Aufgaben ergeben, beraten. Im Fachbeirat sollen die Finanzwirtschaft, die Kredit- und Versicherungswirtschaft, die Deutsche Bundesbank und die Verbraucherschutzvereinigungen angemessen vertreten sein (§ 8 Abs. 2 FinDAG).

b. *Kompetenzen*

Die BaFin verfügt über ähnliche Befugnisse zur Bankenregulierung wie der chin. Amtsträger. Die Bankenaufsicht erstreckt sich über alle Phasen, die

---

184 Früher oblag die staatliche Aufsicht über das Kreditwesen in der Bundesrepublik Deutschland dem Bundesaufsichtsamt für das Kreditwesen (BAK). Das BAK errichtete man nach der Rezentralisierung der Aufsichtsbefugnisse gem. § 63 Abs. 1 Nr. 25 ff. KWG von 1961. Dementsprechend wurden die dezentralen Aufsichtsbefugnisse der Länder aufgehoben und mit Inkrafttreten des KWG am 1. Januar 1962 auf nationaler Ebene beim neu geschaffenen „Bundesaufsichtsamt" rezentralisiert. Vgl. Hütz, Dissertation, Die Bankenaufsicht in der Bundesrepublik Deutschland und in den USA, ein Rechtsvergleich, 1990, S. 60.

Kreditinstitute möglicherweise durchlaufen, vom Marktzugang eines Kreditinstituts bis zu seiner Geschäftsführung. Um die Aufgabe der Bankenaufsicht durchzuführen, hat die BaFin die Kompetenzen bezüglich Auskunft, Informationsaustausch, Prüfung und Untersuchung sowie internationaler Zusammenarbeit. Die Befugnisse zur Bankenaufsicht im Hinblick auf Marktzugang und laufende Geschäfts- und Betriebsüberwachung sind in Kapitel 3 näher zu untersuchen.
Nach dem KWG und FinDAG hat die BaFin die folgenden Kompetenzen:

- Rechtsetzungsbefugnis
- Zulassungsbefugnis
- Auskunftsrecht, Förderung, Beratung und Lenkung der Kreditinstitute
- Prüfungs- und Untersuchungsbefugnis
- Überwachungs- und Eingriffsbefugnisse durch aufsichtsrechtliche Maßnahmen wie Verwaltungsakte oder Geldbußen
- Zusammenarbeit mit anderen Stellen im In- und Ausland.

aa. Rechtsetzungsbefugnis

Zunächst kann das Bundesministerium der Finanzen (BMF) die ihm durch das KWG erteilte Ermächtigung zum Erlass von erforderlichen Rechtsverordnungen im Bereich der Bankenaufsicht mit der Maßgabe auf die BaFin übertragen, dass Rechtsverordnungen im Einvernehmen mit der Deutschen Bundesbank und nach Anhörung der Spitzenverbände der Institute ergehen. Eine derartige Ermächtigung ist z.B. in den §§ 22, 24 Abs. 4, 29 Abs. 4, 31 Abs. 1 KWG enthalten. Danach steht die Befugnis eigentlich dem BMF zu. Von dieser Möglichkeit hat das BMF mit der Verordnung zur Übertragung von Befugnissen zum Erlass von Rechtsverordnungen auf die Bundesanstalt für Finanzdienstleistungsaufsicht (BaFinBefugV) vom 13.12.2002 teilweise Gebrauch gemacht. So ist z. B. die Anzeigenverordnung vom 19.12.2006 aufgrund des § 24 Abs. 4 KWG und § 31 Abs. 1 S. 1 Nr. 1 KWG i.V.m. § 1 dieser Verordnung erlassen worden.
Darüber hinaus kann die BaFin auch Aufsichtsrichtlinien i.S.v. § 7 Abs. 2 S. 1 KWG im Einvernehmen mit der Bundesbank erlassen[185]. Lässt sich das Einvernehmen nicht binnen einer angemessenen Frist herstellen, kann das BMF die Richtlinienkompetenz an sich ziehen und die Aufsichtsrichtlinie selbst erlassen (vgl. § 7 Abs. 2 S. 4 KWG).

185 Boos/Fischer/Schulte-Mattler/Schäfer KWG § 6 Rn. 9–23.

Zum Erreichen der Regulierungsziele wendet die BaFin in ihrer Verwaltungspraxis auch andere Verwaltungshilfsmittel an, z.B. allgemeine Bekanntmachungen, Verlautbarungen, Mitteilungen und Rundschreiben sowie Merkblätter. Mit ihren Rundschreiben, die auf der Webseite der BaFin einsehbar sind, sorgt sie für eine einheitliche Praxis bei den Kreditinstituten. Diese Verlautbarungen haben trotz des Fehlens einer unmittelbaren Bindungswirkung für den Adressaten erhebliches Gewicht, sozusagen eine quasi-rechtliche Wirkung. Denn die Vorgaben der BaFin statuieren für die regulierten Institute aufsichtsrechtliche Verpflichtungen. Die BaFin ist verpflichtet, vor der Bekanntgabe wesentlicher Verlautbarungen, die maßgeblichen Einfluss auf die Institute haben könnten, die Spitzenverbände der betroffenen Institutsgruppen anzuhören[186].

bb. Zulassungsbefugnis

Vor der Aufnahme eines oder mehrerer Bankgeschäfte ist eine Bankerlaubnis der Finanzaufsicht erforderlich, wobei je nach Art und Umfang des Geschäftsmodells zwischen einer sogenannten „Vollbanklizenz" oder einer sogenannten „Teilbanklizenz" unterschieden wird[187]. Eine Vollbanklizenz gestattet das Erbringen aller wesentlichen Bankgeschäfte. Banken mit einer Vollbanklizenz sind regelmäßig als Universalbanken tätig. Demgegenüber ermöglicht eine Teillizenzierung nur die Vornahme einzelner oder nur eines speziellen Bankgeschäftes. Banken, die nur einzelne oder ein einziges spezifisches Bankgeschäft erbringen, werden auch als „Spezialbanken" bezeichnet. Sollen das Einlagen- und das Kreditgeschäft betrieben werden, entscheidet die Europäische Zentralbank (EZB) in Zusammenarbeit mit der BaFin als nationaler Aufsichtsbehörde über die Erlaubniserteilung. In den übrigen Fällen ist die BaFin die erlaubniserteilende Aufsichtsbehörde[188].

cc. Informationsbefugnis

Zur wirkungsvollen Bankenaufsicht ist die umfassende Information über die Entwicklung bei den einzelnen Kreditinstituten. Hierzu sieht das KWG die Anzeigepflichten über bedeutende Geschäftsvorfälle und organisatorische

186 ebenda.

187 Information aus der BaFin's Webseite: https://www.bafin.de/DE/Aufsicht/Banken Finanzdienstleister/Markteintritt/markteintritt_node.html.

188 Information aus der BaFin's Webseite: https://www.bafin.de/DE/Aufsicht/Banken Finanzdienstleister/Markteintritt/Bankgeschaefte/bankgeschaefte_node.html.

Maßnahmen und von laufenden Meldungen über die Geschäftsentwicklung vor, wobei Sammlung und Auswertung der massenhaft anfallenden Informationen größtenteils die BuBa vornimmt. Dadurch erhält die BaFin entweder unmittelbar oder über die BuBa detaillierte Informationen im Rahmen der Zusammenarbeit nach der Aufsichtsrichtlinie z. B. über Großkredite, Millionenkredite, organisatorische Entwicklungen, die Bestellung von Geschäftsleitern, Beteiligungserwerb, Zweigstellenerrichtung oder -schließung usw. Ferner wertet sie die einzureichenden Jahresabschlüsse samt Prüfungsberichten aus. Daneben kann die BaFin von sich aus jedwede aufsichtsrelevante Information einholen. Sie kann nach § 44 KWG Auskünfte über alle Geschäftsangelegenheiten sowie die Vorlegung der Bücher und Schriften verlangen, kann selbst Prüfungen vornehmen oder z. B. Wirtschaftsprüfer damit beauftragen, kann an Hauptversammlungen und Aufsichtsratssitzungen teilnehmen usw[189].

dd. Prüfungs- und Untersuchungsbefugnis

Der BaFin steht nach § 44 Abs. 1 KWG ein umfassendes Auskunfts- und Prüfungsrecht zu. Die BaFin kann von den Instituten, den Mitgliedern ihrer Organe und deren Beschäftigten Auskünfte über alle Geschäftsangelegenheiten, die Vorlegung von Büchern und Schriften, die Teilnahme an Gremiensitzungen inklusive dem Recht, das Wort zu ergreifen, und sogar deren Einberufung verlangen. Sie kann sich dabei sowohl über die allgemeine Situation wie Rentabilität und Liquidität, als auch über einzelne Geschäftsvorfälle informieren. Die Vorlegung von Büchern und Schriften umfasst das gesamte Rechnungswesen, aber auch Aktenvermerke, Kreditverträge, Sitzungsprotokolle, Geschäftsanweisungen usw. Vertreter der BaFin können in diesem Rahmen auch jederzeit und ohne Vorankündigung die Geschäftsräume des Instituts betreten und sich an Ort und Stelle informieren[190].

ee. Ermittlungs- und Sanktionsbefugnisse

Nach § 6 Abs. 3 KWG kann die BaFin im Rahmen der Erfüllung ihrer Kompetenzen und Aufgaben gegenüber den Kreditinstituten und ihren Geschäftsleitern Anordnungen im Wege eines verbindlichen Verwaltungsakts treffen. Der Gesetzgeber zielt gem. § 6 Abs. 3 KWG darauf ab, es der BaFin zu ermöglichen,

---

189 Fischer/Boegl, in: Schimansky/Bunte/Lwowski, Bankrechts-Handbuch 5. Auflage 2017, § 126 Rn. 64.

190 Fischer/Boegl, in: Schimansky/Bunte/Lwowski, Bankrechts-Handbuch 5. Auflage 2017, § 132 Rn. 41.

„Verstöße gegen aufsichtsrechtliche Bestimmungen zu unterbinden oder Missstände in einem Institut zu verhindern oder zu beseitigen, welche die Sicherheit der einem Institut anvertrauten Vermögenswerte gefährden können oder die ordnungsgemäße Durchführung der Bankgeschäfte oder der Finanzdienstleistungen beeinträchtigen". Das KWG gesteht der BaFin eine Reihe von verschiedenen Befugnissen zur Regulierung ihrer bankenaufsichtlichen Tätigkeiten zu. Hier lassen sich aufzählen: Erteilung oder Entzug einer Banklizenz, Abberufung von Geschäftsleitern, Freistellung von bestimmten bankenaufsichtlichen Verpflichtungen nach § 31 KWG usw. Dabei bleiben die für den Erlass von Verwaltungsakten allgemein geltenden Prinzipien gültig, wie z. B. die Grundsätze über Wirksamkeit, Widerruf, Rücknahme sowie Nichtigkeit von Verwaltungsakten, die Grundsätze von Gleichbehandlung und Verhältnismäßigkeit der Verwaltung, das Prinzip des Vertrauensschutzes u. a.[191].

ff. Zusammenarbeit der BaFin mit der Deutschen Bundesbank

§ 7 Abs. 1 S. 1 KWG verpflichtet zu einer engen Zusammenarbeit zwischen beiden Stellen, wonach die BaFin und die BuBa die bedeutsamen Erkenntnisse gegenseitig auszutauschen haben. Die Pflicht zur Zusammenarbeit schließt eine gegenseitige Beistandspflicht ein. Über Art. 35 GG hinaus sind beide Stellen nicht nur aufgrund eines Ersuchens zur Amts- und Rechtshilfe verpflichtet, sondern schon aufgrund dieser gesetzlichen Regelung. Eines Ersuchens bedarf es daher nicht. BaFin und Bundesbank informieren sich, wenn sie Beobachtungen und Feststellungen gemacht haben, die für die Erfüllung ihrer Aufgaben erforderlich sind (Abs. 3 S. 1).

Die Einzelheiten der Zusammenarbeit sind in einer „Richtlinie zur Durchführung und Qualitätssicherung der laufenden Überwachung der Kredit- und Finanzdienstleistungsinstitute" durch die Deutsche Bundesbank (Aufsichtsrichtlinie) vom 21. Februar 2008 festgelegt worden. Daneben ist gemäß § 3 FinDAG ein „Forum für Finanzmarktaufsicht" eingerichtet, dem die BaFin und die BuBa angehören. Es koordiniert die aufsichtliche Zusammenarbeit und berät in Fragen der Allfinanzaufsicht, die für die Stabilität des Finanzsystems von Bedeutung sind. Die Zweckmäßigkeit der gesetzlichen Einrichtung eines solchen Forums ausschließlich zwischen den beiden ohnehin aufgrund gesetzlicher Regelung eng kooperierenden Behörden erscheint nicht ganz ersichtlich und hat wohl eher historische Gründe.

---

191 Fischer/Boegl, in: Schimansky/Bunte/Lwowski, Bankrechts-Handbuch 5. Auflage 2017, § 132 Rn. 88.

Im Übrigen ergehen alle durch das BMF und die BaFin erlassenen Rechtsverordnungen nach § 7 Abs. 2 Satz 2 KWG nur im Benehmen mit der Deutschen Bundesbank; deswegen verfügt die BuBa über das Anhörungs- oder Mitwirkungsrecht beim Erlass von Verordnungen. Da die BaFin die bankrechtliche Aufsicht übernimmt, erlässt sie nur dann Richtlinien, wenn bzw. nachdem die BuBa dazu Stellung genommen hat (§ 7 Abs. 2 Satz 1 KWG).
Indes stellt sich die Frage, welche Unterschiede wohl zwischen „Benehmen" und „Einvernehmen" bestehen. Im Falle eines geforderten Einvernehmens hat die BaFin eine Übereinstimmung mit der BuBa zu erreichen; dagegen ist unter „im Benehmen mit" nur eine intensive Form der Anhörung der BuBa zu verstehen, bei der die BaFin das letzte Wort hat.
Die BaFin übt die ihr übertragenen aufsichtlichen Aufgaben in Bezug auf die vorstehend aufgezählten Finanzbereiche aus – einschließlich einer Beratungstätigkeit in Zusammenarbeit mit den zuständigen ausländischen Aufsichtsbehörden (§ 4 Abs. 1 FinDAG).

gg. Zusammenarbeit mit der Europäischen Kommission

Nach § 7a KWG wird eine modifizierte Form der Zusammenarbeit mit der Europäischen Kommission vorgesehen. Danach hat die BaFin die Europäische Kommission über wesentliche Tatsachen und Ereignisse zu informieren. Darüber hinaus unterrichtet die BaFin die Europäische Kommission über allgemeine Schwierigkeiten, denen die Institute bei der Gründung von Zweigniederlassungen oder Tochterunternehmen, beim Betreiben von Bankgeschäften oder bei der Erbringung von Finanzdienstleistungen in einem Drittstaat ausgesetzt waren.
Für die Zusammenarbeit verpflichtet § 7a KWG die BaFin, der Europäischen Kommission folgende ggf. neue Tatsachen bzw. Informationen zu melden:

- die Aufhebung einer Erlaubnis nach § 35 KWG unter Angabe der Gründe, die zur Aufhebung führten (Abs. 1 Nr. 1),
- Informationen über die Anzahl und Art der Fälle, in denen die Errichtung einer Zweigniederlassung in einem anderen Staat des EWR gescheitert ist, weil die BaFin die Angaben gem. § 24a Abs. 1 Satz 2 KWG nicht an die zuständigen Behörden des Aufnahmestaates weitergeleitet hat (Abs. 1 Nr. 3),
- die Anzahl und Art der Fälle, in denen die BaFin Maßnahmen gegenüber Unternehmen mit Sitz in einem anderen Staat des EWR nach § 53b Abs. 4 Satz 3 ergriffen hat (Abs. 1 Nr. 4),

- den Erlaubnisantrag eines Tochterunternehmens eines drittstaatsansässigen Unternehmens, falls die Europäische Kommission die Meldung solcher Antragseingänge verlangt hat (Abs. 1 Nr. 6),
- die Grundsätze zur Überwachung von gruppeninternen Transaktionen und Risikokonzentrationen (Abs. 2 Nr. 2),
- ausgesuchte Behandlungsweisen im Falle von Mutterunternehmen mit Sitz in einem Drittstaat nach § 53d KWG (Abs. 2 Nr. 3),
- sowie auch über ausgewählte Methoden zur Vermeidung der Umgehung der zusätzlichen Kapitalanforderungen bei Überschreitung der Großkreditanforderungen (Abs. 2 Nr. 5).

Insgesamt lässt sich klar feststellen, dass sich die Zusammenarbeit zwischen der BaFin und der Europäischen Kommission auf Verfahrensfragen und Verwaltungsangelegenheiten beschränkt sowie auf Angelegenheiten von auf europäischer Ebene tätigen Zweigniederlassungen, Tochterunternehmen und Instituts- resp. Finanzholding-Gruppen sowie auf grenzüberschreitende Finanzdienstleistungen.

hh. Zusammenarbeit mit der Europäischen Bankenaufsichts- sowie mit der Europäischen Wertpapier- und Marktaufsichtsbehörde

Die maßgebliche Norm dafür ist § 7b KWG. Nach § 7b Abs. 1 Nr. 1 und 2 ist die BaFin durch die Verordnungen (EU) Nr. 1093/2010 und 1095/2010 des Europäischen Parlaments und des Rates vom 24. November 2010 verpflichtet, daran mitzuwirken, die aus der Errichtung der Europäischen Bankenaufsichtsbehörde und der Europäischen Wertpapier- und Marktaufsichtsbehörde folgenden Anforderungen zu erfüllen.
Laut § 7b Abs. 2 und 3 KWG hat die BaFin der EBA die zuletzt vorgekommenen Neuigkeiten in Bezug auf die Erteilung der Erlaubnis zur Gründung von Einlagenkreditinstituten und zu den oben in § 7a KWG genannten Sachverhalten zu melden.
Darüber hinaus hat sie die Europäische Wertpapier- und Marktaufsichtsbehörde über die Erteilung sowie über das Erlöschen oder die Aufhebung einer Erlaubnis eines Wertpapierdienstleistungsunternehmens zu unterrichten (vgl. § 7b Abs. 4 KWG).

ii. Zusammenarbeit mit dem Europäischen Bankenausschuss

§ 7c KWG legt fest, dass die BaFin dem Europäischen Bankenausschuss meldet, wenn sie einer Zweigstelle eines Unternehmens, das seinen Sitz außerhalb der Staaten des Europäischen Wirtschaftsraums hat, eine Erlaubnis nach § 32

Abs. 1 KWG i. S. d. § 53 KWG erteilt. Dabei beschränkt sich § 7c KWG auf die Erlaubniserteilung an Zweigstellen eines nicht im EWR ansässigen Instituts. Mit den neuen EU-Verordnungen und deren in die deutsche Gesetzgebung einfließenden Änderungen wird das Ziel verfolgt, die BaFin in das Europäische Finanzaufsichtssystem einzubinden, was ausdrückliche Melde- und Unterrichtungspflichten der BaFin ggü. den Europäischen Finanzaufsichtsbehörden impliziert. In Zukunft werden die europäischen Finanzaufsichtsbehörden bei etwaigen Meinungsverschiedenheiten stärker einbezogen. Zudem muss die Geheimhaltungspflicht der BaFin-Mitarbeiter im Rahmen einer solchen Zusammenarbeit mit den Europäischen Finanzaufsichtsstellen angepasst werden.

4. Bundesbank

Wie oben kurz erwähnt, ist die Bundesbank (folgend: BuBa) in allen wichtigen Bereichen der Bankenaufsicht involviert: der laufenden Überwachung der Institute, der Durchführung der bankenaufsichtlichen Prüfungen, der Beteiligung beim Erlass allgemeiner Regelungen zur Ordnung des Kreditwesens sowie bei der internationalen Regulierung, Harmonisierung und Koordinierung der Bankenaufsicht[192]. Im Jahr 1957 waren mit Erlass des Gesetzes über die Deutsche Bundesbank (folgend: BBankG) die in den Bundesländern vorhandenen, rechtlich selbstständigen Landeszentralbanken mit der Bank deutscher Länder verschmolzen worden, die dann zur Deutschen Bundesbank als einheitliche Rechtspersönlichkeit wurde (§ 1 BBankG 1957)[193] und ihren Sitz in der Zentrale in Frankfurt am Main hat.

a. Organisation

Die innere Organisationsstruktur der Deutschen Zentralbank, die mit der 7. Novelle zum BBankG vom Mai 2002 neu geregelt wurde, ist in §§ 7–11 BBankG näher umrissen. Einziges Organ der Bundesbank ist nach § 7 Abs. 1 BBankG nunmehr ein aus dem Präsidenten, dem Vizepräsidenten und zunächst sechs, dann – seit dem 8. Änderungsgesetz von 2007 – vier weiteren Mitgliedern gebildeter Vorstand an Stelle der früher bestehenden Organe Zentralbankrat,

192 Haug, in: Schimansky/Bunte/Lwowski, Bankrechts-Handbuch 5. Auflage 2017, § 123 Rn. 97.

193 Haug, in: Schimansky/Bunte/Lwowski, Bankrechts-Handbuch 5. Auflage 2017, § 123 Rn. 29.

Direktorium und Vorstände der Landeszentralbanken[194]. Die BuBa unterhält neun Hauptverwaltungen gem. § 8 Abs. 1 BBankG.

b. Kompetenzen

Die Einbeziehung der Bundesbank in die Bankenaufsicht geht ursprünglich auf die Stellung der BuBa als nationale Währungs- und Notenbank zurück. Sie übernimmt daher mit der Aufsichtstätigkeit keine neuen bzw. zusätzlichen Verwaltungsaufgaben; das ist nur Ausfluss ihrer herkömmlichen Befugnisse und Aufgaben[195].

aa. Rechtsetzungsbefugnis

Die BuBa ist am Erlass aufsichtsrechtlicher Rechtsverordnungen beteiligt. Dies gilt vor allem im Zusammenhang mit der Erfüllung der CRR-Anforderungen bei der Eigenmittelausstattung gem. § 10 Abs. 1 und Abs. 7 KWG, bei der Liquiditätsregelung gem. § 11 KWG und bei der Kreditvergabe gem. §§ 13, 13c, 22 KWG. Darüber hinaus wirkt die BuBa auf internationaler Ebene in Aufsichtsfragen als deutscher Vertreter im Basler Ausschuss für Bankenaufsicht oder dem CEBS mit[196].

bb. Informationsbefugnis

Nach § 25 Abs. 1 KWG hat ein Kreditinstitut unverzüglich nach Ablauf eines jeden Quartals der BuBa Informationen zu seiner finanziellen Situation (Finanzinformationen) einzureichen, damit die Aufsichtsbehörde sich einen laufenden Einblick in die geschäftliche Entwicklung der Kreditinstitute während eines Jahres verschaffen und Fehlentwicklungen bei einzelnen Instituten rechtzeitig erkennen kann. Über dieses Basismeldewesen hinaus müssen die Kreditinstitute ab 2015 zusätzlich einmal jährlich nach § 25 Abs. 1 S. 2 KWG zu einem von der BaFin festgelegten Stichtag bei der Bundesbank Risikotragfähigkeitsinformationen einreichen.

---

194 Haug, in: Schimansky/Bunte/Lwowski, Bankrechts-Handbuch 5. Auflage 2017, § 123 Rn. 28.

195 Boos/Fischer/Schulte-Mattler, Kommentar zum Gesetz über das Kreditwesen, 2008, zu § 7 KWG. RN. 3.

196 Haug, in: Schimansky/Bunte/Lwowski, Bankrechts-Handbuch 5. Auflage 2017, § 123 Rn. 93.

cc. Prüfungs- und Untersuchungsbefugnis

Die durch die BuBa auszuübende laufende Überwachung ist gem. § 7 Abs. 1 Satz 2 KWG ein Teil der „laufenden Aufsicht“, in die auch die der BaFin zugewiesenen Aufgaben einbezogen sind. Die Erkenntnisse aus dieser laufenden Überwachung fordern die BaFin oft heraus, aufsichtsrechtliche Maßnahmen gegenüber den Kreditinstituten nach § 7 Abs. 2 Satz 4 KWG zu ergreifen[197]. Und im Zuge dieser laufenden Überwachung verzichtet sie – wie oben gesagt – auf nochmalige Prüfung und Bewertung der untersuchten Sachverhalte. Daher stützt sie sich gem. § 7 Abs. 2 Satz 5 auf die von der Bundesbank getroffenen Prüffeststellungen und Bewertungen, wenn sie darangeht, aufsichtsrechtliche Maßnahmen in der vorgeschriebenen Rechtsform zu ergreifen.

dd. Zusammenarbeit mit der BaFin

Im Umkehrschluss ist die BuBa gem. § 7 Abs. 1 S. 1 KWG zu einer engen Zusammenarbeit mit der BaFin verpflichtet. Zur Vermeidung der Wiederholung wird hier die Auseinandersetzung mit diesem Thema bewusst weggelassen.

5. Bundesministerium der Finanzen

Bei der Bankenregulierung, wie oben unter B. 2. a. hingewiesen, spielt das Bundesministerium der Finanzen (folgend: BMF) ebenfalls durch Ausübung der Rechtsetzungsbefugnisse eine Rolle. Es ist nicht zu verkennen, dass das BMF die wesentlichen Verordnungen selbst erlässt, z. B. WpAIV, WpDVerOV, FinAnV, MaKonV oder SolvV.
Außerhalb der Gesetzgebungsbefugnis nimmt das BMF nicht direkt an der operativen Bankenaufsichtstätigkeit teil.

IV. Gegenstände der Bankenaufsicht

Die Gegenstände der Bankenaufsicht können hier aus zwei Perspektiven betrachtet werden. Eine ist der subjektive Aspekt, der die Adressaten einer hoheitlichen Maßnahme betrifft, welchen die Arbeit oben unter Kapitel 2 Teil III behandelt. Der andere ist der objektive Aspekt, dieser betrifft die Aufsicht über Geschäfte der zu beaufsichtigenden Institute.
Obwohl die Beaufsichtigung der Bankgeschäfte und Finanzdienstleistungen sowohl in China als auch in Deutschland zum Kernpunkt der Finanzaufsicht

---

197 Boos/Fischer/Schulte-Mattler, Kommentar zum Gesetz über das Kreditwesen, 2008, zu § 7 KWG RN. 17.

gehört, hat diese Arbeit die Auseinandersetzung mit einzelnen Bankgeschäften aus Platzgründen bewusst weggelassen; dies vor allem vor dem Hintergrund, dass die chin. Aufsichtsbehörden im weiteren Sinne zu jedem Bankgeschäft jeweils eine umfangreiche Rechtsordnung, Durchführungsmaßnahmen und Mitteilungen erlassen können.

C. Zwischenergebnisse

Die Untersuchung der beiden bankenaufsichtsrechtlichen Rechtsgrundlagen (China und Deutschland) und somit deren Vergleich wurden trotz gleichem Sinn und Zweck der Bankenaufsicht unter vielfältigen Aspekten durchgeführt. Dabei sind die folgenden Gemeinsamkeiten und Unterschiede aufzuzeigen:

I. Gesetzgebungsmethode

Bei der Gesetzgebung im weiteren Sinne wurden in China auf dem Gebiet der Bankenaufsicht historisch gesehen grundsätzlich zunächst „Regeln" erlassen, die einige Jahre zur Probe verwendet und erst dann in Form eines „Gesetzes" manifestiert wurden. Die Dauer einer provisorischen Version bis zu einem Gesetz oder einer endgültigen Version konnte manchmal mehrere Jahrzehnte betragen. Außer Gesetzen gibt es parallel noch unzählige verschiedene Formen von „Stellungnahmen", „Hinweisen", „Richtlinien", „Entscheidungen" und „Mitteilungen", welche die Anwendung von Gesetzen auslegen sollten. Dagegen gilt in Deutschland ein integrierter Aufsichtsmechanismus im Rahmen des SSM, wobei die EZB bei der Ausführung ihrer Aufsichtsaufgaben gemäß der SSM-Verordnung alle einschlägigen EU-Rechtsvorschriften und gegebenenfalls die nationalen Rechtsvorschriften zur Umsetzung der EU-Vorschriften durch Mitgliedstaaten anwendet. Das bedeutet, dass jedes Kreditinstitut, das unter die Aufsicht des SSM fällt, anhand derselben Methodik und unter Einhaltung des einheitlichen Grundsatzes der Verhältnismäßigkeit beaufsichtigt wird. Obwohl sich das europäische und das deutsche Regelwerk an die Fortentwicklung von Aufsichtsmethodik und -bedarf anpassen müssen, bauen sie jedoch ständig auf einer gleichen Linie aus.

II. Bankenaufsichtsbehörde

Obwohl die CBIRC gem. Art. 2 BAG in China als die alleinige gesetzlich festgelegte Aufsichtsbehörde für den Bankensektor gilt, wird die Bankenaufsichtsaufgabe mehr oder weniger von mehreren Aufsichtsbehörden aus historischen, strukturellen oder faktischen Gründen gleichzeitig wahrgenommen und beeinflusst sogar den Gegenstand der Bankenaufsicht mit Gesetzgebungsbefugnis. Streng genommen gibt es mehrere koordinierende Aufsichtssubjekte für die Bankenaufsicht. Dies sind vor allem CBIRC, PBoC, das Finanzministerium, das Ministerium für Industrie, Handel und Steuern sowie SAFE usw. Dagegen ist in Deutschland die BaFin die alleinige gesetzlich anerkannte Aufsichtsbehörde, welche vor allem zum Informationsaustausch eng mit der BuBa zusammenarbeitet. Darüber hinaus üben die europäischen Finanzaufsichtsbehörden wegen des Mehrebenen-Systems die direkte und indirekte Aufsichtsbefugnis in Deutschland aus, wobei auf der europäischen Ebene die EBA und die EZB in Zusammenarbeit mit den zuständigen nationalen Bankenaufsichtsbehörden eine wichtige Rolle spielen.

III. Aufsichtsmodell

In China vereinigt die CBIRC die Banken- und Versicherungsaufsicht unter einem Dach, während der deutsche Amtsträger BaFin als sektorübergreifende Allfinanzaufsichtsbehörde die Aufsicht über das Kreditwesen, das Versicherungswesen und den Wertpapierhandel unter einem Dach vereinigt. Seit Errichtung des SSM ist neben der BaFin nunmehr auch die EZB die Aufsichtsbehörde i.S.d. KWG und kann als solche die nationalen Befugnisnormen des KWG für sich in Anspruch nehmen, soweit diese nicht der BaFin vorbehalten sind.

IV. Zusammenarbeitsmodell für die Bankenaufsicht

Beiden Ländern gemeinsam ist die gesetzlich vorgeschriebene Zusammenarbeit der Aufsichtsbehörde für die mikroprudenzielle Aufsicht mit der jeweiligen Zentralbank zum Informationsaustausch und das Vorschlagsrecht bei der Bankenaufsicht. Obwohl die personenübergreifenden Ernennungen in den anderen Organisationen als Lösung versucht wurden, kommen in China eine tatsächliche Zusammenarbeit sowie ein Informationsaustausch zwischen CBIRC und PBoC immer noch nicht zustande.

Dagegen wirkt in Deutschland schon lange die Zusammenarbeitstradition zwischen Bankenaufsichtsbehörde und BuBa, welche seit 1962 schon beim ersten Erlass des KWG gesetzlich festgelegt war. Darüber hinaus wurde auch bei der BaFin ein Forum errichtet, dessen Aufgabe es ist, die Koordinierung der laufenden Zusammenarbeit der Allfinanzaufsicht über den Finanzmarkt zwischen BaFin und BuBa durchzusetzen (vgl. § 3 FinDAG). Schließlich arbeitet die BaFin ebenfalls mit den europäischen Stellen zusammen. § 7a KWG verpflichtet die BaFin zur Zusammenarbeit mit der Europäischen Kommission; sie ist insbesondere gehalten, für die europaweite Kooperation relevante Meldungen zu erstatten, u. a. über die Erteilung oder Aufhebung der Betriebserlaubnis für Unternehmen, Tochterunternehmen oder Institute, oder über die Einstufung einer Gruppe von Unternehmen als Finanzkonglomerat; des Weiteren hat sie die Europäische Kommission nach § 7a Abs. 2 Nr. 5 KWG „über das Verfahren zur Vermeidung der Umgehung der zusätzlichen Kapitalanforderungen bei Überschreitung der Gesamtbuch-Großkreditanforderungen" zu unterrichten. Ein anderes Feld der Zusammenarbeit ist die Beteiligung an den Aktivitäten der Europäischen Bankenaufsichtsbehörde. Diese Verpflichtung verlangt von der BaFin, diesen Behörden die erforderlichen Informationen zur Verfügung zu stellen, damit sie ihre Aufgaben erfüllen können. Die Anforderungen an die Zusammenarbeit mit der Europäischen Bankenaufsichtsbehörde sind in § 7b KWG fixiert. Des Weiteren gehört Deutschland aufgrund der Zugehörigkeit zur Europäischen Union dem neu errichteten „Europäischen System der Finanzaufsicht (ESFS)" an. Für die Zusammenarbeit der BaFin mit anderen europäischen Finanzaufsichtsbehörden ist eine Einbindung der BaFin in das Europäische Finanzaufsichtssystem anvisiert – mit Unterrichtungspflichten ggü. den dieses System konstituierenden Behörden. Bei Meinungsverschiedenheiten zwischen den nationalen Aufsichtsbehörden der EU-Staaten haben die europäischen Aufsichtsbehörden eine Schlichtungsrolle.

V. Makroprudenzielle Überwachung und mikroprudenzielle Aufsicht

Immer mehr wird die Funktion von der chin. Zentralbank zur makroprudenziellen Überwachung der Finanzstabilität des Finanzsystems nach dem 5-Jahresplan sowie Finanzreform herauskristallisiert. Makroprudenzielle Faktoren werden bei der mikroprudenziellen Aufsicht berücksichtigt, und mikroprudenzielle Faktoren dienen der makroprudenziellen Aufsicht als Input[198]. Sowohl der chin. Amtsträger als auch die europäischen Gesetzgeber haben erkannt, dass die makroprudenzielle Risikoanalyse von den Informationen und Signalen der mikroprudenziellen Aufsicht profitiert; demgegenüber ist es für die mikroprudenzielle Aufsicht von Nutzen, frühzeitig auf neue Risiken im Zusammenhang mit einzelnen systemrelevanten Instituten und auf Risiken infolge von geänderten Geschäftspraktiken oder von Finanzinnovation aufmerksam gemacht zu werden.

198 SSM-Aufsichtshandbuch, Version 2018, Seite 52, erhältlich unter: https://www.bankingsupervision.europa.eu/ecb/pub/pdf/ssm.supervisorymanual201803.de.pdf

3 Kapitel: Aufsicht über den Marktzugang

Sowohl in Deutschland als auch in China gilt das Genehmigungserfordernis für das gewerbsmäßige Betreiben von Bankgeschäften.

A. Aufsicht über den Marktzugang in China

Das chin. Geschäftsbankengesetz (folgend: GBG) gibt die grundlegenden Rahmenbedingungen für die Bank- (vgl. unten I. Nr. 1-Nr. 6) und Produktzulassung (vgl. unten I. Nr. 8) sowie die Genehmigung von Führungskräften (vgl. unten I. Nr. 7) vor. Das Genehmigungserfordernis bei Gründung einer Geschäftsbank ergibt sich aus § 11 Abs. 1 GBG, wonach die Errichtung einer Geschäftsbank der Genehmigung der Aufsichtsbehörden für die mikroprudenzielle Aufsicht bedarf. Da sonstige Organisationen und Individuen gem. § 11 Abs. 2 GBG keine Bankgeschäfte einer Geschäftsbank ausführen dürfen, bedeutet dieses Genehmigungserfordernis zugleich das Genehmigungserfordernis für die Durchführung von Bankgeschäften insgesamt.
Weiterhin unterscheidet das GBG die Zulassung der chin. Geschäftsbanken und der Banken mit ausländischer Beteiligung (folgend: Banken mit AuslandsBetlg) sowie deren Zweigniederlassungen und Repräsentanzen; für sie gelten zusätzliche Sonderregelungen nach § 92 GBG. Solche Sonderregelungen sind die Durchführungsverordnung über die Verwaltungsgenehmigungen für die chinesischen Geschäftsbanken (folgend: DVO Vg chin. Bank)[199], die Verwaltungsbestimmungen für die Banken mit ausländischer Beteiligung

199 Durchführungsverordnung über die Verwaltungsgenehmigungen für die chinesische Verwaltungsangelegenheiten von chinesischen Geschäftsbanken (《中国银保监会中资商业银行行政许可事项实施办法》), erlassen am 12.01.2006 mit Referenznr. Yin Jian Hui Ling 2006/02 (银监会令[2006]年第2号), erst mal revidiert am 28.12. 2006 mit Referenznr. Yin Jian Hui Ling 2006/07, zweites Mal revidiert am 2013 mit Referenznr. Yin Jian Hui Ling 2015/02, drittes Mal revidiert am 2015 mit Referenznr. Yin Jian Hui Ling, viertes Mal revidiert am 2017 mit Referenznr. Yin Jian Hui Ling, zuletzt revidiert durch CBIRC am 17.08.2018 mit Referenznr. Yin Bao Jian Hui Ling 2018/05, erhältlich unter http://www.cbrc.gov.cn/chinese/files/2017/2134022BC727453EA7C55D896A8DA3F3.doc http://www.cbrc.gov.cn/chinese/home/docDOC_ReadView/A95D3E6E9DE043859C70C990156EFA7E.html.

(folgend: VerwB AuslandsBetlg)[200], die Durchführungsverordnung zu den Verwaltungsbestimmungen über die Banken mit ausländischer Beteiligung[201] (folgend: DVO VerwB AuslandsBetlg) und die Durchführungsverordnung über die Verwaltungsgenehmigungen für eine ausländische Bank (folgend: DVO Vg AuslandsBetlg)[202]. Schließlich gibt es noch die von der CBIRC veröffentlichten Verwaltungshandbücher[203] über die Zulassungsverfahren jeweils für die chin. Geschäftsbanken[204] und die Banken mit AuslandsBetlg[205] und über die

200 Verwaltungsbestimmungen über die Banken mit ausländischer Beteiligung (《中华人民共和国外资银行管理条例》), erlassen 08.11.2006, erst revidiert am 20.12.2014 mit Referenznr. Guo Wu Yuan Ling 2014/657 (中华人民共和国国务院令[2014]第657号), gültig ab 01.01.2015 erhältlich unter http://www.gov.cn/zhengce/content/2014-12/20/content_9309.htm, 2. revidiert am 30.09.2019 mit Referenznr. Guo Wu Yuan Ling 2019/720 (中华人民共和国国务院令[2019]第720号), gültig ab 15.10.2019, erhältlich unter https://www.cbirc.gov.cn/cn/view/pages/ItemDetail.html?docId=879937&itemId=860&generaltype=0.

201 Durchführungsverordnung zur Verwaltungsbestimmungen über die Banken mit ausländischer Beteiligung (中华人民共和国外资银行管理条例实施细则) mit Referenznr. Yin Jian Hui Liang Nr. 2006/06 (银监会令[2006]年第6号), erlassen von der CBRC am 24.11 2006, erstes Mal revidiert mit der Referenznr. Yin Jian Hui Ling 2017/07 (银监会令2015年第7号) am 01.07.2015, zweites Mal revidiert am 18.12.2019 mit Referenznr. Yin Bao Jian Hui Ling 2019 [6], erhältlich unter http://www.cbirc.gov.cn/cn/view/pages/ItemDetail.html?docId=862443&itemId=928&generaltype=0.

202 Durchführungsverordnung über die Verwaltungsgenehmigungen für die ausländischen Banken (中国银监会外资银行行政许可事项实施办法), erlassen am 28.12.2006 mit Referenznr. Yin Jian Hui Ling 2006/7 (中国银监会令[2006]第7号), erstes Mal revidiert am 11.09.2014 mit Referenznr. Yin Jian Hui Ling 2014/6 (中国银监会令[2014]第6号), zweites Mal revidiert am 05.06.2015 mit Referenznr. Yin Jian Hui Ling 2015/4 (银监会令[2015]第4号), drittes Mal revidiert am 13.02.2018 mit Referenznr. Yin Jian Hui Ling 2018/03 (银监会令[2018]年第3号), erhältlich unter http://www.cbrc.gov.cn/chinese/home/docDOC_ReadView/3C40D56C31DB4A9595382D03E36CA78B.html.

203 Handbücher über die Verwaltungsverfahrens bei CBIRC, Liste erhältlich http://www.cbirc.gov.cn/cn/list/9104/910401/1.html.

204 Handbuch über Gründung, Änderung, Schließung und Geschäftsgenehmigung für chin. Finanzinstitute im Bankensektor sowie deren Zweigstellen (《中资银行业金融机构及其分支机构设立、变更、终止以及业务范围审批事项服务指南》) im März 2019 veröffentlicht durch CBIRC auf deren Website, erhältlich unter http://www.cbirc.gov.cn/cn/doc/9104/910401/A1FBECEB06D74766B3F90A14C409F518.html.

205 Handbuch über Gründung, Änderung, Schließung und Geschäftsgenehmigung für Banken mit ausl. Betlg sowie deren Zweigstellen (《外资银行营业性机构及

Zulassungsverfahren von Führungskräften jeweils für die chin. Geschäftsbanken[206] und für die Banken mit AuslandsBetlg[207].

I. Zulassung einer chinesischen Geschäftsbank mit Rechtspersönlichkeit

Bezüglich des Zulassungsverfahrens enthalten die aufsichtsrechtlichen Vorschriften sowohl die im Laufe des Zulassungsverfahrens zu beachtenden Formalien als auch die durch die Gründer zu erfüllenden materiellen Bestimmungen.

1. *Formelle Zulassungsvoraussetzungen*

Das Genehmigungsverfahren für Geschäftsbanken erfolgt grundsätzlich in zwei Schritten. Im ersten Schritt legt der Gründer formlos den Errichtungsvorbereitungsantrag zusammen mit den Nachweisunterlagen bei der chin. Aufsichtsbehörde vor. Im zweiten folgt die Genehmigung des eigentlichen Betriebseröffnungsantrags.

a. *Zuständigkeit*

Nach dem Gesetzeswortlaut des § 11 Abs. 1 GBG unterliegt die Gründung einer chin. Geschäftsbank mit Rechtspersönlichkeit der Prüfung und Genehmigung der Bankenaufsichtsbehörde CBIRC. Laut DVO Vg chin. Banken können allerdings das CBIRC-Headquarter, die CBIRC-Dienststellen auf Provinzebene und die CBIRC-Dienststelle auf Stadtebene je nach der Hierarchie der zur gründenden Geschäftsbank und der räumlichen Zuständigkeit involviert sein. Demnach ist das CBIRC-Headquarter zuständig für die Zulassung der nationalen

---

其分支机构设立、变更及终止审批事项服务指南》)http://www.cbirc.gov.cn/cn/doc/9104/910401/15765A9BF38A43E28F0DD34AD909DE70.html.

206 Handbuch zur Prüfung der Berufsqualifikation von Vorständen und Führungskräfte für chin. Finanzinstitute im Bankensektor sowie Non-Banking Finanzinstitute (《中资银行业金融机构及非银行金融机构董事和高级管理人员任职资格 核准事项服务指南》) http://www.cbirc.gov.cn/cn/doc/9104/910401/C385106AD 2E14C6DA0CC8773761A27B6.html.

207 Handbuch zur Prüfung der Berufsqualifikation von Vorständen, Führungskräfte und Chefrepräsentant für Banken mit ausl. Betlg (《外资银行董事、高级管理人员、首席代表任职资格核准事项服务指南》) http://www.cbirc.gov.cn/cn/doc/9104/910401/56E9FAB50A3E4E9A83DE9314D68B6835.html.

chin. Geschäftsbank, die CBIRC-Dienststelle auf Provinzebene oder auf Stadtebene für die Zulassung der städtischen Geschäftsbank.

b. Formalitäten

Die Anforderungen an die Formalitäten zur Errichtung einer chin Geschäftsbank mit Rechtspersönlichkeit unterscheiden ebenfalls zwischen Errichtungsvorbereitungs- und Betriebseröffnungsphase. Hierfür legen sowohl das Formularkatalog für die formalen Anforderungen zur Verwaltungsgenehmigung der chin. Banken[208] (folgend als „Katalog für chin. Geschäftsbanken") als auch die vorgenannte Durchführungsverordnung über die CBIRC-Verwaltungsgenehmigungsverfahren in beiden Phasen fest. Die Unterlagen sind gleichzeitig in Papierform und in elektronischer Form einzureichen. Für die elektronischen Unterlagen ist das speziell für den Bankensektor konzipierte staatliche Portal zu benutzen.

aa. Errichtungsvorbereitungsphase

Gemäß Teil I Unterkapitel 1 Nr. 1.1 des o. g. Katalogs sind folgende Antragsunterlagen für die Errichtungsvorbereitungsprüfung beim CBIRC-Headquarter oder bei der CBIRC-Dienststelle einzureichen:

(a) Errichtungsantrag: Dieser soll inhaltlich enthalten – aber nicht beschränkt sein auf – den Namen der zu gründenden Geschäftsbanken in Chinesisch und Englisch, die geplante Geschäftsadresse, Kapitalhöhe, Beteiligungsstruktur, Geschäftsgegenstände und den Gründungszweck;
(b) Machbarkeitsstudien: Diese sollen inhaltlich enthalten – aber nicht beschränkt sein auf – die wirtschaftliche und finanzielle Situation des vorgeschlagenen Ortes, an dem die Bank zu gründen ist, die Marktaussichtsanalyse einschließlich der Marktpositionierung, die Analyse des Bankensektors, die zu erbringenden Dienstleistungen, die Prognose über die Vermögenswerte und Schulden, Rentabilität, den Liquiditätsstatus, Anteil der notleidenden Kredite, die Kapitaladäquanzquote, Rentabilitätsrate des Eigenkapitals, Rendite des investierten Kapitals, Gesamtkapitalrentabilität, Geschäftsentwicklungsstrategie, das Risikokontrollkonzept etc. für die ersten drei Jahre nach der Errichtung;

208 Formularkatalog und formale Anforderungen für die Verwaltungsangelegenheiten einer chinesischen Geschäftsbank (《中资商业银行行政许可事项申请材料目录及格式要求（2023 年版）》), chinesische Version erhältlich unter http://www.cbirc.gov.cn/chinese/docfile/2023/e65c8efb48124bffb18fe678abd19993.pdf.

(c) Basisinformation über die Gründer: Diese soll inhaltlich enthalten – aber nicht beschränkt auf – die Vereinbarung unter den Gründern, die Namen der Gründer, die eingetragenen Adressen, die gesetzlichen Vertreter, Kopien von Gewerbelizenzen nach Jahresprüfung, den Geschäftsstand, die Bonitätsauskunft, nicht zurückgezahlte Darlehen und Zinsen, Brancheninformationen, Besteuerungsregistrierung etc.;
(d) Organigramm der Gründer (Ist ein Gründer eine Aktiengesellschaft, ist das Organigramm der Gruppengesellschaft vorzulegen): die Namenliste der Gründer, die Zweigniederlassungen und Beteiligungsverhältnisse der Gründer, die Liste der Tochtergesellschaften sowie die Hauptgeschäfte und die Gewinnquelle, die Verbundenheit unter den Gründern, den tatsächlichen Einfluss von Personen und Institutionen auf die geplante Geschäftsbank, Nachweis der Kapitalquelle für die Beteiligung;
(e) Beschluss von Vorstand oder Hauptversammlung zur Gründung der geplanten chin. Geschäftsbank sowie die Zusicherungen über die Wahrheit der Kapitalquelle;
(f) Ist ein Gründer ein ausländisches Finanzinstitut, ist der Nachweis über dessen Risikobewertung oder Aufsichtsstellungnahme durch die Aufsichtsbehörde seines Herkunftsstaats vorzulegen; unterliegt ein Gründer nicht der Aufsicht einer Aufsichtsbehörde am Ort, an dem er registriert ist, ist ein Kreditwürdigkeitsbericht für die letzten zwei Jahre durch eine von der CBIRC anerkannte Ratingagentur vorzulegen;
(g) Finanzbericht des Abschlussprüfers für die letzten drei Jahre;
(h) Gründungskonzept: Dieses soll inhaltlich enthalten – aber nicht beschränkt auf – das Organigramm der zu gründenden chin. Geschäftsbank, internes Kontrollsystem, Informationen über die geplanten Führungskräfte sowie die weiteren Mitarbeiter, Informationssicherheitstechnologie, Personenliste und Lebensläufe der Mitglieder der Errichtungsvorbereitungsarbeitsgruppe, Kontaktdaten, Telefonnummern, Standortauswahlkonzept;
(i) Information über extern beauftragte Beratungsgesellschaften und Personal sowie deren Kontaktdaten;
(j) Rechtsgutachten oder Compliance-Gutachten;
(k) Die Erklärung des Antragstellers zur Erfüllung der Prüfvoraussetzungen zur Bekämpfung von Geldwäsche und Terrorismusfinanzierung sowie die Bestätigung, dass er nicht an Straftaten beteiligt ist. Zu den Prüfbedingungen für die Bekämpfung von Geldwäsche und Terrorismusfinanzierung gehören unter anderem der Ursprung der Finanzmittel; die Beziehung

zwischen Gesellschaftern, Gesellschaftern mit beherrschendem Anteil, den die Gesellschaft tatsächlich kontrollierenden Personen, verbundenen Parteien, gemeinsam handelnden Personen und wirtschaftlich Berechtigten ist klar und transparent; und es liegen keine Vorstrafen wegen vorsätzlicher oder grober Fahrlässigkeit vor;

(l) Ansprechpartner, Kontakttelefon, Telefax, E-Mail, Postanschrift (Postleitzahl) der Antragsteller;

(m) Sonstige von der CBIRC vorgeschriebene Unterlagen nach dem Sorgfaltsprinzip.

bb. Betriebsaufnahmephase

Nachdem die erforderliche Errichtungsvorbereitung abgeschlossen ist, können die Gründer den Antrag auf die Genehmigung der Betriebsaufnahme stellen. Dabei wird die Plausibilität für einen gesunden Betrieb ausgehend vom Sorgfaltsprinzip geprüft.

Gemäß Teil I Unterkapitel 1 Nr. 1.2 des o. g. Kataloges sind folgende Unterlagen in der Betriebseröffnungsphase für die Eröffnungsgenehmigung einzureichen:

(a) Betriebseröffnungsantrag: Der Antrag soll beinhalten – aber nicht beschränkt auf – den Namen (in Chinesisch und Englisch) der zu gründenden Geschäftsbanken, den Geschäftsort, Geschäftsgegenstand, ob die Voraussetzungen zur Errichtung einer chin. Geschäftsbank wie das Eigenkapital, die Beteiligungsstruktur, die berufliche Eignung von Gesellschaftern, Vorstandsmitgliedern und Führungskräften erfüllt sind, den Errichtungsvorbereitungsbericht sowie die Beschreibung über Kapitalhöhe, Beteiligungsstruktur, Geschäftsgegenstände und den Gründungszweck.

(b) Gründungsversammlung: Die Gründungsversammlung ist in Form von Beschluss mit einer Referenznummer, der Anzahl der teilnehmenden Stimmen, der Anzahl der Ja-Stimmen, der Anzahl der Gegenstimmen und der Anzahl der Stimmenthaltungen zu vermerken. Die Beschlüsse sind von dem Abstimmungsleiter, dem Stimmenvorleser und dem Stimmenauszähler gemeinsam zu dokumentieren. Beschlüsse zur Wahl von Vorstandsmitgliedern und Aufsichtsratsmitgliedern müssen die Anzahl der für den Gewählten anfallenden Anteile enthalten. Die Beschlüsse der Gesamtversammlung und des Vorstandes sind von Vorstandsmitgliedern zu unterzeichnen, während der Aufsichtsratsbeschluss von Aufsichtsratsmitgliedern zu unterzeichnen ist. Folgende Gelegenheiten sind von Vorstand und Aufsichtsrat zu genehmigen:

(1) Errichtungsvorbereitungsbericht;
(2) Satzung;
(3) Verfahrensordnung von Gründungsversammlung, Vorstand und Aufsichtsrat;
(4) grundlegendes Managementkontrollsystem;
(5) Wahl von Vorstandsmitgliedern, Aufsichtsräten, Vorstandsvorsitzendem, stellvertretendem Vorstandsvorsitzendem, Vorsitzendem des Aufsichtsrats, stellvertretendem Vorsitzenden des Aufsichtsrats, Vorstandssekretär;
(6) Ernennung des Präsidenten, stellvertretenden Präsidenten, Verantwortlichen für die Finanzabteilung, interne Kontrolle sowie sonstige Senior Manager;
(7) Wahl der Arbeitnehmervertreter im Aufsichtsrat durch Betriebsrat.

(c) Satzungsentwurf;
(d) grundlegendes Managementsystem;
(e) Unterlagen über die berufliche Qualifikation von zu gründenden Vorständen, Senior Managern;
(f) Organigramm, sachliche Zuständigkeiten aller Abteilungen sowie der Lebenslauf der jeweiligen Verantwortlichen;
(g) Kapitalprüfungsbericht einer gesetzlich anerkannten Prüfstelle;
(h) Gründerliste, Beteiligungsanteil und die Anteilsquote (registrierte Geschäftsadresse und die Institutionscodes); die städtische Geschäftsbank muss auch eine Bonitätsauskunft und sonstige Unterlagen über solche Gründer vorlegen, die 5 % des registrierten Kapitals halten;
(i) Nachweise über das Eigentums- oder Nutzungsrecht von Betriebsstätten;
(j) Bestätigung von Polizei und Feuerwehr über die Sicherheit der Betriebsstätte und erforderliche Brandschutzeinrichtungen;
(k) Rechtsgutachten oder Compliance-Gutachten;
(l) Die Erklärung des Antragstellers bezüglich seiner Eignung für eine Prüfung zur Bekämpfung von Geldwäsche und Terrorismusfinanzierung umfasst die Einhaltung bestimmter Überprüfungsbedingungen. Dazu gehört unter anderem die Implementierung eines internen Kontrollsystems zur Bekämpfung von Geldwäsche und Terrorismusfinanzierung. Finanzfachleute und Fachkräfte müssen die erforderliche Schulung zur Bekämpfung von Geldwäsche und Terrorismusfinanzierung erhalten

haben. Des Weiteren muss das Informationssystem den Anforderungen zur Bekämpfung von Geldwäsche und Terrorismusfinanzierung genügen;

(m) Mitarbeiterliste und Verhältnis zu solchen Mitarbeitern, welche einschlägige Berufserfahrung haben;

(n) Nachweise im Zusammenhang mit dem Aufbau der Informationstechnologie und dem Risikomanagement, einschließlich, aber nicht beschränkt auf die Organisationsstruktur der Informationstechnologie, den Bau von Rechenzentren, den Aufbau von Informationssystemen, das Betriebs- und Wartungsmanagement, das Netzwerk- und Datensicherheitsmanagement, das Geschäftskontinuitätsmanagement sowie das Outsourcing-Management der Informationstechnologie, sollen als entsprechende Belege dienen;

(o) Ansprechpartner der Antragsteller, Kontakttelefon, Telefax, E-Mail, Postanschrift (Postleitzahl);

(p) Sonstige von der CBIRC vorgeschriebene Unterlagen nach dem Sorgfaltsprinzip.

c. Zulassungsverfahren

Die Errichtung einer chin. Geschäftsbank mit Rechtspersönlichkeit erfolgt ebenfalls in zwei Stufen: Errichtungsvorbereitungs- und Betriebseröffnungsphase (vgl. § 14 DVO Vg chin. Banken).

aa. Errichtungsvorbereitungsphase

Innerhalb der Errichtungsvorbereitungsphase reichen sämtliche Gründer der zu gründenden staatlichen Geschäftsbank oder einer Geschäftsbank in Form einer Aktiengesellschaft gemeinsam den Antrag über das Errichtungsvorhaben bei der CBIRC ein (vgl. § 15 Abs. 1 S. 1 DVO Vg chin. Banken); diese nimmt den Antrag an, prüft ihn und entscheidet innerhalb von vier Monaten nach dem Empfang der vollständigen Unterlagen, ob das Errichtungsvorhaben genehmigt werden soll oder nicht (vgl. § 15 Abs. 1 S. 2 DVO Vg chin. Banken).
Der Antrag für das Errichtungsvorhaben zur Errichtung einer städtischen Geschäftsbank ist bei der lokalen zuständigen Dienststelle der CBIRC einzureichen. Diese nimmt ihn an und gibt die erste Prüfungsentscheidung ab; ob das Errichtungsvorhaben genehmigt werden soll oder nicht, entscheidet sie innerhalb von vier Monaten nach dem Eingang sämtlicher Unterlagen bei der CBIRC (vgl. § 15 Abs. 2 S. 2 DVO Vg chin. Banken).

Nachdem die Genehmigung erteilt ist, ist eine chinesische staatliche oder städtische Geschäftsbank grundsätzlich innerhalb von sechs Monaten zu gründen. Die Errichtungsfrist kann höchstens einmal um drei Monate verlängert werden, falls der Verlängerungsantrag einen Monat vor dem Ablauf der sechsmonatigen Errichtungsfrist gestellt worden ist (vgl. § 16 Abs. 1 DVO Vg chin. Banken). Für die Verlängerung der Errichtungsfrist ist die CBIRC für staatliche Geschäftsbanken und die örtliche untergeordnete CBIRC-Dienststelle für städtische Geschäftsbanken zuständig (vgl. § 16 Abs. 2 DVO Vg chin. Banken).

bb. Betriebseröffnungsphase

Im Anschluss an die erfolgreiche Errichtungsvorbereitung erfolgt die Betriebseröffnungsphase. Innerhalb dieser Phase ist der Antrag auf die Genehmigung zur Betriebseröffnung von der staatlichen Geschäftsbank bei der CBIRC bzw. von der städtischen Geschäftsbank bei der untergeordneten CBIRC-Dienststelle auf Provinzebene einzureichen. CBIRC bzw. die untergeordnete CBIRC-Dienststelle auf Provinzebene hat innerhalb von zwei Monaten nach der Annahme des Antrags zu genehmigen, die untergeordnete CBIRC-Dienststelle soll in Bezug auf die von ihrer ausgestellten Genehmigung die CBIRC informieren (vgl. § 17 Abs. 1 u. Abs. 2 DVO Vg chin. Banken). Nachdem die chin. Geschäftsbank die Banklizenz erhalten hat, ist mit dieser die Gewerbelizenz bei der Industrie- und Handelsverwaltungsbehörde zu beantragen (vgl. §§ 16 GBG, 18 Abs. 1 DVO Vg chin. Banken).

Nachdem die Gewerbelizenz erteilt ist, soll die chinesische staatliche oder die städtische Geschäftsbank innerhalb von sechs Monaten die Bankgeschäfte durchführen. Die Betriebseröffnungsfrist kann höchstens einmal um drei Monate verlängert werden, falls der Verlängerungsantrag einen Monat vor dem Ablauf der sechsmonatigen Errichtungsfrist gestellt ist (vgl. § 18 Abs. 2 u. Abs. 3 DVO Vg chin. Banken). Für die Verlängerung der Errichtungsfrist ist die CBIRC für die staatliche Geschäftsbank und die untergeordnete CBIRC-Dienststelle auf Provinzebene für die städtische Geschäftsbank zuständig (vgl. § 18 Abs. 2 u. Abs. 3 DVO Vg chin. Banken). Falls die gegründete chin. Geschäftsbank innerhalb der vorgegebenen Frist nicht den Betrieb aufnimmt, wird die Bank- bzw. Gewerbelizenz ungültig und von der Genehmigungsbehörde annulliert und zurückgenommen (vgl. § 18 Abs. 4 DVO Vg chin. Banken).

2. *Materielle Zulassungsvoraussetzungen*

§ 12 S. 1 GBG enthält eine Aufzählung der grundlegenden materiellen Zulassungsvoraussetzungen, die unten näher zu behandeln sind:

(1) Vorhandensein einer den Vorschriften des GBG und des Gesellschaftsgesetzes entsprechenden Satzung;
(2) Verfügung über das vom GBG vorgegebene Mindestkapital;
(3) Vorstände und Senior Manager mit theoretischen und praktischen Kenntnissen;
(4) Verfügung über ein solides Organisations- und Managementsystem;
(5) Verfügung über konforme Geschäftsräume, Sicherheitsvorkehrungen und andere geschäftsbezogene Einrichtungen.

a. *Gesetzeskonforme Satzung*

Die nach dem chin. Gesellschaftsgesetz und GBG beschlossene Satzung soll die Mindestinhalte wie den Namen der Bank, Geschäftssitz, das eingetragene Kapital, den Geschäftsumfang, gesetzlichen Vertreter, das interne Kontrollsystem, die Gewinnverteilung usw. enthalten. Sobald die Satzung von der zuständigen Behörde genehmigt wird, hat sie Rechtswirkung nach außen und die Bank kann die Geschäfte nach der Satzung betreiben.
Gleichzeitig sind weitere Sondervoraussetzungen aus dem chin. Gesellschaftsgesetz zu verschiedenen Gesellschaftsformen zu berücksichtigen. Für die Rechtsform von GmbH und AktG schreiben §§ 22 und 76 chin. Gesellschaftsgesetz die Sondervoraussetzungen vor, für staatseigene Unternehmen regelt diese § 64 chin. Gesellschaftsgesetz.

b. *Ausreichendes Gründungskapital*

Nach §§ 12 Abs. 1 Nr. 2, 13 Abs. 1 GBG beträgt das Mindestgründungskapital 1.000.000.000 RMB zur Errichtung einer Geschäftsbank auf nationaler Ebene, 100.000.000 RMB auf Provinzebene und 50.000.000 RMB auf ländlicher Ebene. Orientiert am Sorgfaltsprinzip können diese Mindestsummen entsprechend dem Gegenstand und Ausmaß der Bankgeschäfte gem. § 13 Abs. 2 GBG durch die Aufsichtsbehörde erhöht werden.

c. Berufsqualifikation von Vorstandsmitgliedern und Führungskräften

Ob die vorgeschlagenen Führungskräfte im Sinne von § 79 Nr. 4 DVO Vg chin. Geschäftsbanken beruflich qualifiziert sind, prüft die CBIRC durch einen schriftlichen Test. Prüfungskriterien und -verfahren legt die Verwaltungsmaßnahme für die Berufsqualifikation von Vorstand(-smitgliedern) und Seniormanagement von Finanzinstituten im Bankensektor[209] fest. Falls der vorgeschlagene Kandidat die Prüfung nicht bestanden hat, kann er sie einmal wiederholen. Der Abstand zwischen den beiden Prüfungen beträgt in der Regel zwei Wochen. Falls er den Test zweimal nicht bestanden hat, wird der Antrag auf die Genehmigung abgelehnt.

d. Solide Organisationsstruktur und solides Managementsystem

§§ 12 Nr. 4 GBG, 6 Nr. 4 DVO Vg chin. Geschäftsbanken und § 9 Nr. 4 DVO Vg ausl. Geschäftsbanken schreibt zur Gründung einer Geschäftsbank das prüfbare Vorhandensein einer soliden Organisationsstruktur und eines soliden Managementsystems vor. Der Grundsatz ist vom chinesischen Gesellschaftsgesetz abgeleitet, wonach eine solide Organisationsstruktur und ein solides Managementsystem etabliert sein müssen. Eine solide Organisationsstruktur ist gegeben, wenn die Entscheidungs-, Geschäftsdurchführungs- und Überwachungsorgane getrennt arbeiten und sich gegenseitig kontrollieren können. Das chin. Gesellschaftsgesetz regelt die Rechtsform und Organisationsstruktur sowie den Geschäftsumfang von einer Geschäftsbank. Demnach kann eine Geschäftsbank die Rechtsform einer Gesellschaft mit beschränkter Haftung oder eines staatseigenen Einzelunternehmens wählen.

e. Hinreichende Geschäftsräume

Des Weiteren fordert § 12 Abs. 1 GBG zur Ausführung von Bankgeschäften genügende Geschäftsräume und sonstige Sicherheitsvorkehrungen. Die Prüfung und Genehmigung von Geschäftsräumen, Wertschutzräumen und sonstigen Sicherheitseinrichtungen sind durch die lokale Volksregierung für öffentliche Sicherheit nach Durchführungsmaßnahmen über die Baugenehmigungen für die Geschäftsräume von Finanzinstituten und für die

---

209 Verwaltungsmaßnahme für die Berufsqualifikation von Vorstand (-mitglieder) und Seniormanagement von Finanzinstituten im Bankensektor(《银行业金融机构董事（理事）和高级管理人员任职资格管理办法》) mit Referenznr. Yin Jian Hui Ling 2013/3 (中国银监会令[２０１３]第３号), erlassen am 18.11.2013, erhältlich unter http://www.law-lib.com/LAW/law_view.asp?id=437177.

Treasury-Sicherheitsfazilität von Finanzinstituten[210] durchzuführen. Dabei soll sie eine Sachverständigengruppe einrichten und nach den Regelungen über die Risikostufe und das Schutzniveau von Bankgeschäftsräumen (GA38-2005)[211], Anforderungen an die Wertschutzräume (JR / T0003-2000)[212] und Sicherheitsspezifikationen (GB50348—2004), Anforderungen an die Verfahren und Sicherheitsschutzprojekt (GA / T75)[213] und sonstigen Normen für die Genehmigung und Abnahme der Geschäftsräume vorgehen. Als sonstige Normen gelten die Leitlinie über die Sicherheitsvorkehrung eines Bankgeschäftsraums[214] und die Leitlinie über die transparente Schutzwand für Bankgeschäftsräume[215].

f. Sichere IT-Architektur

Des Weiteren hat die chinesische Aufsichtsbehörde erkannt, dass die sichere IT-Architektur eine signifikante Rolle beim Bankgeschäftsbetrieb spielt; die CBRC hat diese seit 2013 in der DVO Vg chin. Bank als eine der Gründungsvoraussetzungen aufgenommen. § 6 Nr. DVO Vg chin. Banken schreibt vor, dass eine Bank zum Geschäftsbetrieb eine kompatible IT-Architektur etablieren, über die notwendigen Technologien und Maßnahmen verfügen und das notwendige, sichere und konforme Informationstechnologiesystem haben muss, um den effektiven und sicheren Betrieb des Geschäftsbetriebes zu gewährleisten.

---

210 Durchführungsmaßnahmen über die Baugenehmigungen für die Geschäftsräume von Finanzinstituten und für die Treasury-Sicherheitsfazilität von Finanzinstituten (《金融机构营业场所和金库安全防范设施建设许可实施办法》), mit Referenznr. Gong An Bu Ling 86/2005 (公安部令86号/2005), erlassen von Ministerium für öffentliche Sicherheit am 31.12.2005, erhältlich unter http://www.gov.cn/gongbao/content/2006/content_457927.htm.

211 Regelungen über die Risiko- und Schutzstufe der Geschäftsräume der Bank(《银行营业场所风险等级和防护级别的规定》（GA38-2004）).

212 Wertschutzräume von Bank《银行金库 》.

213 《安全工程程序与要求》（GA/T75）, erlassen von Ministerium für Öffentliche Sicherheit.

214 Standarisierte Sicherheitsanforderungen an die Bankgeschäftsräume (银行营业场所安全防范规范要求), erlassen von Ministerium für öffentliche Sicherheit mit Referenznr. GA38-2004, revidiert am 18.05.2015 mit Referenznr. GA38-2015, erhältlich unter https://www.china-cba.net/upload_file/article/313/201547/195_20151118111159_R0EtMzgtMjAxNQ==.pdf.

215 Installationsspezifikation der transparenten Schutzeinrichtungen von Bankgeschäftsräume (银行营业场所透明防范屏障安装规范), mit Referenznr. GA 518-2004, erlassen von Ministerium für öffentliche Sicherheit am 18.10.2004, erhältlich unter http://www.jianbiaoku.com/webarbs/book/75891/1764534.shtml.

Am 03.09.2014 haben die CBRC, die Nationale Entwicklungs- und Reformkommission, das Ministerium für Wissenschaft und Technologie sowie das Ministerium für Industrie und Informationstechnologie gemeinsam die Anleitung zur Anwendung von Sicherheit und kontrollierbarer Informationstechnologie zur Stärkung der Sicherheit von Bankennetzen und des Aufbaus von Informationen[216] erlassen. Diese Anleitung verlangte, dass die Anwendung sicherer und kontrollierbarer Informationstechnologie durch Finanzinstitute gegenüber dem Vorjahr um mindestens 15 % zugenommen und der Gesamtanteil der Anwendung im Jahr 2019 mindestens 75 % erreicht haben soll.

g. *Ermessensspielraum der CBIRC*

§ 12 Abs. 2 GBG sieht vor, dass die CBIRC berechtigt ist, ein Gründungsvorhaben abzulehnen, wenn dieses das Sorgfaltsprinzip nicht beachtet.

h. *Anforderungen an die ausländischen Finanzinstitute als Gründer*

Zur Gründung einer chin. Geschäftsbank können Gründer auch die Übersee-Finanzinstitute oder sonstige von der CBIRC anerkannte Gründer sein. Dabei zählen die Finanzinstitute aus Hong Kong, Macau und Taiwan zu den Übersee-Gründern (§ 8 Abs. 2 DVO Vg chin. Banken).
Ein ausländischer-Gründer muss nach § 10 Abs. 1 DVO Vg chin. Bank deutlich mehr quantitative Voraussetzungen erfüllen:

(1) Die Bilanzsumme zum Jahresende betrug im letzten Jahr grundsätzlich nicht weniger als 10.000.000.000 USD;
(2) Ein von der CBIRC anerkanntes internationales Ratinginstitut hat in den letzten zwei Jahren für dessen langfristiges Kreditwürdigkeitsrating ein „Gut" gegeben;
(3) Er hat in den letzten beiden aufeinander folgenden Geschäftsjahren Gewinne erzielt;

216 Anleitung zur Anwendung von Sicherheit und kontrollierbarer Informationstechnologie zur Stärkung der Sicherheit von Netzwerk und des Aufbaus von Informationen im Bankensektor (关于应用安全可控信息技术加强银行业网络安全和信息化建设的指导意见), erlassen durch haben CBRC, Nationale Entwicklungs- und Reformkommission, Ministerium für Wissenschaft und Technologie, Ministerium für Industrie und Informationstechnologie am 03.09.2014 mit Referenznr. Yin Jian Fa[2014]39(银监发[2014]39号), erhältlich unter http://www.cbirc.gov.cn/ybjhGovView_BDDC22425E6ED13FA21D3FEBD08ECF3F.html.

(4) Die Eigenkapitalquote erreicht den durchschnittlichen Kapitaladäquanzgrad des Bankensektors am Ort seiner Registrierung und beträgt mindestens 10,5 %, wenn es sich um eine Geschäftsbank handelt, oder das Gesamteigenkapital beträgt nicht weniger als 10 % des Gesamtbetrags der risikogewichteten Aktiva, wenn es sich nicht um ein Bankinstitut handelt;
(5) Vorhandensein von solider und effektiver interner Kontrolle;
(6) Ein vollständiges Aufsichtssystem über Finanzinstitute im Registerland des Gründers;
(7) Gute Wirtschaftssituation des Ursprungslandes (Region);
(8) Sonstige von der CBIRC vorgeschriebene Voraussetzungen.

Darüber hinaus soll ein Übersee-Gründer oder ein an einer chinesischen Geschäftsbank beteiligter Strategieinvestor die Grundsätze vom langfristigen Halten von Anteilen, der Optimierung der Governance, Zusammenarbeit bei der Geschäftstätigkeit und Wettbewerbsvermeidung einhalten (vgl. § 10 Abs. 2 DVO Vg chin. Bank).
Die CBIRC kann angesichts des Risikostatus der Finanzbranche und der regulatorischen Bedürfnisse die Voraussetzungen für das Übersee-Finanzinstitut als Gründer anpassen.
Diese einschlägigen Bestimmungen finden vergleichbare Anwendung auf die Geschäftsbanken mit ausländischem Kapital und chinesisch-ausländische Joint-Venture-Geschäftsbanken als Gründer oder Strategieinvestoren (§ 10 Abs. 3 DVO Vg chin. Bank).

II. Zulassung von Zweigniederlassungen einer chin. Geschäftsbank

1. Formelle Zulassungsvoraussetzungen

Die formellen Voraussetzungen der Zulassung von Zweigniederlassungen einer chin. Geschäftsbank unterscheiden sich in den Aspekten Zuständigkeit und Verfahren nicht signifikant von dem Genehmigungsschema der CBIRC. Wie das Verfahren zur Errichtung einer chin. Geschäftsbank mit Rechtspersönlichkeit verläuft es zweistufig. Die Entscheidung der CBIRC über die Errichtungsvorbereitung hat ebenfalls innerhalb einer Frist von vier Monaten (§ 22 DVO Vg chin. Bank) und über die Betriebseröffnung innerhalb von zwei Monaten (§ 24 DVO Vg chin. Bank) zu erfolgen.
Nach Teil I Unterkapitel 1 Nr. 1.3 des Katalogs für chin. Geschäftsbanken sind folgende Unterlage zur Errichtung der Zweigniederlassung einer chin. Geschäftsbank für die Errichtungsvorbereitung einzureichen:

(1) Antrag: muss enthalten – aber nicht beschränkt auf – den Namen der geplanten Zweigniederlassung (in Chinesisch und in Englisch), den geplanten Geschäftsstandort, die Geschäftsgegenstände und den Gründungszweck;
(2) Gültige schriftliche Beschlussfassung des Vorstands oder bevollmächtigten Führungsorgans zur Gründung einer Zweigniederlassung;
(3) Beaufsichtigung der Zweigniederlassung durch Headquarter oder die sie leitende Niederlassung; Informationssystem;
(4) Struktur der Corporate Governance des Antragstellers;
(5) Kapitaladäquanzquote, Quote des notleidenden Darlehens, Rentabilität und andere Betriebsbedingungen sowie Betriebskapitalbereitstellungsfähigkeit des Antragstellers;
(6) Betriebszustand im ersten Jahr nach der Neugründung;
(7) Schwerwiegende Gesetzesverstöße und schwerwiegende Fälle des Antragstellers in den letzten zwei Jahren, die durch interne Managementprobleme verursacht wurden;
(8) Gründungskonzept: muss inhaltlich enthalten – aber nicht beschränkt auf – das Organigramm der geplanten Geschäftsbank, das interne Kontrollsystem, die grundlegende Situation der geplanten Rekrutierung von Führungskräften und die Einstellung von weiteren Mitarbeitern, die Informationssicherheitstechnologie, die Personalliste und Lebensläufe der Errichtungsvorbereitungsarbeitsgruppe, Kontaktdaten, Telefon, Standortfestlegung;
(9) Errichtungsvorbereitungskonzept: inhaltlich einschließlich – aber nicht beschränkt auf – Organigramm der geplanten Einrichtung und das interne Kontrollsystem;
(10) Institutionelle Entwicklungsstrategie des Antragstellers;
(11) Ansprechpartner, Kontakttelefon, Telefax, E-Mail, Postanschrift (Postleitzahl) des Antragstellers;
(12) Andere von CBRC/CBIRC vorgeschriebene Unterlagen nach dem Sorgfaltsprinzip.

Nach Teil I Unterkapitel 1 Nr. 1.4 des Katalogs für chin. Geschäftsbanken sind folgende Unterlagen für die Betriebseröffnungsgenehmigung einzureichen:

(1) Antrag: Dieser ist inhaltlich einschließlich – aber nicht beschränkt auf – Namen (in Chinesisch und in Englisch) der Zweigniederlassung, den geplanten Geschäftsort, Geschäftsgegenstand, die Erfüllung der Voraussetzungen der internen Kontrolle, Senior Manager und Betriebskapital etc. und Errichtungsvorbereitungsbericht einzureichen;

(2) Grundlegendes Managementsystem und Geschäftsbevollmächtigung;
(3) Einschlägige Unterlagen der geplanten Senior Manager;
(4) Organigramm, sachliche Zuständigkeiten aller Abteilungen sowie Grundinformation über deren jeweiligen Verantwortlichen;
(5) Mitarbeiterliste und das Verhältnis von Mitarbeitern mit einschlägiger Berufserfahrung;
(6) Einzahlungsnachweis über das Betriebskapital;
(7) Nachweise über das Eigentums- oder Nutzungsrecht der Betriebsstätte;
(8) Bescheinigungen von Polizei und Feuerwehr über die Sicherheit der Betriebsstätte und erforderliche Brandschutzeinrichtung;
(9) Unterlagen über die Informationssicherheitstechnologie;
(10) Ansprechpartner der Antragsteller, Kontakttelefon, Telefax, E-Mail und Postanschrift (Postleitzahl) der Antragsteller;
(11) Andere von CBRC vorgegebene Unterlagen nach dem Sorgfaltsprinzip.

2. *Materielle Zulassungsvoraussetzungen*

Die Zulassung von Zweigniederlassungen einer chin. Geschäftsbank regeln §§ 19 bis 23 GBG und die Durchführungsverordnung über die Verwaltungsgenehmigungen für die chinesischen Geschäftsbanken. Wie zur Errichtung einer chinesischen Geschäftsbank gibt es ebenfalls zwei Errichtungsphasen: die Vorbereitungs- und die Genehmigungsphase.
Zur Geschäftseröffnung sind folgende materiell-rechtliche Voraussetzungen der Zulassungserteilung zu erfüllen (vgl. § 20 DVO Vg chin. Banken):

(1) Verfügung über eine gute Corporate Governance Struktur;
(2) Verfügung über einen gesunden und effektiven Mechanismus zu Risikomanagement und interner Kontrolle;
(3) Erfüllung der regulatorischen Anforderungen der wichtigsten aufsichtsrechtlichen Regulierungsindikatoren;
(4) Betriebskapitalbereitstellungsfähigkeit;
(5) Verfügung über ein notwendiges, sicheres und konformes Informationstechnologiesystem zur Unterstützung des Geschäftsbetriebes und ein standardisiertes Datenverwaltungssystem sowie über die Technologie und Maßnahme zur Gewährleistung der Betriebskontinuität;
(6) Gutes Aufsichtsrating;
(7) Keine schwerwiegenden Gesetzesverstöße und schwerwiegenden Fälle wegen mangelnder interner Kontrolle in den letzten zwei Jahren;
(8) Sonstige von der CBIRC vorgeschriebene Unterlagen nach dem Sorgfaltsprinzip.

Nachdem die Zweigniederlassung die Banklizenz erhalten hat, ist die Beantragung der Gewerbelizenz vor Beginn einer selbstständigen gewerblichen Tätigkeit bei der zuständigen Handelsregisterbehörde erforderlich, in der die Tätigkeit ausgeübt wird (§ 25 S. 1 DVO Vg chin. Bank). Innerhalb von sechs Monaten nach dem Erhalt der Gewerbelizenz ist die Filiale zu eröffnen. Ein Monat vor Ablauf der Eröffnungsfrist kann der Eröffnungsverlängerungsantrag für weitere drei Monate eingereicht werden. Danach sind die Bank- und Gewerbelizenz ungültig geworden (§ 25 S. 2 DVO Vg chin. Bank).

III. Zulassung von Filialen einer chin. Geschäftsbank

1. Formelle Zulassungsvoraussetzungen

Zuständig für das Zulassungsverfahren ist die untergeordnete CBIRC-Dienststelle auf Provinzebene oder die untergeordnete CBIRC-Dienststelle auf Stadtebene.

Nach Teil I Unterkapitel 1 Errichtung der Filiale einer chin. Geschäftsbank Nr. 1.7 des Katalogs für chin. Geschäftsbanken sind folgende Unterlagen durch den Antragsteller bei der untergeordneten CBIRC-Dienststelle für die Errichtungsvorbereitung einzureichen:

(1) Der Errichtungsvorbereitungsantrag soll inhaltlich enthalten – aber nicht beschränkt auf – den Namen der zu errichtenden Filiale in Chinesisch und Englisch, den geplanten Geschäftsort, Geschäftsumfang usw.;
(2) Gültiges schriftliches Entscheidungsdokument des Headquarters oder einer vom Headquarter bevollmächtigten Einrichtung zur Gründung einer Filiale;
(3) Machbarkeitsstudien: Diese soll inhaltlich enthalten – aber nicht beschränkt auf – die Finanzlage des geplanten Standorts, Marktprognoseanalyse der geplanten Filiale einschließlich Marktpositionierung, Interbanksituation, die zu erbringenden Geschäfte, Prognose des Aktiv-Passiv-Spektrums in drei Jahren nach Gründung, Rentabilitätsfähigkeit, Geschäftsentwicklungsstrategie und Risikokontrollfähigkeit usw.;
(4) Information über die interne Kontrolle des Antragstellers soll inhaltlich enthalten – aber nicht beschränkt auf – die Fälle im letzten Jahr usw.;
(5) Geschäftssituation über die neu gegründeten Institute der Antragsteller im letzten Jahr (falls nicht gegeben, dann nicht erforderlich);
(6) Gründungskonzept soll inhaltlich enthalten – aber nicht beschränkt auf – ein Organigramm der geplanten Einrichtung, das interne Kontrollsystem, Informationen über die einzustellenden Führungskräfte sowie

die weiteren Mitarbeiter, Personenliste und Lebensläufe der Mitglieder der Errichtungsvorbereitungsarbeitsgruppe, Kontaktdaten, Telefone, Standortauswahlkonzept;
(7) Schwerwiegende Gesetzesverstöße und schwerwiegende Fälle des Antragstellers im letzten Jahr, die durch interne Managementprobleme verursacht wurden;
(8) Ansprechpartner, Kontakttelefon, Telefax, E-Mail und Postanschrift (Postleitzahl) des Antragstellers;
(9) Sonstige von der CBIRC vorgeschriebene Unterlagen nach dem Sorgfaltsprinzip.

Nach Teil I Unterkapitel 1 Errichtung eines Instituts mit Rechtspersönlichkeit Nr. 1.8 des Katalogs für chin. Geschäftsbanken sind folgende Unterlagen durch den Antragsteller bei der untergeordneten CBIRC-Dienststelle für die Betriebseröffnungsgenehmigung einzureichen:

(1) Antrag: Dieser ist inhaltlich einschließlich – aber nicht beschränkt auf – Namen (in Chinesisch und in Englisch) der geplanten Filiale, den geplanten Geschäftsort, Geschäftsumfang, die Erfüllung der Voraussetzungen der internen Kontrolle, Senior Manager und Betriebskapital usw. und Errichtungsvorbereitungsbericht einzureichen;
(2) Grundlegendes Managementsystem und Geschäftsbevollmächtigung;
(3) Einschlägige Unterlagen der geplanten Senior Manager;
(4) Organigramm, sachliche Zuständigkeiten aller Abteilungen sowie Grundinformation über deren jeweiligen Verantwortlichen;
(5) Mitarbeiterliste und das Verhältnis von Mitarbeitern mit einschlägiger Berufserfahrung;
(6) Einzahlungsnachweis über das Betriebskapital;
(7) Nachweise über das Eigentums- oder Nutzungsrecht der Betriebsstätte;
(8) Bescheinigungen von Polizei und Feuerwehr über die Sicherheit der Betriebsstätte und erforderliche Brandschutzeinrichtung;
(9) Unterlagen über die Informationssicherheitstechnologie;
(10) Ansprechpartner der Antragsteller, Kontakttelefon, Telefax, E-Mail und Postanschrift (Postleitzahl) der Antragsteller.

Die zuständige CBIRC-Dienststelle soll innerhalb von zwei Monaten nach der Annahme der oben genannten Unterlagen darüber entscheiden, ob die Betriebseröffnung genehmigt ist oder nicht. Nachdem die Filiale die Banklizenz erhalten hat, ist die Beantragung der Gewerbelizenz vor Beginn einer selbstständigen gewerblichen Tätigkeit bei der zuständigen Handelsregisterbehörde erforderlich, in der die Tätigkeit ausgeübt wird (§ 30 S. 1 DVO Vg chin. Bank). Innerhalb von sechs Monaten nach dem Erhalt der Gewerbelizenz ist die Filiale zu eröffnen. Einen Monat vor Ablauf der Eröffnungsfrist kann der Eröffnungsverlängerungsantrag für weitere drei Monate eingereicht werden. Danach sind die Bank- und Gewerbelizenz ungültig geworden (§ 30 S. 2 Durchführungsverordnung über die Verwaltungsgenehmigungen für die chin. Geschäftsbanken).

2. *Materielle Zulassungsvoraussetzungen*

Die Zweigniederlassungen sind berechtigt, die Filialen zu gründen. Das Genehmigungsverfahren für die Zulassung der Filiale regeln §§ 26–32 DVO Vg chin. Bank. Zwar besteht weiterhin die Errichtungs- und Genehmigungsphase zur Errichtung einer Filiale. Jedoch kann eine (zu gründende) Zweigniederlassung einer chin. Geschäftsbank unter Einhaltung einer Dreitagesfrist vor Einreichung des Errichtungsantrags die Errichtungsvorbereitungen anfangen (§ 27 DVO Vg chin. Bank) und innerhalb von neun Monaten abschließen (§ 28 DVO Vg chin. Bank).

Die DVO Vg chin. Bank stellt jeweils die materiellen Anforderungen an die Gründer (§ 26 DVO Vg chin. Bank) und an die zu planenden Filialen (§ 29 DVO Vg chin. Bank).

Nach § 26 DVO Vg chin. Bank sollen die Gründer fünf Voraussetzungen erfüllen:

- Der Gründer soll die Bankgeschäfte mindestens mehr als ein Jahr betrieben haben;
- Die existierenden Institutionen der Gründer am geplanten Geschäftsort dürfen keine schwerwiegenden rechtswidrigen Verstöße wegen mangelnder interner Kontrolle begangen haben;
- Betriebsmittelverfügungsfähigkeit;
- Vorhandensein eines Systems zur Personalprüfung, -überwachung, -ermächtigung sowie -umstrukturierung und von ausreichenden Fachkräften;
- Sonstige von CBIRC vorgeschriebene Sorgfaltsvoraussetzungen.
- Zum Geschäftsbetreiben sind folgende materiell-rechtliche Voraussetzungen für die Zulassungserteilung zu erfüllen (§ 29 DVO Vg chin. Bank):
- Einzahlung des Betriebskapitals;
- Verfügung über zugelassene qualifizierte Führungskräfte und Mitarbeiter, die mit dem Bankgeschäft vertraut sind;
- Vorhandensein von zum Betrieb des Bankgeschäfts geeigneten Geschäftsräumen und Sicherheitsvorkehrungen sowie anderen Einrichtungen.

IV. Zulassung von Banken mit ausl. Beteiligung und deren Zweigniederlassungen

Wie zu Beginn dieses Kapitels kurz erwähnt, legen die Verwaltungsbestimmungen über die Banken mit Auslandsbeteiligung (folgend: VerwB AuslandsBetlg), die Durchführungsverordnung zu den Verwaltungsbestimmungen über die ausländischen Banken (folgend: DVO VerwB AuslandsBetlg), die Durchführungsverordnung über die Verwaltungsbestimmungen über die Banken mit ausländischer Beteiligung (folgend: DVO Vg AuslandsBetlg), sowie der Formularkatalog und formale Anforderungen über die Verwaltungsgenehmigungen für die Banken mit ausländischer Beteiligung (folgend: Katalog AuslandsBetlg) die Marktzugangsvoraussetzungen für die Banken mit AuslandsBetlg fest, welche noch gegenseitig ergänzt wurden. Bis Ende Dezember 2021 gab es insgesamt 41 ausländische Banken mit 458 Zweigstellen, 430 Filialen und 135 Repräsentanzen. Die Anzahl der ausländischen Banken steigt in China weiter und erreicht 929, verteilt auf 69 Städte[217].

1. Geltungsbereich für die Banken mit AuslandsBetlg

Nach § 2 Abs. 1 VerwB AuslandsBetlg gelten in China vier Arten von Geschäftsbanken als Banken mit AuslandsBetlg, nämlich (1) Banken mit ausschließlich ausländischem Kapital/Beteiligung, (2) Joint-Venture-Banken durch ausländische Finanzinstitute und chinesische Unternehmen sowie (3) deren Zweigniederlassungen und (4) Repräsentanzen von ausländischen Banken. Eine Bank mit ausschließlicher Auslandsbeteiligung kann entweder vollständig durch das Kapital einer ausländischen Bank oder gemeinsam mit weiteren ausl. Banken bzw. ausl. Finanzinstituten mitfinanziert werden. Chinesisches Kapital ist nicht beteiligt.

Die formellen und materiellen Gründungsvoraussetzungen für Geschäftsbanken mit ausschließliche ausl. Kapital, chinesisch-ausländische Joint-Venture-Banken sowie deren Zweigniederlassungen variieren mit wenigen Unterschieden. Zur Vermeidung von überflüssigen und unnötigen Wiederholungen werden hier die Gemeinsamkeiten und Unterschiede bei den drei Arten von Geschäftsbanken mit Auslandsbeteiligung zusammen behandelt, da die chin. Gesetzestexte bei allen drei von leistungserbringenden Banken mit

217 Der vom Arbeitsausschuss ausländischer Banken der China Banking Association am 30.09.2022.veröffentlichte „Bericht über die Entwicklung ausländischer Banken in China 2021“.

Auslandsbeteiligung sprechen (§ 2 Abs. 2 VerwB AuslandsBetlg). Abweichungen werden separat erwähnt.

2. Formelle Voraussetzungen

Es gibt unterschiedliche formelle Voraussetzungen bei der Gründung von Banken mit ausschließlicher Auslandsbeteiligung u. Joint-Venture-Banken und deren Zweigniederlassungen sowohl in der Errichtungsvorbereitungsphase als auch in der Betriebseröffnungsphase. Die Tabelle unten stellt die Unterschiede gegenüber.

Tabelle 1 Formelle Voraussetzungen zur Gründung von chin. Bank mit ausschließlich Auslandsbeteiligung u. JV-Bank und deren ZwNL

Formelle Voraussetzungen	**Bank mit ausschließlich AuslandsBetlg u. JV-Bank**	**Zweigniederlassung einer Bank mit ausschließlich AuslandsBetlg u. Joint-Venture-Bank**
In Errichtungsvorbereitungsphase		
Errichtungsvorbereitungsantrag	gemeinsam unterzeichnet durch Vorstandsvorsitzende aller Gesellschafter oder Präsidenten (Chef Exekutive Officer oder General Manager) (§ 17 Nr. 1 DVO Vg Bank mit AuslandsBetlg)	unterzeichnet durch Vorstandsvorsitzende oder Präsidenten (Chef Exekutive Officer oder General Manager) des Antragstellers (§ 43 Nr. 1 DVO Vg Bank mit AuslandsBetlg)
Machbarkeitsstudien	§ 17 Nr. 2 DVO Vg Bank mit AuslandsBetlg	§ 43 Nr. 2 DVO Vg Bank mit AuslandsBetlg
Satzung des geplanten Instituts	§ 17 Nr. 3 DVO Vg Bank mit AuslandsBetlg	§ 43 Nr. 3 DVO Vg Bank mit AuslandsBetlg
Joint-Venture-Vertrag von allen Gründungsgesellschaftern mit Ausnahme einer Bank mit ausschließlich AuslandsBetlg	§ 17 Nr. 4 DVO Vg Bank mit AuslandsBetlg	----
Satzung(en) von allen Gesellschaftern des geplanten Institutes	§ 17 Nr. 5 DVO Vg Bank mit AuslandsBetlg	------

(*fortsetzung*)

Tabelle 1 Fortsetzung

Formelle Voraussetzungen	**Bank mit ausschließlich AuslandsBetlg u. JV-Bank**	**Zweigniederlassung einer Bank mit ausschließlich AuslandsBetlg u. Joint-Venture-Bank**
Organigramme, Hauptgesellschafterliste, Auslandsniederlassungen und verbundene Unternehmen	§ 17 Nr. 6 DVO Vg Bank mit AuslandsBetlg	§ 43 Nr. 3 DVO Vg Bank mit AuslandsBetlg
Jahresberichte letzter drei Jahre	§ 17 Nr. 7 DVO Vg Bank mit AuslandsBetlg	§ 43 Nr. 4 DVO Vg Bank mit AuslandsBetlg
Anti-Geldwäsche-System	von allen Gesellschaftern; für den Fall, dass der chinesische Gesellschafter ein Non-Finanzinstitut ist, braucht dieser keine Anti-Geldwäsche-System Regulation zu liefern (§ 17 Nr. 8 DVO Vg Bank mit AuslandsBetlg)	vom Antragsteller (§ 43 Nr. 5 DVO Vg Bank mit AuslandsBetlg)
Verpflichtungserklärung	Zu unterzeichnen durch alle Gesellschafter für einen langfristig nachhaltigen Betrieb und eine wirksame Verwaltung des geplanten Institutes in China (§ 17 Nr. 9 DVO Vg Bank mit AuslandsBetlg)	---
Kopien des v. Ursprungsland oder -region ausgestellten Gewerbescheins oder der Finanzdienstleistungslizenz sowie die Stellungnahme für den Antrag	§ 17 Nr. 10 DVO Vg Bank mit AuslandsBetlg	§ 43 Nr. 3 DVO Vg Bank mit AuslandsBetlg

Tabelle 1 Fortsetzung

Formelle Voraussetzungen	**Bank mit ausschließlich AuslandsBetlg u. JV-Bank**	**Zweigniederlassung einer Bank mit ausschließlich AuslandsBetlg u. Joint-Venture-Bank**
Auszug über die Finanzaufsicht und die einschlägigen aufsichtsrechtlichen Regularien v. Ursprungsland oder -region	Bei der erstmaligen Gründung einer Bank mit ausschließlich ausländischer Beteiligung und einer Joint-Venture-Bank (§ 17 Nr. 11 DVO Vg Bank mit AuslandsBetlg)	Bei der erstmaligen Gründung einer Zweigniederlassung von einer ausl. Bank (§ 43 Nr. 3 DVO Vg Bank mit AuslandsBetlg)
Sonstige von CBIRC angeforderten Unterlagen	§ 17 Nr. 12 DVO Vg Bank mit AuslandsBetlg	§ 43 Nr. 8 DVO Vg Bank mit AuslandsBetlg
In der Betriebseröffnungsphase		
Der durch den Errichtungsvorbereitungs-verantwortlichen unterzeichnete Betriebseröffnungsantrag,	enthält den Namen des geplanten Instituts, Geschäftssitz, das registrierte Kapital, den Geschäftsumfang, die Namen aller Gesellschafter und Beteiligungsverhältnisse, den geplanten Vorstand, Namen des Bankdirektors (Chief Executive Officer, Geschäftsführer) usw.	
Betriebseröffnungs-formular	§ 38 Nr. 2 DVO Vg Bank mit AuslandsBetlg	§ 46 Nr. 2 DVO Vg Bank mit AuslandsBetlg
Nachweise über die Berufsqualifikation der Führungskräfte	§ 38 Nr. 3 DVO Vg Bank mit AuslandsBetlg	§ 46 Nr. 3 DVO Vg Bank mit AuslandsBetlg
Prüfungsbericht vor der Betriebseröffnung und Kapitalprüfungsbericht einer gesetzlich anerkannten Prüfstelle	§ 38 Nr. 4 DVO Vg Bank mit AuslandsBetlg	§ 46 Nr. 4 DVO Vg Bank mit AuslandsBetlg
Kopie der Bescheinigungen über die Sicherheit der Betriebsstätte und erforderliche Brandschutzeinrichtung	§ 38 Nr. 8 DVO Vg Bank mit AuslandsBetlg	§ 46 Nr. 5 DVO Vg Bank mit AuslandsBetlg
Organigramm, Stellenbeschreibungen, interne Berechtigungen und Berichtsrouten des geplanten Instituts	§ 38 Nr. 6 DVO Vg Bank mit AuslandsBetlg	§ 46 Nr. 6 DVO Vg Bank mit AuslandsBetlg

(fortsetzung)

Tabelle 1 Fortsetzung

Formelle Voraussetzungen	**Bank mit ausschließlich AuslandsBetlg u. JV-Bank**	**Zweigniederlassung einer Bank mit ausschließlich AuslandsBetlg u. Joint-Venture-Bank**
Mitarbeiterliste, Lebensläufe und Schulungsnachweise des geplanten Instituts	§ 38 Nr. 7 DVO Vg Bank mit AuslandsBetlg	§ 46 Nr. 7 DVO Vg Bank mit AuslandsBetlg
Verpflichtungserklärung der ausl. Banken zur Übernahme von Steuerlast und Schulden für die geplante Institution	§ 38 Nr. 5 DVO Vg Bank mit AuslandsBetlg	------
Kopie von Nachweisen über das Eigentums- oder Nutzungsrecht oder Mietvertrag der Betriebsstätte	§ 38 Nr. 9 DVO Vg Bank mit AuslandsBetlg	§ 46 Nr. 8 DVO Vg Bank mit AuslandsBetlg
Sonstige von der CIBRC angeforderte Unterlagen	§ 38 Nr. 10 DVO Vg Bank mit AuslandsBetlg	§ 46 Nr. 9 DVO Vg Bank mit AuslandsBetlg
Anmerkungen: Das Zeichen --- bedeutet „nicht anwendbar".		

3. Materielle Voraussetzungen

Die aktuell gültige VerwB AuslandsBetlg 2019 hat die materiellen Voraussetzungen zur Gründung einer Bank mit ausschließlicher AuslandsBetlg und einer Joint-Venture-Bank sowie deren Zweigniederlassung systematisch überarbeitet, indem eine ausländische Bank leichten Zugang zu dem chin. Finanzmarkt haben kann.

Im Vergleich mit der alten Fassung von der VerwB AuslandsBetlg sind insgesamt sieben Voraussetzungen zur Errichtung von Banken mit ausschließlicher AuslandsBetlg, Joint-Venture-Banken sowie deren Zweigniederlassungen gelockert worden:

- Die Anforderung, dass die Bilanzsumme vom ausl. Gesellschafter oder von der ausl. Bank nicht weniger als 10 Milliarden USD betragen sollte, ist weggefallen (vgl. §§ 10 Nr. 2 u. 11 Nr. 2 und 12 Nr. 1 VerwB AuslandsBetlg a. F.).
- Ausländische Banken dürfen im Territorium von China gleichzeitig Banken mit ausschließlich AuslandsBetlg und Zweigniederlassungen von ausl. Bank

oder gleichzeitig Joint-Venture-Banken und Zweigniederlassungen von ausl. Banken errichten (vgl. § 25 VerwB AuslandsBetlg n. F.).

- Die erlaubten Geschäftsgegenstände von Banken mit ausschließlich AuslandsBetlg, Joint-Venture-Banken und Zweigniederlassungen sind auf vier Bankgeschäfte – Ausgabe, Einlösung und Verkauf von Staatsanleihen in Vertretung sowie Zahlungseinzug in Vertretung – erweitert worden (vgl. §§ 29 Abs. 1 Nr. 4 u. 31 Abs. 1 Nr. 4 VerwB AuslandsBetlg n.F).
- Das erlaubte Volumen für die befristeten RMB-Einlagen von chin. Inlandsbürgern ist durch Zweigniederlassungen ausl. Banken von einer Million Yuan auf 500.000 Yuan verringert worden (vgl. § 31 Abs. 2 VerwB AuslandsBetlg n.F.)
- Die Genehmigungsanforderung durch die CBIRC, wenn die leistungserbringende ausl. Bank und deren Zweigniederlassungen das Renminbi-Geschäft im Rahmen der Gewerbeberechtigung durchführen wollen, ist aufgehoben worden. Dennoch sollen sie weiterhin die von der CBIRC vorgeschriebenen Sorgfaltsvoraussetzungen erfüllen (vgl. § 34 Abs. 1 VerwB AuslandsBetlg n. F.).
- Aufgehoben wurde auch der geforderte Prozentsatz von 30 % für die verzinslichen Vermögenswerte (vgl. § 44 VerwB AuslandsBetlg a.F.). Die neue Fassung (vgl. § 44 VerwB AuslandsBetlg n.F.) verlangt nun einen angemessenen Anteil von verzinslichen Vermögenswerten.
- Aufgenommen wurde eine Erleichterung für die Zweigniederlassung von ausl. Banken, wenn der RMB-Anteil in ihrem Betriebskapital und die Reserven nicht weniger als 8 % des RMB-Risikokapitals betragen (vgl. § 45 Abs. 2 VerwB AuslandsBetlg n. F.).

Tabelle 2 Materielle Formelle Voraussetzungen zur Gründung von chin. Bank mit ausschließlich Auslandsbeteiligung u. JV-Bank und deren ZwNL

Materielle Voraussetzungen	**Bank mit ausschließlich AuslandsBetlg u. Joint-Venture-Bank**	**Zweigniederlassung einer Bank mit ausschließlich AuslandsBetlg u. Joint-Venture-Bank**
Kapital	Registerkapital: 1.000.000.000 RMB oder Äquivalentbetrag in anderer Währung (§ 8 Abs. 1 VerwB AuslandsBetlg)	Betriebskapital: 200.000.000 RMB oder Äquivalentbetrag in anderer Währung (§ 8 Abs. 3 VerwB AuslandsBetlg)
Anforderungen an die Gründungsgesellschafter oder die gründende ausl. Bank	1. nachhaltige Profitabilität, gute Bonität und keine schwerwiegenden Verstöße gegen Gesetze und Vorschriften (§ 9 Abs. 1 Nr. 1 VerwB AuslandsBetlg) 2. Erfahrung in internationalen Finanztätigkeiten (§ 9 Abs. 1 Nr. 2 VerwB AuslandsBetlg) 3. Vorhandensein eines effektiven AML-Systems (§ 9 Abs. 1 Nr. 3 VerwB AuslandsBetlg) 4. Effektive Aufsicht in Ursprungsland oder -region sowie die Genehmigung der Aufsichtsbehörde von Ursprungsland und -region zur Errichtung im Ausland (§ 9 Abs. 1 Nr. 4 VerwB AuslandsBetlg) 5. Sonstige von CBIRC vorgeschriebene Sorgfaltsvoraussetzungen (§ 9 Abs. 1 Nr. 5 VerwB AuslandsBetlg)	
Wirksame Finanzaufsicht durch Ursprungsland des ausl. Gesellschafters	§ 9 Abs. 2 VerwB AuslandsBetlg	§ 9 Abs. 2 VerwB AuslandsBetlg
Rechtsform des Hauptgesellschafters	Geschäftsbank §§ 10 Nr. 1 u. 11 Nr. 1 VerwB AuslandsBetlg	----
Erfüllung der von CBIRC oder Ursprungsland oder -region vorgeschriebenen Kapitaladäquanzquote	§§ 10 Nr. 2 u. 11 Nr. 2 VerwB AuslandsBetlg	§ 12 Abs. 1 VerwB AuslandsBetlg

4. *Ermessensspielraum der CBIRC*

Eine Aufzählung der grundsätzlich erforderlichen materiellen Zulassungsvoraussetzungen für eine ausl. Bank in §§ 9–21 Abs. 1 DVO Vg AuslandsBetlg und § 3 Abs. 2 DVO Vg AuslandsBetlg sieht vor, dass die CBIRC berechtigt ist, ein Gründungsvorhaben abzulehnen, weil dieses das Sorgfaltsprinzip nicht beachtet. Hierzu hat § 9 Abs. 1 DVO Vg AuslandsBetlg und § 3 DVO Vg AuslandsBetlg das „Sorgfaltsprinzip" mit zwölf Mindestvoraussetzungen für Aufsichtsbehörden zur Beurteilung konkretisiert. Diese sind erfüllt, wenn eine zu gründende Bank,

(1) eine gute Reputation und soziales Ansehen hat;
(2) mit einer guten fortlaufenden Betriebsleistung und guter Vermögensqualität;
(3) das Management eine gute professionelle Qualität und Management-Kapazität hat;
(4) mit einem soliden Risikomanagementsystem und in der Lage ist, verschiedene Risiken wirksam zu kontrollieren;
(5) mit einem gesunden internen Kontrollsystem und einem effektiven Managementinformationssystem;
(6) zur Erstellung von Finanz- und Rechnungslegungsberichten nach den umsichtigen Rechnungslegungsgrundsätzen in der Lage ist und die Wirtschaftsprüfungsgesellschaft keine Vorbehalte gegenüber den Finanz- und Rechnungslegungsberichten hat;
(7) keine größeren Verstöße gegen die Aufzeichnungen und aufgrund von internen Management-Fragen durch große Fälle verursacht;
(8) ein effektives Personal-Management-System, mit qualitativ hochwertigen Profis hat;
(9) über die erforderliche Erfahrung und die Fähigkeit verfügt, die Aktivitäten der Institutionen in China zu verwalten und zu unterstützen;
(10) mit wirksamen Mechanismen zu Kapitalbeschränkungen und -aufstockung;
(11) eine solide Corporate Governance-Struktur hat;
(12) Andere Sorgfaltsprinzipien, die durch sonstige Gesetze, Verwaltungsvorschriften oder die von der CBRC erlassenen Verordnungen vorgesehen sind.

Mit dem letzten genannten Punkt wird der CBRC ein praktisch unbegrenztes Ermessen bei der Ermessensentscheidung übertragen.

V. Zulassung von Filialen einer Bank mit AuslandsBetlg

1. Formelle Zulassungsvoraussetzungen

Die Gründung einer Filiale ausl. Banken erfolgte – im Vergleich mit dem Genehmigungsverfahren für die Banken mit AuslandsBetlg und deren Zweigniederlassungen – in einem vereinfachten zweistufigen Genehmigungsverfahren.

Drei Tage vor der eigentlichen Errichtungsvorbereitung soll der Antragsteller bei der örtlich zuständigen CBIRC-Dienststelle den Errichtungsvorbereitungsbericht einreichen und den Betriebseröffnungsantrag abholen (vgl. § 50 DVO Vg AuslandsBetlg). Innerhalb von neun Monaten danach sollte die Errichtungsvorbereitung abgeschlossen werden. Erst im Anschluss kann der Antragsteller bei der örtlich zuständigen CBIRC-Dienststelle den Antrag auf Betriebseröffnung stellen. Diese wird innerhalb von 30 Tagen nach der Antragsannahme entscheiden, ob sie die Eröffnung der Filiale genehmigt oder nicht. Der Antragsteller und die CBIRC (und auch die untergeordnete CBIRC-Dienststelle) werden über die Entscheidung informiert (vgl. § 51 DVO Vg AuslandsBetlg).
Zu dem Betriebseröffnungsantrag sind folgende Unterlagen beizufügen (§ 52 Abs. 2 DVO Vg AuslandsBetlg):

(1) Der Antrag ist durch den Leiter der Errichtungsvorbereitungsgruppe zu unterzeichnen und soll inhaltlich den Namen der zu gründenden Filiale, Geschäftsort, Betriebskapital, Geschäftsgegenstand und Namen des Filialleiters etc. enthalten;
(2) Betriebseröffnungsantrag;
(3) Nachweis über die berufliche Qualifikation des Filialleiters;
(4) Nachweise zur Betriebskapitaleinzahlung sowie Kapitalprüfungsbericht einer gesetzlich anerkannten Prüfstelle;
(5) Garantieerklärung der ausl. Bank zur Übernahme der Steuer und Schulden für die geplante Filiale in China.;
(6) Organigramm, Stellenbeschreibungen sämtlicher Stellen, interne Berechtigungen und Reportlinie der zu gründenden Filiale;
(7) Mitarbeiterliste, Lebensläufe und Ausbildungsnachweise;
(8) Nachweise über das Eigentums- oder Nutzungsrecht der Betriebsstätte;
(9) Bestätigung von Polizei und Feuerwehr über die Sicherheit der Betriebsstätte und erforderliche Brandschutzeinrichtung oder einschlägige Kopien;
(10) Sonstig von der CBIRC angeforderte Unterlagen.

Innerhalb von sechs Monaten nach Erhalt der Gewerbelizenz ist die Filiale zu eröffnen. Ein Monat vor Ablauf der Eröffnungsfrist kann eine Verlängerung der Eröffnung für weitere drei Monate beantragt werden. Danach kann die über die Betriebseröffnung entscheidende Behörde die Gewerbelizenz annullieren (§ 53 DVO Vg AuslandsBetlg).

2. *Materielle Zulassungsvoraussetzungen*

Zur Eröffnung der Filiale muss der Antragsteller schon eine Zweigniederlassung oder ein Institut mit Rechtspersönlichkeit innerhalb derselben

Verwaltungsbezirke gegründet haben, in denen die Filiale nun zu eröffnen ist. Die Verwaltungsbezirke beziehen sich auf eine Stadt und die vom Rang unter einer Stadt stehenden Verwaltungsbezirke. Davon können die Banken aus Hongkong und Macau dahingehend eine Ausnahme machen, dass die Zweigniederlassungen dieser Banken die Filiale in unterschiedlichen fremden Verwaltungsbezirken der Provinz Guangdong gründen können. Diese Ausnahme gilt ebenfalls für die in China gegründete ausl. Bank mit Kapital, welches ausschließlich von den Banken aus Hongkong und Macau stammt (vgl. § 48 DVO Vg AuslandsBetlg).
Zur Eröffnung einer Filiale sind die folgenden materialen Bedingungen nach § 49 DVO Vg AuslandsBetlg zu erfüllen:

(1) Der Antragsteller betreibt das Bankgeschäft seit mehr als einem Jahr und verfügt über gute Vermögensqualität;
(2) Er verfügt über eine starke interne Kontrollfähigkeit und es gab keine schwerwiegenden Verstöße gegen Gesetze und Vorschriften und keine wesentlichen Fälle, die durch mangelnde interne Kontrolle im vergangenen Jahr verursacht wurden;
(3) Betriebskapitalbereitstellungsfähigkeit;
(4) Vorhandensein von Richtlinien und Mechanismus zur Personalüberprüfung und -kontrolle, -bevollmächtigung und -transfer von Führungskräften und von ausreichendem Fachpersonal;
(5) Sonstige von der CBIRC vorgeschriebene Sorgfaltsvoraussetzungen.

VI. Zulassung von Repräsentanzen einer Bank mit AuslandsBetlg

1. Formelle Zulassungsvoraussetzungen

Die formellen Zulassungsvoraussetzungen für die Gründung einer Repräsentanz einer Bank mit AuslandsBetlg unterscheiden sich nicht sehr von denen für die Gründung einer Filiale einer Bank mit AuslandsBetlg in China. Nur bei der erstmaligen Gründung der Repräsentanz muss der Antragsteller zusätzlich die von einer chin. Geschäftsbank ausgestellte Bestätigung über die Korrespondenzbeziehung zwischen der chin. Geschäftsbank und der ausl. Bank sowie einen Auszug über die Finanzlage im Ursprungsland (Ursprungsregion) und die relevanten Bankenaufsichtsgesetze und -vorschriften vorlegen (vgl. § 57 Nr. 10 DVO Vg AuslandsBetlg).

2. Materielle Zulassungsvoraussetzungen

Die materiellen Zulassungsvoraussetzungen zur Gründung der leistungserbringenden ausl. Bank und deren Zweigniederlassungen in China gelten

grds. für die Gründung einer Repräsentanz einer Bank mit AuslandsBetlg. Die Besonderheiten bestehen bei der Repräsentanz darin, dass, wenn eine ausl. Bank in China schon leistungserbringende Institute gegründet hat, keine weitere Repräsentanz außerhalb der schon errichteten Repräsentanz errichtet werden darf, es sei denn, dass die nationale Wirtschaftsentwicklungsstrategie dafür spricht und den damit verbundenen Richtlinien entspricht (vgl. § 55 Abs. 1 DVO Vg AuslandsBetlg).
Darüber hinaus darf die in China schon gegründete Repräsentanz dieser ausl. Bank keine schwerwiegenden Verstöße gegen Gesetze und Vorschriften begangen haben. Außerdem darf eine ausl. Bank nicht gleichzeitig ein leistungserbringendes Institut und eine Repräsentanz in derselben Stadt gründen (vgl. § 55 Abs. 2 u. Abs. 3 DVO Vg AuslandsBetlg).

VII. Zulassung von Führungskräften[218]

Auch die Zulassung von Führungskräften im Bankensektor durch chin. Aufsichtsbehörden unterscheidet zwischen den Führungskräften bei den chin. Geschäftsbanken und den bei den Banken mit AuslandsBetlg. Seit 1996 hatte die PBoC zunächst die Bestellungsvoraussetzungen für die chin. Banken vorgeschrieben[219]. Sodann legte sie 1997 für die Banken mit AuslandsBetlg die Voraussetzungen zur Anerkennung der beruflichen Qualifikation von Führungskräften mittleren und höheren Ranges in den ausländischen Finanzinstituten[220] und Ergänzende Bestimmungen zu den vorläufigen Verwaltungsmaßnahmen über

218 Verwaltungsmaßnahme über die Berufsqualifikation von Vorständen (Direktor) und leitenden Mitarbeitern eines Finanzinstituts im Bankensektor (《银行业金融机构董事（理事）和高级管理人员任职资格管理办法》), erlassen am18.11.2013, erhältlich unter http://www.cbrc.gov.cn/chinese/home/docDOC_ReadView/7DCD73987BB64DC3A412DBD6BC2839ED.html.

219 Vorläufige Verwaltungsmaßnahme über die Berufsqualifikation von Führungskräften in Finanzinstitute (《金融机构高级管理人员任职资格管理暂行规定》) mit Referenznr. Yin Fa 1996/327 (银发〔1996〕第327号), erlassen am 13.09.1996, erhältlich unter http://fgcx.bjcourt.gov.cn:4601/law?fn=chl093s136.txt&dbt=chl, ungültig am 24.03.2000.

220 Vorläufige Verwaltungsmaßnahme über die Berufsqualifikation von Führungskräften in Finanzinstitute mit ausl. Betlg (《外资金融机构中、高级管理人员任职资格暂行规定》) mit Referenznr. Yin Fa 1997/197 (银发〔1997〕第197号), erlassen am 15.05.1997, erhältlich unter https://www.banklaw.com/laws/bd4803ca99ee11e89b644ccc6a5a6fc1.html, ungültig am 24.03.2002.

die Berufsqualifikation von Führungskräften mittleren und höheren Ranges in Finanzinstituten mit AuslandsBetlg[221] fest, welche am 25.01.2002 durch die Durchführungsverordnung zur Verwaltung von Finanzinstituten mit ausländischem Kapital ersetzt wurde[222]. Anschließend legte sie 2000 noch die Voraussetzungen zur Bestellung von Vorstand und Führungskräften in den Verwaltungsmaßnahmen zur beruflichen Qualifikation von Führungskräften in Finanzinstituten[223] fest, die am 18.12.2013 durch die Verwaltungsmaßnahmen über die berufliche Qualifikation von Vorstand (Direktor) und sonstigen leitenden Mitarbeitern einer Geschäftsbank[224] (folgend: VerwM berufl. Qual) ersetzt wurden. Seitdem sind die beruflichen Qualifikationen bei Geschäftsbanken einheitlich geregelt.

Unten in der Tabelle wird nochmal veranschaulicht, wie sich die Regularien zur Zulassung von Führungskräften jeweils für chin. Geschäftsbanken und Banken mit AuslandsBetlg entwickelt haben und welche Regelungen aktuell für die Zulassung von Führungskräften gelten.

221 Ergänzende Bestimmungen zu der vorläufigen Verwaltungsmaßnahme über die Berufsqualifikation von Führungskräften mittleren und höheren Ranges in Finanzinstitute mit ausl. Betlg (《外资金融机构中、高级管理人员任职资格暂行规定补充规定》) mit Referenznr. Yin Wai Zi 1997/197 (银外资〔1997〕第7号), erlassen am 30.07.1997, erhältlich unter http://www.pkulaw.cn/fulltext_form.aspx?Gid=18996.

222 Chinesischer Titel: 《中华人民共和国外资金融机构管理条例实施细则》.

223 Verwaltungsmaßnahme über die Berufsqualifikation von Führungskräften in Finanzinstitute (《金融机构高级管理人员任职资格管理办法》) mit Referenznr. Ren Min Yin Hang Ling 2000/1 (中国人民银行令〔2000〕第1号), erlassen am 24.03.2000, erhältlich unter http://www.fdi.gov.cn/1800000121_23_68267_0_7.html, ungültig am 18.12.2013.

224 Verwaltungsmaßnahmen zur beruflichen Qualifikation von Führungskräften in Finanzinstituten (《金融机构高级管理人员任职资格管理办法》) erlassen v. 24.03.2000, revidiert am 18.12.2013 und umbenannt vom CBRC als Verwaltungsmaßnahme zur beruflichen Qualifikation von Vorstand (Direktor) und sonstigen leitenden Mitarbeitern von Finanzinstitute im Bankensektor (《银行业金融机构董事（理事）和高级管理人员任职资格管理办法》), erhältlich unter: http://www.cbrc.gov.cn/chinese/home/docDOC_ReadView/7DCD73987BB64DC3A412DBD6BC2839ED.html.

Tabelle 3 Entwicklung zur Prüfung der Berufsqualifikation von leitenden Bankmitarbeitern

<table>
<tr><th>Für Chin. Banken</th><th>Für Banken mit Auslandsbeteiligung</th></tr>
<tr><td>1996: Vorläufige Verwaltungsmaßnahme über die Berufsqualifikation von Führungskräften in Finanzinstituten[225] (ungültig)</td><td>1997: Vorläufige Verwaltungsmaßnahme über die Berufsqualifikation von Führungskräften mittleren und höheren Ranges in Finanzinstituten mit AuslandsBetlg (ungültig)</td></tr>
<tr><td rowspan="3">2000: Verwaltungsmaßnahme über die Berufsqualifikation von Führungskräften in Finanzinstituten[226] (ungültig)
Mit ausdrücklichem Anwendungsausschluss von Finanzinstituten mit AuslandsBetlg in § 2 Abs. 2 a. F. dieser Verwaltungsmaßnahme</td><td>2002: DVO VerwB für Finanzinstitute mit AuslandsBetlg (ungültig)</td></tr>
<tr><td>2004: DVO VerwB für Finanzinstitute mit AuslandsBetlg mit Referenznummer Yin Jian Hui Ling Nr. 4/2004 (ungültig)</td></tr>
<tr><td>2006: DVO VerwB für Banken mit AuslandsBetlg mit Referenznummer Guo Wu Yuan Ling Nr. 478/2006 (ungültig)</td></tr>
<tr><td colspan="2">2013: Verwaltungsmaßnahme über die Berufsqualifikation von Vorständen (Direktor) und leitenden Mitarbeitern der Finanzinstitute im Bankensektor (gültig; folgend: VerwM Führungskräfte 2013)
§§ 3 Abs. 2, 13, 16 verweisen auf die Anwendbarkeit der DVO VerwB AuslandsBetlg für die Führungskräfte in Banken mit AuslandsBetlg.</td></tr>
<tr><td>2018: DVO Vg chin. Banken (gültig)</td><td>2019: DVO Vg AuslandsBetlg (gültig; §§ 129 ff.)
2019: VerwB AuslandsBetlg (gültig)</td></tr>
<tr><td colspan="2">2020: CBIRC-Mitteilung über die tiefgreifende Reform zur Verbesserung der Geschäftsbedingungen im Banken- und Versicherungssektor durch Deregulierung, Dezentralisierung und Dienstleitung[227] (folgend: CBIRC-Mitteilung Nr. 129)</td></tr>
</table>

225 Vorläufige Verwaltungsmaßnahme über die Berufsqualifikation von Führungskräften in Finanzinstitute (金融机构高级管理人员任职资格管理暂行规定) mit Referenznr. Yin Fa 1996/327 (银发〔1996〕第327号), erlassen am 13.09.1996, erhältlich unter http://fgcx.bjcourt.gov.cn:4601/law?fn=chl093s136.txt&dbt=chl, ungültig am 24.03.2000.

226 Verwaltungsmaßnahme über die Berufsqualifikation von Führungskräften in Finanzinstitute (《金融机构高级管理人员任职资格管理办法》) mit Referenznr. Ren Min Yin Hang Ling 2000/1 (中国人民银行令〔2000〕第1号), erlassen am 24.03.2000, erhältlich unter http://www.fdi.gov.cn/1800000121_23_68267_0_7.html, ungültig am 18.12.2013.

227 CBIRC-Mitteilung über die vertiefende Reform zur Verbesserung der Geschäftsbedingungen im Banken- und Versicherungssektor durch Deregulierung, Dezentralisierung und Dienstleitung mit Referenznr. Yin Bao Jian Fa [2020]129 (中国银保监会办公厅关于深化银行业保险业“放管服”改革优化营商环境的

Die VerwM Führungskräfte 2013 gilt grundsätzlich für alle im Territorium von China gegründeten Banken, Zweigniederlassungen und Repräsentanzen; sie verweist jedoch bzgl. der zu genehmigenden Führungskräfte von Banken mit AuslandsBetlg ausdrücklich in §§ 3 Abs. 2, 13 und 16 VerwM Führungskräfte 2013 auf die DVO VerwB AuslandsBetlg. Für die Führungskräfte von chin. Geschäftsbanken enthält die DVO Vg chin. Banken ergänzende Regelungen.
Unter den Führungskräften verstehen sowohl die DVO Vg chin. Banken als auch die DVO Vg Bank mit AuslandsBetlg die von der CBIRC zu genehmigenden Funktionen, die Entscheidungsbefugnisse über die Geschäftsführung, Risikokontrolle besitzen oder entscheidende Einflüsse darauf haben.
Hierfür sind insgesamt drei Personengruppen zu genehmigende Führungskräfte:

(1) Vorstandsvorsitzender, stellvertretender Vorsitzender, unabhängiger Vorstand, sonstige Vorstandsmitglieder sowie Vorstandssekretär;
(2) Präsident, Vizepräsident, Assistent Präsident, Chief Risk Officer, Chief Compliance Officer, Chief Auditor, Chief Accounting Officer, Chief Information Officer sowie Chief Interne Audit; auf Headquarter Ebene Generalmanager für Geschäftsabteilung, stellvertretender Generalmanager, Generalmanager Assistent; auf Ebene der Niederlassung Präsident, Vizepräsident, Präsident Assistent, Generalmanager für Geschäftsabteilung, stellvertretender Generalmanager, Generalmanager Assistent, Filialleiter sowie die sonstigen Führungskräfte;
(3) Sonstige leitende Angestellte, die zwar keine der oben genannten Positionen innehaben, aber die entsprechenden Entscheidungsbefugnisse wie ein Vorstand bzw. Präsident und Generalmanager über die Geschäftsführung, Risikokontrolle oder entscheidende Einflüsse darauf haben.

1. *Formelle Voraussetzungen*

Für chin. Geschäftsbanken ist der Antrag auf die Genehmigung von Führungskräften samt sämtlichen Unterlagen bei der CBIRC oder bei der zuständigen CBIRC-Dienststelle einzureichen. Unter den von der CIBRC direkt beaufsichtigten Banken mit AuslandsBetlg versteht man solche Banken mit Rechtspersönlichkeit, welche in mehr als 15 Provinzen (autonomen Regionen und

---

通知银保监办发〔2020〕129号), veröffentlicht am 30.12.2020, erhältlich unter https://www.lawinfochina.com/display.aspx?id=34720&lib=law.

Gemeinden) Zweigniederlassungen erster Stufe errichtet haben (vgl. § 140 DVO Vg AuslandsBetlg). Für das Genehmigungsverfahren sind nach § 137 DVO Vg AuslandsBetlg folgende Unterlagen einzureichen:

- der vom Antragsteller unterzeichnete Antrag mit den Angaben über die zu ernennende Person, deren Position, Aufgaben und Befugnisse;
- die vom Antragsteller unterzeichnete Vollmacht für die zu ernennende Person sowie die Vollmacht des Unterzeichners;
- Kopien des Lebenslaufs, der Identitätsbescheinigung und der akademischen Qualifikationen der zu ernennenden Person durch die unterzeichnungsbefugte Person;
- eine detaillierte Beschreibung der mit dem Bankgeschäft verbundenen Arbeits- und Managementerfahrungen und des Leistungsplans;
- eine von der zu ernennenden Person unterzeichnete Verpflichtungserklärung zur rechtmäßigen Amtsausübung und Pflichterfüllung nach der Ernennung;
- sofern die Bank mit AuslandsBetlg oder Joint-Venture Bank eine Gesellschafterversammlung oder Vorstandssitzung einberufen soll, ist der Versammlungsbeschluss vorzulegen;
- ein Prüfungsbericht über das Amtsausscheiden (Prüfungsbericht über die wirtschaftliche Verantwortung) oder eine von dem ursprünglichen Arbeitgeber ausgestellte Leistungsbewertung;
- Erklärung über die möglichen gleichzeitigen Tätigkeiten oder Nebentätigkeiten in der Bank, der Bankengruppe und ihren verbundenen Unternehmen;
- sonstige von der CIBRC verlangte Materialien.
- Nachdem die CBIRC oder die CBIRC-Dienststelle die vollständigen Antragsunterlagen erhalten hat, ist die Entscheidung über die Genehmigung oder Ablehnung der zu ernennenden Person innerhalb von 30 Tagen zu treffen. Diese 30-Tage-Frist gilt für alle zu genehmigenden Positionen.

Vor dem 01.02.2021 haben die zu bestellenden Vorstände, Aufsichtsrat und Führungskräfte eine schriftliche Prüfung vor deren Genehmigung von CBIRC abzulegen. Die Aufhebung von schriftlicher Prüfung bei CBIRC bedeutet nicht automatisch, dass keine vorherige aufsichtliche Prüfung an die Eignung der zu ernennenden Personen gibt. Laut der CBIRC-Mitteilung 129 basiert die Genehmigungsentscheidung auf der Überprüfung der Antragsunterlagen von der zu ernennenden Personen sowie dem Ergebnis vom vorherigen Beurteilungsgespräch.

2. *Materielle Voraussetzungen*

Gesetzgebungstechnisch findet sich auf Gesetzesebene in § 27 GBG ein Negativkatalog[228]. Demnach kann eine Person nicht als Führungskraft einer Geschäftsbank tätig sein, wenn einer der folgenden Umstände gegeben ist:

(1) Verurteilung wegen Straftaten wie Korruption, Bestechung, Unterschlagung oder Sabotage der sozialen und wirtschaftlichen Ordnung oder Entzug von politischen Rechten wegen Verbrechen;
(2) war für die Insolvenz zu einer Zeit verantwortlich, während er als Vorstand, Direktor und leitender Mitarbeiter einer insolventen Gesellschaft tätig war;
(3) war gesetzlicher Vertreter einer Gesellschaft oder eines Unternehmens, deren Gewerbelizenz wegen rechtswidriger Tat widerrufen wurde und hat dafür die persönliche Verantwortung;(4) große Summe von privaten Schulden kann nicht beglichen werden.

Daneben findet sich ein Positivkatalog für die Genehmigung als Vorstand und sonstiger leitender Mitarbeiter einer Geschäftsbank in der VerwM Führungskräfte 2013. Nach § 8 VerwM Führungskräfte 2013 müssen die Vorstandsmitglieder und sonstige leitende Mitarbeiter folgende Voraussetzungen erfüllen:

(1) Handlungsfähigkeit;
(2) gutes Führungszeugnis;
(3) gutes Benehmen und Ansehen;
(4) verfügen über solide Fachkenntnisse, Erfahrungen und Fähigkeiten als Bankdirektor und als Führungskräfte;
(5) Zeugnis über gutes wirtschaftliches Statut und beruflichen Werdegang;
(6) finanzielle Stabilität der eigenen Person und Familie;
(7) notwendige Unabhängigkeit als Direktor oder Führungskraft eines Finanzinstituts;
(8) Erfüllung von Treue- und Sorgfaltspflichten gegenüber Finanzinstituten.

Zur Genehmigung von Führungskräften sowohl für die chin. Geschäftsbanken als auch für die Banken mit AuslandsBetlg haben die §§ 78–89. DVO Vg chin.

228 Chinesischer Text vom Negativkatalog: （一）因犯有贪污、贿赂、侵占财产、挪用财产罪或者破坏社会经济秩序罪，被判处刑罚，或者因犯罪被剥夺政治权利的；（二）担任因经营不善破产清算的公司、企业的董事或者厂长、经理，并对该公司、企业的破产负有个人责任的；（三）担任因违法被吊销营业执照的公司、企业的法定代表人，并负有个人责任的；（四）个人所负数额较大的债务到期未清偿的。

Banken 2018, §§ 130–137 DVO Vg Bank mit AuslandsBetlg und §§ 7–10 VerwM Führungskräfte 2013 die materiellen Voraussetzungen teilweise wortgleich vorgeschrieben. Im Vergleich mit der Eignungsbeurteilung der Führungskräfte in Banken mit AuslandsBetlg achtet die Aufsichtsbehörde bzgl. der Führungskräfte von chin. Geschäftsbanken nicht nur auf deren fachliche Eignung durch einen schriftlichen Test, sondern auch mehr auf die personen-, familiäre und vermögensbezogene Zuverlässigkeit der zu ernennenden Führungskräfte. Zum Beispiel werden die obengenannten Nummern (2), (3) und (5) inhaltlich dahingehend durch § 80 DVO Vg chin. Banken/§ 9 VerwM Führungskräfte 2013 und die Nummern (6) und (7) durch § 81 DVO Vg chin. Banken/§ 10 VerwM Führungskräfte 2013 mit negativen Umständen konkretisiert, d. h., dass sie unterstellt wird, wenn keine Tatsachen erkennbar sind, die die Unzuverlässigkeit begründen. Unzuverlässigkeit ist anzunehmen, wenn persönliche Umstände nach der allgemeinen Lebenserfahrung die Annahme rechtfertigen, dass diese die sorgfältige und ordnungsgemäße Tätigkeit als Geschäftsleiter beeinträchtigen können. Berücksichtigt werden das persönliche Verhalten sowie das Geschäftsgebaren hinsichtlich strafrechtlicher, finanzieller, vermögensrechtlicher und aufsichtsrechtlicher Aspekte.

VIII. Zulassung von Bankgeschäften/Produkten

Ein Bankprodukt ist gemäß DVO Vg durch die CBIRC zuzulassen. Dies gilt sowohl für chin. Banken als auch für die Banken mit AuslandsBetlg.

1. Bzgl. chin. Banken

Chin. Geschäftsbanken, welche Fremdwährungsgeschäfte (§§ 62–63 DVO Vg chin. Banken), Anleihen-Geschäfte (§§ 64–65 DVO Vg chin. Banken), Derivative-Geschäfte (§§ 66–69 DVO Vg chin. Banken), Debitkarte-Geschäfte (§§ 70–73 DVO Vg chin. Banken), Offshore-Bankgeschäfte (§§ 74–75 DVO Vg chin. Banken) anbieten wollen, sollen jeweils bestimmte formelle und materielle Voraussetzungen erfüllen und die vorherige Genehmigung von der zuständigen CBIRC-Dienststelle beantragen. Daraufhin soll diese innerhalb von drei Monaten darüber entscheiden.
Für die sonstigen vom Gesetz oder von Verwaltungsvorschriften vorgesehenen oder noch nicht im Gesetz und in Verwaltungsvorschriften geregelten Bankgeschäfte ist die CBIRC für das Genehmigungsverfahren gem.§§ 76, 77 DVO Vg chin. Banken zuständig.
Aus Platzgründen wurde hier von den Ausführungen zu den formellen und materiellen Zulassungsvoraussetzungen abgesehen.

2. *Bzgl. Banken mit AuslandsBetlg*

Für die ausl. Banken, welche RMB-Geschäfte (§§ 104–110 DVO Vg AuslandsBetlg), Anleihen-Geschäfte (§§ 111–113 DVO Vg AuslandsBetlg), Derivate-Geschäfte (§§ 114–119 DVO Vg AuslandsBetlg), Debitkarte-Geschäfte (§§ 120–124 DVO Vg AuslandsBetlg) sowie Bankgeschäfte im Sinne von §§ 29 Nr. 13 oder 31 Nr. 12 VerwB AuslandsBetlg (§§ 125 DVO Vg AuslandsBetlg) anbieten wollen, ist die vorherige Genehmigung durch die CBIRC oder örtliche CBIRC-Dienststelle erforderlich, welche innerhalb von drei Monaten nach dem Empfang der Antragsunterlagen eine Entscheidung zu treffen haben (vgl. §§ 107 Abs. 3, 112 Abs. 3, 118 Abs. 3, 123 Abs. 3 DVO Vg AuslandsBetlg).
Um den chin. Finanzmarkt gegenüber ausl. Banken weitgehend zu öffnen, hat das Generalsekretariat der CBIRC die Mitteilung über die erlaubten Geschäfte durch ausl. Banken[229] am 10.03.2017 veröffentlicht. Demnach ersetzt der Meldemechanismus das bisherige Genehmigungssystem für vier Arten von Bankgeschäften durch die ausl. Banken, welche die Übernahme von Staatsanleihen für eigenes Risiko zur Platzierung (Nr. 1 der Mitteilung), Depotgeschäfte, Anlageberatungsgeschäfte, grenzüberschreitende Finanzdienstleistungen für Platzierungsgeschäfte, Börsennotierung, Unternehmensübernahme und Finanzierung betreffen. Hierfür ist die Anmeldung innerhalb von fünf Tagen nach der Geschäftsdurchführung bei der CBIRC erforderlich.
Die überarbeiteten VerwB AuslandsBetlg im Oktober 2019 haben zur Folge, dass der chin. Finanzmarkt durch Aufhebung von Marktzugangseinschränkungen für die Banken mit AuslandsBetlg, Joint-Venture-Banken und Zweigniederlassungen ausländischer Banken weiter geöffnet wird. Den ausl. Banken ist jetzt erlaubt, im Territorium von China gleichzeitig Tochtergesellschaft und Zweigniederlassung zu errichten (vgl. § 25 VerwB AuslandsBetlg). Des Weiteren sind vier Bankgeschäfte wie Emission, Einlösung, Übernahme von Staatsanleihen sowie Überweisung und Lastschrift ebenfalls für die Banken mit AuslandsBetlg, Joint-Venture-Banken und Zweigniederlassungen ausl. Banken zulässig (vgl. §§ 29 Abs. 1 Nr. 4 u. Nr. 9, 31 Abs. 1 Nr. 4 u. Nr. 9 VerwB AuslandsBetlg). Darüber hinaus ist die Grenze für das erlaubte RMB-Termineinlagengeschäft durch Banken mit AuslandsBetlg für inländische chin. Staatsbürger von

---

229 Mitteilung des Generalsekretariats von CBRC über die erlaubten Geschäfte durch ausl. Banken mit (《中国银监会办公厅关于外资银行开展部分业务有关事项的通知》) mit Referenznr. Yin Jian Ban Fa 2017/12 银监办发〔2017〕12号, erlassen am 10.03.2017 erhältlich unter http://www.cbrc.gov.cn/chinese/home/docDOC_ReadView/3836565C4DF4456C94C1B569DAF4BB4A.html.

mindestens einer Million Yuan RMB auf 500.000 Yuan RMB herabgesetzt worden (vgl. § 31 Abs. 2 VerwB AuslandsBetlg). Schließlich sind die Genehmigungsvoraussetzungen zur Durchführung vom RMB-Geschäft aufgehoben worden (vgl. § 34 VerwB AuslandsBetlg). Das bedeutet, dass die antragstellenden Banken mit AuslandsBetlg bzw. Zweigniederlassung nicht mehr nachweisen müssen, dass sie im Territorium von China schon mehr als ein Jahr Bankgeschäfte betrieben haben und auch kein Genehmigungsverfahren durchführen müssen (vgl. § 34 Abs. 1 VerwB AuslandsBetlg a. F.).

B. Marktzugang von Kreditinstituten in Deutschland

Um die in § 1 Abs. 1 und Abs. 1a KWG aufgezählten Bankgeschäfte gewerbsmäßig in Deutschland betreiben zu können, ist wie in China ebenfalls zuvor eine schriftliche Erlaubnis bei den Aufsichtsbehörden im Sinne des § 1 Abs. 5 KWG (vgl. § 32 Abs. 1 S. 1 Halbs. 1 KWG) einzuholen. Demnach arbeitet die EZB mit der BaFin als nationaler Aufsichtsbehörde zusammen. Die relevanten Rechtsrahmenbedingungen sind auf europäischer Ebene durch die SSM-Verordnung[230] und SSM-Rahmenverordnung[231], CRR[232], CRD IV[233], Technische

230 Verordnung (EU) Nr. 1024/2013 des Rates vom 15. Oktober 2013 zur Übertragung besonderer Aufgaben im Zusammenhang mit der Aufsicht über Kreditinstitute auf die Europäische Zentralbank (ABl. L 287 vom 29.10.2013, S. 63), erhältlich unter https://eur-lex.europa.eu/legal-content/EN/TXT/HTML/?uri=CELEX:32013R1024&from=DE.

231 Verordnung (EU) Nr. 468/2014 der Europäischen Zentralbank vom 16. April 2014 zur Einrichtung eines Rahmenwerks für die Zusammenarbeit zwischen der Europäischen Zentralbank und den nationalen zuständigen Behörden und den nationalen benannten Behörden innerhalb des einheitlichen Aufsichtsmechanismus (SSM-Rahmenverordnung) (EZB/2014/17) (ABl. L 141 vom 14.5.2014, S. 1), erhältlich unter https://eur-lex.europa.eu/legal-content/EN/TXT/HTML/?uri=CELEX:32014R0468&from=DE.

232 Verordnung (EU) Nr. 575/2013 des Europäischen Parlaments und des Rates vom 26. Juni 2013 über Aufsichtsanforderungen an Kreditinstitute und Wertpapierfirmen und zur Änderung der Verordnung (EU) Nr. 646/2012, ABl. 2013, L. 176, 1-337 (folgend: „CRR"), erhältlich unter https://eur-lex.europa.eu/legal-content/EN/TXT/HTML/?uri=CELEX:32013R0575&from=DE.

233 Richtlinie 2013/36/EU des Europäischen Parlaments und des Rates vom 26. Juni 2013 über den Zugang zur Tätigkeit von Kreditinstituten und die Beaufsichtigung von Kreditinstituten und Wertpapierfirmen, zur Änderung der Richtlinie 2002/87/EG und zur Aufhebung der Richtlinien 2006/48/EG und 2006/49/EG, ABl. 2013,

Standards der EBA[234] geregelt und auf der nationalen Ebene durch das Kreditwesengesetz (KWG), die Verordnung über die Anzeigen und die Vorlage von Unterlagen nach dem Kreditwesengesetz[235] (folgend: Anzeigeverordnung – AnzV), das von der BuBa herausgegebene Merkblatt zum Erlaubnisverfahren für Kreditinstitute[236] und die von der BaFin zusammengefasste Checkliste Zulassung als Kreditinstitut[237].

I. Zulassung eines inländischen deutschen Kreditinstituts

1. Formelle Voraussetzungen

a. Zuständigkeit – EZB/BaFin/BuBa

Welche Aufsichtsbehörde, also die EZB oder die BaFin, konkret für die Zulassung eines Kreditinstitutes zuständig ist, richtet sich mit der Einführung des SSM nach der Art der beabsichtigen Geschäfte. Mit der Einführung des SSM beschränkt sich die EZB gemäß Art. 4 Abs. 1 VO (EU) Nr. 1024/2013 (SSM-VO) auf die Zulassung aller CRR-Kreditinstitute, welche Einlagen- und Kreditgeschäfte betreiben wollen (vgl. § 1 Abs. 1 S. 2 Nr. 1 und 2 KWG). Daran ändert diese ausschließliche Zuständigkeit der EZB bei „weniger bedeutenden Instituten" nichts (vgl. Art. 6 Abs. 4 SSMG). Für alle anderen Institute und alle

---

L. 176, 338–436 (folgend: CRD IV), erhältlich unter https://eur-lex.europa.eu/legal-content/EN/TXT/HTML/?uri=CELEX:32013L0036&from=DE.

234 Final report on draft Regulatory Technical Standards under Article 8(2) of Directive 2013/36/EU und Draft Implementing Technical Standards under Article 8(3) of Directive 2013/36/EU (EBA/RTS/2017/08 und EBA/ITS/2017/05), erhältlich unter https://eba.europa.eu/sites/default/documents/files/documents/10180/1907331/de9abe89-7be5-4fea-aaf8-43bd4e67d71e/Draft%20RTS%20and%20ITS%20on%20Authorisation%20of%20Credit%20Institutions%20%28EBA-RTS-2017-08%20EBA-ITS-2017-05%29.pdf?retry=1.

235 Verordnung über die Anzeigen und die Vorlage von Unterlagen nach dem Kreditwesengesetz v. 19.12.2006, BGBl. I 2006, 3245, erhältlich unter http://www.gesetze-im-internet.de/anzv_2006/.

236 Merkblatt um Erlaubnisverfahren für Kredit- und Finanzdienstleistungsinstitute 06.07.2018, erhältlich unter https://www.bafin.de/SharedDocs/Downloads/DE/Merkblatt/WA/dl_fidierlaubnis_buba.pdf?__blob=publicationFile&v=4.

237 BaFin-Checklist für Zulassung Kreditinstitute, erhältlich unter https://www.bafin.de/SharedDocs/Downloads/DE/Formular/BA/dl_170818_checkliste_erlaubnisverfahren_ba.pdf;jsessionid=7ED5712420406A7FB0F01EFDA87E6A25.1_cid298?__blob=publicationFile&v=6.

sonstigen Erlaubnistatbestände in § 1 Abs. 1 und Abs. 1a KWG oder in Spezialgesetzen verbleibt diese Zuständigkeit bei der BaFin[238].

b. Formalitäten

Der Zulassungsantrag ist gem. § 14 Abs. 1 AnzV schriftlich und in dreifacher Ausfertigung bei der BaFin einzureichen. Der Antrag selbst ist in deutscher Sprache zu stellen. Ein Antragsvordruck oder darüberhinausgehende formelle Anforderungen bestehen nicht[239]. Sein Inhalt ist über den Wortlaut des § 32 Abs. 1 S. 2 KWG hinaus durch § 14 AnzV und die von der BaFin zusammengefasste Checkliste weiter konkretisiert.
Die Antragsunterlagen können grundsätzlich auch in englischer Sprache eingereicht werden.
Der Erlaubnisantrag muss gem. § 32 Abs. 1 S. 2 KWG folgende Unterlagen enthalten:

(1) den Nachweis des zum Geschäftsbetrieb erforderlichen Anfangskapitals;
(2) die Angabe der Geschäftsleiter;
(3) die Angaben über die Zuverlässigkeit der Antragsteller und Geschäftsleiter;
(4) die Angaben über die erforderliche fachliche Eignung der Inhaber und Geschäftsleiter;
(5) den Nachweis, dass die Geschäftsleiter über die zur Wahrnehmung ihrer Aufgabe ausreichende Zeit verfügen;
(6) einen tragfähigen Geschäftsplan, aus dem die Art der zu gründenden Geschäfte, der organisatorische Aufbau und die zu gründenden internen Kontrollverfahren des Instituts hervorgehen;
(7) sofern an dem Institut bedeutende Beteiligungen gehalten werden:
    a) die Angabe der Inhaber bedeutender Beteiligungen,
    b) die Höhe dieser Beteiligungen,
    c) die für die Beurteilung der Zuverlässigkeit dieser Inhaber oder gesetzlichen Vertreter oder persönlich haftenden Gründer erforderlichen Angaben,

---

238 BT-Drs. 18/2575, 196.

239 BaFin-Checklist für Zulassung als Kreditinstitute, Teil 1.2, erhältlich unter https://www.bafin.de/SharedDocs/Downloads/DE/Formular/BA/dl_170818_checkliste_erlaubnisverfahren_ba.pdf;jsessionid=34190286196FF8AB15E807F05671BDAF.2_cid503?__blob=publicationFile&v=6.

d) sofern diese Inhaber Jahresabschlüsse aufzustellen haben: die Jahresabschlüsse der letzten drei Geschäftsjahre nebst Prüfungsberichten von unabhängigen Abschlussprüfern, sofern solche zu erstellen sind,
e) sofern diese Inhaber einem Konzern angehören: die Angabe der Konzernstruktur und, sofern solche Abschlüsse aufzustellen sind, die konsolidierten Konzernabschlüsse der letzten drei Geschäftsjahre nebst Prüfungsberichten von unabhängigen Abschlussprüfern, sofern solche zu erstellen sind;

(8) sofern an dem Institut keine bedeutenden Beteiligungen gehalten werden, die maximal 20 größten Gründer;
(9) die Angabe der Tatsachen, die auf eine enge Verbindung zwischen dem Institut und anderen natürlichen Personen oder anderen Unternehmen hinweisen;
(10) die Angabe der Mitglieder des Verwaltungs- oder Aufsichtsorgans nebst der zur Beurteilung ihrer Zuverlässigkeit und Sachkunde erforderlichen Tatsachen sowie Angaben, die für die Beurteilung erforderlich sind, ob sie der Wahrnehmung ihrer Aufgabe ausreichende Zeit widmen können.

c. Verfahren

Im neuen Zulassungsverfahren ab dem 04.11.2014 arbeitet die EZB nach der Aufgabenübertragung mit der BaFin als nationaler Aufsichtsbehörde in Deutschland eng zusammen. Wie die Zusammenarbeit bei der Zulassung von Kreditinstituten aussieht, legen die Art. 73 bis 78 der EZB-SSM-RahmenVO fest. Dabei ist unerheblich, ob die Bank als bedeutend eingestuft ist oder nicht. Im Euro-Währungsgebiet ist das Verfahren zur Erteilung oder Ausweitung einer Bankzulassung eines der sogenannten gemeinsamen Verfahren. Die EZB und die BaFin sind zu verschiedenen Zeitpunkten in dieses gemeinsame Verfahren eingebunden.
Für die CRR-Kreditinstitute i. S. d. § 1 Abs. 3d KWG, welche Einlagen- und Kreditgeschäfte betreiben wollen, tritt an die Stelle des vorherigen einstufigen Prüfungsverfahrens zur Prüfung und Entscheidung durch die BaFin nun seit der Einführung des SSM ein zweistufiges Verfahren. Dafür dient der von der EZB herausgegebene Leitfaden zur Beurteilung von Zulassungsanträgen[240] als

240 Leitfaden zur Beurteilung von Zulassungsanträgen von EZB im Januar 2019, erhältlich unter https://www.bankingsupervision.europa.eu/ecb/pub/pdf/ssm.201901_guide_assessment_credit_inst_licensing_appl.de.pdf.

rechtsunverbindliche Orientierungshilfe, wonach ein Zulassungsantrag im Wesentlichen in die drei folgenden Phasen aufgegliedert wird:

- Zeitraum vor der Antragstellung
- Antragsphase
- Übergabe an die laufende Aufsicht.

Die in der Praxis salopp aufgeteilten drei Phasen des gemeinsamen Zulassungsverfahrens in Deutschland sind nicht vergleichbar mit dem zweistufigen Zulassungsverfahren der CBIRC in China, da sowohl die formellen als auch die materiellen Voraussetzungen für das Errichtungsvorbereitungs- und Betriebsaufnahmeverfahren unterschiedlich sind.

Vor der offiziellen Einreichung des Zulassungsantrags finden Gespräche zwischen Aufsichtsbehörde und Antragsteller statt, wodurch a) das Verfahren und die Informationserfordernisse erklärt, b) u. a. geprüft wird, ob eine Erlaubnis als Kreditinstitut die passende Genehmigungsart für das jeweilige Unternehmen ist, c) die angemessene Darstellung der Zulassungspläne geprüft und d) potenzielle Bedenken seitens der Aufsicht frühzeitig vorgebracht werden können[241].

Nachdem das Verfahren und die Informationserfordernisse erklärt werden, folgt anschließend die Antragsphase. Erste Anlaufstelle ist in jedem Fall die nationale Aufsichtsbehörde BaFin. Gem. Art. 73 Abs. 1 SSM-RahmenVO hat diese die Antragstellung innerhalb von 15 Arbeitstagen an die EZB zu melden und sodann den eingereichten Antrag nach Art. 74 SSM-RahmenVO am Maßstab des nationalen Rechts zu prüfen. Nach § 33 Abs. 4 KWG gilt dafür eine Frist von sechs Monaten ab Antragstellung und Einreichung der vollständigen Antragsunterlagen. Im Rahmen des Erlaubnisverfahrens ist nach § 32 Abs. 3 KWG die für das jeweilige Institut nach §§ 22, 24 EinSiG bzw. § 43 EinSiG in Betracht kommende Sicherungseinrichtung zu hören, damit in den Entscheidungsprozess auch Erkenntnisse aus der Überprüfung durch die Sicherungseinrichtung einfließen können[242], welche für den Antrag nach nationalen Rechtsvorschriften berücksichtigt werden müssen.

Anschließend wird das Erlaubnisverfahren mit der Entscheidung innerhalb der Antragsphase durch den EZB-Beschluss abgeschlossen (Art. 78 SSM-RahmenVO). Die BaFin muss dem Antragsteller binnen sechs Monaten nach Einreichung der vollständigen Unterlagen für einen Erlaubnisantrag nach § 32

241 Leitfaden zur Beurteilung von Zulassungsanträgen von EZB, Teil 6.1.
242 Binder, in: Handbuch über das Bankaufsichtsrecht, § 3 Rn. 81.

Abs. 1 Satz 2 oder Absatz 1 f KWG mitteilen, ob eine Erlaubnis erteilt oder versagt wird. Liegen innerhalb von zwölf Monaten ab Eingang des Antrags trotz Aufforderung der BaFin, den Antrag innerhalb eines Monats zu vervollständigen, keine ausreichenden Angaben oder Unterlagen vor, ist der Antrag abzulehnen (vgl. § 33 Abs. 4 KWG).

Während des gesamten Verfahrens, das für alle beaufsichtigten Kreditinstitute entweder mit dem aufgrund (internen) Beschlussentwurfs der nationalen Aufsichtsbehörde erlassenen Beschluss der EZB (Art. 76 und Art. 78 SSM-RahmenVO) oder mit der Ablehnung durch die BaFin (Art. 75 SSM-RahmenVO) endet, arbeiten BaFin und EZB eng zusammen[243]. Streng betrachtet gehört die dritte Phase nach der Übergabe an die laufende Aufsicht nicht mehr zu dem eigentlichen Erlaubnisverfahren; sie ist dem vierten Kapitel über die Behandlung der laufenden Aufsicht vorbehalten.

2. *Materielle Zulassungsvoraussetzungen*

Bei den Zulassungsbeschlüssen der EZB im Rahmen des SSM wendet die EZB folglich die Zulassungsanforderungen an, die in den nationalen Rechtsvorschriften zur Umsetzung der einschlägigen CRD-IV Bestimmungen niedergelegt sind[244]. Außerdem berücksichtigt sie etwaige besondere Anforderungen des nationalen Rechts[245].

Nach der Vorgabe der EZB soll die Aufsichtsbehörde die vom Antragsteller zur Beantragung einer Erstzulassung oder der Änderung einer bestehenden Zulassung vorgelegten Informationen anhand einer Reihe von Kriterien beurteilen, die sich aus dem Unionsrecht und dem nationalen Recht ergeben. Die Beurteilung erfolgt auf eine Art und Weise, die für die Art der beantragten Zulassung angemessen ist[246]. Danach sind Kapital, Geschäftsplan, fachliche Qualifikation und persönliche Zuverlässigkeit der Mitglieder des Leitungsorgans und die Eignung von Anteilseignern der Gegenstand der materiellen Beurteilung[247].

Zu berücksichtigen ist der im Negativkatalog des § 33 Abs. 1 S. 1 KWG aufgezählte Sachverhalt. Ist ein derartiger Fall gegeben, kann eine Erlaubnis nicht erteilt werden. Da das deutsche nationale Recht die europäische Vorgabe inhaltlich ergänzt, sind die materiellen Zulassungsvoraussetzungen am deutschen Recht orientiert zu behandeln.

---

243 Leitfaden zur Beurteilung von Zulassungsanträgen von EZB, Teil 6.

244 Leitfaden zur Beurteilung von Zulassungsanträgen von EZB, Teil.2.2

245 Leitfaden zur Beurteilung von Zulassungsanträgen von EZB, Teil 2.2.

246 Leitfaden zur Beurteilung von Zulassungsanträgen von EZB, Teil.5.

247 Leitfaden zur Beurteilung von Zulassungsanträgen von EZB, Teil.5.

a. Anfangskapital, § 33 Abs. 1 S. 1 Nr. 1 KWG

Kreditinstitute müssen gem. § 33 Abs. 1 S. 1 Nr. 1 KWG über ein ausreichendes Anfangskapital verfügen. Dieser Betrag muss dem Kreditinstitut frei und unbefristet zur Verfügung stehen und darf nicht aus Krediten herrühren, sodass jederzeit eine ausreichende Zahlungsfähigkeit gewährleistet ist[248]. Entscheidend für die Höhe des erforderlichen Anfangskapitals sind die jeweiligen beabsichtigten Geschäftsfelder. CRR-Kreditinstitute gemäß § 1 Abs. 3d KWG müssen über ein Mindesteigenkapital von 5 Mio. EUR verfügen. Je nach vorgesehener Geschäftsart kann jedoch auch ein höheres Mindestkapital erforderlich sein.

Der Begriff des ausreichenden Anfangskapitals unterscheidet sich von den angemessenen Eigenmitteln i. S. v. § 10 Abs. 1 S. 1 KWG bzw. Art. 92 ff., 25 ff. CRR. Die Angemessenheit der Eigenmittel beurteilt sich in einem dynamischen, an Umfang und Risikolage des laufenden Geschäfts bemessenen Prozess. Im Regelfall ist Maßstab hierfür die Einhaltung der Solvabilitätsanforderungen. Ergänzend gelten die ebenfalls dynamisch ausgestalteten Eigenkapitalbegrenzungen der Großkreditbeschränkungen in §§ 13 ff. KWG bzw. der CRR. Das erforderliche Anfangskapital ist hingegen eine im Grundsatz statische Größe, die so bemessen sein soll, dass sie in einer Vorausschau von ca. drei bis fünf Jahren ausreicht, um die in Aussicht genommenen Geschäfte ausreichend abzusichern. Maßstab für das ausreichende Anfangskapital sind dabei nicht nur die in Aussicht genommenen erlaubnispflichtigen, sondern alle zu gründenden Geschäfte[249].

Die Anforderungen an ein ausreichendes Anfangskapital sind nicht identisch mit dem Mindestkapital in § 33 Abs. 1 S. 1 Nr. 1 Halbs. 2 KWG. Zum einen ist Mindestkapital z. B. nur für die in den lit. a-g aufgeführten Institute – z. B. Einlagenkreditinstitute und Finanzdienstleistungsinstitute –, nicht hingegen für sonstige Institute vorgeschrieben. Außerdem kann die Aufnahme spezieller Geschäftsarten einen erhöhten Kapitalbedarf erfordern. Vor allem aber ist erfahrungsgemäß in den ersten Jahren nach Geschäftsaufnahme mit Anlaufverlusten zu rechnen. Ein Absinken unter das Mindestanfangskapital würde jedoch die Aufhebung der Erlaubnis rechtfertigen[250] (vgl. § 35 Abs. 2 Nr. 3 KWG und ergänzend Art. 18 CRD IV). Die für vor dem 1.1.1993 zugelassene

---

248 BaFin/BuBa, Merkblatt über die Erteilung einer Erlaubnis zum Betreiben von Bankgeschäften gem. § 32 Abs. 1 KWG Nr. 1.02, Ziffer 3.

249 Fischer/Müller, in: Boos/Fischer/Schulte-Mattler/Fischer/Müller, 5. Aufl. 2016, KWG § 33 Rn. 6–9.

250 Fischer/Müller, in: Boos/Fischer/Schulte-Mattler/Fischer/Müller, 5. Aufl. 2016, KWG § 33 Rn. 10.

Einlagenkreditinstitute geltende Ausnahme nach § 64b KWG ist durch das CRD IV-UmsG ersatzlos aufgehoben worden. Bei neuen Erlaubnisanträgen ist im Grundsatz davon auszugehen, dass das Anfangskapital nur dann ausreicht, wenn es auch nach Berücksichtigung von potenziellen Anfangsverlusten die Mindestgrenzen voraussichtlich nicht unterschreiten wird und im Übrigen die Eigenmittelanforderungen des laufenden Geschäftsbetriebs abgedeckt werden. Allerdings können oberhalb der Grenze des Mindestkapitals auch andere Kapitalinstrumente Berücksichtigung finden, nämlich wenn sie nach den Vorgaben der CRR dazu geeignet sind.
Bei der Ermittlung des Anfangskapitals ist insbesondere das harte Kernkapital nach Art. 26 ff. CRR zu berücksichtigen.

b. Personenbezogene Voraussetzungen gem. § 33 Abs. 1 S. 1 Nr. 2–5 KWG

aa. Zuverlässigkeit von Antragsteller und Geschäftsleiter

Antragsteller und Geschäftsleiter müssen persönlich zuverlässig sein. Antragsteller ist bei einer Personenhandelsgesellschaft jeder persönlich haftende Gründer, auch bei nachträglichem Eintritt in die Gesellschaft. Somit kann die Erlaubnis versagt werden, wenn auch nur ein Gründer nicht zuverlässig ist. Anders als bei der Übertragung der Geschäftsführungsbefugnis auf andere fachlich qualifizierte Personen, kann die persönliche Zuverlässigkeit eines Gründers nicht ersetzt werden. Bei juristischen Personen müssen die gesetzlichen Vertreter zuverlässig sein (§ 14 Abs. 5 S. 3 AnzV). Auch ehrenamtliche Vorstandsmitglieder von Kreditgenossenschaften müssen ebenso zuverlässig sein wie ordentliche Vorstandsmitglieder. Die persönliche Zuverlässigkeit wird unterstellt, wenn der Antragsteller eine inländische Gebietskörperschaft ist. Weiterhin müssen die Geschäftsleiter i. S. v. § 1 Abs. 2 S. 1 KWG zuverlässig sein. Obwohl nicht ausdrücklich als Versagungsgrund geregelt, besteht das Erfordernis der Zuverlässigkeit auch bei Geschäftsleitern, die nach § 1 Abs. 2 S. 2 und 3 KWG auf Antrag oder von Amts wegen durch die BaFin bestellt werden. Stellt sich die Unzuverlässigkeit erst später heraus, kann zwar kein Abberufungsverlangen nach § 36 KWG gestellt, jedoch die Bestellung unmittelbar widerrufen werden[251].

251 Fischer/Müller, in: Boos/Fischer/Schulte-Mattler/Fischer/Müller, 5. Aufl. 2016, KWG § 33 Rn. 36.

Die persönliche Zuverlässigkeit ist ein allgemeines gewerberechtliches Erfordernis, dessen Fehlen auch nach § 35 GewO die Untersagung der Ausübung eines Gewerbes rechtfertigen kann. Unzuverlässigkeit ist anzunehmen, wenn der Betreffende nach dem Gesamtbild seines Verhaltens und seiner Persönlichkeit nicht die Gewähr dafür bietet, dass er seine Tätigkeit ordnungsgemäß ausüben wird[252], wobei anders als in China bei der Beurteilung der Zuverlässigkeit speziell auf die Anforderungen einer soliden und umsichtigen Führung eines Instituts abzustellen ist[253].

bb. Unzuverlässigkeit von Gründern, § 33 Abs. 1 S. 1 Nr. 3 KWG

Um zu verhindern, dass maßgebliche Gründer Einflüsse ausüben, die die Solvenz und Funktionsfähigkeit des Instituts gefährden könnten, ist die Zuverlässigkeit der Inhaber einer bedeutenden Beteiligung an dem Kreditinstitut oder der Gründer oder gesetzlichen Vertreter des entsprechend beteiligten Unternehmens zu prüfen. Die Bestimmung erfasst den Inhaber einer bedeutenden Beteiligung, also einen Gründer, der unmittelbar oder mittelbar mindestens 10 % des Kapitals oder der Stimmrechte des Unternehmens hält oder maßgeblichen Einfluss auf die Geschäftsführung des Unternehmens ausüben kann (§ 1 Abs. 9 KWG). Ist der Inhaber einer bedeutenden Beteiligung eine juristische Person, so gelten die Anforderungen für deren satzungsmäßige oder gesetzliche Vertreter, bei Personenhandelsgesellschaften für die persönlich haftenden Gründer, ausnahmsweise auch für Kommanditisten und atypische stille Gründer, wenn diese nach der gesellschaftsvertraglichen Gestaltung maßgeblichen Einfluss ausüben können. Letzteres kann aber nur für die persönlich haftenden Gründer oder Kommanditisten mit wesentlichem Einfluss auf die Beteiligungs-KG gelten. Für die Beurteilung der Zuverlässigkeit gelten im Grundsatz vergleichbare Kriterien wie für die Inhaber und Geschäftsleiter des Instituts. Allerdings beurteilt sich die Zuverlässigkeit nach der Art der Funktion, für die sie benötigt wird. Für die Funktion des Gründers sind andere Kriterien – in der Regel geringere Anforderungen – als bei Geschäftsleitern anwendbar.
Darüber hinaus kann die Erlaubnis versagt werden, wenn aus anderen Gründen zu befürchten ist, dass der Gründer nicht den im Interesse einer soliden und umsichtigen Führung des Instituts zu stellenden Anforderungen genügt.

---

252 BVerwGE 65,1 = NVwZ 1982, 559; Marcks in: Landmann/Rohmer, Kommentar zur GewO, § 35GewO Rn. 29.

253 Regierungsbegründung zur 4. KWG –Novelle, BT-Drucks, 12/3377, s. 38; Fischer/Müller, in: Boos/Fischer/Schulte-Mattler/Fischer/Müller, 5. Aufl. 2016, KWG § 33 Rn. 37.

Mit Führung des Instituts sind in diesem Fall nicht die Geschäftsleitung, sondern die Beeinflussung durch die Ausübung von Stimmrechten oder sonstige Einflüsse auf die Geschäftsführung aufgrund der Gründerstellung gemeint. Das Erfordernis der Zuverlässigkeit und das einer soliden und umsichtigen Führung sind alternative Tatbestände. Angesichts der sehr weitgehenden Formulierung sind sie aus dem spezifischen Zweck der Vorschrift zu interpretieren. Auch nach allgemeinen gewerberechtlichen Grundsätzen muss ein Allgemeininteressen gefährdender Bezug zu dem ausgeübten Gewerbe bestehen. Daher müssen solche Mängel eine schädliche Einflussnahme auf das Unternehmen befürchten lassen. Dabei soll auch eine kritische wirtschaftliche Lage des Beteiligungsunternehmens ein Versagungsgrund sein können. Dahinter dürfte die Überlegung stehen, dass ein sich in Schwierigkeiten befindendes Beteiligungsunternehmen nachteilige Einflüsse – z.B. in Richtung einer „Ausplünderung" des beteiligten Unternehmens – ausüben und dadurch die Gläubiger gefährden könnte. Allerdings ist zu beachten, dass der BaFin in einem entsprechenden Fall auch die Möglichkeit zusteht, dem Inhaber der bedeutenden Beteiligung die Ausübung seiner Stimmrechte zu untersagen. Dies dürfte das mildere Mittel gegenüber einer Versagung oder Aufhebung der Erlaubnis gemäß § 35 Abs. 2 Nr. 3 KWG sein. Weitere Beispiele sind insbesondere der Verdacht der Geldwäsche, undurchsichtige Herkunft des für die Beteiligung aufgewandten Kapitals und schwere Kriminalität im Bereich von Vermögensdelikten. Jedoch dürfte nicht jede Straftat oder berufliche Verfehlung, die bei einem Geschäftsleiter die Unzuverlässigkeit begründen kann, auch ein Anhaltspunkt dafür sein, dass ein Gründer schädliche Einflüsse auf sein Institut ausüben könnte. Dabei ist zu berücksichtigen, inwieweit der Inhaber der bedeutenden Beteiligungen überhaupt die Möglichkeit zu einer Einflussnahme hat. In diesem Zusammenhang hat die BaFin auch zu prüfen, ob anstelle der Versagung der Erlaubnis mildere Mittel nach § 2c Abs. 1a und 2 KWG ausreichen. Auflagen können z.B. der Verzicht auf das Halten der bedeutenden Beteiligung oder das Verbot der Ausübung von Stimmrechten sein. Die Beurteilung der Anforderungen nach § 33 Abs. 1 Nr. 3 KWG wird der BaFin dadurch ermöglicht, dass mit dem Erlaubnisantrag alle hierfür erforderlichen Angaben mitzuteilen sind und nach § 44b KWG ergänzende Auskünfte oder sogar Prüfungen der Inhaber bedeutender Beteiligungen im Rahmen des Verfahrens zur Erlaubniserteilung gefordert werden können.

cc. Fachliche Eignung, § 33 Abs. 1 S. 1 Nr. 4 KWG

Am 28. Mai 2018 veröffentlichte die Europäische Zentralbank (EZB) im Einklang mit den damit zusammenhängenden Leitlinien der Europäischen

Wertpapier- und Marktaufsichtsbehörde (ESMA) und der Europäischen Bankenaufsichtsbehörde (EBA) ihren aktualisierten Leitfaden zur Eignung von Leitungs- und Aufsichtsorganen („Guide to fit and proper assessments“). Dieser soll die Leitlinien der ESMA und EBA nicht ersetzen.

Im Rahmen des Leitfadens werden die von der EZB verfolgten Aufsichtsrichtlinien, -prozesse und -praktiken beschrieben. Dadurch soll ein Maximum an Einheitlichkeit im Rahmen des einheitlichen Aufsichtsmechanismus (SSM) erzielt werden. Es erfolgt eine regelmäßige Aktualisierung, um neue Entwicklungen und Erfahrungen der Praxis einzubeziehen und öffentlich zugänglich zu machen.

Der Leitfaden umfasst die wesentlichen Kriterien und Prozesse zur Beurteilung der Angemessenheit und Eignung der Mitglieder des Leitungsorgans sowohl in ihrer Leitungsfunktion als auch in ihrer Aufsichtsfunktion für jene Institute, die der direkten Aufsicht der EZB unterliegen (bedeutende Kreditinstitute), unabhängig davon, ob es sich um Kreditinstitute oder (gemischte) Finanzholding-Gesellschaften handelt. Insbesondere werden Prüfungskriterien, das Prüfungsprozedere sowie Informationen zum Entscheidungsprozess nach der Durchführung von Fit und Proper Bewertungen erläutert.

Darüber hinaus liegt es im Kompetenzbereich der EZB, jene Mitglieder des Vorstandes von bedeutenden Finanzinstituten abzuberufen, die den Anforderungen nicht gerecht werden.

Dieser Leitfaden ist kein rechtsverbindliches Dokument und ersetzt in keiner Weise entsprechende rechtliche Anforderungen aus dem EU-Recht oder dem nationalen Recht. Des Weiteren führt dieser Leitfaden keine verbindlichen neuen Regelungen oder Anforderungen ein. Die verwendete Terminologie lehnt sich an jene von CRD-IV sowie ESMA und EBA-Leitlinien an.

Der Inhaber und die Geschäftsleiter müssen die zur Leitung des Instituts erforderliche fachliche Eignung haben. Diese zeichnet sich durch theoretische und praktische Kenntnisse in ausreichendem Maße sowie Leitungserfahrung aus. Die für die Beurteilung der fachlichen Eignung maßgebenden Tatsachen müssen sich aus dem Lebenslauf, insbesondere der Ausbildung, den Vorerfahrungen, bisheriger Tätigkeit und ausgeübten Verantwortungsbereichen ergeben.

Unter Inhaber i. S. v. § 33 Abs. 1 Nr. 4 KWG ist nur der Einzelkaufmann oder der persönlich haftende Gründer, der von der Geschäftsführung nicht ausgeschlossen ist, zu verstehen. Die fachliche Eignung des Einzelkaufmannes kann nach §§ 1 Abs. 2 S. 3, 25c Abs. 5 S. 2 KWG durch Bestellung eines gekorenen Geschäftsleiters widerruflich ersetzt werden.

Alle Geschäftsleiter i.S.v. § 1 Abs. 2 KWG müssen fachlich geeignet sein. Ein Mangel der Eignung ist nur bei den Geschäftsleitern i. S. v. § 1 Abs. 2 S. 1 KWG als Versagungsgrund in § 33 KWG erwähnt. Fehlt einem gekorenen Geschäftsleiter die Qualifikation, so hätte die BaFin diesen nicht anerkennen bzw. im Falle des § 46 Abs. 2 KWG dem Gericht nicht vorschlagen dürfen. Ein Widerruf ist in diesem Falle möglich, was den Entzug der Erlaubnis nach § 35 Abs. 2 Nr. 3 KWG i. V. m. § 33 Abs. 1 Nr. 4 KWG zur Folge haben kann. Werden Geschäftsleiter zunächst auf Probe bestellt, so ändert dies nichts am Erfordernis der persönlichen und fachlichen Qualifikation. Auch Stellvertreter einschließlich Verhinderungsvertreter gelten im Vertretungsfall als Geschäftsleiter und müssen nach Auffassung der Bankenaufsicht daher bereits ab ihrer Bestellung persönlich und fachlich geeignet sein.
Hat die BaFin Bedenken gegen eine Vorstandsbestellung, so kann sie im Rahmen des Erlaubnisverfahrens, einer Voranfrage oder nach erfolgter Bestellung Auflagen festlegen, bei deren Erfüllung sie die Erlaubnis erteilt bzw. auf ein Abberufungsverlangen verzichtet. Solche Auflagen können sein, dass die förmliche Vorstandsbestellung erst zu einem späteren Zeitpunkt stattfindet und zwischenzeitlich eine „Lehrzeit“ absolviert wird. So kann zunächst eine Anstellung z. B. für ein Jahr unmittelbar unterhalb des Vorstands mit entsprechenden Kompetenzen gefordert werden (z. B. als Generalbevollmächtigter). Eine Alternative ist die Bestellung zunächst nur zum stellvertretenden Vorstandsmitglied (mit Sitz im Vorstand, Stimmrecht aber nur im Vertretungsfall) oder Verhinderungsvertreter, obwohl Stellvertreter im Grundsatz die gleiche Qualifikation aufweisen müssen. Dennoch wurde diese Lösung von der Bankenaufsicht verschiedentlich akzeptiert. Dies erscheint angesichts des geringeren Wirkungskreises vertretbar. Ergänzend oder statt einer zeitlichen Verschiebung der beabsichtigten Bestellung können sonstige einschränkende Auflagen erteilt werden – z.B. die Festlegung im Innenverhältnis, dass der betreffende Geschäftsleiter für einen vorübergehenden Zeitraum keine Kreditbewilligungsbefugnis erhält, dass er keine Einzelvertretung wahrnehmen kann, u.a. Im Bereich der Volks- und Raiffeisenbanken wurde auch der Besuch von Fortbildungslehrgängen der Genossenschaftsorganisation zur Auflage gemacht.

c. Mindestanzahl von Geschäftsleitern, § 33 Abs. 1 S. 1 Nr. 5 KWG

Der § 33 Abs. 1 S. 1 Nr. 4 KWG besagt, dass ein Institut mindestens zwei geeignete Geschäftsleiter haben muss. „Mindestens“ bedeutet, dass bei größeren und komplexeren Instituten die Erlaubnis auch von der Bestellung von mehr als zwei Geschäftsleitern abhängig gemacht werden kann.

d. Hauptverwaltung im Inland, § 33 Abs. 1 S. 1 Nr. 6 KWG

Weitere Erlaubnisvoraussetzung ist, dass die Hauptverwaltung des Instituts, soweit es sich um eine juristische Person und nicht um eine zu gründende i. S. d. § 53 KWG handelt, ihren juristischen Sitz in der Bundesrepublik Deutschland hat. Die Regelung entspricht Art. 11 Nr. 2 der Bankenrichtlinie bzw. Art. 3 Abs. 2 BCCI-Richtlinie und ist durch das CRD IV-UmsG neu gefasst worden. Sie setzt Art. 13 Abs. 2 CRD IV um. Sie stellt keinen Verstoß gegen die europarechtlich gewährleistete Niederlassungsfreiheit dar, da damit nur eine Zuständigkeitsregelung hinsichtlich der für die Erteilung der Erlaubnis berufenen Aufsichtsbehörde, nicht hingegen eine Beschränkung der Betätigungsfreiheit innerhalb Europas geschaffen ist. Hauptverwaltung ist die Stelle, von der aus das Unternehmen geleitet und verwaltet wird. Sofern dies auf mehrere Orte verteilt ist, kommt es auf den Schwerpunkt, in der Regel auf den Sitz der Geschäftsleitung an. Ein hiervon unterschiedlicher gesellschaftsvertraglicher oder satzungsmäßiger Sitz einer Kapitalgesellschaft ist nicht maßgeblich.

e. Organisatorische Vorkehrungen, § 33 Abs. 1 S. 1 Nr. 7 KWG

Seit der Sechsten KWG-Novelle müssen die Institute besondere organisatorische Pflichten erfüllen. Diese Anforderungen sind – auch aufgrund der EU-Richtlinienvorgaben – mehrfach geändert oder – zuletzt durch das FRUG – neu definiert worden. Die zum 1.11.2007 in Kraft getretene Definition stellt auf die Einhaltung der gesetzlichen Bestimmungen und der betriebswirtschaftlichen Notwendigkeiten ab und dabei insbesondere auf ein wirksames Risikomanagement einschließlich Verfahren zur Ermittlung und Sicherstellung der Risikotragfähigkeit, der Festlegung von Risikostrategien, der Einrichtung interner Kontrollverfahren samt einer Innenrevision sowie eine angemessene personelle und technisch-organisatorische Ausstattung des Instituts samt Festlegung eines Notfallkonzepts besonders für die IT-Systeme. Weitere Anforderungen sind Regelungen zur jederzeitigen Bestimmung der finanziellen Lage des Instituts, für eine vollständige Dokumentation und ein angemessenes und kundenbezogenes Sicherungssystem gegen Geldwäsche und Betrug. § 33 Abs. 1 S. 1 Nr. 7 KWG ergänzt diese Regelung. Die Erlaubnis kann danach versagt werden, wenn das Institut nicht bereit oder in der Lage ist, die erforderlichen Vorkehrungen zum ordnungsmäßigen Betreiben der Geschäfte, also insbesondere zur Einhaltung der Mindestanforderungen an das Risikomanagement (folgend: MaRisk) zu schaffen. Die Voraussetzungen sind vor allem im Rahmen des nach § 32 Abs. 1 S. 2 Nr. 5 KWG vorzulegenden Geschäftsplans samt Organigramm darzulegen. Die notwendigen organisatorischen Vorkehrungen hängen im Einzelnen von Art, Umfang, Komplexität und Risikogehalt der zu gründenden Geschäfte ab und sollen gewährleisten, dass die in § 25a KWG geforderten Anforderungen samt ergänzenden Regelungen (z. B. MaRisk) eingehalten werden[254].

f. Zustimmung der Aufsicht des Mutterinstituts, § 33 Abs. 1 S. 1 Nr. 8 KWG

Sofern ein Tochterunternehmen eines ausländischen Kreditinstituts einen Erlaubnisantrag stellt, muss es vorher die Zustimmung der Aufsichtsbehörde des Herkunftslandes beibringen. Die mit dem Vierten Finanzmarktförderungsgesetz aufgrund der vom Baseler Ausschuss für Bankenaufsicht beschlossenen Aufsichtsgrundsätze eingeführte Regelung unterscheidet nicht nach Ländern des EWR-Raums und Drittstaaten und auch nicht danach, ob nach dem ausländischen Aufsichtsrecht eine solche Zustimmung überhaupt vorgesehen ist. Eine solche „Aufgabenzuweisung“ an ausländische Aufsichtsbehörden ist bemerkenswert. Es hätte wohl ausgereicht, die Versagung der Erlaubnis von Einwänden der ausländischen Aufsichtsbehörde abhängig zu machen. In diesem Sinne ist die Bestimmung auszulegen, jedenfalls dann, wenn eine formelle Zustimmung mangels Rechtsgrundlage der ausländischen Aufsichtsbehörde auf Schwierigkeiten stößt und davon auszugehen ist, dass diese keine Bedenken hat.

II. Zulassung eines Tochterunternehmens eines ausländischen Kreditinstituts

Für den Fall, dass ein Tochterunternehmen i. S. v. § 1 Abs. 7 KWG eines ausländischen Unternehmens zu gründen ist, gelten die unter dem 3. Kapital Teil B. I genannten Voraussetzungen nach § 32 KWG zur Zulassung eines dt. Kreditinstituts mit Rechtspersönlichkeit. Weil das Mutterunternehmen (§ 1 Abs. 6 KWG) des zu gründenden Tochterunternehmen ein ausländisches Kreditinstitut ist, muss zusätzlich die für dieses Kreditinstitut zuständige ausländische Aufsichtsbehörde der Gründung des Tochterunternehmens zustimmen (vgl. § 33 Abs. 1 Satz 1 Nr. 8 KWG). Das bedeutet, dass das Tochterunternehmen im Erlaubnisverfahren vor der BaFin die beglaubigten und legalisierten Zustimmungsurkunden von der für das Mutterunternehmen zuständigen ausländischen Aufsichtsbehörde vorlegen muss.

254 Fischer/Müller, in: Boos/Fischer/Schulte-Mattler/Fischer/Müller, 5. Aufl. 2016, KWG § 33 Rn. 22.

III. Zulassung einer Zweigniederlassung vom Unternehmen aus Drittstaaten gem. § 53 KWG

Für den Fall, dass eine Zweigniederlassung vom Unternehmen aus Drittstaaten in Deutschland tätig werden soll, ist die Institutsfiktion[255] anzuwenden. Die Fiktion der Institutseigenschaft verleiht der Zweigniederlassung eine aufsichtsrechtliche Verselbständigung im Inland; mehrere inländischen Zweigniederlassungen desselben Unternehmens aus Drittstaaten gelten als ein Kreditinstitut (§ 53 Abs. 1 KWG). Damit sind die betreffenden Zweigniederlassungen aufgrund der Einstufung als Kreditinstitut sämtlichen dafür geltenden gesetzlichen Anforderungen einschließlich der Marktzugangsklauseln unterworfen. Sie führt insbesondere nicht dazu, dass sich die betreffende Zweigniederlassung nunmehr als CRR-Kreditinstitut im Sinne des § 1 Abs. 3d S. 3 KWG ihrerseits auf die Niederlassung- oder Dienstleistungsfreiheit berufen und am EU/EWR-weiten Passporting teilnehmen könnte[256]. Zuständige Aufsichtsbehörde ist deshalb allein die BaFin, nicht die EZB[257].

Ergänzend zu den Erlaubnisvoraussetzungen für ein inländisches Kreditinstitut nach dem 3. Kapital Teil B. I ist auf Folgendes hinzuweisen:

Die zu gründende Zweigniederlassung benötigt für die Aufnahme ihrer Geschäftstätigkeit das Vorhandensein eines ausreichenden Betriebskapitals im Inland (auch Dotationskapital genannt), das ihr von dem ausländischen Unternehmen zur Verfügung zu stellen ist. Aufgrund der Institutsfiktion entsprich das zur Erlaubniserteilung erforderliche Betriebskapital dem Anfangskapital rechtlich selbständiger Kreditinstitute, sodass sich dessen Höhe nach den Anforderungen gem. § 33 Abs. 1 Satz 1 Nr. 1 KWG richtet und bei Einlagenkreditinstituten mindestens 5 Mio. Euro beträgt.

Das ausländische Unternehmen hat mindestens zwei natürliche Personen mit Wohnsitz im Inland als Geschäftsleiter für die zu gründende Zweigniederlassung zu bestellen (vgl. § 53 Abs. 2 Nr. 1 KWG). Die Geschäftsleiter müssen – wie oben ausgeführt – fachlich geeignet und zuverlässig sein. Bei Geschäftsleitern, die überwiegend außerhalb des Geltungsbereichs des KWG tätig waren, sieht die Bundesanstalt die fachliche Eignung regelmäßig als gegeben an, wenn sie

---

255 Vahldiek, in: Boos/Fischer/Schulte-Mattler/Vahldiek, 5. Aufl. 2016, KWG § 53 Rn. 37–40.

256 Vahldiek, in: Boos/Fischer/Schulte-Mattler/Vahldiek, 5. Aufl. 2016, KWG § 53 Rn. 38.

257 Vahldiek, in: Boos/Fischer/Schulte-Mattler/Vahldiek, 5. Aufl. 2016, KWG § 53 Rn. 39,42.

eine zeitnahe mindestens dreijährige leitende Tätigkeit bei einem – auch in einem anderen Staat befindlichen – Kreditinstitut von vergleichbarer Größe und Geschäftsart nachweisen und eine einjährige bankbezogene Tätigkeit im Geltungsbereich des KWG ausgeübt haben. Mindestens ein Geschäftsleiter muss eine dreijährige leitende Tätigkeit bei Kreditinstituten im Geltungsbereich des KWG ausgeübt haben. Die Geschäftsleiter müssen die deutsche Sprache beherrschen oder zumindest über gute Englischkenntnisse verfügen. In der Praxis verlangt BaFin jedoch regelmäßig, dass die Kommunikation zwischen der BaFin und den Kreditinstituten in deutscher Sprache erfolgen soll. Unabhängig von seinen Sprachkenntnissen hat daher jeder Geschäftsleiter dafür Sorge zu tragen, dass er die gesamte schriftliche und mündliche Kommunikation in deutscher Sprache verstehen kann. Der schriftlich zu stellende Erlaubnisantrag des ausländischen Unternehmens muss – neben den oben unter Kapitel 3 B. I. b. aufgeführten, nach § 32 KWG und § 14 AnzV geforderten Angaben – folgende Angaben enthalten:

- Firma, Rechtsform, Sitz und Anschrift des ausländischen Unternehmens;
- Anschrift der Hauptverwaltung des ausländischen Unternehmens;
- Mitglieder der Organe des ausländischen Unternehmens;
- satzungsmäßiger Gegenstand des ausländischen Unternehmens;
- Art der tatsächlich ausgeübten Geschäftstätigkeit des Unternehmens im Sitzstaat und, falls davon abweichend, im Staat der Hauptverwaltung;
- Name und Anschrift der Stelle, deren Aufsicht das ausländische Unternehmen unterliegt, im Sitzstaat und, falls davon abweichend, im Staat der Hauptverwaltung;
- vorgesehene Anschrift der zu gründenden Zweigniederlassung in der Bundesrepublik Deutschland;
- Zustellungsbevollmächtigter in der Bundesrepublik Deutschland für die Dauer des Erlaubnisverfahrens.

Dem Erlaubnisantrag sind in doppelter Ausfertigung in deutscher Sprache bzw. mit beigefügter deutscher Übersetzung folgende Unterlagen beizulegen:

- Satzung bzw. Gesellschaftsvertrag des ausländischen Unternehmens und die Bestätigung der Eintragung des Unternehmens in ein öffentliches Register;
- letzter Jahresabschluss (Jahresbilanz nebst Gewinn- und Verlustrechnung) und Lagebericht (Geschäftsbericht) des ausländischen Unternehmens;
- Nachweis, dass dem ausländischen Unternehmen die Erlaubnis zum Betreiben von Bankgeschäften von der für die Aufsicht über das Unternehmen in dem anderen Staat zuständigen Stelle vorliegt (vgl. § 53 Abs. 2 Nr. 5 Satz 2

KWG) und die Zustimmung dieser Stelle zur Errichtung der zu gründenden Zweigniederlassung erteilt ist;
- rechtsverbindlich unterzeichnete Erklärung des ausländischen Unternehmens, dass es die Errichtung der zu gründenden Zweigniederlassung und die Bestellung der im Erlaubnisantrag genannten Personen als Geschäftsleiter beschlossen hat;
- schriftliche Bestätigung über das der zu gründenden Zweigniederlassung frei zur Verfügung stehende Betriebskapital;
- lückenloser unterzeichneter Lebenslauf jedes Geschäftsleiters;
- Erklärung jedes Geschäftsleiters etwaige Straf-, Insolvenz- oder vergleichbare Verfahren betreffend;
- Nachweis der Vertretungsbefugnis der den Antrag stellenden Person(en).

IV. Marktzugang ohne Erlaubnis gem. § 53b KWG aus dem Europäischen Wirtschaftsraum

Für Unternehmen aus den EWR-Staaten besteht – unter den Voraussetzungen des § 53b KWG (sog. Notifizierungsverfahren/Europäischer Pass) – dagegen neben der Möglichkeit der Errichtung einer Zweigniederlassung nach § 53b Abs. 2 KWG (sog. „Niederlassungsfreiheit“) auch die Möglichkeit des Betreibens erlaubnispflichtiger Geschäfte im Wege des grenzüberschreitenden Dienstleistungsverkehrs – ohne entsprechende inländische Präsenz – nach § 53b Abs. 2a KWG[258] (sog. „Dienstleistungsfreiheit“), da die in einem Staat des Europäischen Wirtschaftsraums zugelassene Kreditinstitute im Rahmen der Niederlassungs- und Dienstleistungsfreiheit berechtigt sind, ihr Geschäft auch in anderen Mitgliedsstaaten auszuüben.
Die rechtliche Grundlage für die Dienstleistungs- und Niederlassungsfreiheit der Kreditinstitute innerhalb des EWR bilden die §§ 33 bis 39 der CRD IV (Richtlinie 2013/36/EU) sowie Delegierte Verordnung (EU) Nr. 1151/2014 zum Niederlassungsrecht und zum freien Dienstleistungsverkehr und Durchführungsverordnung (EU) Nr. 926/2014: Standardformulare, -meldebögen und -verfahren für Notifizierungen. Die §§ 24a und 53b KWG setzen die entsprechenden EU-Bestimmungen in Deutschland um.

---

258 Merkblatt zur Erlaubnispflicht von grenzüberschreitend betriebenen Geschäften vom 11.03.2019, erhältlich unter https://www.bafin.de/SharedDocs/Veroeffentlichungen/DE/Merkblatt/mb_050401_grenzueberschreitend.html.

Beabsichtigt ein Kreditinstitut aus dem EWR, im Rahmen des Niederlassungs- und Dienstleistungsverkehrs grenzüberschreitend in Deutschland tätig zu werden, muss es dies seiner jeweiligen Aufsichtsbehörde im Herkunftsland mitteilen („Notifikation“). Umgekehrt informieren deutsche Kreditinstitute die BaFin über die beabsichtigte Tätigkeit.
Die Delegierte Verordnung (EU) 1151/2014 sowie die Durchführungsverordnung (EU) 926/2014 legen Details der zu übermittelnden Daten fest. Die entsprechenden Formulare stehen unter „Formulare“[259] zum Download bei der BaFin bereit. Die relevanten Formulare für den Marktzutritt i. S. v. § 53b KWG sind insbesondere:

- Formular zur Notifizierung einer Zweigstelle
- Formular zur Dienstleistungs-Notifizierung
- Formular für die Weiterleitung der Höhe und der Zusammensetzung der Eigenmittel und Eigenmittelanforderungen.

Die BaFin akzeptiert die schriftlichen Notifikationen in Deutsch oder Englisch per Post oder E-Mail.

V. Zulassung von Repräsentanzen gem. § 53a KWG

Repräsentanzen, die zum Zweck der Werbung und Kontaktpflege auftreten oder sonst rein repräsentative Funktionen haben, dürfen erlaubnispflichtige Tätigkeiten i. S. d. § 1 Abs. 1 und 1a KWG nicht betreiben, insbesondere auch nicht in die Anbahnung, den Abschluss oder die Abwicklung von Bankgeschäften und Finanzdienstleistungen einbezogen werden. Solche physischen Niederlassungen in Deutschland müssen sich auf repräsentative Funktionen beschränken – nach dem Merkblatt zur Erlaubnispflicht von grenzüberschreitend betriebenen Geschäften der BaFin[260]. Bei Repräsentanzen im Sinne des § 53a KWG handelt es sich um physische Einrichtungen ausländischer Institute,

259 Formulare für das Notifizierungsverfahren iSv § 53b KWG sind erhältlich unter https://www.bafin.de/DE/Aufsicht/BankenFinanzdienstleister/Zulassung/EU-EWR-Kreditinstitute/eu-ewr-kreditinstitute_node.html.

260 Merkblatt zur Erlaubnispflicht von grenzüberschreitend betriebenen Geschäften vom 11.03.2019, ersetzt das Merkblatt vom September 2003, erhältlich unter https://www.bafin.de/SharedDocs/Veroeffentlichungen/DE/Merkblatt/mb_050401_grenzueberschreitend.html.

die in der Bundesrepublik keine Bankgeschäfte oder Finanzdienstleistungen betreiben oder erbringen dürfen[261].

Deren Tätigkeit muss sich auf die Werbung für eine ausländische Bank und die Kontaktpflege mit ihr beschränken, wobei die Repräsentanz keine Willenserklärungen der Bank abgeben oder entgegennehmen darf. Repräsentanzen unterliegen einer Anzeige- und keiner Erlaubnispflicht. Die Anzeige soll es der Aufsicht ermöglichen, rechtzeitig Nachforschungen anzustellen und die als Repräsentanz bezeichneten Einrichtungen auf die Beschränkung ihres Tätigkeitsbereichs hinzuweisen[262]. Die Errichtung einer inländischen „Repräsentanz" durch ein inländisches Institut ist anzeigefrei. Dies gilt auch für inländische „Repräsentanzen" von nach § 32 KWG zugelassenen Tochterinstituten von ausländischen Unternehmen. Auch bei „Repräsentanzen" von Zweigstellen i. S. d. § 53 KWG oder von Zweigniederlassungen i. S. d. §§ 53b oder 53c KWG ist eine Anzeige nach § 53a KWG nicht erforderlich, wenn die Repräsentanz in diese Stellen organisatorisch integriert und deren Leitung unterstellt ist[263].

VI. Eignungsprüfung vom Geschäftsleiter und Inhaber von Schlüsselfunktion

Bei der Bestellung von Geschäftsleiter und Inhaber von Schlüsselfunktion für deutsche Kreditinstitute gilt in Deutschland die Anzeigepflicht statt der Genehmigungspflicht in China. Die Bestellung einer Person zum Geschäftsleiter und Inhaber von Schlüsselfunktion muss auf Verlangen der Aufsichtsbehörde widerrufen werden, wenn die Person nicht die erforderliche Qualifikation oder Zuverlässigkeit aufweist.

1. Europäische Vorgaben

Die konkreten Vorgaben für die Eignungsprüfung von Mitgliedern des Leitungsorgans von Kreditinstituten sind ebenfalls vom europäischen Bankenaufsichtsrecht beeinflusst. Für die Eignungsprüfung hat BaFin das Merkblatt

---

261 Die einzige dem Verfasser bekannte Legaldefinition einer Repräsentanz findet sich im OECD Code of Liberalisation of Current Invisible Operations, cf. Annex II to Annex A 4. a) und lautet «A representative office shall be permitted to promote business on behalf of its parent enterprise».

262 Begründung der Bundesregierung zum Entwurf eines zweiten Gesetzes zur Änderung des Gesetzes über das Kreditwesen, BTDrs. 7/3657, S. 26.

263 Boos/Fischer/Schulte-Mattler/Vahldiek, 5. Aufl. 2016, KWG § 53a Rn. 34–37.

zu den Geschäftsleitern gemäß KWG, ZAG und KAGB[264] in dritter Auflage angepasst, wobei sie die gemeinsame gefassten Leitlinien der Europäischen Bankaufsichtsbehörde (EBA) und der Europäischen Wertpapier- und Marktaufsichtsbehörde (ESMA) „Leitlinien zur Bewertung der Eignung von Mitgliedern des Leitungsorgans und Inhabern von Schlüsselfunktionen" (EBA/GL/2017/12) sowie die Leitlinien der EBA „Leitlinien zur internen Governance" (EBA/GL/2017/11), soweit BaFin diese in ihre Verwaltungspraxis übernimmt[265], berücksichtigt. Seit dem 4. November 2014 ist die EZB im Rahmen des einheitlichen Aufsichtsmechanismus (SSM) die Aufsichtsbehörde der deutschen Signaficant Institution (folgend: SI). Die EZB beaufsichtigt die SI auf der Grundlage der national geltenden Aufsichtsgesetze, soweit nicht unmittelbar geltendes europäisches Recht anzuwenden ist (siehe Art. 4 Abs. 3 SSM-VO)[266]. Im Mai 2017 hat die EZB im Einklang mit den damit zusammenhängenden Leitlinien[267] der ESMA und der EBA einen Leitfaden zur Beurteilung der fachlichen Qualifikation und persönlichen Zuverlässigkeit[268] veröffentlicht, welcher im Mai 2018 aktualisiert wurde. Der Leitfaden der EZB soll die Leitlinien der ESMA und EBA nicht ersetzen und ist nicht rechtsverbindlich. Im Rahmen des Leitfadens werden die von der EZB verfolgten Aufsichtsrichtlinien, -prozesse und -praktiken beschrieben. Dadurch soll ein Maximum an Einheitlichkeit im Rahmen des einheitlichen Aufsichtsmechanismus (SSM) erzielt werden.

Die Anzeigepflichten und die gesetzlichen Anforderungen an die Geschäftsleiter und Inhaber der Schlüsselfunktion ergeben sich für die deutschen SI aus dem KWG. Die SI reichen die Anzeigen über die Bestellung und das Ausscheiden von Geschäftsleitern einschließlich aller beizufügenden Unterlagen bei der BaFin und Buba ein. Die BaFin unterrichtet die EZB über die angezeigten

---

264 Merkblatt zu den Geschäftsleitern gemäß KWG, ZAG und KAGB, veröffentlicht am 29. Dez. 2020, erhältlich unter https://www.bafin.de/SharedDocs/Veroeffentlichungen/DE/Meldung/2020/meldung_2020_12_29_merkblaetter_GL_Aufsichtsorgane.html.

265 ebenda.

266 ebenda.

267 Leitlinien zur Bewertung der Eignung von Mitgliedern des Leitungsorgans und Inhabern von Schlüsselfunktionen mit Referenznr. EBA/GL/2017/12, veröffentlicht am 21.03.2018, erhältlich unter https://eba.europa.eu/regulation-and-policy/internal-governance/joint-esma-and-eba-guidelines-on-the-assessment-of-the-suitability-of-members-of-the-management-body/.

268 Leitfaden zur Beurteilung der fachlichen Qualifikation und persönlichen Zuverlässigkeit, erlassen von EZB im Mai 2018, erhältlich unter https://www.bankingsupervision.europa.eu/ecb/pub/pdf/ssm.fap_guide_201705_rev_201805.de.pdf.

Änderungen im Leitungsorgan des SI. Die von den SI eingereichten Unterlagen werden für die Unterrichtung der EZB aufbereitet bzw. weitergeleitet. Die EZB ist jedoch an eine bisherige nationale Auslegung oder Verwaltungspraxis nicht gebunden.
Die BaFin kann weitere Unterlagen und Auskünfte anfordern, soweit es im Einzelfall erforderlich erscheint. Im Einzelfall, insbesondere um nach Auswertung der eingereichten Unterlagen gegebenenfalls verbleibende offene Fragen im Zusammenhang mit den fachlichen und persönlichen Anforderungen zu klären, kann die BaFin der Person Gelegenheit zu einem Gespräch (Interview) geben.

2. nationale Rechtsgrundlage

Die „Less Significant Institution" (folgend: LSI) stehen unter der Aufsicht der BaFin nach dem nationalen Aufsichtsrecht.
§ 25c Abs. 1 KWG enthält die Anforderung, dass die Geschäftsleiter eines Instituts fachlich geeignet und zuverlässig sein und der Wahrnehmung ihrer Aufgaben ausreichende Zeit widmen müssen. Die Anforderungen an die fachliche Eignung und Zuverlässigkeit von Geschäftsleitern sowie die ausreichende Zeit für die Arbeit sind in § 33 Abs. 1 Nr. 2, 4 und 4a KWG als Ausschlussgründe formuliert.
Der Inhaber und alle Geschäftsleiter müssen die zur Leitung eines Instituts erforderliche Qualifikation haben. Unter Inhaber i. S.v. § 33 Abs. 1 Nr. 4 KWG sind nur der Einzelkaufmann und der persönlich haftende Gründer, der von der Geschäftsführung nicht ausgeschlossen ist, zu verstehen. Die fachliche Eignung des Einzelkaufmannes kann nach § 1 Abs. 2 Satz 3 KWG durch die Bestellung eines gekorenen Geschäftsleiters widerruflich ersetzt werden. Im Gegensatz zum Erfordernis der Zuverlässigkeit wird die fachliche Eignung nicht schon dann vermutet, wenn keine negativen Tatsachen vorliegen. Vielmehr muss sie sich aus dem Lebenslauf, insbesondere Ausbildung, Vorerfahrungen, bisheriger Tätigkeit und ausgeübten Verantwortungsbereichen positiv ableiten lassen. Dabei muss in jedem Einzelfall die erforderliche Qualifikation bei den Geschäftsleitern (§ 33 Abs. 2 Satz 1 KWG) vorhanden sein. Es genügen hinreichende theoretische und praktische Kenntnisse in den betriebenen Geschäftsarten und eine Leitungserfahrung, die sich nach der Größe des Instituts richtet.
Die fachliche Eignung für die Leitung eines Instituts setzt nach § 33 Abs. 2 KWG ausreichende theoretische und praktische Kenntnisse sowie Leitungserfahrung voraus. Theoretische Kenntnisse sollten betriebswirtschaftliche,

volkswirtschaftliche, steuerliche und wirtschaftsrechtliche Kenntnisse – insbesondere auch solche des KWG – umfassen. Sie werden i. d. R. durch die Berufsausbildung, Weiterbildung, akademisches Studium, in der Praxis gewonnene theoretische Kenntnisse oder durch die in der Kreditwirtschaft angebotenen speziellen Lehrgänge erworben. Für Spezialinstitute wie Hypothekenbanken, Bausparkassen, Investmentgesellschaften usw. sind entsprechende Spezialkenntnisse erforderlich.

Weiterhin müssen Geschäftsleiter praktische Kenntnisse in den betriebenen Geschäftsarten und Leitungserfahrung haben. Diese Erfahrungen sollen innerhalb eines Instituts erworben sein. Dabei legt die BaFin bei Kreditinstituten besonderen Wert auf Erfahrungen im Kreditgeschäft, während praktische Erfahrungen ausschließlich im Passiv- oder Wertpapierbereich, in Organisation oder in Stabsabteilungen von der BaFin meist nicht als ausreichend angesehen wurden. Die Leitungserfahrung soll auf der Ebene mindestens unmittelbar unter der Geschäftsleitung erworben sein. Dabei werden eigene Entscheidungs- und Vertretungsbefugnisse z. B. als Abteilungs-, Dienststellen- oder Gruppenleiter erwartet. Leitungserfahrung setzt Personalführung voraus und muss Eigenverantwortlichkeit und hinreichende Entscheidungsbefugnisse beinhalten. Der Nachweis wird z. B. durch Vorlage von Arbeitszeugnissen erbracht, aus denen sich die bisherigen Kompetenzen (z. B. Umfang der Kreditbewilligungsbefugnis), Anzahl und Funktionen der unterstellten Mitarbeiter, Dauer der jeweiligen Tätigkeit usw. ergeben.

Die erforderliche Zuverlässigkeit wird grundsätzlich unterstellt, wenn keine Tatsachen vorliegen, aus denen sich die Unzuverlässigkeit ergibt.

Das Fehlen von mindestens zwei persönlich zuverlässigen und fachlich geeigneten Geschäftsleitern ist daher ein Versagungsgrund für die Erlaubnis und kann bei bestehenden Instituten zur Aufhebung der Erlaubnis führen.

VII. Zulassung eines neuen Bankgeschäfts/-produkts

Im chin. Bankenaufsichtsrecht gibt es bzgl. solcher neuen Produkte, die von keinem Gesetz oder von keiner Verwaltungsvorschrift rechtsverbindlich geregelt sind, die Auffangklauseln nach §§ 76 ff. DVO Vg chin. Bank oder § 125 DVO Vg AuslandsBetlg, dass die CBIRC für ein solches Produkt innerhalb von drei Monaten nach dem Eingang des Antrags eine Entscheidung treffen muss.

Dagegen verweist in Deutschland, mit der Anknüpfung an den Rechtsbegriff des Bankgeschäfts, § 32 Abs. 1 S. 1 Halbs. 1 Alt. 1 KWG für die Erlaubnispflicht des Bankgeschäfts auf den in der Legaldefinition des § 1 Abs. 1 S. 2 KWG

geregelten abschließenden[269] Katalog von Geschäftsaktivitäten. Das bedeutet, dass dieses Genehmigungserfordernis eines Kreditinstitutes zugleich das Genehmigungserfordernis zur Durchführung von Bankgeschäften insgesamt beinhaltet.
Nachdem ein Kreditinstitut genehmigt wurde, wird es einschließlich der neuen Produkte im Rahmen der laufenden Aufsicht nach der von der BaFin herausgegebenen Mindestanforderung an das Risikomanagement (folgend: MaRisk) AT 8. 1 Neu-Produkt Prozess überwacht.

C. Zwischenergebnisse

Aufgrund der unterschiedlichen Gesetzgebungsideologien in Bezug auf den Marktzugang ergeben sich bei den beiden Aufsichtsbehörden zahlreiche Unterschiede.

I. Rechtsgrundlage für den Marktzugang

Die chin. Regulierungsbehörden versuchen mit umfangreichen rechtsverbindlichen Gesetzen, Verwaltungsvorschriften und Rundschreiben etc. den Marktzugang für Finanzinstitute im Bankensektor zu regulieren. Diese sind jedoch manchmal inhaltlich veraltet, überschneiden oder wiederholen bzw. widersprechen sich. Zudem unterscheiden sich die Zulassungsregelwerke, abhängig von den Rechtsformen der zu gründenden Banken, für Inländer und Ausländer nicht nur unter formellen, sondern auch unter materiellen Aspekten. In Deutschland gilt dagegen im Rahmen der SSM das einheitliche Regelwerk zur Genehmigung bedeutender und nicht bedeutender Institute.

II. Umfang der Zulassung

Die Zulassung eines Kreditinstitutes bedeutet in Deutschland zugleich die Genehmigung zur Durchführung von Bankgeschäften insgesamt. Dagegen gibt es in China einen separaten Prozess zur Genehmigung von Bankgeschäften und für gesetzlich noch nicht vorgegebene Bankprodukte.

---

269 Vgl. Begr. RegE KWG 1961, BT-Drucks. III/1114, S. 27; Binder/Glos/Riepe 2018, § 3 Rn. 12.

III. Zuständigkeiten

In China ist ausschließlich die CBIRC für mikroprudenzielle Aufsicht für die Erteilung der Bankerlaubnis zuständig. Die PBoC als Zentralbank ist in dieses Verfahren, abgesehen von der Zulassung bestimmter RMB-Produkte, nicht involviert. Dagegen arbeiten in Deutschland EZB und BaFin im gemeinsamen Genehmigungsverfahren zusammen und die BuBa wird als Zentralbank ständig informiert.

IV. Formalitäten

Es ist deutlich, dass der Antrag auf eine Banklizenz in Deutschland formlos gestellt werden kann und es keine vorgedruckten Formulare dafür gibt. In China müssen dagegen die Antragsteller eine Reihe von vorgedruckten Antragsformularen ausfüllen und unterzeichnen.

V. Verfahren

Für das Zulassungsverfahren wird in China zwischen der Errichtungsvorbereitungs- und der Betriebsaufnahmeprüfungsphase unterschieden – unabhängig von Inländer und Ausländer und unabhängig von den Rechtsformen der zu gründenden Banken. Für die jeweilige Phase sind unterschiedliche Unterlagen vorzulegen. In Deutschland ist der Gründungsprozess von der EZB rechtlich unverbindlich in drei Phasen vorgeschlagen, die chronologisch bis zur Entscheidung ineinander übergehen. Die Gründer müssen die Unterlagen nach der von der BaFin vorgeschlagenen Checkliste vorlegen und sodann trifft die EZB die Entscheidung, ob die Genehmigung erteilt wird oder nicht. Die BuBa wird darüber jedoch immer informiert.

Für den Marktzugang sowohl der chin. Geschäftsbanken als auch der ausl. Banken ist immer ein zweistufiges Verfahren – Errichtungsvorbereitungs- und Betriebseröffnungsphase – zu durchlaufen. Dabei unterscheiden sich die Voraussetzungen für Inländer und Ausländer. Dagegen gibt es in Deutschland ein einheitliches Genehmigungsverfahren und die gleichen formellen und materiellen Voraussetzungen für den Marktzugang. Die Voraussetzungen unterscheiden sich eher nach der Rechtsform der zu gründenden Institute.

VI. Materielle Zulassungsvoraussetzungen

In China sind die Marktzugangsbedingungen hauptsächlich von der Rechtsform einer zu gründenden Institution abhängig. Für die deutsche und die europäische Bankenaufsichtsbehörde ist es unerheblich, ob ein Kreditinstitut eine

Rechtspersönlichkeit besitzt oder eine Zweigstelle ist oder ob es sich um eine bedeutende oder eine weniger bedeutende Institution handelt; maßgeblich sind eher das Geschäftsmodell der Kreditinstitute, Finanzdienstleistungsinstitute und Wertpapierfirmen sowie der Geschäftsgegenstand und die Komplexität der Geschäfte sowie deren Größe. Dies spiegelt wiederum den sowohl von der EZB als auch von der BaFin ständig betonten Gedanken des Verhältnismäßigkeitsprinzips wider.

VII. Geeignetheitsprüfung von Führungskräften

Die Grundvoraussetzungen zur Genehmigung von Führungskräften einer Geschäftsbank unterscheiden sich ein wenig dahingehend, dass die Stabilität der persönlichen und familiären Vermögensverhältnisse nur bei inländischen chin. Banken geprüft und für Banken mit AuslandsBetlg nicht verlangt wird. Dagegen ist in Deutschland die Stabilität der persönlichen und familiären Vermögensverhältnisse keine zwingende Zulassungsvoraussetzung.
Darüber hinaus unterscheidet sich der zu genehmigende Personenkreis. In China sind sämtliche Führungskräfte, welche die Entscheidungsbefugnisse über die Geschäftsführung, Risikokontrolle oder entscheidende Einflüsse darauf haben, von der CBIRC zu genehmigen. Der zu genehmigende Personenkreis schließt sodann den Vorstandsvorsitzenden, Präsidenten (Chief Exklusive Officer, General Manager), Vorstand, stellvertretenden Vorstand, Vorstandssekretär, stellvertretenden Präsidenten (stellvertretenden General Manager), Präsident Assistent, Chefrepräsentanten, Chef Operation Officer, Chef Risk Kontroller, Chef für Finanzwesen (Leiter u. Verantwortliche für Finanzwesen), Chef für IT (Chef Information Officer), Verantwortlichen für Internal Audit, Verantwortlichen für Compliance sowie sonstige für die Betriebsführung und Risikomanagement entscheidende Mitarbeiter ein.
Während Führungskräfte vor ihrer Bestellung zusätzlich eine schriftliche Prüfung vor der CBIRC ablegen und bestehen müssen, sind in Deutschland die Mitglieder der Geschäftsleitung von der Aufsichtsbehörde zu genehmigen; eine schriftliche Prüfung vor deren Amtseintritt ist nicht erforderlich.

4. Kapitel: Laufende Aufsicht über die Bankgeschäfte

A. In China

I. Zuständigkeit für die laufende Aufsicht

Gemäß den einschlägigen Gesetzen (GBG, BAG und ZBG) und den die Gesetze auslegenden Verwaltungsvorschriften gehört die laufende Aufsicht über alle Finanzinstitute im Bankensektor, über die Bankgeschäfte und über das Entgegenwirken gegen Missstände im Bankensektor zur Kernaufgabe der chin. Bankenaufsichtsbehörde. Seit der Einführung der Bankenaufsicht in China lassen sich die ursprünglich durch die PBoC ausgeübten Bankenaufsichtstätigkeiten grob in fünf Arbeitsbereiche einteilen: (1) Marktzugangsaufsicht, (2) Berufsqualifikationsaufsicht, (3) laufende Aufsicht über die Bankgeschäfte, (4) risikoorientierte Aufsicht und (5) Meldewesen[270]. Die gemeinsame Leitlinie von PBoC, CBIRC und CSRC zur Verbesserung der Aufsicht über die systemrelevanten Finanzinstitute[271] (vgl. Teil 4 Nr. 19 der Leitlinie) konkretisiert die laufende Aufsicht durch die Bankenaufsichtsbehörde als die Marktzugangsregulierung, die Genehmigung des Geschäftsumfangs, die Überprüfung der Berufsqualifikationen von Führungskräften der Banken, die Vor-Ort- sowie die Off-Site-Prüfung, das Meldewesen und die Auswertung der eingereichten Unterlagen, Risiko- und Compliance-Bewertung, Überwachung des aufgebauten Risikoüberwachungs-, Bewertungs- und Frühwarnsystems sowie Durchführung von aufsichtlichen Maßnahmen bei Verstößen gegen Gesetze und Verwaltungsvorschriften. Nach der Gründung der chin. Bankenaufsichtsbehörde im engeren Sinne – CBRC – in 2003 sowie der Erneuerung von GBG, BAG und ZBG in 2004 soll sie die federführende und direkte Bankenaufsichtsfunktion übernehmen, wobei (1) die Marktzugangsaufsicht und (2) die Berufsqualifikationsaufsicht ausschließlich der Bankenaufsichtsbehörde im engeren Sinne unterliegen. Für (3) die laufende Aufsicht über die Bankgeschäfte soll sie

270 LIAO Fan/WANG Siman [2003] S. 49.

271 Die gemeinsame Leitlinie von PBoC, CBIRC und CSRC zur Verbesserung der Aufsicht über die systemrelevanten Finanzinstitute (《关于完善系统重要性金融机构监管的指导意见》) mit der Referenznr. Yin Fa (2018) 301 银发〔2018〕301号, erlassen am 27.12.2018, erhältlich unter http://www.gov.cn/xinwen/2018-11/27/content_5343833.htm.

grundsätzlich die alleinige Aufsichtsbefugnis ausüben, solange die zu überwachenden Bankgeschäfte nicht der Zuständigkeit der PBoC zuzuordnen sind[272], wenn sie im Zusammenhang stehen mit der Verwaltung von Einlagenreserven, Vergabe der Sonderkredite der PBoC, Durchführung der RMB-Verwaltungsvorschriften, Durchführung der Verwaltungsvorschriften über den Interbankenkreditmarkt und den Interbankenanleihenmarkt, Durchführung der Devisenverwaltungsvorschriften, Durchführung der Vorschriften über das Goldmanagement, Verwaltung der Staatskasse, Durchführung der Vorschriften über Clearinggeschäft und Bekämpfung der Geldwäsche[273]. Für (4) die risikoorientierte Aufsicht und (5) das Meldewesen arbeitet die chin. Bankenaufsichtsbehörde im engeren Sinne gem. §§ 6, 28, 29 BAG im Rahmen des Mechanismus für den Informationsaustausch mit der PBoC zusammen und wird von dieser in vielen Bereichen zur laufenden Bankenaufsicht unterstützt[274]. Die ursprünglichen Überlegungen zum Vorenthalten bestimmter Aufsichtsbefugnisse der PBoC bestehen darin, dass die PBoC Geldpolitik formuliert und implementiert, geldpolitische Instrumente zur Umsetzung der Geldpolitik einsetzt, das Systemrisiko reguliert, die wichtigen Finanzindikatoren festlegt und als Kreditgeber letzter Instanz fungiert, der das Risikoprofil und die Geschäftsmodelle der ausleihenden Geschäftsbanken im Rahmen der Due Diligence kennen, analysieren und beaufsichtigen soll[275]. Durch die GBG-Novelle 2020 wird die Aufsichtsbefugnis der PBoC in der makroprudenziellen Aufsicht und im Risikomanagement gestärkt und gefördert, was direkten Einfluss auf die laufende Aufsicht aus dem mikroprudenziellen Aspekt hat. Zudem hat die PBoC die Mitbestimmungsbefugnis über die Schwellenwerte im Hinblick auf Kapital- und Risikomanagement nach dem GBG-Novelle 2020 (vgl. Artikel 44 – Artikel 50 GBG-Novelle 2020).

Als Ergebnis ist die laufende Aufsicht der Geschäftsbanken hauptsächlich von den beiden Aufsichtsbehörden – CBIRC und PBoC – durchzuführen.

---

272 LIAO Fan/WANG Siman [2003] S. 54.

273 Leitlinien für Wirtschaftsprüfer zur Prüfung der Geschäftsbanken (《商业银行审计指引》), erlassen am 31.Dezember 2015 durch das chinesische Institut für Wirtschaftsprüfer (CICPA), erhältlich unter http://www.cicpa.org.cn/news/201501/W020150130422463520001.pdf, S. 19.

274 LIAO Fan/WANG Siman [2003] S. 53.

275 LIAO Fan/WANG Siman [2003] S. 53, Leitlinien für Wirtschaftsprüfer zur Prüfung der Geschäftsbanken, S. 18.

Tabelle 4 Kernindikatoren für Risikomanagement

Kate-gorie	Indikator	Indikatorstufe	Schwellenwert	Melde-frequenz
Risikoniveau	Liquidität-srisiko	Liquiditätskennzahl	≥25 %	Monatlich
		Abhängigkeit von Kernschulden	≥60 %	Monatlich
		Quote der Liquiditätslücke	≥-10 %	Monatlich
	Kreditrisiko	Quote der notleidenden Vermögenswerte	≤4 %	Viertelj.
		Quote der notleidenden Kredite	≤5 %	
		Kreditkonzentration vom einem Konzernkunden	≤15 %	
		Kreditkonzentration vom Einzelkunden		
			≤10 %	
	Marktrisiko	Sensibilität für Zinsänderungsrisiken		Stresstest Viertelj.
		Kumuliertes Verhältnis offener Devisenpositionen	≤20 %	Viertelj.
	Operationelles Risiko	Verlustquote aus dem operationellen Risiko	Kernrisikoin-dikator (KRI)	Überwachung in
Risikomitigation	Normale Kredite	Migrationsrate von ordentlichen Krediten	≤9,5 %	Viertelj.
	andere zu überwach-enden Krediten	Migrationsrate von den zu überwachenden Krediten	≤1,5 %	Viertelj.
	Notleidende Kredite	Migrationsrate von den notleidenden Krediten	≤3 %	Viertelj.
	fragwürdigen Krediten	Migrationsrate von fragwürdigen Krediten	≤40 %	Viertelj.
	Rentabilität	Kosten-Ertrags-Verhältnis	≤45 %	Viertelj.
		Vermögensrendite	≥0.6 %	Viertelj.
		Kapitalrendite	≥11 %	Viertelj.
Risikokompensation	Rückstellung	Rückstellungsquote für Kreditgeschäft	≥100 %	Viertelj.
		Rückstellungsquote für Non-Kreditgeschäft	≥100 %	
	Kapital-suffizienz	Kapitalsuffizienzquote	≥4 %	Viertelj

(Quelle: Zusammenfassung nach Kernindikatoren für das Risikomanagement der Geschäftsbanken)

II. Gegenstände der laufenden Aufsicht

Die Kernindikatoren für das Risikomanagement der Geschäftsbanken (Interim)[276] sowie die Interne Richtlinien für regulatorische Ratings von Geschäftsbanken (Interim)[277] (sog. CAMEL+) bilden die grundlegenden Rahmenbedingungen der laufenden Aufsicht durch die chin. Bankenaufsichtsbehörde im engeren Sinne – CBIRC –. Die von der PBoC vorgenommene laufende Aufsicht besteht hauptsächlich aus der MPA-Bewertung (macro prudential assessment) und der Bewertung von Finanzinstituten. Um die Gegenstände der laufenden Aufsicht durch die chin. Aufsichtsbehörde näher zu betrachten, sind die Bewertungskonzepte sowie die Kernindikatoren der laufenden Aufsicht der beiden Aufsichtsbehörden zu erläutern.

1 Bewertungskonzepte

a. CAMELS-Bewertung durch die CBIRC

Um zu beurteilen, ob eine Geschäftsbank die Grundsätze für einen umsichtigen Bankbetrieb i. S. v. § 21 Abs. 3 BAG eingehalten hat, nutzt die chin. Bankenaufsichtsbehörde im engeren Sinne ein internes Bewertungskonzept anhand der Kernindikatoren, damit sie wirksam, gezielt und differenziert die Aufsicht ggü. problematischen und risikoreichen Banken im Hinblick auf alle Arten von Banken maßgeschneidert durchführen kann. Die Bewertungskomponenten reflektieren den Umfang der laufenden Aufsicht und die Bewertungsergebnisse dienen als ein wichtiger Referenzfaktor für den Marktzugang und als Grundlage für weitere aufsichtliche Entscheidungen. Die zu beaufsichtigenden und zu erfüllenden Indikatoren unterscheiden zwischen quantitativen und qualitativen Faktoren. Hierfür legte ursprünglich die PBoC den ersten Meilenstein und

---

276 Kernindikatoren für das Risikomanagement der Geschäftsbanken (Interim)《商业银行风险监管核心指标（试行）》, erlassen am 31. Dezember 2005, gültig ab 01. Januar 2006, erhältlich unter https://www.cbirc.gov.cn/cn/view/pages/ItemDetail.html?docId=181&itemId=928&generaltype=0.

277 Interne Richtlinien für regulatorische Ratings von Geschäftsbanken (Interim) (《商业银行监管评级内部指引（试行）》), ungültig und ersetzt durch die Interne Richtlinien für regulatorische Ratings von Geschäftsbanken (Interim) (《商业银行监管评级内部指引》) mit Referenznr. Yin Jian Fa [2014]32 (银监发[2014]32号) am 19.06.2014, erhältlich unter http://www.pkulaw.cn/fulltext_form.aspx?Db=chl&Gid=313978. Da diese Regulation ist an die Aufsichtsbehörde und deren untergeordneten Behörde, hat weder CBRC und CBIRC dies öffentlich bekannt gemacht.

entwickelte seit 1999 ein aufsichtliches Indikatorsystem für politische Banken, Aktiengesellschaftsbanken, ländliche Kreditgenossenschaften und sonstige Non-Banking-Finanzinstitute[278] nach der Vorlage des CAMELS-Ratingsystems der Industrieländer. Im Jahr 2000 veröffentlichte die PBoC die vorläufigen Bewertungsmaßnahmen zur Prüfung der Geschäftsbanken ebenfalls nach der Vorlage des CAMELS-Ratingsystems. Dieses PBoC-CAMELS-Rating-Konzept beinhaltete zwölf quantitative Indikatoren in den vier Aspekten Vermögensqualität, Liquidität, Rentabilität und Geschäftsentwicklung und bewertete die Geschäftsbanken ausschließlich nach quantitativen Kriterien. Diese Bewertungsmaßnahmen stellen den Anfang des chin. aufsichtsrechtlichen Ratingsystems für Geschäftsbanken dar[279].
Nachdem die CBRC im Jahr 2003 gegründet war, wurden nacheinander die vorläufigen Maßnahmen zur Prüfung und zur Bewertung von Geschäftsbanken[280], das Risikobewertungssystem für Aktiengesellschaftsbanken (Interim)[281], das Risikobewertungssystem für ausländische Banken als juristische Personen[282] sowie das Risikobewertungs- und Frühwarnindikatorensystem für ländliche kooperative Finanzinstitute (Interim)[283] und das Risikobewertungs- und Frühwarnindexsystem für ländliche kooperative Finanzinstitute (Interim)[284] erlassen, welche jeweils für bestimmte Bewertungsobjekte gelten sollten. Im Jahr 2005 veröffentlichte die CBRC Interne Richtlinien für regulatorische

278 WU Ping/WU Junmei Kapitel 12 Abschnitte 04 [2015].

279 WU Ping/WU Junmei Kapitel 12 Abschnitte 04 [2015].

280 Vorläufige Bewertungsmaßnahmen zur Prüfung der Geschäftsbanken"(《商业银行考核评价暂行办法》), ungültig und ersetzt durch die Interne Richtlinien für regulatorische Ratings von Geschäftsbanken (Interim) am 30.12.2005.

281 Risikobewertungssystem für Aktiengeschäftsbanken (Interim)(《股份制商业银行风险评价体系（暂行）》), ungültig und ersetzt durch die Interne Richtlinien für regulatorische Ratings von Geschäftsbanken (Interim) am 30.12.2005.

282 Risikobewertungssystem für ausländischer Banken als juristische Personen《外资银行法人机构风险评价体系》, ungültig und ersetzt durch die Interne Richtlinien für regulatorische Ratings von Geschäftsbanken (Interim) am 30.12.2005.

283 Risikobewertung- und Frühwarnindexsystem für ländliche kooperative Finanzinstitute (Interim)《农村合作金融机构风险评价和预警指标体系（试行）》, ungültig und ersetzt durch die Interne Richtlinien für regulatorische Ratings von Geschäftsbanken (Interim) am 30.12.2005.

284 Kernindikatoren für das Risikomagement der Geschäftsbanken (Interim)《商业银行风险监管核心指标（试行）》, erlassen am 31. Dezember 2005, gültig ab 01. Januar 2006, erhältlich unter https://www.cbirc.gov.cn/cn/view/pages/ItemDetail.html?docId=181&itemId=928&generaltype=0.

Ratings von Geschäftsbanken (Interim)[285] und gab anschließend in 2007 eine ähnliche Interne Leitlinie für ländliche Banken, städtische Geschäftsbanken und ländliche Kreditgenossenschaften heraus. Die aufsichtsrechtlichen Ratinganforderungen, die Hauptrisikoindikatoren und der Plan zur Verbesserung des aufsichtsrechtlichen Ratings für Finanzinstitute für ländliche Genossenschaften 2008–2010 wurden 2008 und die internen Richtlinien für aufsichtsrechtliche Ratings von Geschäftsbanken[286] im Jahr 2014 herausgegeben; sie legen die grundlegenden Rahmenbedingungen für die aufsichtliche Bewertung der Geschäftsbanken bis heute fest. Das CAMELS-Ratingsystem 2014 wurde zuletzt am 10.09.2021 durch Das CAMELS-Ratingsystem 2021[287] ersetzt. Im Vergleich mit dem CAMELS-Ratingsystem 2014 hat das CAMELS-Ratingsystem 2021 zwei neuen Komponente von Data Governance und individuellen Kriterien für die Banken mit jeweils Gewicht von 5 % aufgenommen. Bis zur Fertigstellung dieser Arbeit hat der Gesetzgeber noch keine quantitativen und qualitativen Indikatoren für Data Governance und individuellen Kriterien für die Banken bekannt gemacht. Nach der Literatur würden angenommen weiterhin beinhaltet CAMELS-Ratingsystem 2021 insgesamt 21 qualitative und quantitative Indikatoren der neuen Komponenten Kapitalsuffizienz, Vermögensqualität, Managementqualität, Rentabilität, Liquidität, Marktrisiko und Informationstechnologierisiko. Außerdem CAMELS-Ratingsystem gilt für große Geschäftsbanken wie die Top5-Banken in China zusätzlich das CARPEL-Ratingsystem, und für Zweigniederlassung der ausl. Banken das ROCAs-Rating-System, welches sich geringfügig vom

285 Interne Richtlinien für regulatorische Ratings von Geschäftsbanken (Interim) (《商业银行监管评级内部指引（试行）》), ungültig und ersetzt durch die Interne Richtlinien für regulatorische Ratings von Geschäftsbanken (Interim) (《商业银行监管评级内部指引》) mit Referenznr. Yin Jian Fa [2014]32 (银监发[2014]32号) am 19.06.2014, erhältlich unter http://www.pkulaw.cn/fulltext_form.aspx?Db=chl&Gid=313978. Da diese Regulation ist an die Aufsichtsbehörde und deren untergeordneten Behörde, hat weder CBRC und CBIRC dies öffentlich bekannt gemacht.

286 Interne Richtlinien für die regulatorische Ratings von Geschäftsbanken (Interim) (《商业银行监管评级内部指引》) mit Referenznr. Yin Jian Fa [2014]32 (银监发[2014]32号) veröffentlicht am 19.06.2014, erhältlich unter http://www.pkulaw.cn/fulltext_form.aspx?Db=chl&Gid=313978.

287 Maßnahme zur Aufsichtsbewertung von Geschäftsbanken (《商业银行监管评级办法》) mit Referenznr. Yin Bao Jian Fa [2021]39 (银保监发[2021]39号) veröffentlicht am 10.09.2021, erhältlich unter http://www.gov.cn/zhengce/zhengceku/2021-09/23/content_5638812.htm.

CARPEL- sowie CAMELS-Rating-System unterscheidet. Das ROCA-Rating-System besteht aus den Indikatoren Risikomanagement, Kontrolle über die Operation, Compliance und Vermögensqualität sowie Unterstützungsgrad (General Branch Support (SOSA))[288].

Das aufsichtsrechtliche Rating von Geschäftsbanken nimmt die chin. Bankenaufsichtsbehörde im engeren Sinne das international verwendete Ratingsystem „CAMELS“ als Muster und dieses CAMELS Rating System besteht aus sieben Bewertungskomponenten:

- Kapitaladäquanz (C = Capital Adequacy)
- Vermögensqualität (A = Asset-Qualität)
- Managementqualität (M = Management quality)
- Rentabilität (E = Earning)
- Liquidität (L = Liquidity)
- Marktrisiko (M = Market risk)
- Informationstechnologierisiko (I = IT risk).

Die oben genannten Bewertungskomponenten unterscheiden zwischen quantitativen und qualitativen Indikatoren; davon können 21 quantitative Indikatoren aus dem externen 1104-Informationssystem[289] für die Überwachung extrahiert werden. Die 21 quantitativen Indikatoren decken sämtliche „Kernindikatoren“ im Rahmen der Risikoüberwachungs- und der Aufsichtsratingindikatoren ab und sind ein wichtiger Maßstab für die Risikoüberwachung und -bewertung durch die Aufsichtsbehörde. Die Standardgewichtsverteilung der sieben Bewertungskomponenten lautet wie folgt: Kapitaladäquanz (15 %), Qualität der Vermögenswerte (15 %), Managementqualität (20 %), Rentabilität (10 %), Liquiditätsrisiko (20 %), Marktrisiko (10 %) und Informationstechnologierisiko (10 %)[290].

Die Ratingergebnisse sind in 6 Klassen plus eine S-Klasse unterteilt. Unter der 1. Klasse gibt es zwei Unterstufe von 1A und 1B, unter den Klassen 2–4 gibt es jeweils drei Unterstufen, z.B. 2A, 2B und 2C. Je höher die Klassenzahl

288 SUN Haibo [2020].

289 „1104 Projekt“ bedeutet der Aufbau des Aufsichtsinformationssystems für Finanzinstitute im Bankensektor (chinesischer Text: 1104工程,“银行业金融机构监管信息系统建设”).

290 Interne Richtlinien für regulatorische Ratings von Geschäftsbanken (Interim) (《商业银行监管评级内部指引》) mit Referenznr. Yin Jian Fa [2014]32 (银监发[2014]32号) am 19.06.2014, erhältlich unter http://www.pkulaw.cn/fulltext_form.aspx?Db=chl&Gid=313978.

ist, desto kritischer ist das Risikoprofil einer Geschäftsbank und desto überwachungsbedürftiger durch die Aufsichtsbehörde[291]. Die sich in Restrukturierung, Übernahme und Durchführung von Marktrücknahmen befindenden Geschäftsbanken werden durch die Aufsichtsbehörde direkt als S-Klasse eingestuft und nehmen nicht am aufsichtsrechtlichen Rating des laufenden Jahres teil. Die 21 quantitativen Bewertungsindikatoren können aus dem Offshore-Aufsichtsinformationssystem „1104-Projekt" exportiert werden.

Banken mit den Klassen 3 und 4 gelten als problematische Institute, Geschäftsbanken mit den Klassen 5–6 sind risikoreiche Geschäftsbanken; Banken mit der Klasse 5 zeigt, dass die Leistung solcher Banken extrem schlecht ist, sehr ernste Probleme vorliegen und Maßnahmen zur Risikobeseitigung oder -rettung ergriffen werden und laufend überwacht und eingeschränkt werden müssen; für Banken mit der Klasse 6 werden aufgrund ihres risikoreichen Geschäftsverhaltens unter Umständen die Maßnahmen wie Restrukturierung, Übernahme oder Schließung angeordnet. Die Indikatoren auf die Kapitaladäquanzquote sind gewichtig: Wenn die Kapitaladäquanzquote einer Geschäftsbank weniger als 8 % beträgt, darf deren Rating nicht höher als Klasse 3 eingestuft werden. Wenn die Kapitaladäquanzquote unter 8 % liegt und gleichzeitig noch eine Abstiegstendenz aufweist, sollte das Rating nicht höher als Klasse 4 sein.

Die Tabelle 5 zeigt die Gewichtsverteilung der einzelnen Komponenten sowie Punkte für jeden Indikator nach der Interne Richtlinien für regulatorische Ratings von Geschäftsbanken (Interim).

291 ebenda.

Tabelle 5 CAMELS-Bewertungssystem 2021

CAMELS Bewertungssystem		
Gewichtsverteilung der jeweiligen Komponente in Prozentsatz	Quantitative Indikatoren (60 %)	Qualitative Indikatoren (40 %)
Kapitalsuffizienz (15 %)	Kapitaladäquanzquote (40 %)	Qualität und Zusammensetzung des Bankkapitals (8)
	Kernkapitalquote (20 %)	Gesamtfinanzstatus und Impakt auf das Kapital (8)
	Tier-1-Kernkapitalquote (10 %)	Kapitalqualität und -reserve (8)
	Verschuldungsquote (30 %)	Nachschubkapazität des Kapitals (10)
		Kapitalmanagement (8)
		Risikoabdeckung des Kapitals und Risikobewertung (8)
Vermögensqualität (15 %)	Non-Performing-Loan-Ratio (20 %)	Entwicklung von notleidenden Krediten und anderen notleidenden Vermögenswerten (10)
	Verhältnis der über 90 Tage überfälligen Kredite zu notleidenden Krediten (15 %)	Konzentration von Kreditrisikoaktiva (5)
	Kreditkonzentration eines einzelnen Kunden / Konzentration des Kredits auf einen einzelnen Gruppenkunden (25 %)	Policy, Verfahren und Effektivität des Kreditrisikomanagements (15)
	Konsolidierte Aufsicht（15 %）	Vollständigkeit und Effektivität des Kreditrisikoklassifizierungssystems (10)
	Deckungsquote (25 %)	Garantierte Kredite und Hypothekendarlehen (Verpfändungskredite) und deren Managementstatus (5)
		Risikomanagementstatus anderer bilanzieller und außerbilanzieller Vermögenswerte außer Darlehen (15)
		Risikomanagementstatus von Vermögenswerten in und außerhalb der Bilanz außer Darlehen (15)

(*fortsetzung*)

Tabelle 5 Fortsetzung

Corporate Governance und Managementqualität (20 %)		Entscheidungsmechanismus (10)
		Überwachungsmechanismus (4)
		Umsetzungsmechanismus (6)
		Entwicklungsstrategie, Wertkriterium und soziale Verantwortung (8)
		Anreiz- und Rückhaltemechanismus (6)
		Offenlegung von Informationen (6)
	Interne Kontrolle	Interne Kontrollumgebung (10)
		Risikoidentifikation und -bewertung (10)
		Interne Kontrollmaßnahmen (10)
		Datenqualitätsmanagement (10)
		Informationsaustausch und Feedback (10)
		Überwachung, Bewertung und Korrektur (10)
Rentabilität (5 %)	Gesamtkapitalrentabilität (20 %)	Wahrheit der Rentabilität (12)
	Eigenkapitalrentabilität (20 %)	Stabilität der Rentabilität (12)
	Aufwands-/ Ertragsrelation (20 %)	Rentabilität zur Risikoabdeckung (10)
	Ertragsquote aus Risikoaktiva (15 %)	Kontinuität der Rentabilität (7)
	Nettozinsspanne (15 %)	Effizienz des Finanzmanagements (7)
	Zinsunabhängige Ertragsquote (10 %)	
Liquiditätsrisiko (15 %)	Verhältnis von Krediten zu Einlagen (30 %)	Governance-Struktur des Liquiditätsmanagements (12)
	Liquiditätsquote (35 %)	Strategien, Richtlinien und Verfahren für das Liquiditätsrisikomanagement (12)
	Liquiditätsdeckungsgrad (35 %)	Identifizierung, Messung, Überwachung und Kontrolle des Liquiditätsrisikos (20)
		Informationssystem zum Liquiditätsrisikomanagement (8)
		Sonstige Elemente des Liquiditätsrisikomanagements (8)

Tabelle 5 Fortsetzung

Marktrisiko (10 %)	Empfindlichkeit gegenüber dem Zinsrisiko (50 %)	Marktrisikomanagement (20)
	Kumuliertes Verhältnis der offenen Positionen zu Devisen (50 %)	Identifizierung, Messung, Überwachung und Kontrolle von Marktrisiken (40)
		Weitere Elemente des Marktrisikomanagements (10)
Informationsrisiko (10 %)		IT-Governance
		IT-Risikomanagement
		IT-Audit
		Informationssicherheitsmanagement
		Entwicklung und Test von Informationssystemen
		IT-Betrieb und Wartung
		Geschäftskontinuitätsmanagement
		Management von IT-Outsourcing
		Kritische Infrastruktur
Data Governance (5 %)	Noch zu bestimmen durch CBIRC	
Individuelle Kriterien für die zu beaufsichtigenden Banken (5 %)	Noch zu bestimmen durch CBIRC	

b. MPA-Bewertung durch die PBoC

Anlässlich der Finanzkrise in 2008 wurde das makroprudenzielle Aufsichtssystem in der EU und den USA als Ergänzung des mikroprudenziellen Aufsichtssystems etabliert. Die PBoC kündigte ebenfalls die Einführung einer makroprudenziellen Überwachung im Jahr 2010 an und begann 2011 mit der Einführung einer dynamischen Anpassung der Differenzreserven und eines einvernehmlichen Kreditmanagementmechanismus, um systemische finanzielle Risiken zu vermeiden[292]. Am 29. Dezember 2015 gab die PBoC bekannt[293], dass ab 2016 die bestehende dynamische Anpassung der Differenzreserven und der Verwaltungsmechanismus für einvernehmliche Kredite auf ein makroprudenzielles

292 ZHAO Yilin Kapitel 3 Abschnitte 3.1.1 Seite 21 [2018].

293 Pressemitteilung von PBoC über die Etablierung des makroprudenziellen Aufsichtssystems am 29.12.2016, erhältlich unter http://www.pbc.gov.cn/goutongjiaoliu/113456/113469/2997072/index.html.

Bewertungssystem (MPA) umgestellt werden. Basierend auf den tatsächlichen Bedingungen, der Entwicklung der Situation und den regulatorischen Erfordernissen hat die PBoC dauerhaft die Indikatoren angepasst und verbessert und mehr Finanzinstitute, Finanzmarktaktivitäten und Finanzprodukte in die MPA aufgenommen. Bis heute konzentriert sich das MPA-Bewertungssystem auf sieben Komponenten mit 18 Kernindikatoren, darunter Eigenkapital- und Verschuldungsquote, Bilanzaufstellung, Liquidität, Preisverhalten, Kreditqualität, Risiken durch grenzüberschreitende Finanzierungen und Umsetzung von Geld- und Kreditpolitik[294]. Für jeden Indikator entnimmt die PBoC die von den Geschäftsbanken zu meldenden Werten ebenfalls aus dem 1104-Meldesystem.

Tabelle 6 MPA-Bewertungssystem durch die PBoC

7 Komponenten	18 MPA Indikatoren (Punkte)	Anforderungen
Eigenkapital- und Verschuldungsquote	Kapitaladäquanzquote (80)	Quantitativ
	Verschuldungsquote (20)	Quantitativ
	Absorptionskapazität (--)	Quantitativ
Bilanzaufstellung	Darlehen im allgemeinen Sinne (60)	Quantitativ
	Auftragsdarlehen (15)	Quantitativ
	Verschuldung unter Banken (25)	Quantitativ
Preisfestsetzung	Zinspreisgestaltung (100)	Quantitativ
Vermögensqualität	notleidende Kreditquote (50)	Quantitativ
	Allokationsdeckungsquote (50)	Quantitativ
Liquidität	Liquiditätsdeckungsgrad (40)	Quantitativ
	stabile Nettokapitalquote (40)	Quantitativ
	Reservesystem (20)	Qualitativ
Risiko von Auslandsschulden	Risikogewichteter Saldo der Auslandsverschuldung (60)	Quantitativ
	Währungskombination der grenzüberschreitenden Finanzierung (20)	Quantitativ
	Fristmodalität der grenzüberschreitenden Finanzierung (20)	Quantitativ

294 GAO Jian/HU Wenhao [2017]: Vollständige Analyse des Macro Prudential Assessment Systems (MPA) der Zentralbank, in: Wertpapierforschungsbericht vom Nordesten Wertpapiere vom 21. März 2017, online erhältlich unter http://pdf.dfcfw.com/pdf/H3_AP201703210425081590_1.PDF.

Tabelle 6 Fortsetzung

7 Komponenten	18 MPA Indikatoren (Punkte)	Anforderungen
Umsetzung der Geld- und Kreditpolitik	Kreditpolitik (40)	Qualitativ
	Verwendung von Krediten (30)	Qualitativ
	Verwendung des Zentralbankfonds (30)	qualitativ

Quelle: Finanzforschungsinstitute von Nordesten Wertpapiere[295]

Nach dem MPA-Bewertungsergebnis klassifiziert die PBoC Finanzinstitute nach den drei Stufen A, B und C. Stufe A bedeutet, dass ein Finanzinstitut jeweils 90 Punkte in allen sieben Komponenten erreicht hat. Für Finanzinstitute mit A gibt es den Leistungsanreiz durch die PBoC, dass der Zins für die gesetzliche Einlagensicherung das 1,1-1,3fache des normalen Zinssatzes betragen kann. Unter normalen Umständen beträgt der Zinssatz das 1,1fache, bei zu erhöhender Makrosteuerung durch die PBoC das 1,2fache und in extremen Fällen das 1,3fache. Als weitere Leistungsanreizmaßnahmen gibt es noch die bevorzugte Neuausleihe und die Diskontierung, die bevorzugte Gewährung des Zugangs zum Finanzmarkt sowie die bevorzugte Ausgabe und Genehmigung von Finanzanleihen, die bevorzugte Implementierung relevanter Finanzinnovationsprodukte und die Gewährung von Zusatzpunkten für die Komponente „Implementierung der PBoC-Politik".
Die Finanzinstitute mit Note B sind solche außerhalb der Stufen A und C.
Stufe C bedeutet, dass ein Finanzinstitut bei den Komponenten Eigenkapital- und Verschuldungsquote oder Preisverhalten die 60 Punkte oder bei zwei oder mehreren Komponenten aus Bilanzaufstellung, Liquidität, Vermögensqualität, Auslandsschuldenrisiko und Implementierung der Kreditpolitik die 60 Punkte nicht erreichen kann („mangelhaft"). Falls ein Mangelfall gegeben ist, gibt es dann Einschränkungen für die von der PBoC festgelegte gesetzliche Einlagensicherungsquote. Konkret bedeutet das für die Finanzinstitute auf Stufe C: Unter normalen Umständen beträgt der Zinssatz für die Einlagensicherung das 0,9fache, bei der zu erhöhender Makrosteuerung durch die PBoC

295 GAO Jian/HU Wenhao [2017]: Vollständige Analyse des Macro Prudential Assessment Systems (MPA) der Zentralbank, in: Wertpapierforschungsbericht vom Nordesten Wertpapiere vom 21. März 2017, online erhältlich unter http://pdf.dfcfw.com/pdf/H3_AP201703210425081590_1.PDF.

das 0,8fache und in extremen Fällen das 0,7fache. Die PBoC zahlt dann an die Finanzinstitute auf Stufe C das 0,7-0,9fache des gesetzlichen Zinssatzes.
Mit der aktuellen GBG Novelle 2020 wird das MPA-Bewertungskonzept gesetzlich manifestiert, um die Anforderungen an das Kapital- und Risikomanagement zu verstärken. Im Entwurf zur Änderung des GBG sind neue Bestimmungen für das makroprudenzielle Management und die Risikoüberwachung in Art. 46 GBG Entwurf 2020 aufgenommen worden, wonach die Geschäftsbanken die Indikatoren für Kapital- und Vermögensverwaltung, Liquidität, Konzentrationsaufsicht, die antizyklische Überwachung grenzüberschreitender Transaktionen sowie sonstige makroprudenzielle Aspekte und Risikomanagement erfüllen müssen. Durch die formale Aufnahme des makroprudenziellen Bewertungssystems (MPA) durch die PBoC in die Aufsichtsrahmenbedingung wird die Aufsichtsfunktion der PBoC gefördert.

c. Bewertung von Finanzinstituten durch die PBoC

Neben dem MPA-Bewertungskonzept versuchte die PBoC seit 2010 ebenfalls, landesweit die Banking-Finanzinstitute nach den sieben Komponenten Vermögensverwaltung, Leistungsbeurteilung, Kreditqualität, außerbilanzielles Geschäft, Interbankengeschäft, Verschuldung und Depotgeschäft vor Ort zu prüfen, um die signifikanten Systemrisiken zu identifizieren und aufzulösen (sog. Banking-Finanzinstitute-Rating). Mit dem Inkrafttreten der Einlagensicherungsverordnung ist die PBoC seit Mai 2015 zusätzlich berechtigt, die zu versichernden Finanzinstitute Vor-Ort zu prüfen und Informationen zu erfassen. Seit 2016 hat die PBoC die Einlagensicherungsratings für Geschäftsbanken, die Einlagengeschäft betreiben, eingeführt. Die Ratings umfassen die neun Komponenten Kapital sowie dessen Management, Corporate Governance, interne Kontrolle, Qualität der Vermögenswerte, Liquiditätsrisiko, Marktrisiko, Rentabilität, Informationssysteme und Finanzökologie. Aus den vorherigen Erfahrungen mit dem Banking-Finanzinstitute-Rating und Einlagensicherungsrating gab die PBoC die „Verwaltungsrichtlinie für Rating von Finanzinstituten durch die Zentralbank (Interim)“[296] heraus, welche ab dem 1. Januar 2018 gilt. Danach wurde ein Komitee innerhalb der PBoC für das Rating von Finanzinstituten eingerichtet, um die Ratings von Finanzinstituten durch eine Vor-Ort-Prüfung, basierend auf Risikobewertungen der Einlagensicherung

---

296 Diese Bewertungsmaßnahmen gilt als interne Richtlinie von PBoC (《央行金融机构监管评级管理办法》). Die detaillierten Bewertungskriterien sind nicht öffentlich zugänglich.

und MPA, risikoorientiert abzuschließen[297]. Seit 2018 hat die PBoC die Ratingergebnisse im jährlichen Finanzstabilitätsbericht veröffentlicht.
Zu den von der PBoC zu bewertenden Bewertungsobjekten gehören alle Arten von Finanzinstituten als juristische Person, d. h. sowohl Banking-Finanzinstitute als auch Non-Banking-Finanzinstitute. Die PBoC bewertet alle Finanzinstitute nach den neun Komponenten Kapital und dessen Management, Corporate Governance, interne Kontrolle, Vermögensverwaltung, Liquidität, Rentabilität, Marktrisiko, Informationssystem und lokale Finanzökologie aus mehr als 140 quantitativen und qualitativen Indikatoren[298].
In Bezug auf die quantitativen Indikatoren erfolgt vierteljährlich eine Off-Site-Prüfung im Rahmen des Meldewesens. In Bezug auf die qualitativen Indikatoren erfolgt dagegen jährlich eine Vor-Ort-Prüfung durch die PBoC[299].
Das Finanzinstitutsbewertungssystem der PBoC ist ein Hundert-Punkte-System mit zehn Klassen. Je höher die Klasse (höhere Zahl der Klasse) des Bewertungsergebnisses ist, desto größer ist das Risiko eines Finanzinstituts und desto strengere Maßnahmen und Einschränkungen gelten. Insbesondere werden Finanzinstitute zwischen den Stufen 8 und 10 in den Bereichen der Förderung durch politische Maßnahmen, Marktzugang und Refinanzierung bestraft[300].

d. Umfang der Untersuchung

Da sich die Gegenstände der laufenden Aufsicht, wie in der Tabelle 7 gezeigt, nach CAMELS sowie der Finanzinstitutsbewertung durch die PBoC und MPA trotz unterschiedlicher Bewertungsziele in den Bewertungskategorien wenig unterscheiden, scheint es gerechtfertigt, nachfolgend nur kurz die sieben Bewertungskomponenten Kapital, Liquidität, Vermögensqualität, Rentabilität, Managementqualität, Marktrisiken und Informationssystem von CAMELS darzustellen. Nicht detailliert eingegangen wird hingegen insbesondere auf die beiden Ratingsysteme der PBoC und die einzelnen Risikoarten im Rahmen des ganzheitlichen Risikomanagements, welche den Umfang dieser Arbeit sprengen würden. Zudem gehören die Regularien über die Ratingsysteme der PBoC

---

297 Finanzstabilitätsbericht 2018 entworfen und veröffentlicht von PBoC, Seite 108, erhältlich unter http://www.gov.cn/xinwen/2018-11/03/5337137/files/48b31c0c3cec41ac977b18a2b6b9590a.pdf.
298 QIAO Haibin [2019] Seite 103.
299 QIAO Haibin [2019] Seite 103.
300 QIAO Haibin [2019] Seite 103.

zu den vertraulichen Informationen, die nicht öffentlich bekannt gemacht sind. Die nachfolgende Untersuchung jeder Bewertungskategorie erfolgt grds. nach dem Schema Gewichtsverteilung (Punkte), Inhalte, Rechtsgrundlage und deren Entwicklungslinie.

Tabelle 7 Vergleich der Bewertungssysteme (zusammenfassende Vergleiche nach den Artikeln von SHAN Jianjun [2019], SUN Haibo [2020])

	CBIRC	**PBoC**	**PBoC**
Bewertungssysteme	**CAMELS**	**Bewertung von Finanzinstituten**	**MPA**
Bewertungsziele[301]	Stärkung von risikoorientierter Bankenaufsicht durch homogenen Vergleich und rationale Verteilung von Aufsichtsressourcen	Führung von Finanzinstituten zu einer sorgfältigen Geschäftsführung und letztendlich zur Verhinderung von Systemrisiken	Führung von Finanzinstituten zur Verhinderung von Systemrisiken
Bewertungsmethode	Quantitative und Qualitative		
Komponenten	Kapitaladäquanz	Kapital und sein Management	Eigenkapital- und Verschuldungsquote
	Managementqualität (aus den zwei Teilen Corporate Governance und Interne Kontrolle)	Corporate Governance	Preisfestsetzung für Einlagengeschäft
		Interne Kontrolle	
	Vermögensqualität	Vermögensverwaltung	Vermögensqualität
	Liquiditätsrisiko	Liquiditätsrisiko	Liquiditätsstatus
	Rentabilität	Rentabilität	Bilanzaufstellung
	Marktrisiko	Marktrisiko	Risiko von Auslandsschulden
	IT-Risiko	Informationssystem	Umsetzung der Geld- und Kreditpolitik
	Data Governance	Lokale Finanzökologie	
Bewertungsfrequenz	Jährlich	Vierteljährlich	Vierteljährlich
Bewertungsergebnis	6 Klassen	10 Klassen	3 Stufe A, B und C

301 SHAN Jianjun [2019] Seite 23.

2. *Einzelne Komponente von CAMELS +*

a. *Kapitaladäquanz*

Die Komponente Kapitalsuffizienz macht insgesamt 15 % des CAMELS-Ratingsystems aus. Die quantitativen und die qualitativen Indikatoren zur Beurteilung der Kapitalsuffizienz machen jeweils 50 von 100 Punkten aus.

Zur Regulierung der Kapitaladäquanzquote gilt auch die am 7. Juni 2012 veröffentlichte Richtlinie über das Kapitalmanagement von Geschäftsbanken (folgend: „Kapitalmanagementmaßnahmen“)[302], die am 1. Januar 2013 in Kraft trat.

Die Kapitalmanagementmaßnahmen bestehen aus 10 Kapiteln und 180 Artikeln samt 17 Anhängen. Der Inhalt der Kapitalmaßnahmen entspricht im Allgemeinen den Rahmenbedingungen zur Kapitalausstattung von Basel III. Außerhalb des Allgemeinen Teils und der Ergänzungsregelungen legen die sonstigen 8 Kapitel die Berechnung der Kapitaladäquanzquote und die aufsichtsrechtlichen Anforderungen, die Definition des Kapitals, verschiedene Arten von risikogewichteten Aktiva, bankinterne Verfahren zur Bewertung der Kapitaladäquanzquote, den Inhalt der Überwachung und Überprüfung der Kapitaladäquanzquote und aufsichtsrechtliche Maßnahmen sowie Offenlegung von Informationen fest. Der Anhang der „Kapitalmanagementmaßnahmen“ enthält spezielle technische Anforderungen über die Risikoklassifizierung, die aufsichtsrechtlichen Anforderungen für die interne Ratingmethode bzgl. Kreditrisiken, Marktrisiken, operationelle Risiken und andere Risikokapital-Messmethoden.

„Kapitalmanagementmaßnahmen“ verlangt, dass die aufsichtlichen Anforderungen an die Kapitaladäquanzquote bis zum Ende 2018 vollständig von den Geschäftsbanken zu erfüllen sind.

Zur Beurteilung der Kapitaladäquanz gelten auch die am 27. April 2011 erlassenen Leitansichten zur Umsetzung der neuen Regulierungsstandards im chin. Bankensektor (Yin Jian Fa [2011] Nr. 44) („Regulierungsstandard LA“)[303] im Einklang mit dem im Jahr 2010 veröffentlichten Basel III. Nach den

302 Richtlinie über das Kapitalmanagement von Geschäftsbanken (Provisorisch) (《商业银行资本管理办法（试行）》) mit Referenznr. Yin Jian FA [2017]57银监发〔2012〕57号, erlassen am 07.Juni 2012, erhältlich unter http://www.moj.gov.cn/Department/content/2013-05/28/594_206338.html.

303 Leitansichten zur Umsetzung der neuen Regulierungsstandards im chin. Bankensektor (《中国银行业实施新监管标准的指导意见》 银监发2011/44号) (Yin Jian

Regulierungsstandard LA wurden die regulatorischen Anforderungen an die Kapitaladäquanzquoten von zwei Mindestanforderungen auf drei erhöht, und zwar die Kernkapitalquote, die Tier-1-Kapitaladäquanzquote und die Kapitaladäquanzquote, welche nicht weniger als 5 %, 6 % bzw. 8 % betragen dürfen. Des Weiteren wurde der Aufsichtsindikator des antizyklischen Kapitalpuffers eingeführt, welcher 0 bis 2,5 % betragen und in Schritten von 0,25 Prozentpunkten festgelegt werden kann. Schließlich wurde die Kapitalanforderung an die systemrelevanten Banken mit Zusatzkapital aufgenommen, welche vorläufig auf 1 % festgelegt wurde. Infolgedessen durften die Kapitaladäquanzquoten systemrelevanter und nicht systemrelevanter Banken unter normalen Bedingungen nicht unter 11,5 % bzw. 10,5 % liegen und wenn die systemischen Kredite übermäßig schnell wachsen, müssen Geschäftsbanken antizyklische Kapitalpuffer aufbauen.
Die oben genannten vier neuen aufsichtsrechtlichen Standards für das Kapital traten am 1. Januar 2012 in Kraft.

aa. Quantitative Indikatoren

Die quantitativen Indikatoren sind die Kapitaladäquanzquote (40 %), Kernkapitalquote (20 %), Tier-1-Kernkapitalquote (10 %) und Verschuldungsquote (30 %)[304].
Unter den quantitativen Indikatoren machen die Kapitaladäquanzquote 40 %, die Kernkapitalquote 20 % und die Tier-1-Kernkapitalquote 10 % aus. Für sie gelten die gleichen Kriterien zur Punktvergabe: Liegt der Wert der zu prüfenden Bank über dem 1,2fachen der aufsichtlichen Mindestanforderung, erhält sie 100 Punkte; zwischen dem 1 bis 1,2fachen 60 bis 100 Punkte, zwischen dem 0,6 bis 1fachen 0 bis 60 Punkte, unter dem 0,6fachen 0 Punkte.
Der Indikator Verschuldungsquote macht 30 % der quantitativen Indikatoren innerhalb der Komponente aus. Liegt der Wert der zu prüfenden Bank über dem 1,4fachen der aufsichtlichen Mindestanforderung, erhält sie 100 Punkte; zwischen dem 1 bis 1,4fachen 60 bis 100 Punkte, zwischen dem 0,6 bis 1fachen 0 bis 60 Punkte, liegt er unter dem 0,6fachen 0 Punkte[305].

Fa [2011] Nr. 44) ("Richtlinie"), erlassen am 27.04.2011, erhältlich unter http://www.gov.cn/gongbao/content/2011/content_1987391.

304 ebenda.

305 ebenda.

bb. Qualitative Indikatoren

Die qualitativen Indikatoren bestehen aus der Qualität und Zusammensetzung des Bankkapitals (8 Punkte), der Gesamtfinanzlage und ihren Auswirkungen auf das Kapital (8 Punkte), der Rückstellung der Bankaktiva (8 Punkte), der Nachschubkapazität des Bankkapitals (10 Punkte), dem Bankkapitalmanagement (8 Punkte) und der Risikodeckung und Risikobewertung des Bankkapitals (8 Punkte)[306].

Mit sechs qualitativen Indikatoren wird hauptsächlich bewertet, ob eine Geschäftsbank über angemessene Kapitalmanagementpolitik, -verfahren und -plan verfügt sowie ob die Leitung Kapitalmanagementbewusstsein hat[307].

b. Vermögensqualität

Nach dem CAMELS-Ratingsystem wird ebenfalls bei der Beurteilung der Vermögensqualität zwischen quantitativen und qualitativen Indikatoren unterschieden, deren Gewicht insgesamt 15 % im Rahmen des CAMELS-Ratingsystems ausmacht.

Zur Beurteilung der Vermögensqualität gelten vor allem die Kernindikatoren für das Risikomanagement der Geschäftsbanken (Interim) seit 2005, welche klare Werte für die quantitativen Indikatoren vorgeben; zum Beispiel dürfen die Non-Performing Asset Ratio und Non-Performing Loan Ratio von Geschäftsbanken nicht höher als 4 % und 5 % sein und die Kreditkonzentration eines einzelnen Gruppenkunden ist das Verhältnis des Gesamtkredits des größten Gruppenkunden zum Nettokapital und sollte nicht höher als 15 % sein (vgl. § 9 Kernindikatoren für Risikomanagement der Geschäftsbanken). Dieser Indikator ist ein primärer Indikator, einschließlich der Kreditkonzentration eines einzelnen Kunden und eines sekundären Indikators. Die Kreditkonzentration eines einzelnen Kunden ist das Verhältnis der gesamten Kredite des größten Kunden zum Nettokapital, das nicht höher als 10 % sein sollte. Um die Vermögensqualität von Geschäftsbanken dauerhaft zu verbessern und zu überwachen, sehen „die vorläufigen Maßnahmen zur Überwachung und Überprüfung der notleidenden Vermögenswerte von Geschäftsbanken“[308] zunächst vor, dass die Geschäftsbanken über wirksame Maßnahmen zur Überwachung

306 ebenda.

307 ebenda.

308 die vorläufigen Maßnahmen zur Überwachung und Überprüfung der notleidenden Vermögenswerte von Geschäftsbanken (《商业银行不良资产监测和考核暂行办法》), ohne Referenznr., erlassen am 25.03.2004 durch CBRC.

der notleidenden Kredite verfügen, die notleidenden Kredite in Echtzeit überwachen und dass sie die Änderungen der Non-Credit-Assets und der außerbilanziellen Geschäftsrisiken sowie die relevanten Institute und Kunden überwachen sollen.

Des Weiteren ist ein System zur Bewertung und Berichterstattung von Vermögenswerten an die CBIRC auf allen Ebenen der Geschäftsbanken zu errichten. Die notleidenden Kredite sind nach Kreditaktiva, Non-Credit-Aktiva und außerbilanziellen Geschäften zu klassifizieren, monatlich zu analysieren und zu überwachen. Ein Analyse- und Prüfungsbericht ist vierteljährlich an die CBIRC zu melden.

Schließlich soll die CBIRC auf allen Ebenen ein Prüfungssystem für notleidende Vermögenswerte von Geschäftsbanken einrichten, um die notleidenden Vermögenswerte vierteljährlich zu prüfen. Die Prüfung gliedert sich in die Beurteilung der Kreditqualität, der Qualität der Nichtkreditaktiva und der außerbilanziellen Geschäftsqualität.

aa. Quantitative Indikatoren

Unter den quantitativen Indikatoren macht die Non-Performing-Loan-Ratio 20 % aller fünf Indikatoren der Bewertungskategorie Vermögensqualität aus. Beträgt die Non-Performing-Loan-Ratio weniger als 2 %, erhält die Bank für diesen Indikator 100 Punkte; zwischen 3 % und 2 % 60 bis 100 Punkte; zwischen 5 % und 3 % 60 bis 75 Punkte; zwischen 10 % und 5 % 0 bis 60 Punkte; für unter 5 % 0 Punkte[309].

Das Verhältnis der über 90 Tage überfälligen Kredite zu notleidenden Krediten (15 %) macht 15 % der quantitativen Indikatoren innerhalb der Bewertungskategorie aus. Liegt es unter 80 %, erhält die Bank für diesen Indikator 100 Punkte; zwischen 80 % bis 100 % 60 bis 100 Punkte; zwischen 200 % bis 100 % 0 bis 60 Punkte; für über 200 % 0 Punkte.

Die Kreditkonzentration des Kredits an einen einzelnen Kunden/Konzentration des Kredits an einen einzelnen Gruppenkunden macht 25 % der quantitativen Indikatoren aus. Beträgt die Kreditkonzentration weniger als 4 %, erhält die Bank für diesen Indikator 100 Punkte; zwischen 10 % und 4 %, 60 bis 100 Punkte; zwischen 15 % und 10 %, 0 bis 60 Punkte; für über 15 % 0 Punkte.

---

309 Interne Richtlinien für regulatorische Ratings von Geschäftsbanken (Interim) (《商业银行监管评级内部指引》) mit Referenznr. Yin Jian Fa [2014]32 (银监发[2014]32号) am 19.06.2014, erhältlich unter http://www.pkulaw.cn/fulltext_form.aspx?Db=chl&Gid=313978.

Die Bewertung für die Kreditkonzentration des Kredits an einen einzelnen Gruppenkunden ist anders. Beträgt diese Kreditkonzentration weniger als 10 %, erhält die Bank für diesen Indikator 100 Punkte; zwischen 15 % und 10 %, 60 bis 100 Punkte; zwischen 20 % und 15 %, 0 bis 60 Punkte; für über 20 % 0 Punkte.
Der Indikator „Konsolidierte Aufsicht" macht 15 % der quantitativen Indikatoren innerhalb der Bewertungskategorie aus. Liegt sie unter 10 %, erhält die Bank für diesen Indikator 100 Punkte; zwischen 50 % bis 10 % 60 bis 100 Punkte; zwischen 100 % bis 50 % 0 bis 60 Punkte; für über 100 % 0 Punkte[310].
Der Indikator „Deckungsquote" macht 25 % der quantitativen Indikatoren innerhalb der Bewertungskategorie aus. Liegt sie über 300 %, erhält die Bank für diesen Indikator 100 Punkte; zwischen 150 % bis 300 % 60 bis 100 Punkte; zwischen 100 % bis 150 % 0 bis 60 Punkte; für unter 100 % 0 Punkte[311].

bb. Qualitative Kriterien

Die Bewertungsprinzipien bzgl. der qualitativen Indikatoren innerhalb der Komponente sind dahingehend zu prüfen, ob die Bank ein Risikomanagementsystem für andere Vermögenswerte als Kredite eingerichtet hat, ob sie andere Vermögenswerte als Kredite nicht klassifiziert hat sowie, ob die Klassifizierung dem Sachstand entspricht und ob Vermögensverluste durch rechtswidriges Verhalten von Verantwortlichen verursacht sind[312].

c. Managementqualität

Zur Beurteilung der Managementqualität von Geschäftsbanken gibt es ausschließlich qualitative Indikatoren, bestehend aus den zwei Aspekten Coporate Governance und Interne Kontrolle.

aa. Corporate Governance

Zur Beurteilung der Coporate Governance gibt es sechs Indikatoren. Die chin. Aufsichtsbehörde – damals CBRC – hatte im Einklang mit den im Oktober 2010 vom BASLER Komitee veröffentlichten Grundsätzen zur Verbesserung

---

310 ebenda.
311 ebenda.
312 ebenda.

der Unternehmensführung (Principles for enhancing corporate governance)[313] nochmals im Oktober 2013 die Richtlinie für Unternehmensführung von Geschäftsbanken (folgend: Unternehmensführungs-RL) herausgegeben[314]; damit sind gleichzeitig die Richtlinien zur Beaufsichtigung von staatlichen Geschäftsbanken auf dem Gebiet der Unternehmensführung (Yin Jian Fa [2006] Nr. 22), die Richtlinien zur Beaufsichtigung von staatlichen Geschäftsbanken auf dem Gebiet der Unternehmensführung ausländischer juristischer Banken (Yin Jian Fa [2005] Nr. 21) und die Leitlinie zur weiteren Verbesserung der Unternehmensführung kleiner und mittlerer Geschäftsbanken (Yin Jian Ban Fa [2009] Nr. 15) aufgehoben worden.

Nach der Verschmelzung von CBRC und CIRC misst die CBIRC der Reform und Überwachung der Corporate Governance von Finanzinstituten weiterhin große Bedeutung bei und besteht auf der Verbesserung der Corporate Governance als wichtigem Schwerpunkt, um die Risikoprävention und -kontrolle zu stärken und eine qualitativ hochwertige Entwicklung zu erreichen. Im Jahr 2019 hat sie die Aufsichts- und Bewertungsmethoden über die Banken und Versicherungen (provisorische Version) (folgend als „Methoden")[315] herausgegeben, um einen normalisierten Arbeitsmechanismus für die Bewertung der Corporate Governance zu etablieren. Nach den Methoden gibt es drei Schritte zur Bewertung der Corporate-Governance: Compliance-Evaluierung, Effektivitäts-Evaluierung und Herabstufung wegen schwerwiegender Umstände. Die Gesamtpunktzahl der Bewertung der Corporate Governance beträgt 100 Punkte, unterteilt in 5 Stufen (A, B, C, D, E), wobei die niedrigste Stufe E ist. Die Geschäftsbanken unter Stufe D werden für das Betreiben von Geschäften gesperrt (§ 21 Methoden). Die Bewertungsergebnisse der Corporate Governance dienen der Aufsicht als wichtige Grundlage, um Aufsichtsressourcen zuzuweisen, aufsichtsrechtliche Maßnahmen zu ergreifen und

313 Principles for enhancing corporate governance, veröffentlicht am 04.10.2010, aktualisiert am 08.07.2015 (Corporate governance principles for banks, BCBS 328), beide Versionen erhältlich unter https://www.bis.org/bcbs/publ/d328.htm.

314 Richtlinie für Unternehmensführung von Geschäftsbanken mit Referenznr. Yin Jian Fa [2013] Nr. 34 (《商业银行公司治理指引》银监发[2013]34号), erlassen am 19.07.2013.

315 Aufsicht- und Bewertungsmethode über die Corporate Governance von Banken und Versicherungen (provisorische Version) mit Referenznr. Yin Bao Jian Fa [2019]43 (《银行保险机构公司治理监管评估办法》 银保监发〔2019〕43号), veröffentlicht am 25.11.2019.

bei Marktzugang, Vor-Ort-Prüfung und Projektgenehmigung aufsichtliche Ratings und Mitteilungen zu nutzen.
Der Inhalt der Bewertung umfasst hauptsächlich: Parteiführung, Gesellschafter Governance, Vorstand Governance, Aufsichtsrat und Leitungsebene, interne Risikokontrolle, verbundene Parteien, Marktdisziplin und Interessengruppen.
Im Jahr 2020 hat die CBIRC den „Dreijährigen Aktionsplan zur Verbesserung der Corporate Governance im Banken- und Versicherungssektor (Jahr 2020–2022)" veröffentlicht, der systematisch einen Zeitplan für die Aufsicht und Reform der Corporate Governance im Banken- und Versicherungssektor vorschlug.
Am 02.06.2021 hat die CBIRC den „Corporate Governance Kodex für Kreditinstitute und Versicherungsinstitute"[316] (folgend: Kodex) verfasst. Der Kodex tritt am Tag der Veröffentlichung in Kraft, wodurch die Unternehmensführungs-RL aus 2013 aufgehoben sind.
Die wichtigsten Neuerungen des Kodex sind, dass staatseigene Geschäftsbanken die Parteiführung in Übereinstimmung mit den einschlägigen Vorschriften in alle Aspekte der Unternehmensführung integrieren sollten. Die Parteibildung ist in die Satzung des Unternehmens zu schreiben; wichtige Betriebsangelegenheiten sind immer unter Leitung des Parteikomitees im Rahmen des demokratischen Managementsystems vorab zu prüfen.
Gleichzeitig stellt der Kodex klar, dass die Parteiorganisation der privaten Banken aktiv eine politische Kernrolle einnehmen soll, um die politische Führung zu stärken, die Grundsätze und die Politik der Partei bekannt zu machen und umzusetzen, die Beschäftigten zu vereinen und die legitimen Rechte und Interessen aller Parteien zu wahren. Der Kodex umfasst 11 Kapitel mit 117 Artikel, darunter allgemeine Grundsätze, Parteiführung, Aktionärsversammlungen, Direktoren und Vorstände, Aufsichtsräte, Geschäftsleitung, Interessengruppen und soziale Verantwortung, Anreiz- und Zurückhaltungsmechanismen, Offenlegung von Informationen, Risikomanagement und interne Kontrolle und sonstige Bestimmungen.

316 Corporate Governance Kodex für Kreditinstitute und Versicherungsinstitute Referenznr. Yin Bao Jian Fa [2021]14 银保监发〔2021〕14号《银行保险机构公司治理准则》 erlassen am 02.06.2021, erhältlich unter http://www.cbirc.gov.cn/cn/view/pages/ItemDetail.html?docId=989061&itemId=928.

bb. Interne Kontrolle

Auf der Gesetzesebene geben GBG und BAG vor, dass die Geschäftsbanken ein eigenes internes Kontrollsystem etablieren sollen und ein effektives Kontrollsystem einer Geschäftsbank ein Zeichen einer umsichtigen Betriebsführung ist (vgl. Art. 59 GBG, Art. 21 BAG). Historisch gesehen, legt die chin. Aufsichtsbehörde ständig Wert auf ein solides internes Kontrollsystem. Die PBoC hatte schon in ihrer Zeit als chin. Bankenaufsichtsbehörde am 16.05.1997 die Leitlinie zur Verstärkung der internen Kontrolle des Finanzinstituts erlassen, welche am 18.09.2002 durch die PBoC's Richtlinien für die interne Kontrolle von Geschäftsbanken (Referenznr. Ren Min Yin Hang Gong Gao [2002]19) ersetzt wurde, womit jedoch die grundlegenden rechtlichen Rahmenbedingungen für ein internes Kontrollsystem festgelegt wurde. Nach der Gründung der CBRC als chin. Bankenaufsichtsbehörde hat sie diese Interne Kontroll RL jeweils 2007 und 2014 zweimal revidiert. Am 12.09.2014 überarbeitete die CBRC die Richtlinien für die interne Kontrolle von Geschäftsbanken mit Referenznr. Yin Jian Fa [2014] 40[317] im Einklang mit den vom BASELER Komitee veröffentlichten Grundsätzen für eine wirksame Bankenaufsicht[318] aus 2012 gründlich. Darüber hinaus hat die PBoC im Jahr 2015 eine Guideline zur (eigenen) Bewertung der internen Kontrolle in Geschäftsbanken mit Referenznr. JR / T 0125-2015[319] herausgegeben. Obwohl diese Guideline für Geschäftsbanken zur Bewertung des eigenen Internen Kontrollsystems dient und unverbindlich für die CBRC und für Geschäftsbanken gilt, hat sie dennoch für die Geschäftsbank einen praktischen Sinn zur Etablierung eines angemessenen internen Kontrollsystems.

d. Rentabilität

Zur Beurteilung der Rentabilität unterscheidet die CAMELS-RL die quantitativen und die qualitativen Indikatoren.

aa. Quantitative Indikatoren

CAMELS-RL sieht insgesamt 6 quantitativen Indikatoren wie Gesamtkapitalrentabilität (ROI), Eigenkapitalrentabilität (ROE), Aufwands-/Ertragsverhältnis, Rentabilität von Risikokapital, Nettozinsspanne und Zinsunabhängige Einkommensquote vor.

---

317 http://www.gov.cn/gongbao/content/2015/content_2821645.htm.
318 https://www.bis.org/publ/bcbs230_de.pdf.
319 https://www.dtsbc.com.cn/upload/20190916/20190916144013178.pdf.

Nach Anlage 1 der internen Richtlinien für regulatorische Ratings von Geschäftsbanken (Quantitativer und Qualitativer Standard zur bankenaufsichtlichen Bewertung für Geschäftsbanken[320]).
Der Indikator Gesamtkapitalrentabilität (ROI) macht 20 % der Komponente Rentabilität aus. Beträgt die Gesamtkapitalrendite über 1,2 %, erhält die zu bewertende Bank 100 Punkte; zwischen 0,6 % bis 1,2 % 60 bis 100 Punkte; zwischen 0,2 % bis 0,6 % 0 bis 60 Punkte; unter 0,2 % dann 0 Punkte[321].
Der Indikator Eigenkapitalrentabilität (ROE) macht ebenfalls 20 % der Komponente Rentabilität aus. Beträgt die Eigenkapitalrentabilität über 20 %, erhält die zu bewertende Bank 100 Punkte; zwischen 11 % bis 20 % 60 bis 100 Punkte; zwischen 2 % bis 11 % 0 bis 60 Punkte; unter 2 % dann 0 Punkte[322].
Das Aufwands-/Ertragsverhältnis macht 20 % der Komponente Rentabilität aus. Beträgt das Aufwands-/Ertragsverhältnis unter 30 %, erhält die zu bewertende Bank 100 Punkte; zwischen 40 % bis 30 % 60 bis 100 Punkte; zwischen 70 % bis 40 % 0 bis 60 Punkte; mehr als 70 % dann 0 Punkte[323].
Falls der RoRAC einer Geschäftsbank bei mehr als 2 % liegt, erhält sie 100 Punkte; zwischen 0,9 % bis 2 % 60 bis 100 Punkte; zwischen 0,3 % bis 0,9 % 0 bis 60 Punkte; für unter 0,3 % 0 Punkte[324].
Danach macht der Indikator Nettozinsspanne 15 % der Komponente Rentabilität aus. Falls die Nettozinsspanne einer Geschäftsbank bei mehr als 2,8 % liegt, erhält sie 100 Punkte; zwischen 2 % bis 2,8 % 60 bis 100 Punkte; zwischen 0,5 % bis 2 % 0 bis 60 Punkte; unter 0.5 %, 0 Punkte[325].
Danach macht der Indikator Verhältnis von Non-Zinseinkünften oder Zinsunabhängige Einkommensquote[326] 10 % der Komponente Rentabilität aus. Falls das Verhältnis von Non-Zinseinkünften einer Geschäftsbank bei mehr als 20 % liegt, erhält sie 100 Punkte; zwischen 10 % bis 20 % 60 bis 100 Punkte; zwischen 0 % bis 10 % 0 bis 60 Punkte.

---

320 Interne Richtlinien für regulatorische Ratings von Geschäftsbanken (Interim) (《商业银行监管评级内部指引》) mit Referenznr. Yin Jian Fa [2014]32 (银监发[2014]32号) am 19.06.2014, erhältlich unter http://www.pkulaw.cn/fulltext_form.aspx?Db=chl&Gid=313978.

321 ebenda.

322 ebenda.

323 ebenda.

324 ebenda.

325 ebenda.

326 non interest income ratio (非利息收入比例).

Des Weiteren gibt § 13 Kernindikatoren zur Risikoüberwachung von Geschäftsbanken[327] ebenfalls für drei Rentabilitätsindikatoren vor: Aufwands-/Ertragsverhältnis und die Kapitalrendite. Das Aufwands-/Ertragsverhältnis ist das Verhältnis von Betriebsaufwand zuzüglich Abschreibungen zum Betriebsergebnis, das nicht höher als 45 % sein soll; das Verhältnis von Gewinn nach Steuern zur durchschnittlichen Bilanzsumme soll nicht unter 0,6 % liegen; das Verhältnis von Gewinn zum durchschnittlichen Nettovermögen soll nicht weniger als 11 % betragen[328].

bb. Qualitative Indikatoren

Des Weiteren gibt es insgesamt 5 qualitative Indikatoren: die Echtheit der Rentabilität (12 Punkte), die Stabilität der Rentabilität, 3. Risikodeckung der Rentabilität (12 Punkte), 4. Nachhaltigkeit der Rentabilität (7 Punkte) und die Wirksamkeit des Finanzmanagements (7 Punkte)[329].

Bei der Echtheit der Rentabilität wird geprüft, ob die Geschäftsbank strikt die Rechnungslegungsstandards und Rechnungslegungssysteme befolgt hat, um Kosten, Aufwendungen und Erträge genau zu berechnen.

Bei der Stabilität der Rentabilität wird geprüft, ob die Gewinnstruktur angemessen, das Rentabilitätsniveau stabil und die Profiteffizienz gut ist.

Bei der Risikodeckung der Rentabilität (12 Punkte) wird geprüft, wie hoch die Risikopreisfähigkeit ist und ob verschiedene Risikofaktoren berücksichtigt werden[330].

Bei der Nachhaltigkeit der Rentabilität (7 Punkte) wird geprüft, ob die langfristige Entwicklungsstrategie der Bank zur Optimierung der Gewinnstruktur und zur Verbesserung der Rentabilität beiträgt, ob die Änderungen der Gewinnstruktur mit der Entwicklungsstrategie der Bank vereinbar sind und

---

327 Kernindikatoren für das Risikomanagement der Geschäftsbanken (Interim) (《商业银行风险监管核心指标（试行）》), erlassen am 31. Dezember 2005, gültig ab 01. Januar 2006, erhältlich unter https://www.cbirc.gov.cn/cn/view/pages/ItemDetail.html?docId=181&itemId=928&generaltype=0.

328 Interne Richtlinien für regulatorische Ratings von Geschäftsbanken (Interim) (《商业银行监管评级内部指引》) mit Referenznr. Yin Jian Fa [2014]32 (银监发[2014]32号) am 19.06.2014, erhältlich unter http://www.pkulaw.cn/fulltext_form.aspx?Db=chl&Gid=313978.

329 ebenda.

330 ebenda.

ob der Gewinnbeitrag der wichtigsten Linien und Produkte in der Strategie der Bank weiter zunimmt[331].
Bei der Wirksamkeit des Finanzmanagements (7 Punkte) wird geprüft, ob ein solides Budget- und Endabrechnungssystem eingerichtet war, ob ein notwendiges Finanzmanagementsystem eingerichtet wurde, ob das Finanzmanagementsystem den nationalen Gesetzen und Vorschriften entspricht und mit der Geschäftskomplexität, der Finanzrisikokontrolle usw. der Bank vereinbar ist; ob das Finanzmanagementsystem angemessen und effektiv ist. Die lokale Umsetzung kann die Finanzstrategie und die finanziellen Ziele der Bank fördern und garantieren[332].

e. *Liquidität*

Die chin. Bankenaufsichtsbehörde hat der Überwachung des Liquiditätsrisikomanagements von Geschäftsbanken große Bedeutung beigemessen. In den vergangenen Jahren widmete sie der internationalen Regulierungsreform im Bereich des Liquiditätsrisikomanagements große Aufmerksamkeit, insbesondere im Einklang mit den vom BASEL Komitee festgelegten Liquiditätsnormen. Seit 1994 führte die PBoC als damalige Bankenaufsichtsbehörde die Überwachung des Liquiditätsrisikos durch Einführung eines Asset-Liability-Ratio-Managements für Geschäftsbanken ein[333]. Fünf der neun zu diesem Zeitpunkt angekündigten Überwachungsindikatoren galten zur Überwachung der Liquidität, nämlich das Einlagen-Kredit-Verhältnis, das Verhältnis von mittel- und langfristigen Krediten, die Liquiditätskennziffern, die Reservequote und das Verhältnis zwischen Anleihen und Darlehen[334]. Nachdem die CBRC in 2003 etabliert war, wurden die Liquidität als Risiko ins ganzheitliche Riskmanagement aufgenommen und damit einhergehend die Kernindikatoren des

331 ebenda.
332 ebenda.
333 PBoC Bestimmungen über die Indikatoren über das Asset-Liability-Ratio-Management (《商业银行资产负债比例管理指标及有关规定》) mit Referenznr. Yin Fa [1994] Nr. 38 und Nr. 171 （银发 [1994]38、171号）, ersetzt durch die PBoC Mitteilung über die Überwachung von Asset-Liability-Ratio, die Überwachungsindikatoren und der Bewertungsmaßnahmen für Geschäftsbanken (《中国人民银行关于印发商业银行资产负债比例管理监控、监测指标和考核办法的通知》) mit Referenznr. Yin Fa [1996]450 (银发[1996]450号) am 12.Dezember 1996.
334 WANG Zhaoxing [2014] S. 9.

Riskmanagements für Geschäftsbanken (provisorische Version)[335] in 2005 veröffentlicht. Anlässlich der Finanzkrise 2008 hat der Basler Ausschuss in 2008 die „Principles of Robust Liquidity Risk Management and Supervision" herausgegeben, die das Liquiditätsrisikomanagement durch qualitative Indikatoren verbessert haben; 2010 hat er die „3rd Edition of the Basel Agreement: Liquidity Risk Measurement, Standards International Framework" zur Überwachung des Liquiditätsrisikos mit quantitativen Indikatoren herausgegeben. Basierend auf den beiden Basler-Konzepten zur Überwachung des Liquiditätsrisikos, versuchte die CBRC seit 2011 eine eigene Verwaltungsmaßnahme über Liquiditätsrisikomanagement auszuarbeiten[336] und veröffentlichte nacheinander in 2014 und 2015 die „Verwaltungsmaßnahmen über das Liquiditätsrisiko in Geschäftsbanken" (provisorische Version), welche zuletzt in 2018 nochmal revidiert wurde[337] . Sie besteht aus 75 Artikeln in 4 Kapiteln und 7 Anlagen. Kapitel I stellt den Anwendungsbereich der Liquiditätsrisikomanagementmethode, die Definition des Liquiditätsrisikos und die Gesamtanforderung an das Liquiditätsrisikomanagement fest. Kapitel II nennt die Rahmenbedingungen für eine solide Steuerung und Überwachung des Liquiditätsrisikos sowie die Beurteilungskriterien. Kapitel III legt regulatorische Standards für fünf Liquiditätsindikatoren – Liquiditätsquote (LR) ≥ 25 %, Liquiditätsdeckungsgrad (LCR) ≥100 %, Net Stable Funding Ratio (NSFR) ≥100 %, Hochwertiges Liquiditätsadäquanzverhältnis (HQLAAR) ≥ 100 %, Liquidity Matching Rate (LMR) ≥100 % – fest. Dieses Kapitel stellt darüber hinaus mehrdimensionale Rahmenbedingungen und Instrumente zur Überwachung des Liquiditätsrisikos sowie Methoden, Ansätze und Kontrollverfahren bereit. Kapitel 4 regelt die Durchführungszeiträume und Übergangsbestimmungen.

Die sieben Anlagen gelten als technische Durchführungsstandards im Liquiditätsrisikomanagement sowie Buchhaltungsmethoden der fünf Liquiditätsindikatoren.

---

335 Kernindikatoren vom Riskmanagement für Geschäftsbanken (Provisorische Version) (《商业银行风险监管核心指标(试行)》), erlassen am 31. Dezember 2005, gültig ab 01. Januar 2006, erhältlich unter https://www.cbirc.gov.cn/cn/view/pages/ItemDetail.html?docId=181&itemId=928&generaltype=0

336 ZHANG Liming [2014] Seite 20.

337 Verwaltungsmaßnahme über das Liquiditätsrisikomanagement von Geschäftsbanken (provisorische Version) (《商业银行流动性风险管理办法》(试行)), erlassen am 17. Januar 2014 mit Referenznr. Yin Jian Hui Ling Nr. 2014/02 (银监会令2014年第2号), revidiert am 02.09.2015 mit Referenznr. Yin Jian Hui Ling Nr. 2015/09 (银监会令2015年第9号), zuletzt revidiert am 23.05.2018 durch CBIRC mit Referenznr. mit Referenznr. Yin Bao Jian Hui Ling Nr. 2018/03 (银保监会令2018年第3号).

Darüber hinaus hat die chin. Bankenaufsichtsbehörde zur Überwachung der Liquidität jeweils die Verwaltungsmaßnahmen zur Offenlegung der Liquiditätsdeckungsquote der Geschäftsbanken[338] am 17.12.2015 und die Verwaltungsmaßnahmen zur Offenlegung der Liquidity Matching Rate der Geschäftsbanken[339] veröffentlicht.

Tabelle 8 Entwicklungsgeschichte zur Überwachung des Liquiditätsrisikos

Bekannt ab	**Gültigkeit**	**Rechtsgrundlage**	**Indikatoren**
Juli 1994	ungültig seit 26.10.2010	Vorläufige Maßnahmen zur Beurteilung des Asset-Liability-Ratio-Managements von Geschäftsbanken[340]	Einlagen-Kredite-Verhältnis, das Verhältnis von mittel- und langfristigen Krediten, die Liquiditätskennziffern, die Reservequote und das Verhältnis zwischen Anleihen und Darlehen
Mai 1995	ungültig seit 27.12.2003	Geschäftsbankengesetz	Einlagen- und Kreditquote ≤ 75 %; Aktiva-Liquiditätsquote ≥ 25 %
Dezember 1996	ungültig seit	Maßnahmen zur Überwachung und Beurteilung des Indikators Asset-Liability-Ratio von Geschäftsbanken[341]	Einzelkreditquote, Reservequote, Kreditfondsquote, Einlagen- und Kreditquote, mittel- und langfristige Kreditquote, Liquiditätsquote[342]

(*fortsetzung*)

338 Verwaltungsmaßnahmen zur Offenlegung von Liquiditätsdeckungsquote der Geschäftsbanken mit Referenznr. Yin Jian Fa [2015]52商业银行流动性覆盖率信息披露办法银监发（2015）52号erlassen am 17.12.2015.

339 Verwaltungsmaßnahmen zur Offenlegung von Liquiditätsdeckungsquote der Geschäftsbanken mit Referenznr. Yin Bao Jian Fa [2019]11 (商业银行商业银行净稳定资金比例信息披露办法（2019）11号) erlassen am 04.03.2019.

340 Vorläufige Maßnahmen für das Management und die Bewertung des Asset-Liability-Verhältnisses von Geschäftsbanken (《商业银行资产负债比例管理考核暂行办法》), ungültig mit Referenznr. Yin Jian Hui Ling 2010 [15].

341 Überwachung und Beurteilung des Indikators Asset-Liability-Ratio von Geschäftsbanken (《商业银行资产负债比例管理监控、监测指标和考核办法》) ,ungültig mit Referenznr. Yin Jian Hui Ling 2010 [15].

342 Chinesische Begriffe: 单个贷款比例、备付金比例、拆借资金比例、存贷款比例、中长期贷款比例、资产流动性比例.

Tabelle 8 Fortsetzung

Bekannt ab	Gültigkeit	Rechtsgrundlage	Indikatoren
Februar 1998	ungültig seit 22.01.2008	Vorläufige Maßnahmen zur Verhütung und Behandlung von Zahlungsrisiken der Finanzinstitute	Liquiditätsquote, Einlagenreserve und Reservequote, Summe der erhaltenen Inter-bankenkredite und -einlagen abzüglich der Summe der ausgegebenen Interbankenkredite und -einlagen
Februar 2004	ungültig seit 05.01.2011	Risikobewertungssystem für Aktienbanken (Interim)[343]	Liquiditätsquote, RMB-Überschussreservequote, Fremdwährungsreservequote, (RMB und Fremdwährungs-konsolidierung) Einlagen-Kreditquote, Fremdwährung-seinlagen-Kreditquote, Nettokreditdeckungsquote
Dezember 2005	Gültig	Kernindikatoren für das Risikomanagement der Geschäftsbanken (provisorische Version)	Liquiditätsquote ≥ 25 %, Kernschuldenquote ≥ 60 %, Liquiditätslückenquote ≥ 10 %
September 2009	ungültig seit 01.03.2014	Richtlinien für das Liquiditätsrisikomanagement von Geschäftsbanken[344]	Keine Änderung im Vergleich mit den neuesten Regelungen zum damaligen Zeitpunkt
Januar 2014	ungültig seit 01.10.2015	Verwaltungsmaßnahme über Liquiditätsrisikomanagement in Geschäftsbanken (interim)	Liquiditätsdeckungsgrad[345]≥100 %, Loan-to-Deposit Ratio ≤75 %, Liquiditätsquote ≥25 %[346]
September 2015	ungültig seit 01.07.2018	Verwaltungsmaßnahme über Liquiditätsrisikomanagement in Geschäftsbanken (provisorische Version)	Liquiditätsdeckungsgrad (LCR) ≥ 100 %, Liquiditätsquote ≥ 25 %

343 Risikobewertungssystem für Aktienbanken (Interim) (《股份制商业银行风险评级体系（暂行）》), ungültig mit Referenznr. Yin Jian Hui Ling 2010 [15].

344 Richtlinien für das Liquiditätsrisikomanagement von Geschäftsbanken (《商业银行流动性风险管理指引》), ungültig mit Referenznr. Yin Bao Jian Ling 2014/2.

345 Englische Begriffe: Liquidity Coverage Ratio

346 Chinesisiche Begriffe: 流动性覆盖率、存贷比、流动性比例.

Tabelle 8 Fortsetzung

Bekannt ab	Gültigkeit	Rechtsgrundlage	Indikatoren
Mai 2018	gültig seit 01.07.2018	Verwaltungsmaßnahme über Liquiditätsrisiko-management in Geschäftsbanken	Liquiditätsquote (LR) ≥ 25 %, Liquiditätsdeckungsgrad (LCR) ≥ 100 %, strukturelle Liquiditätsquote[347] (NSFR) ≥ 100 %, Hochwertiges Liquiditätsadäquanzverhältnis (HQLAAR) ≥ 100 %, Liquidity Matching Rate (LMR) ≥ 100 %,

Quelle: Eigene Erstellung nach der Gesetzessammlung Beida Fabao (www.pkulaw.cn)

Zur Bewertung des Liquiditätsrisikos sieht die CAMELS-RL insgesamt drei quantitative und fünf qualitative Indikatoren vor.

aa. Quantitative Indikatoren

Im Rahmen des CAMELS-Bewertungskonzepts gibt es drei quantitative Überwachungsindikatoren: Kredite-Einlagen-Verhältnis, Liquiditätsquote und Liquiditätsdeckungsgrad.

Obwohl die Regelung, dass das Kredite-Einlagen-Verhältnis „nicht mehr als 75 %“ betragen soll, im Rahmen der GBG-Reform 2015 als regulatorischer Indikator aus dem GBG gelöscht wurde, gilt sie weiterhin als ein wichtiger Überwachungsindikator im Rahmen des CAMELS-Bewertungskonzepts.

Das Kredite-Einlagen-Verhältnis macht 30 % von allen drei quantitativen Indikatoren der Komponente Liquidität aus. Liegt es unter 60 %, erhält die Bank für diesen Indikator 100 Punkte; zwischen 75 % bis 60 % 60 bis 100 Punkte; zwischen 85 % bis 75 % 0 bis 60 Punkte; über 85 % 0 Punkte[348].

Die Liquiditätsquote macht ebenfalls 35 % aller drei quantitativen Indikatoren der Komponente Liquidität aus. Liegt sie über 40 %, erhält die Bank für diesen

347 Englishe Begriffe: Net Stable Funding Ratio.

348 Interne Richtlinien für regulatorische Ratings von Geschäftsbanken (Interim) (《商业银行监管评级内部指引》) mit Referenznr. Yin Jian Fa [2014]32 (银监发[2014]32号) am 19.06.2014, erhältlich unter http://www.pkulaw.cn/fulltext_form.aspx?Db=chl&Gid=313978.

Indikator 100 Punkte; zwischen 25 % bis 40 % 60 bis 100 Punkte; zwischen 20 % bis 25 % 0 bis 60 Punkte; unter 20 % 0 Punkte[349].
Liquiditätsdeckungsgrade macht 35 % von allen drei quantitativen Indikatoren der Komponente Liquidität aus. Liegt dieser Wert über dem 1,2fachen der aufsichtlichen Mindestanforderung, erhält die zu bewertende Bank 100 Punkte; zwischen dem 1 bis 1,2fachen 60 bis 100 Punkte, zwischen dem 0,6 bis 1fachen 0 bis 60 Punkte, liegt er unter dem 0,6fachen 0 Punkte[350].

bb. Qualitative Indikatoren

Die fünf qualitativen Kriterien zur Bewertung des Liquiditätsstatus sind die Governance-Struktur des Liquiditätsmanagements (12), Strategien, Richtlinien und Verfahren für das Liquiditätsrisikomanagement (12), Identifizierung, Messung, Überwachung und Kontrolle des Liquiditätsrisikos (20), das Informationssystem zum Liquiditätsrisikomanagement (8) sowie sonstige Elemente des Liquiditätsrisikomanagements (8)[351].
Mit den qualitativen Kriterien der Liquidität wird hauptsächlich bewertet, ob die Geschäftsbanken den Indikatorstandard der Liquiditätsrisikoaufsicht erfüllt und bei Schlechterfüllung die von der Aufsichtsbehörde aufgeforderten nachgebesserten Maßnahmen fristgerecht umgesetzt sowie ob sie die wichtigen Indikatoren ggü. der Aufsichtsbehörde vorschriftsgemäß offengelegt oder falsche Angaben gemacht haben.

f. Marktrisiko

Bzgl. des Marktrisikos enthält die CAMELS-RL zwei quantitative (30 Punkte) und drei qualitative Kriterien (70 Punkte). Regulatorisch zur Beaufsichtigung der Marktrisiken gilt die von der CBRC am 29.12.2004 erlassene „Richtlinie für das Marktrisikomanagement von Geschäftsbanken“[352] (folgend als „Marktrisiko RL“), welche die Mindestanforderungen an das Marktrisikomanagement festlegt und von Geschäftsbanken verlangt, die Marktrisiken sowohl im

349 ebenda.
350 ebenda.
351 ebenda.
352 Richtlinie für das Marktrisikomanagement von Geschäftsbanken mit Referenznr. 10 [2004] (《商业银行市场风险管理指引》[2004]年第10号), erlassen am 29.12.2004, gültig ab 01.03.2005, erhältlich unter http://www.cbrc.gov.cn/chinese/home/docDOC_ReadView/1123.html.

Handelsgeschäft als auch im Bankgeschäft hinreichend zu identifizieren, präzise zu bemessen, kontinuierlich zu überwachen und zu kontrollieren.
Diese RL besteht aus 44 Artikeln in vier Kapiteln, nämlich „Allgemeine Bestimmungen“, „Management von Marktrisiken“, „Überwachung von Marktrisiken“ und „Ergänzende Bestimmungen“. Hauptteil der Richtlinien ist das zweite Kapitel aus fünf Unterabschnitten. Die CBRC hat bei der Verfassung dieses Kapitels das 4-Elemente-Aufbauschema für Risikomanagement als Vorbild genommen. Danach sind die vier Grundelemente: (1) wirksame Aufsicht durch den Verwaltungsrat und die Geschäftsleitung; (2) Verfahren für ein solides Risikomanagement; (3) wirksame Mechanismen zur Identifizierung, Messung, Überwachung und Kontrolle von Risiken; und (4) ordnungsgemäße interne Kontrolle und externe Prüfung zum Aufbau eines wirksamen und effektiven Risikomanagementsystems. Zu den vier Unterabschnitten hat die CBRC im fünften Abschnitt die aufsichtsrechtlichen Kapitalanforderungen für Marktrisiken spezifiziert. Der Anhang der Richtlinie enthält ein Glossar der relevanten Terminologien.
Diese RL sieht vor, dass alle Banken spätestens vor Ende 2008 die Anforderungen an das Marktrisikomanagement vollständig erfüllen müssen.
Zur Konkretisierung der Marktrisiko Richtlinie und zum internen Zweck hat die CBRC im November 2005 noch das „Handbuch zur On-Site-Prüfung des Marktrisikomanagements von Geschäftsbanken“[353] (folgend „Marktrisiko Prüfungshandbuch“) veröffentlicht. Mit der „Marktrisiko RL“ und den „Verwaltungsmaßnahmen über die Eigenkapitalquote von Geschäftsbanken[354]“ als Leitfaden, mit den „Verwaltungsmaßnahmen über die Derivatengeschäfte von Finanzinstituten[355]“ als Ergänzung und mit dem „Marktrisiko

353 Handbuch zur On-Site-Prüfung des Marktrisikomanagements von Geschäftsbank (《商业银行市场风险监管现场检查手册》), erlassen am 23.11.2005 von CBRC.

354 Verwaltungsmaßnahmen über die Eigenkapitalquote von Geschäftsbanken (《商业银行资本充足率管理办法》) mit Referenznr. 10 [2006], erlassen am 2005, revidiert am 2007 mit Referenznr. 2007/11, ersetzt von Verwaltungsmaßnahmen für das Kapital von Geschäftsbanken (Provisorische Version) mit Referenznr. Zhong Guo Yin Hang Ye Jian Du Guan Li Wie Yuan Hui Ling 2012/1 （《商业银行资本管理办法（试行）》中国银行业监督管理委员会令 [2012]1号）, erlassen von CBRC am 06.07.2012, gültig ab dem 01.01.2013, erhältlich unter http://www.cbrc.gov.cn/chinese/home/docView/79B4B184117B47A59CB9C47D0C199341.html

355 Provisorische Maßnahmen für das Management des Handels mit Derivaten in Finanzinstituten (《金融机构衍生产品交易业务管理暂行办法》), revidiert am 05.01.2011 mit Referenznr. Yin Jian Hui Ling 2011/01.

Prüfungshandbuch" als Prüfungsinstrument ist in China ein vollständiges Marktrisikoregulierungssystem eingerichtet worden.

aa. Quantitative Indikatoren

Unter den quantitativen Indikatoren macht der Indikator Zinsrisikoempfindlichkeit 50 % dieses Indikators aus. Falls die Zinsrisikoempfindlichkeit unter 5 % liegt, erhält die Bank 100 Punkte; zwischen 15 % bis 5 % 75 bis 100 Punkte; zwischen 100 % bis 15 % 75 Punkte; über 100 % 0 Punkte[356].

Der Indikator Kumuliertes Verhältnis der offenen Positionen zu Devisen macht ebenfalls 50 % aus. Falls es unter 5 % liegt, erhält die Bank 100 Punkte; zwischen 20 % bis 5 % 75 bis 100 Punkte; zwischen 100 % bis 20 % 75 Punkte; über 100 % 0 Punkte.

bb. Qualitative Indikatoren

Die drei qualitativen Indikatoren sind die Rahmenbedingungen für das Marktrisikomanagement Marktrisiko (20 Punkte), Identifizierung, Messung, Überwachung und Kontrolle von Marktrisiken (40 Punkte) und sonstige Elemente zum Management von Marktrisiko.

Mit den qualitativen Kriterien des Marktrisikos wird hauptsächlich bewertet, ob eine Geschäftsbank einen angemessenen Rahmen für das Marktrisikomanagement und -kontrollsystem einschließlich der angemessenen Ressourcen geschaffen hat, ob die einschlägigen Personen zum Marktrisikomanagement fachlich qualifiziert sind, ob die Entwicklung von Geschäftsstrategie und Geschäftsprozess sowie Neuprodukten mit der Art, dem Umfang, der Komplexität und den Risikoeigenschaften des Geschäfts der Bank vereinbar und funktionsfähig sind.

g. Informationstechnologierisiko

Im Vergleich mit dem CAMELS-Rating Konzept 2006 wurde die Bewertung des IT-Risikos ins CAMELS-Rating Konzept 2014 neu aufgenommen. Zur Beurteilung des IT-Risikos gibt es nur qualitative Indikatoren, nämlich IT-Governance, IT-Risikomanagement, IT-Audit, IT-Sicherheitsmanagement, Entwicklung und Test von IT-Systemen, IT-Betrieb und -Wartung,

---

356 Interne Richtlinien für regulatorische Ratings von Geschäftsbanken (Interim) (《商业银行监管评级内部指引》) mit Referenznr. Yin Jian Fa [2014]32 (银监发[2014]32号) am 19.06.2014, erhältlich unter http://www.pkulaw.cn/fulltext_form.aspx?Db=chl&Gid=313978.

Geschäftskontinuitätsmanagement, IT-Outsourcing und Meldungen von Sicherheitsvorfällen.
Mit der breiten Anwendung der Informationstechnologie hat sich die Rolle des IT-Systems von der Unterstützung des Geschäfts in die Integration mit dem Unternehmen und als Kernpfeiler für einen sicheren und soliden Betrieb entwickelt. Am 3. März 2009 hat die CBRC die Richtlinien über das IT-Risikomanagement in Geschäftsbanken[357] erlassen, um die im Jahr 2006 veröffentlichten Richtlinien über das IT-Risikomanagement für Finanzinstitute im Bankensektor[358] zu ersetzen. Die neuen Richtlinien bestehen aus 11 Kapiteln mit 76 Klauseln einschließlich allgemeiner Bestimmungen, IT-Governance, IT-Risikomanagement, Informationssicherheit, IT-Systementwicklung, Test und Wartung, IT-Betrieb, Business Continuity Management, Outsourcing und ergänzenden Bestimmungen. Die Richtlinien haben explizite Anforderungen an die Informationstechnologie-Governance-Struktur, das IT-Risikomanagement, Informationssicherheit, IT-Systementwicklung, Test und Wartung, IT-Betrieb, Business Continuity Management, Auslagerung, interne und externe Audits gestellt.
Am 16. Februar 2013 veröffentlichte die CBRC die Regulierungsrichtlinien für das IT-Auslagerungsrisiko der Geschäftsbanken[359], um die Informationstechnologie-Outsourcing-Aktivitäten von Bankinstituten weiter zu regulieren und so das Risiko der IT-Auslagerung zu reduzieren.
Am 3. September 2014 gab die CBRC die Leitlinien für die sichere und kontrollierbare Nutzung der Technologie in Banken zur Stärkung von Internetsicherheit und Systemaufbau heraus[360]. Die Leitlinien verlangen von Banken,

357 Richtlinien für Informationstechnologie-Risikomanagement in Geschäftsbanken (《商业银行信息科技风险指引》) mit Referenznr. Yin Jian Fa [2009] Nr. 19 (银监发 [2009]19号), erlassen am 03.03.2009, erhältlich unter http://www.cbrc.gov.cn/chinese/files/2009/20090601A5AC687B78068B60FFDAB8BD0E6FF100.doc.

358 Richtlinien für Informationssystem-Risikomanagement von Finanzinstituten im Bankensektor (《银行业金融机构信息系统风险管理指引》) mit Referenznr. Yin Jian Fa （银监发［2006］63号）, erlassen am 07.09.2006.

359 Richtlinie zum Risikomanagement vom IT-Auslagerungsrisiko in Kreditinstitute 《银行业金融机构信息科技外包风险监管指引》mit Referenznr. Yin Jian Fa [2013] Nr. 5 (银监发[2013]5号), erlassen am 16.02.2013, eingesehen unter http://www.cbrc.gov.cn/govView_48B06C23FFA64F6D93EAE2DD9C9DFB7D.html.

360 Leitlinien für die sichere und kontrollierbare Nutzung der Technologie in Banken zur Stärkung der Internetsicherheit und Systemaufbau, Yin Jian Fa [2014] Nr. 39 (《关于应用安全可控信息技术加强银行网络安全和信息化建设的指导意见》银监发[2014]39号), erlassen am 03.09.2014, eingesehen unter http://www.cbirc.gov.cn/cn/view/pages/govermentDetail.html?docId=275659&itemId=861&generaltype=1.

(i) die Governance-Struktur der Informationstechnologie zu verbessern, (ii) die Strukturen zu stärken, (iii) die Nutzung sicherer und kontrollierbarer Technologien zu priorisieren, (iv) die Fähigkeit der unabhängigen Entwicklung der Informationstechnologie zu fördern, (v) in der Forschung und Entwicklung von sicheren und kontrollierbaren Technologien aktiv mitzuwirken, und (vi) die Stärkung des Schutzes der geistigen Eigentumsrechte.
Am 21.05.2018 hat die CBIRC eine Richtlinie für die Data Governance im Bankensektor[361] herausgegeben, wonach sie die Data Governance von Bankenfinanzinstituten durch Off-Site- und eine Vor-Ort-Prüfung laufend überwachen will (vgl. § 50 Data Governace RL). Demnach kann sie von den Bankfinanzinstituten verlangen, ihre Data Governance durch interne oder externe Prüfer zu prüfen und der CBIRC den Prüfungsbericht vorzulegen (vgl. § 51 Data Governace RL). Seitdem gilt die Data Governance als Bestandteil der Sorgfaltspflicht und die CBIRC kann wegen Verletzung der Data Governance Bußgeld verhängen (vgl. § 52 Nr. 3 Data Governance RL i. V. m. Art. 47 BAG).
Die Informationssicherheit gewinnt im Geschäftsleben von Geschäftsbanken immer mehr Bedeutung. Der verstärkte Fokus der Aufsicht auf sichere IT-Systeme und IT-Prozesse einerseits sowie komplexer werdende IT-Landschaften, neue Technologien/Sicherheitsstandards und Angriffsszenarien andererseits lassen der IT-Sicherheit in den Banken wachsende Aufmerksamkeit zukommen. Dies spiegelt sich ebenfalls im Lauf der GBG Novelle 2021 wider, da das Vorhandensein von angemessenen IT-Governance-, -system- und -sicherheitsmaßnahmen als Gründungsvoraussetzung einer Geschäftsbank in Art. 12 Nr. 7 GBG-E n. F. eingeführt worden ist.

III. Aufsichtliche Instrumente

Die effiziente laufende Bankenaufsicht hängt von den zur Verfügung stehenden Instrumenten ab, welche bestimmen, in welcher Form die Bankenaufsichtsbehörden die Erreichung der vorgegebenen Zwecke verfolgen. Oben in Kapitel 2 I. 3 Aufsichtliche Befugnisse wurde dargestellt, dass sich die chin. Bankenaufsichtsbehörde verschiedener Aufsichtsmaßnahmen bedienen kann. Im Rahmen der laufenden Aufsicht kommt dabei hauptsächlich vier Verwaltungsformen Bedeutung zu: Rechtsetzungs-, Genehmigungs-, Prüfungs-, Informations- und Sanktionsbefugnissen.

---

361 Richtlinien für die Datenverwaltung von Banken mit Referenznr. Yin Bao Jian Fa [2018] 22, veröffentlicht durch CBIRC am 21.05.2018 (《银行业金融机构数据治理指引》银保监发〔2018〕22号).

Abgesehen von den Rechtsetzungsbefugnissen (vgl. oben Kapitel 2 II Befugnisse) verfügt die chin. Aufsichtsbehörde im Rahmen der laufenden Aufsicht insbesondere über Informations-, Auskunfts-, Prüfungs-, Anordnungs- und Eingriffsbefugnisse.

1. Rechtsetzungsbefugnisse

Wie oben in Kapitel 2 II Befugnisse erläutert, bevollmächtigt Artikel 15 GBG die chin. Aufsichtsbehörde, notwendige Verwaltungsvorschriften einerseits bzgl. der zu beaufsichtigenden Adressaten und deren Geschäften und andererseits bzgl. der Geschäftsführung sowie Personalqualifikation zu erlassen.

2. Genehmigungsbefugnisse

Wie im 2. Kapitel unter A. III. 2. dargestellt, kann die CBIRC nicht nur die Gründung, Änderung und Schließung eines Aufsichtsobjektes zulassen, sondern auch den Geschäftsumfang und Produktarten sowie die leitenden Mitarbeiter. Die Genehmigungen sowie Ablehnungen werden nach der schriftlichen Prüfung des Antragsstellers zugleich auf der Webseite der CBIRC öffentlich bekannt gemacht.

3. Informations- und Prüfungsbefugnisse

a. Vor-Ort-Prüfung

Nach dem Prüfungsumfang und -inhalt wird die Vor-Ort-Prüfung der Aufsichtsbehörde nach Gesamt- und Sonderprüfung unterschieden.

Bei einer Gesamtprüfung will die CBIRC alle innerhalb eines bestimmten Zeitraums durchgeführten Geschäftsaktivitäten einer Geschäftsbank vor Ort prüfen, damit ein vollständiger Einblick zur Beurteilung des Gesamtbetriebs gewonnen werden kann; bei Feststellungen sind dann entsprechende Sanktionen nach dem Gesetz zu verhängen.

Die Gesamtprüfung beinhaltet die Richtigkeit der Meldebögen, Geschäftssituation, Vollständigkeit und Effektivität von Interner Kontrolle und Risikomanagement, Management-Informationssysteme für die Richtigkeit der Aussagen und Berichte, Geschäftsbedingungen, Komplexität und Effektivität der internen Kontrollen und des Risikomanagements, Vermögensqualität, Suffizienz von Verlustrückstellungen, Managementfähigkeit, umsichtige Buchhaltung, Compliance, Sachstand zur Abstellung der aus den vorherigen Off-Site-Prüfungen und Vor-Ort-Prüfungen gegebenen Feststellungen.

Die Sonderprüfung bezieht sich auf eine tiefgreifende Vor-Ort Prüfung der möglicherweise in Schwierigkeiten geratenen oder schon problematischen Geschäftsbank. Sie konzentriert sich auf Probleme mit breitem Einfluss auf die Geschäftstätigkeit. Sie beinhaltet die Prüfungen von internen Kontrollen, Darlehensgeschäften, Einlagengeschäften, Bargeldgeschäften etc. Sonderprüfungen werden regelmäßig oder unregelmäßig von der CBIRC gegenüber den chin. Geschäftsbanken durchgeführt.

Seit ihrer Errichtung hat die CBRC eine Reihe von Merkblättern und Rundschreiben zur Standardisierung der Vor-Ort-Prüfung erlassen, wie die „Guideline über das Vor-Ort-Inspektions-Verfahren der CBRC", „Richtlinie über die Qualitätssicherung einer Vor-Ort-Inspektion der CBRC" und andere Dokumente, welche zur Standardisierung der Vor-Ort-Inspektion und zur Umsetzung der Verantwortlichkeiten einen wichtigen Beitrag geleistet haben.

Die CBRC hat am 10. Dezember 2015 die vorläufige Durchführungsrichtlinie zur Vor-Ort-Prüfung[362] (folgend: „Vor-Ort-Prüfung RL2016") erlassen, welche am 14. Februar 2016 in Kraft trat und die vorherige Version von 2014 ersetzte.

Die Vor-Ort-Prüfung ist ein der Bankenaufsichtsbehörde vom Gesetz verliehenes Instrument zur Überwachung der Finanzinstitute. Gemeinsam mit der Markzugangsregulierung und der Off-Site-Prüfung bilden sie die drei Säulen der chin. Bankenaufsicht bei der laufenden Aufsicht[363].

b. *Off-Site-Prüfung*

Ein anderes Instrument zur Überwachung der Geschäftsbanken ist die Off-Site-Prüfung. Die Aufsichtsbehörde ist gem. §§ 23 und 33 BAG berechtigt, zu deren Durchführung Daten von Finanzinstituten umfassend und laufend zu erheben. Dafür wurde seit 2003 eine zur Datenerhebung dienende Datenübermittlungsplattform namens „1104-Projekt"[364] etabliert, die seit Jahren ständig verbessert wird. Nach dem-1104 Projekt gibt es drei Arten von Meldebögen,

---

362 Die vorläufige Durchführungsrichtlinie zur Vor-Ort-Prüfung durch CBRC, Referenz No. Yin Jian Hui Ling 2015 no. 10 (《中国银监会现场检查暂行办法》) erhältlich unter http://www.cbrc.gov.cn/chinese/home/docDOC_ReadView/E5DE45C66AD34380AFC8F3A713D9BEA3.html.

363 Lehrbuch Bankenaufsichtrecht: https://blog.csdn.net/qq_15612527/article/details/118013833.

364 „1104-Projekt" bezieht sich auf das Informationssystem für die Bankenaufsicht, das auf der Sitzung des Vorsitzenden des „Aufbaus von Bankenaufsichtsinformationssystemen" und der Sitzung der von der chinesischen Bankenaufsichtskom-

die von den Finanzinstituten im Alltag zu melden sind: Meldebögen über Basisinformationen, Geschäftsdaten und Wirtschaftsförderung. Meldebögen über die Basisinformation enthalten den allgemeinen Teil und das Risikoprofil eines zu prüfenden Instituts. Unter den allgemeinen Teil fallen Daten wie die grundlegenden Finanzdaten, Leverage Daten und die Daten über die Kapitaladäquanz; unter das Risikoprofil die Daten über das Kreditrisiko, Liquiditätsrisiko, Marktrisiko, operationelle Risiko und Länderrisiko.
Zu den Meldebögen über die Geschäftsdaten zählen die Meldebögen für das außerbilanzielle Geschäft, das Derivatgeschäft, das Vermögensverwaltungsgeschäft, das Kartengeschäft, das Anleihengeschäft, das Investmentgeschäft und die Kreditvermögensübertragung.
Die Meldebögen über die Geschäfte zur Wirtschaftsförderung sind unterteilt in fünf Sektoren: Meldebögen über die Geschäfte zur Unterstützung von Schlüsselindustrien, zur Unterstützung von Agrarindustrie, zur Unterstützung von Klein- und Kleinstunternehmen, zur Sicherstellung von Wohnprojekten und zur Kombination von Investition und Kreditvergabe.
Grds. zum Jahreswechsel ist eine Mitteilung über die zu meldenden Meldebögen von der chin. Aufsichtsbehörde zu erwarten, welche ggü. den meldenden Instituten die geänderten zu meldenden Meldebögen verdeutlichen will. Zuletzt hatte die CBIRC am 12. Januar 2020 die Mitteilung über die zu meldenden Meldebögen für 2020[365] veröffentlicht.
Mit den Meldebögen über die Basisinformationen erfolgt die regelmäßige Off-Site-Überwachung durch die Bankenaufsichtsbehörde. Dabei ist die chin. Bankenaufsichtsbehörde berechtigt, von den Finanzinstituten im Bankensektor die zu meldenden Berichte, Informationen und externen Prüfungsberichte zu verlangen und auszuwerten.

mission am 4. November 2003 abgehaltenen Führungsgruppe für den Aufbau von Aufsichtsinformationssystemen gestartet wurde. "(1104工程"是指2003年11月4日银监会召开的"银行业金融机构监管信息系统建设"主席办公会和监管信息系统建设领导小组会议上决定启动的银行业金融机构监督信息系统).

365 Üblicherweise gibt die chin. Aufsichtsbehörde erst am Jahresende die konkrete Anforderung an den zu erhebenden Datenumfang und -qualität für das aktuelle Jahr bekannt mit dem Titel „Mitteilung über die Datenerhebung zur Off-Site-Prüfung für Jahr XXX" (XXXX年银行业非现场监管报表（1104）填报工作的通知).

4. *Verwaltungssanktionsbefugnisse*

Die Verwaltungssanktionsbefugnisse sind eines der wichtigsten Druckmittel zur Durchführung der Bankenaufsicht bei Verstößen gegen Gesetze und Vorschriften. Die Verwaltungssanktionen der chin. Bankenaufsichtsbehörde sind ein zweigleisiges System, einschließlich Sanktionsmaßnahmen gegen illegale Institute und gegen Personen. Die gegen Institute verhängten Sanktionen beziehen sich im Allgemeinen auf Geldbußen; des Weiteren auch Anordnungen zur Korrektur, Aussetzung von Geschäften zur Korrektur und Entzug der Banklizenz. Bei der Verletzung von Sorgfaltspflichten kann die Aufsichtsbehörde auch die Aussetzung bestimmter Geschäfte, die Ablehnung neuer Geschäfte, Beschränkung der Ausschüttung von Dividenden und anderen Einkünften sowie Beschränkungen zur Vermögensübertragung anordnen; Sanktionen gegen Personen können Disziplinarmaßnahmen, Verwarnungen, Aufhebung von Qualifikationen und das Verbot lebenslanger Berufsausübung im Bankgewerbe sein. Die Verwaltungssanktionsergebnisse werden immer zeitnah auf der Webseite der CBIRC öffentlich bekannt gemacht.

a. *Rechtsgrundlage*

Die Verhängung von Sanktionen durch die CBIRC richtet sich nach dem BAG Kapitel 3 (§§ 30–42 BAG) und Kapitel 4 (§§ 43–49 BAG) in Verbindung mit der „Methode für Verwaltungssanktionen durch CBIRC“ (im folgenden VwSM), die am 1. Februar 2005 in Kraft getreten ist und 2007 und 2015 zweimal revidiert wurde[366]. Geplant ist die dritte Revision im Jahr 2020 nach der Bekanntmachung der Konsultationsversion der Methode am 12.10.2019.
Zuständig für die Einleitung von Ermittlungen, Beweiserhebung und für die Ausarbeitung einer Sanktionsentscheidung ist gem. § 41 BAG in Verbindung mit § 5 S. 1 Nr. 1–3 VwSM innerhalb der CBIRC und der untergeordneten CBIRC-Dienststelle das Untersuchungsamt (监督检查部门), für die Festlegung und die Erteilung einer Sanktion innerhalb des CBIRC das Verwaltungssanktionskomitee (行政处罚委员会) und in der untergenordneten CBIRC-Dienststelle das Verwaltungssanktionsbüro (行政处罚办公室). Die beiden Letztgenannten unterliegen der Leitung der jeweiligen Rechtsabteilung innerhalb des CBIRC sowie der untergenordneten CBIRC-Dienststelle gem. § 5 S. 2 VwSM. § 6 VwSM sieht einen Maßnahmenkatalog der CBIRC bei Verhängung von

366 Methode für Verwaltungssanktionen durch CBIRC mit Referenznr. [2020]8 (《中国银保监会行政处罚办法》), veröffentlicht am 15. Juni 2020, erhältlich unter http://www.gov.cn/zhengce/zhengceku/2020-06/24/content_5521449.htm.

Sanktionen vor. Hierzu gehören Warnung, Bußgelder, Beschlagnahme illegaler Geschäftsgewinne, Betriebseinstellung zur Korrektion, Widerruf der Genehmigung, Widerruf der Berufszulassung als Vorstand, Aufsichtsrat und leitender Mitarbeiter, Berufsverbot für einen bestimmten Zeitraum oder lebenslang. Darüber hinaus legt die VwSM das Verfahren bei der Verhängung von Sanktionen fest. Dieses erstreckt sich von der Einleitung der Ermittlung (§§ 21–25 VwSM), der Ermittlung (§§ 26–34 VwSM), Beweisaufnahme (§§ 35–48 VwSM), Verhandlung (§§ 49–56 VwSM), Diskussionsrunde (§§ 57–66 VwSM), Anhörung (§§ 67–76 VwSM) und Bescheid bis zur Vollstreckung (§§ 77–89 VwSM). Außerdem sieht es für den Fall der Verhängung von schwereren Sanktionen wie beispielsweise bei Widerruf von Genehmigungen oder der Verhängung einer größeren Geldbuße ein Anhörungsverfahren vor.
Seit dem 29.07.2016 hat die Aufsichtsbehörde auf ihrer Webseite einen Verwaltungssanktionskatalog[367] öffentlich bekanntgegeben, welcher insgesamt 269 Sanktionstatbestände abschließend aufgezählt. Die gesetzlichen Rechtsgrundlagen sind nach den CBIRC-Verwaltungssanktionsmaßnahmen[368] (VerwSankM) vor allem im Verwaltungsstrafgesetz der Volksrepublik China (VerwStrG), Bankenaufsichtsverwaltungsgesetz der Volksrepublik China und GBG zu finden. Darüber hinaus gibt es noch die Bestimmungen zur Bestrafung gesetzwidriger Finanztätigkeiten[369] durch Erlass des Staatsrates im Jahr 1999, welche bis heute Gültigkeit haben.

---

367 CBRC-Verwaltungssanktionskatalog (《中国银监会行政处罚事项目录》), veröffentlicht am 29.07.2016, erhältlich unter http://www.cbirc.gov.cn/cn/view/pages/ItemDetail.html?docId=115634&itemId=4113&generaltype=9.

368 CBRC-Verwaltungssanktionsmaßnahme mit Referenznr. Yin Jian Hui Ling [2004] 7 (《中国银监会行政处罚办法》2004年第7号), erlassen am 28.12.2004, 1. revidiert am 03.07.2007 mit Referenznr. Yin Jian Hui Ling [2007]5(银监会令2007年第5号), 2.revidiert am 09.07.2015 mit Referenznr. Yin Jian Hui Ling [2015]8 (银监会令2015年第8号), 3. revidiert am 09.04.2020 mit Referenznr. Yin Bao Jian Ling [2020]8 (中国银监会令2020年第8号), gültig am 01.08.2020, erhältlich unter http://www.cbirc.gov.cn/cn/view/pages/govermentDetail.html?docId=911627&itemId=861&generaltype=1.

369 Bestimmungen zur Bestrafung gesetzwidriger Finanztätigkeiten mit Referenznr. Guo Wu Yuan Ling 260 (《金融违法行为处罚办法》国务院令(第260号)), erlassen am 22.02.1999, erhältlich unter http://m.safe.gov.cn/safe/1999/0222/5744.html.

Tabelle 9 Vergleich u. Entwicklung der Sanktionsmaßnahmen von Aufsichtsbehörde

Rechtsgrundlage	**Bestimmungen zur Bestrafung gesetzwidriger Finanztätigkeiten**	**CBIRC-Verwaltungssanktions-maßnahmen**
Gültigkeit	Seit 22.02.1999	Seit 28.12.2004
Zuständigkeit	PBoC oder Staatliches chinesisches Devisenamt	CBIRC
Aufsichtsobjekte	Sämtliche in China gegründeten Finanzinstitute	Geschäftsbanken, Versicherungen, sonstige Unternehmenseinheiten und natürliche Personen
Anwendungsrang	Auffanggesetz	Spezialgesetz

Zur Standardisierung des Verwaltungssanktionsverfahrens hat die chin. Aufsichtsbehörde mehrmals die Verwaltungssanktionsmaßnahmen der chin. Bankenaufsichtsbehörde modifiziert. In der neuesten Fassung der CBIRC-Verwaltungssanktionsmaßnahmen wurden die „Doppel-Sanktion" sowohl gegen das Institut als auch gegen die natürliche Person sowie ein lebenslanges Berufsverbot im Bankensektor eingeführt und die Sanktionsstärke erhöht.

Die Maßnahmen umfassen zehn Kapitel und 104 Artikel, in denen die Verwaltungssanktionsverfahren für die Banken- und Versicherungsbranche integriert und optimiert sind. Das Kapitel 1 Allgemeine Bestimmungen legt zwölf Arten von Verwaltungsstrafen in der Banken- und Versicherungsbranche fest, benennt die Grundprinzipien für Fairness, Gerechtigkeit, Offenheit, rechtliche Verfahren und Gleichwertigkeit übermäßiger Strafen und regelt den Arbeitsmechanismus zur Trennung von Sachverhaltsermittlung und Beurteilung, die Ermessensumstände wie leichtere und schwerere Sanktionen. In den Kapiteln 2 bis 4 sind die Verfahren und Verfahrensanforderungen für die Zuständigkeit in Strafsachen, die Einreichung und Untersuchung des Falls, die Arten von Beweismitteln und die Anforderungen für verschiedene Arten der Beweiserhebung normiert. In den Kapiteln 5 bis 6 sind die Standards und materiellen Anforderungen für die Übertragung von Fällen für Gerichtsverfahren, die Grundregeln für Gerichtsverfahren und die Geschäftsordnung für den Verwaltungssanktionsausschuss zur Prüfung von Fällen festgelegt. Die Kapitel 7 bis 8 beinhalten das Anhörungs- und Widerrufsrecht der Betroffenen über mögliche Sanktionen, den Verwaltungsbescheid und dessen Durchsetzung. Kapitel 9 legt die rechtliche Verantwortung für die rechtswidrigen Verwaltungsstrafen fest.

Kapitel 10 enthält die ergänzenden Bestimmungen, in denen die relevanten Konzepte und die Durchführungszeit der Maßnahmen erläutert werden.

b. Finanzielle Sanktionen

aa. Maßnahmen gegen Institute

Sowohl BAG als auch GBG ermöglichen es CBIRC und PBoC, finanzielle Sanktionen gegen Institute auszusprechen.
Bei rechtswidrigen Einnahmen in Höhe von mehr als RMB 500.000 Yuan wird außerdem ein Bußgeld mindestens in Höhe des einfachen und höchstens in Höhe des fünffachen der rechtswidrigen Einnahmen verhängt; gibt es keine rechtswidrigen Einnahmen oder liegt der Betrag der rechtswidrigen Einnahmen unter RMB 500.000 Yuan, wird außerdem ein Bußgeld in Höhe von mindestens RMB 500.000 Yuan und höchstens RMB 2.000.000 Yuan verhängt.

bb. Maßnahmen gegen die von der Aufsichtsbehörde zugelassenen Personen

Das BAG ermöglich nicht nur finanzielle Sanktionen gegen die Institute. Nach § 48 Nr. 1 BAG kann die chin. Aufsichtsbehörde ebenfalls disziplinäre Verwarnung, Geldbußen zwischen RMB 50.000 und RMB 500.000 Yuan oder ein Berufsverbot gegen die Vorstandsmitglieder oder sonstige Leitungsmitarbeiter verhängen, falls ein Fehlverhalten im Sinne von §§ 44–47 BAG gegeben ist.

cc. Maßnahmen gegen nicht von der Aufsichtsbehörde zugelassene Personen

Laut dem Gesetzestext des BAG kann die Aufsichtsbehörde ebenfalls finanzielle Sanktionen gegen sonstige nicht von der Aufsichtsbehörde zugelassene Personen bei Beteiligung an einem Verstoß gegen §§ 44–47 BAG aussprechen. Das Bußgeldmaß gleicht dem gegen die von der Aufsichtsbehörde zugelassenen Personen und beträgt zwischen RMB 50.000 und RMB 500.000 Yuan (vgl. § 48 Nr. 2 BAG).

c. Strafrechtliche Verfolgung

Neben den Ordnungswidrigkeiten gem. §§ 44–48 BAG und §§ 75–78 GBG kennt das chinesische Bankenaufsichtsrecht auch zahlreiche strafrechtliche Bestimmungen, falls zugleich ein strafrechtlicher Tatbestand erfüllt ist (vgl. §§ 44–46 und 49 BAG jeweils der letzte Satz und §§ 75–79 GBG jeweils der letzte Satz). Die strafrechtliche Verfolgung steht jedoch nicht den Bankenaufsichtsbehörden zur Verfügung, sondern allein dem Volksgericht als Strafverfolgungsbehörde.

d. Exkurs Krisenmaßnahmen nach dem BAG (Konsultationsentwurf 2020)

Komplett neu eingeführt werden soll in das GBG das Kapitel 9 Artikel 91 bis Artikel 105 zum Risikomanagement und Marktaustritt in besonderen Fällen. Falls eine Geschäftsbank ernsthafte Risiken aufweist, kann die chin. Bankenaufsichtsbehörde anordnen, diese zu rekonstruieren (vgl. Art. 91 Abs. 1 GBG Konsultationsentwurf 2020). Die chin. Aufsichtsbehörde kann Banken übernehmen, wenn sich die Vermögensqualität einer Geschäftsbank dauerhaft verschlechtert und unzureichende Liquidität gegeben ist; wenn schwerwiegende Verstöße gegen Gesetze und Vorschriften vorliegen; wenn unzureichendes Eigenkapital trotz Korrekturmaßnahmen oder Rekonstruierung oder sonstige Umstände gegeben sind, die den kontinuierlichen Betrieb von Geschäftsbanken beeinträchtigen können (vgl. Art. 92 Abs. 1 GBG Konsultationsentwurf 2020). Diese neue Regelung soll die abstrakte Regelung des § 38 BAG mit näheren Voraussetzungen konkretisieren. Falls weitere Voraussetzungen für die Auflösung einer Geschäftsbank nach dem Gesellschaftsgesetz bestehen, hat die chin. Aufsichtsbehörde die Auflösung nach deren Prüfung zu genehmigen (vgl. Art. 98 Abs. 1 GBG Konsultationsentwurf 2020).

B. In Deutschland

In Deutschland unterliegen die Kreditinstitute ebenfalls der laufenden Aufsicht durch die Aufsichtsbehörde, indem sie ab ihrer Zulassung verschiedene aufsichtsrechtliche Anforderungen zu erfüllen haben.

I. Zweistufige Zuständigkeit für die laufende Aufsicht

Im Rahmen der zweistufigen Aufsichtskonstruktion wird die laufende Aufsicht über deutsche Kreditinstitute von drei Behörden vorgenommen, nämlich von der EZB, der BaFin und der BuBa.

1. Direkte Aufsicht durch die EZB über bedeutende Kreditinstitute

Die fortlaufende Aufsicht über bedeutende Banken wird von gemeinsamen Aufsichtsteams (Joint Supervisory Teams – JSTs) ausgeübt[370]. Für jede bedeutende Bank gibt es ein eigenes JST, welches sich aus Mitarbeitern der EZB und

---

370 SSM-Aufsichtshandbuch Europäische Bankenaufsicht: Funktionsweise des SSM und aufsichtlicher Ansatz, Abschnitt 2.3, Seite. 51, erhältlich unter https://www.bankingsupervision.europa.eu/ecb/pub/pdf/ssm.supervisorymanual201803.de.pdf?42da4200dd38971a82c2d15b9ebc0e65.

der nationalen Aufsichtsbehörden zusammensetzt[371], wobei die BaFin und die BuBa im Rahmen des gemeinsamen Aufsichtsverfahrens beteiligt sind (vgl. Art. 4 SSM-VO). Die Entscheidung, ob eine Bank als bedeutend gilt, wird auf Grundlage einer Reihe von Kriterien nach Art. 6 Abs. 4 Unterabs. 1 i. V. m. Art. 6 Abs. 6 SSM-VO getroffen. Die EZB veröffentlicht die Listen der bedeutenden und weniger bedeutenden Institute auf ihrer Website zur Bankenaufsicht und aktualisiert diese regelmäßig[372].

2. *Indirekte Aufsicht unter der Systemaufsicht der EZB bzw. Aufsicht weniger bedeutender Kreditinstitute durch die BaFin*

Bezüglich weniger bedeutender CRR-Kreditinstitute übt die EZB nur eine indirekte Aufsicht aus; dagegen üben BaFin und BuBa die direkte Aufsicht aus (vgl. Art. 6 Abs. 4 Unterabs. 1 i. V. m. Art. 6 Abs. 6 SSM-VO), wonach die BaFin unbeschadet der Zuständigkeiten der EZB gem. Art. 6 Abs. 5 SSM-VO die in Art. 4 Abs. 1 lit. b, d bis g und lit. I SSM-VO genannten Aufgaben wahrnimmt und für die Annahme von Aufsichtsbeschlüssen zuständig ist. Diese Einschränkung der ausschließlichen Zuständigkeit der EZB und damit die Zweiteilung der Bankenaufsicht lässt sich einerseits aus dem Subsidiaritäts- und dem kompetenzbezogenen Verhältnismäßigkeitsgrundsatz, andererseits aus den Beschränkungen des Art. 127 Abs. 6 AEUV ableiten, wonach nicht alle, sondern nur „besondere Aufgaben" auf die EZB übertragen werden können[373]. Im Verhältnis von BaFin und BuBa werden die Zuständigkeiten, anders als im Verhältnis zur EZB, nicht nach der Größe bzw. Bedeutung der Kreditinstitute abgegrenzt. Die Zusammenarbeit mit der BuBa richtet sich nach § 7 KWG, wonach diese die Aufgaben der laufenden Überwachung durch

- Auswertung der von den Instituten eingereichten Unterlagen,
- Auswertung der Prüfungsberichte nach § 26 KWG,
- Auswertung der Jahresabschlussunterlagen,

---

371 SSM-Aufsichtshandbuch Europäische Bankenaufsicht: Funktionsweise des SSM und aufsichtlicher Ansatz, Abschnitt 2.3, Seite. 51, erhältlich unter https://www.bankingsupervision.europa.eu/ecb/pub/pdf/ssm.supervisorymanual201803.de.pdf?42da4200dd38971a82c2d15b9ebc0e65.

372 https://www.bankingsupervision.europa.eu/banking/list/html/index.en.html.

373 Glos/Benzing, in: Binder/Glos/Riepe Handbuch Bankenaufsichtsrecht [2020] § 2 Rn. 84.

- Durchführung und Auswertung der bankgeschäftlichen Prüfungen zur Beurteilung der angemessenen Eigenkapitalausstattung und Risikosteuerungsverfahren der Institute,
    - o Bewerten von Prüfungsfeststellungen[374]

wahrnimmt (vgl. § 7 Abs. 1 S. 3 KWG). Trotz der ausschließlichen Zuständigkeit der BuBa zur laufenden Überwachung obliegt indes in allen diesen Fällen der BaFin die abschließende Beurteilungs- und Entscheidungsbefugnis bei allen aufsichtsrechtlichen Maßnahmen und Auslegungsfragen nach der BaFin-Aufsichtsrichtlinie[375].

Gemäß § 7 Abs. 1 S. 2 KWG ist die laufende Überwachung Teil der Zusammenarbeit von BaFin und Deutscher Bundesbank und gem. § 7 Abs. 2 KWG ein Teil der laufenden Aufsicht.

Es stellt sich sodann die Frage, welche Rolle die BaFin bei der laufenden Aufsicht spielen und wie sie ihren Aufgaben nach § 6 KWG nachkommen soll. Hierfür geben § 7 Abs. 2 S. 2 KWG und § 7 Abs. 2 S. 5 KWG die Antwort, dass die laufende Überwachung der Institute durch die Deutsche Bundesbank nur ein Teil der laufenden Aufsicht ist und die aufsichtsrechtlichen Maßnahmen gegenüber den Instituten ausschließlich der BaFin vorbehalten sind[376].

II. Gegenstände der laufenden Aufsicht

Unter den europäischen Aufsichtsvorgaben lassen sich die Gegenstände der laufenden Aufsicht in Deutschland mit den SSM-Grundsätzen, -Methoden und -Standards umreißen, welche das Fundament für die laufende Aufsicht bilden, die für alle beaufsichtigten Institute im Euro-Währungsgebiet nach denselben Maßstäben und auf Grundlage des SREP durchgeführt wird[377].

1. Rechtsgrundlage

Das europäische Rahmenwerk für die laufende Bankenregulierung basiert auf den Basler Vorschriften und wird durch das einheitliche Regelwerk, das für alle

---

374 Boos/Fischer/Schulte-Mattler/Lindemann, 5. Aufl. 2016, KWG § 7 Rn. 20–22.

375 Vgl. Aufsichtsrichtlinie v. 21.05.2013, Stand: 19.12.2016, Nr. 2.2.2 Abs. 2.

376 Boos/Fischer/Schulte-Mattler/Lindemann, 5. Aufl. 2016, KWG § 7 Rn. 15–17.

377 SSM-Aufsichtshandbuch Europäische Bankenaufsicht: Funktionsweise des SSM und aufsichtlicher Ansatz, Abschnitt 4.1, Seite. 51.

Finanzinstitute im Binnenmarkt - auch in Deutschland - gilt, harmonisiert[378]. Zu den wichtigsten Rechtsgrundlagen zählen die Eigenkapitalrichtlinie (Capital Requirements Directive - CRD IV) und die Eigenkapitalverordnung (Capital Requirements Regulation - CRR), die Richtlinie über Einlagensicherungssysteme (Deposit Guarantee Schemes Directive - DGSD) und die Richtlinie zur Sanierung und Abwicklung von Banken (Bank Recovery and Resolution Directive - BRRD)[379]. Im Rahmen der SSM beinhaltet die laufende Aufsicht durch die EZB regelmäßige und anlassbezogene Maßnahmen sowie die Umsetzung des aufsichtlichen Prüfungsprogramms und die Durchführung des SREP[380]. Zudem sorgen die JSTs für die Abstimmung mit den Vor-Ort-Prüfungsteams und den Austausch mit den nationalen Aufsichtsbehörden[381].

Ein weiterer wichtiger Bestandteil der laufenden Aufsicht ist die aufsichtliche Überprüfung und Beurteilung nach § 6b KWG. § 7 Abs. 2 KWG gibt hierfür vor: Die laufende Überwachung ist Teil der „laufenden Aufsicht" (§ 7 Abs. 2 S. 2 KWG), welche neben der Überwachungsfunktion durch die BuBa insbesondere die ausschließliche Kompetenz der BaFin umfasst, „aufsichtsrechtliche Maßnahmen" gegenüber den Instituten zu ergreifen (§ 7 Abs. 2 S. 5 KWG). Für den Fall, dass aufgrund der Überwachungstätigkeit der Deutschen Bundesbank aufsichtsrechtliche Maßnahmen notwendig werden, soll vermieden werden, dass der Sachverhalt von der BaFin stets aufs Neue untersucht wird. Daher hat sich diese gemäß § 7 Abs. 2 S. 6 KWG „in der Regel" auf die Prüfungsfeststellungen und Bewertungen der Bundesbank zu stützen.

Ein weiterer, praktisch eminent wichtiger Bestandteil der laufenden Aufsicht ist die aufsichtliche Überprüfung und Beurteilung nach § 6b KWG. Diese aufsichtliche Säule ist so wichtig, dass sie im Mittelpunkt der für die Zusammenarbeit der BuBa mit der BaFin nach § 7 KWG erlassenen Aufsichtsrichtlinie des BMF steht. Gemäß § 6b Abs. 1 S. 2 KWG ist der Prozess der aufsichtlichen Überprüfung und Bewertung nach Maßgabe der Zusammenarbeit nach § 7 KWG zu organisieren. Der BaFin kommt dabei, wie sich aus § 6b KWG und Art. 3 Aufsichtsrichtlinie ergibt, die abschließende Beurteilung zu, nachdem

378 SSM-Aufsichtshandbuch Europäische Bankenaufsicht: Funktionsweise des SSM und aufsichtlicher Ansatz, Abschnitt 4.1, Seite. 48.

379 SSM-Aufsichtshandbuch Europäische Bankenaufsicht: Funktionsweise des SSM und aufsichtlicher Ansatz, Abschnitt 4.1, Seite. 48.

380 SSM-Aufsichtshandbuch Europäische Bankenaufsicht: Funktionsweise des SSM und aufsichtlicher Ansatz, Abschnitt 4.5, Seite. 89.

381 SSM-Aufsichtshandbuch Europäische Bankenaufsicht: Funktionsweise des SSM und aufsichtlicher Ansatz, Abschnitt 4.5, Seite. 89.

die BuBa in einer Gesamtschau die verfügbaren Informationen pro Institut, einschließlich derjenigen aus der Überwachung des Finanzmarktes nach FinStabG, zu einem Risikoprofil verdichtet hat.
Weder dem Gesetz noch der Gesetzesbegründung lässt sich entnehmen, welche weiteren Tätigkeiten zur „laufenden Aufsicht“ gehören. Zur laufenden Aufsicht gehören zunächst noch die institutsbezogenen Bewertungen und Feststellungen, welche die BaFin in einem Ausnahmefall selbst vornimmt (Umkehrschluss aus § 7 Abs. 2 S. 6 KWG). Ebenfalls gehören solche aufsichtlichen Tätigkeiten zur laufenden Aufsicht, durch welche Einzelfallentscheidungen vorbereitet werden sollen.

2. Bewertungskonzept – SREP

Da die europäischen Vorgaben einheitlich zur Bewertung und Beurteilung aller Kreditinstitute im europäischen Raum gelten und Gegenstand der laufenden Aufsicht sind, ist das europäische Bewertungskonzept SREP als Vergleichsgegenstand zu der chin. laufenden Aufsicht zu untersuchen.

a. Rechtsgrundlage des SREP

aa. Auf europäischer Ebene

Die EBA hat am 19.12.2014 die finalen Leitlinien zum aufsichtsrechtlichen Überprüfungs- und Bewertungsprozess (Supervisory Review and Evaluation Process (SREP)) veröffentlicht, die auf Art. 107 Abs. 3 CRD IV basieren. Sie sollen ein an nationalen Bankenaufsichtsbehörden ausgerichtetes Rahmenwerk für deren aufsichtlichen Überprüfungs- und Bewertungsprozess schaffen, um eine einheitliche Basis und Qualität der Bankenaufsicht innerhalb der EU zu gewährleisten.
SREP ist im Wesentlichen die Säule II des Basel II- und Basel III-Aufsichtsprüfungsprozesses (SRP, Supervisory Review Process), mit der Ausnahme, dass Artikel 124 der Bankenrichtlinie (Direktive 2006/48/EC) der Europäischen Union den SRP in zwei Teile aufteilt. Einer ist auf Banken ausgerichtet: Robust Governance Arrangement (folgend: RGA) und Internal Capital Adequacy Assessment Process (ICAAP). Der zweite ist der SREP für Aufsichtsbehörden, der mindestens einmal jährlich eine Bewertung der internen Governance, des Risikoprofil und der Risiken der Bank verlangt.
Der SREP des SSM beruht auf den vier folgenden Kernelementen[382]:

---

382 SSM-Aufsichtshandbuch Europäische Bankenaufsicht: Funktionsweise des SSM und aufsichtlicher Ansatz, Abschnitt 4.1, Seite. 48.

a) Tragfähigkeit des Geschäftsmodells gem. den in den SREP-Leitlinien Titel 4 aufgeführten Kriterien (Element 1)
b) Governance und Risikomanagement gem. den in den SREP-Leitlinien Titel 5 aufgeführten Kriterien (Element 2)
c) Kapitaladäquanz gem. den in den SREP-Leitlinien Titel 7 aufgeführten Kriterien (Kreditrisiko, Marktrisiko, operationelles Risiko und Zinsänderungsrisiko im Anlagebuch) unter normalen und unter Stressbedingungen (Element 3)
d) Liquidität. gem. den in den SREP-Leitlinien Titel 9 aufgeführten Kriterien (kurz- und langfristig) unter normalen und unter Stressbedingungen (Element 4).

bb. Auf nationaler Ebene

Um aufsichtsrechtliche Standards zu vereinheitlichen, die Qualität der Aufsicht zu sichern, die Aufgabenverteilung zu klären und Doppelaufsicht zu vermeiden, hat die BaFin am 21. Mai 2013 die „Richtlinie zur Durchführung und Qualitätssicherung der laufenden Überwachung der Kredit- und Finanzdienstleistungsinstitute durch die Deutsche Bundesbank (Aufsichtsrichtlinie)" überarbeitet. Kernstück der Überarbeitung ist die Einführung des „Aufsichtsprüfungs- und Bewertungsverfahrens" (SREP) im Einklang mit der SSM-VO. Zur Umsetzung maßgeblicher Artikel der Richtlinie 2013/36/EU (Bankenrichtlinie – CRD IV) zur Organisation und zum Risikomanagement der Institute gibt MaRisk vor, dass von den Instituten insbesondere angemessene Leitungs-, Steuerungs- und Kontrollprozesse (RGA), wirksame Verfahren zur Ermittlung, Steuerung, Überwachung und Kommunikation tatsächlicher oder potenzieller Risiken sowie angemessene interne Kontrollmechanismen einzurichten sind und die Institute über wirksame und umfassende Verfahren und Methoden verfügen müssen, die gewährleisten, dass genügend internes Kapital zur Abdeckung aller wesentlichen Risiken vorhanden ist (Interner Prozess zur Sicherstellung der Risikotragfähigkeit – „Internal Capital Adequacy Assessment Process" – ICAAP)[383]. Die Angemessenheit und Wirksamkeit dieser Verfahren, Methoden und Prozesse sind unter Berücksichtigung des Prinzips der doppelten Proportionalität von der BaFin gemäß Art. 97 der CRD IV im Rahmen des bankenaufsichtlichen Überwachungsprozesses regelmäßig zu beurteilen („Supervisory Review and Evaluation Process" – SREP)[384].

---

383 MaRisk, AT 1 Vormerkung Rn. 2.
384 MaRisk, AT 1 Vormerkung Rn. 2.

Die nationale Aufsichtsbehörde – BaFin – soll sicherstellen, dass der auf ein Institut bezogene SREP die folgenden Komponenten umfasst[385]:

- Kategorisierung des Instituts und regelmäßige Überprüfung dieser Kategorisierung;
- Überwachung der Schlüsselindikatoren, alle vierteljährlich;
- Analyse des Geschäftsmodells;
- Bewertung der internen Governance und der institutsweiten Kontrollen;
- Bewertung der Kapitalrisiken;
- Bewertung der Liquiditätsrisiken;
- Bewertung der Angemessenheit der Eigenmittelausstattung des Instituts;
- Bewertung der Angemessenheit der Liquiditätsausstattung des Instituts;
- SREP-Gesamtbewertung und
- Aufsichtsmaßnahmen (und Frühinterventionsmaßnahmen, sofern notwendig).

b. Scorewerte

Im Rahmen von SREP kann die BaFin für jedes der vier SREP-Kernelemente sowie für die Angemessenheit der Eigenkapital- und der Liquiditätsausstattung individuell einen Scorewert vergeben. Die Bewertungsskala reicht von 1 (kein erkennbares Risiko), über 2 (niedriges Risiko) und 3 (mittleres Risiko) bis 4 (hohes Risiko)[386]. Wenn ein Institut ausfällt oder wahrscheinlich ausfällt i. S. d. Art. 32 BRRD, wird ein Scorewert „F" vergeben. Am Ende eines jeden Titels der SREP-Leitlinien erläutert die EBA zusammengefasst in einer Tabelle, welche aufsichtlichen Erwägungen für die Vergabe eines bestimmten Scorewertes sprechen. Die im SREP normierten Komponenten und Verfahren sind erheblich detaillierter als die MaRisk und sollten seit dem 1.1.2016 von allen nationalen Bankenaufsichtsbehörden angewendet werden.
Innerhalb eines von EBA vorgegebenen SREP-Zyklus beurteilt die BaFin zum einen die Regelungen, Strategien und Prozesse der Kreditinstitute, zum anderen deren Risiken sowie die Eigenmittel- und Liquiditätsausstattung. Es muss gewährleistet sein, dass die kapitalisierbaren Risiken, denen das einzelne Institut ausgesetzt ist oder sein kann, ausreichend abgedeckt sind. Dabei berücksichtigt die BaFin als Kriterien die Verhältnismäßigkeit, Größe, Struktur,

385 EBA, SREP-Leitlinien, v. 19.12.2014 (EBA/GL/2014/13), 2.1 Überblick über den gemeinsamen SREP-Rahmen Rn. 9, Seite 12.

386 EBA, SREP-Leitlinien, v. 19.12.2014 (EBA/GL/2014/13), Titel 4 Seite 28 Rn. 59.

interne Organisation und Geschäftsaktivitäten des jeweiligen Instituts. Für alle Risiken, die nicht oder nicht ausreichend durch die Eigenmittelanforderungen abgedeckt sind, sind im Rahmen der SREP-Kapitalquantifizierung Kapitalzuschläge zu ermitteln. Der Prozess endet in einer Gesamteinschätzung, die die Basis für weitere aufsichtliche Maßnahmen und Vorgaben zur Mängelbeseitigung bildet.

c. Vier Prüffelder

aa. Bewertung von Geschäftsmodell und -strategie nach SREP-Leitlinien Titel 4

Die Analyse von Geschäftsmodell und -strategie dient der Risikobewertung, die sich aus dem Geschäft und der Strategie eines Kreditinstituts ergeben. Sie soll dabei helfen, im Rahmen einer Aufarbeitung der gesamten geschäftlichen Ausrichtung der Bank insb. die individuellen Risiken des jeweiligen Instituts zu identifizieren, die bereits materiell sind oder dies noch werden können[387]. Zur Bewertung des Geschäftsmodells geben die SREP-Leitlinien vor, dass die nationale Aufsichtsbehörde mindestens die folgenden quantitativen und qualitativen Informationen als Basis heranzieht[388]:

- den oder die strategischen Pläne des Instituts mit Prognosen für das laufende Jahr und zukunftsgerichteten Prognosen und den zugrundeliegenden ökonomischen Annahmen;
- Rechnungslegung (z. B. Gewinn- und Verlustrechnung, Bilanzausweise);
- aufsichtsrechtliches Meldewesen (COREP-Meldungen, FINREP-Meldungen und Kreditregister, sofern verfügbar);
- internes Berichtswesen (Berichte an die Geschäftsleitung, Kapitalplanung, Liquiditätsmeldungen, interne Risikoberichte);
- Sanierungs- und Abwicklungspläne;
- Berichte Dritter (z. B. Prüfberichte, Berichte von Equity- und Kreditanalysten) und
- sonstige relevante Studien und Untersuchungen (z. B. des Internationalen Währungsfonds (IWF), von makroprudenziellen Behörden und Einrichtungen sowie europäischen Institutionen).

Die Geschäftsmodellanalyse sollte die folgenden Schritte umfassen:

---

387 Botterweck/Hanenberg/Kramer/Petersen in: Hofmann, Basel III, Riskmanagement und neue Bankenaufsicht, Abschn. 3.2, S. 537, 553.

388 EBA, SREP-Leitlinien, v. 19.12.2014 (EBA/GL/2014/13), Titel 4 Seite 28 Rn. 59.

- Ermittlung der Schwerpunktbereiche;
- Ermittlung des Geschäftsumfelds, sowie
- eine quantitative und eine qualitative Analyse des aktuellen Geschäftsmodells[389].

bb. Interne Governance und institutsweite Kontrolle SREP-Leitlinien Titel 5

Bei der Bewertung der internen Governance und der institutsweiten Kontrollen sollte die BaFin nach den Vorgaben der EBA schwerpunktmäßig prüfen, ob diese Regelungen und Kontrollen angesichts des Risikoprofils, des Geschäftsmodells, der Größe und der Komplexität des Instituts angemessen sind. Außerdem soll ermittelt werden, in welchem Maß das Institut die Anforderungen und Standards einer guten Unternehmensführung und einer ordnungsgemäßen Risikokontrolle einhält, die in den anwendbaren EU- und internationalen Leitlinien in diesem Bereich gefordert werden. Zu diesem Zweck sollte bewertet werden, inwiefern eine schwache Unternehmensführung und unzureichende Kontrollregelungen ein wesentliches aufsichtliches Risiko darstellen, das sich auf die Überlebensfähigkeit des Instituts auswirkt[390]. Im Rahmen des SREP sollten bei der Bewertung der internen Governance und der institutsweiten Kontrollen die folgenden Bereiche einbezogen werden:

a. Gesamtrahmen für die interne Governance;
b. Unternehmens- und Risikokultur;
c. Zusammensetzung und Arbeitsweise des Leitungsorgans;
d. Vergütungspolitik und -praxis;
e. Rahmenwerk für das Risikomanagement, einschließlich ICAAP und ILAAP;
f. interner Kontrollrahmen, einschließlich Innenrevision; Informationssysteme und Aufrechterhaltung des Geschäftsbetriebs und
g. Sanierungsplanung.

Die Europäische Zentralbank (EZB) hat am 9. November 2018 zwei Leitfäden hinsichtlich der bankinternen Prozesse zur Sicherstellung einer angemessenen Kapital- bzw. Liquiditätsausstattung (ICAAPs[391] und ILAAPs[392]) veröffentlicht.

---

389 EBA, SREP-Leitlinien, v. 19.12.2014 (EBA/GL/2014/13), Titel 4 Seite 27 f.

390 EBA, SREP-Leitlinien, v. 19.12.2014 (EBA/GL/2014/13), Titel 5 Seite 39 Rn. 89.

391 Erhältlich unter https://www.bankingsupervision.europa.eu/ecb/pub/pdf/ssm.icaap_guide_201811.de.pdf.

392 Erhältlich unter https://www.bankingsupervision.europa.eu/ecb/pub/pdf/ssm.ilaap_guide_201811.de.pdf.

Die beiden nicht rechtsverbindlichen Leitfäden finden ab dem 1. Januar 2019 Anwendung und ersetzen die im Januar 2016 veröffentlichten Versionen.

cc. Angemessenheit der Eigenkapitalausstattung SREP-Leitlinien Titel 7

Neben den Anforderungen an die Eigenmittel nach CRR wurden in der CRD für makroprudenzielle Risiken Kapitalpuffer geregelt und auf nationaler Ebene in §§ 10c-i KWG übernommen.
Unter die Kapitalrisiken fallen insb. das Kredit- und Gegenparteiausfallrisiko, das Marktrisiko, operationelle Risiken und das Zinsänderungsrisiko bei Geschäften des Anlagebuchs. Ob ein Risiko als wesentlich für ein Institut einzustufen ist, liegt im Ermessen der BaFin. Die Bewertung der Kapitalrisiken besteht aus zwei Hauptelementen im Sinne der CRR: Zunächst werden die inhärenten Kapitalrisiken bewertet, danach bewertet die BaFin für alle wesentlichen Risiken zudem die Qualität und die Effektivität des Riskmanagements und der Risikokontrollen des Instituts. Außerdem ist die immer wichtigere regulatorische Aufsicht über das IT-Risikomanagement in den SREP aufgenommen worden. Die Informations- und Kommunikationsrisiken (IKT) wurden in den neuen EBA-SREP-Leitlinien vom 11.09.2017 berücksichtigt[393]. Das IKT-Risiko wird in Anlehnung an die im SREP berücksichtigten operationellen Risiken als Kapitalrisiko klassifiziert[394]. Darüber hinaus veröffentlichte die EBA am 28.11.2019 die Leitlinien zum IKT- und Sicherheitsrisikomanagement, welche die Leitlinien für die IKT-Risikobewertung im Rahmen des SREP ergänzen und in Verbindung mit diesen gelesen werden sollten[395]. In Anlehnung an diese EBA-IKT-Leitlinien für die IKT-Bewertung im Rahmen des SREP hat die BaFin am 06.11.2017 das Rundschreiben über die bankenaufsichtliche Anforderung an die IT (BAIT) veröffentlicht, welche wiederum in 2020 novelliert werden soll.
Die institutsspezifischen Anforderungen an das Eigenkapital resultieren aus dem SREP nach der vom SREP festgelegten Vorgehensweise[396].

393 EBA, Leitlinien für die IKT-Risikobewertung im Rahmen des aufsichtlichen Überprüfung- und Bewertungsprozesses (SREP), v. 11.09.2017 (EBA/GL/2017/05), Seite. 5.

394 EBA, Leitlilien für die IKT-Risikobewertung im Rahmen des aufsichtlichen Überprüfung- und Bewertungsprozesses (SREP), v. 11.09.2017 (EBA/GL/2017/05), Seite. 7, Rn. 16.

395 EBA, Final Report, Guidelines on ICT and security risk management, v. 28.11.2019 (EBA/GL/2019/04), S. 5.

396 EBA, SREP-Leitlinien, v. 19.12.2014 (EBA/GL/2014/13), Titel 7 Seite 124 Rn. 323.

dd. Angemessenheit der Liquiditätsausstattung SREP-Titel 9

Nach dem SREP soll die dt. Aufsichtsbehörde die Liquiditätspuffer, das Liquiditätsdeckungspotenzial und das Finanzierungsprofil des Instituts sowie dessen ILAAP und Regelungen, Richtlinien, Prozesse und Mechanismen zur Messung und Steuerung von Liquiditäts- und Finanzierungsrisiken als wesentliche Bestimmungsfaktoren für die Überlebensfähigkeit des Instituts bewerten[397].

III. Aufsichtliche Instrumente

Im Gegensatz zu den Rechtsetzungsbefugnissen (vgl. oben Kapitel 2 II Befugnisse) umfasst die laufende Aufsicht insbesondere die Sachverhaltsaufklärung und -ermittlung, die Auswertung der erhobenen Informationen und die darauf basierende Bewertung aktueller und potenzieller Risiken. Als Verwaltungsbehörde verfügt die BaFin über die allgemeinen Verwaltungsmittel, also „im Rahmen der ihr zugewiesenen Aufgaben gegenüber dem Institut und seinen Geschäftsleitern Anordnungen zu treffen, die geeignet und erforderlich sind, Missstände in dem Institut zu verhindern oder zu beseitigen, welche die Sicherheit der dem Institut anvertrauten Vermögenswerte gefährden können, oder die ordnungsmäßige Durchführung von Bankgeschäften oder Finanzdienstleistungen beeinträchtigen“ (Anordnungsbefugnis) (vgl. § 6 Abs. 3 KWG).
Die Anordnungsbefugnisse haben entweder informellen (ermittelnden) oder formellen (eingreifenden) Charakter.

1. Informationsbefugnisse

a. Auskunftsrecht

Gemäß § 44 Abs. 1 Satz 1 KWG hat die BaFin ein generelles Auskunftsrecht über alle Geschäftstätigkeiten und das Recht zur Einsichtnahme in diesbezügliche Unterlagen. Auskünfte dürfen gemäß § 44 Abs. 6 KWG nur dann verweigert werden, wenn sich der Auskunftsgeber dadurch „selbst oder einen der in § 383 Abs. 1 Nr. 1 bis 3 der ZPO bezeichneten Angehörigen der Gefahr strafgerichtlicher Verfolgung oder eines Verfahrens nach dem Gesetz über Ordnungswidrigkeiten aussetzen würde“. Dieses Verweigerungsrecht bezieht sich allein auf das Auskunftsverlangen. Die Vorlage von Unterlagen kann nicht verweigert und eine Prüfung muss geduldet werden, auch wenn strafrechtliche Folgen zu befürchten sind. Das Institut selbst wird durch die Regelung des Abs. 6 nicht geschützt. Zu den Unterlagen, in die die Prüfer Einsicht nehmen

397 EBA, SREP-Leitlinien, v. 19.12.2014 (EBA/GL/2014/13), Titel 9 Seite 167 Rn. 427.

dürfen, gehören nicht nur alle Kundenunterlagen (Verträge, Schriftverkehr, Gesprächsnotizen etc.), sondern auch bankinterne Unterlagen wie Beschlüsse, Sitzungsprotokolle, interne Anweisungen, E-Mails, Stellungnahmen etc. Es ist daher dringend anzuraten, alle internen Unterlagen (auch Mailverkehr!) stets so zu verfassen, dass sie Prüfern jederzeit vorgelegt werden können.

b. Prüfungsrecht

Die BaFin kann sich zur Ermittlung, Aufklärung und Analyse von bestimmten Sachverhalten sowohl der unvermuteten Routineprüfung als auch der anlassbezogenen Sonderprüfung bedienen. Diese sind in §§ 44–44c KWG geregelt.

aa. Unvermutete Routineprüfung

§ 44 Abs. 1 S. 2 KWG ermächtigt die BaFin ausdrücklich, auch ohne besonderen Anlass Prüfungen vorzunehmen. Das bedeutet, dass sie laufend routinemäßige Prüfungen, sogenannte unvermutete Prüfungen, vornehmen kann. Aus Kostengründen beschränkt sich die Routineprüfung grds. nur auf ein komplexes Themengebiet, z. B. Geldwäsche. Die Routineprüfung dient dazu, das Kreditinstitut zu einer ordnungsmäßigen Führung der Bankgeschäfte anzuhalten[398]. Solche routinemäßigen Prüfungen werden in unregelmäßigen Abständen für alle Institute angeordnet. Mit diesen Routineprüfungen werden i. d. R. Wirtschaftsprüfer sowie Mitarbeiter der Deutschen Bundesbank beauftragt, (§ 44 Abs. 1 Sätze 2 und 3 KWG)[399].

Nach der Rechtsprechung[400] soll die BaFin in ihrer Anordnungsbegründung angeben, ob es sich um eine Prüfung aus besonderem Anlass handelt oder eine Routineprüfung angeordnet wird. Der Anlass ist darzustellen und muss – gerichtlich nachprüfbar – tatsächlich zutreffen. Nach dieser Verwaltungspraxis begründet die BaF in ihrem Prüfungsankündigungsschreiben auch, warum sie die Prüfung anordnet. Wenn in dem Brief in der Regel ausgeführt wird, dass „die letzte Prüfung im Jahr [...] erfolgte und daher eine Prüfungsanordnung sachlich gerechtfertigt und nicht unangemessen" ist, handelt es sich um eine reine Routineprüfung, die durch den Zeitablauf seit der letzten Prüfung

---

398 Fischer/Boegle, in: Schimasky/Bunte/Lwowski, Bankrechts-Handbuch, 5. Aufl. 2017, § 132 Rn. 43.

399 Fischer/Boegle, in: Schimasky/Bunte/Lwowski, Bankrechts-Handbuch, 5. Aufl. 2017, § 132 Rn. 43.

400 VG Frankfurt am Main, Urteil vom 29.10.2009 – 1 K 4182/08.F erhältlich unter https://openjur.de/u/304928.html.

gerechtfertigt ist. Falls die BaFin in einem solchen Ankündigungsschreiben auf eine frühere Prüfung mit gravierenden Mängeln Bezug genommen hat und die erneute Prüfung damit begründet, dass sie herausfinden möchte, ob die seither ergriffenen Maßnahmen nun zu einer ordnungsgemäßen Geschäftsorganisation geführt haben, stellt diese Prüfung eine Nachschauprüfung dar.

bb. Anlassbezogene Sonderprüfungen

Falls die BaFin Anlass zu der Vermutung hat, dass wesentliche Verstöße gegen Gesetz und Recht vorliegen, oder sich eine Krise des Instituts anbahnt, kann sie eine Sonderprüfung anordnen.
Bei einer Anlassprüfung sind die Gründe zu benennen, die – vom Verwaltungsgericht nachprüfbar – tatsächlich vorliegen müssen. Die Prüfung muss unter Berücksichtigung des Grundsatzes der Verhältnismäßigkeit gerechtfertigt sein[401].

c. Ermittlungs- und Untersuchungsrecht

Der BaFin steht ein weitergehendes Untersuchungsrecht zu, welches für den Fall im Sinne von § 44b Abs. 2 KWG den Verdacht des Vorliegens von Umständen voraussetzt, die eine Untersagung des Erwerbs wesentlicher Beteiligungen nach § 2c Abs. 1b Satz 1 Nr. 1 bis 6 begründen würden. Sind die Voraussetzungen gegeben, darf die Aufsichtsbehörde auch die Räume aller Beteiligten betreten und besichtigen (vgl. §§ 44 Abs. 1 S. 3, 44c Abs. 2 S. 2 KWG).
Anlässlich des Wirecard-Skandals soll die BaFin mehr Kompetenzen und Durchgriffsrechte gegenüber Unternehmen erhalten, u. a. Durchsuchungs- und Beschlagnahmerechte. Mit dem neuen § 107 Abs. 7 WpHG-E wird ein Durchsuchungs- und Beschlagnahmerecht geschaffen, welches ebenfalls gegenüber Dritten gilt. Die Ausübung der Befugnisse steht unter Richtervorbehalt. Voraussetzung ist, dass konkrete Anhaltspunkte für einen erheblichen Verstoß gegen Rechnungslegungsvorschriften gegeben sind. Ein Verstoß ist erheblich, wenn er aus Sicht der Kapitalmarktteilnehmer für die Bewertung des Unternehmens von wesentlicher Bedeutung ist[402].

---

401 Fischer/Boegle, in: Schimasky/Bunte/Lwowski, Bankrechts-Handbuch, 5. Aufl. 2017, § 132 Rn. 45.

402 Finanzmarktintegritätsstärkungsgesetz – FISG vom 23.12.2020, Gesetzesentwurf zu Nummer 8 (§ 107 WpHG n.F.) zu Nummer e, erhältlich unter https://www.bmjv.de/SharedDocs/Gesetzgebungsverfahren/Dokumente/RegE_Finanzmarktintegriaet.pdf;jsessionid=3F44A692969BF1CDC4682E752F5BEC45.1_cid289?__blob=publicationFile&v=2.

2. *Eingriffsbefugnisse*

Die formellen Maßnahmen der BaFin reichen von der Abberufung der Geschäftsleitung bis zur Zwangsvollstreckung ihrer Verfügungen nach § 17 FinDAG mit Zwangsmitteln entsprechend den Bestimmungen des Verwaltungsverfahrensgesetzes. Die wichtigeren Maßnahmen sind gem. § 49 sofort vollziehbar. Außerdem ist die Verletzung der meisten bankenaufsichtlichen Pflichten nach § 56 sowie nach § 17 GwG und weiteren Spezialbestimmungen bußgeldbewehrt oder sogar strafbar (§ 54). Zuständige Verwaltungsbehörde zur Ahndung von Ordnungswidrigkeiten ist nach § 60 und § 16 Abs. 2 Nr. 2 GwG die BaFin.

a. *Maßnahmen gegen das Kreditinstitut*

aa. *Erlöschen der Erlaubnis*

Unter den Erlöschengsründen gibt es automatische und nicht automatische.
Nach § 35 Abs. 1 KWG erlischt die Erlaubnis automatisch, wenn von einem genehmigten Kreditinstitut wenigstens eine erlaubnispflichtige Bankgeschäftsart nicht innerhalb eines Jahres seit der Erlaubniserteilung Gebrauch gemacht wird. Des Weiteren tritt die Rechtsfolge des Erlöschens der Erlaubnis automatisch ein, wenn die Fälle wie Verzicht, Tod des Erlaubnisinhabers oder Auflösung einer juristischen Person gegeben sind.
Weiterhin erlischt die Erlaubnis nach § 35 Abs. 1 Satz 2 KWG mit Ausschluss aus der zuständigen Entschädigungseinrichtung. Für CRR-Kreditinstitute findet § 35 Abs. 1 Satz 2 KWG jedoch keine Anwendung (vgl. § 35 Abs. 2 Satz 3 KWG). Wird ein CRR-Institut aus einer Entschädigungseinrichtung ausgeschlossen, kann die BaFin der EZB gemäß Art. 14 Abs. 5 SSM-Verordnung den Entzug der Erlaubnis durch Beschlussentwurf vorschlagen und so auf den Entzug hinwirken. Die EZB entscheidet auf Grundlage dieses Beschlusses in eigener Kompetenz über den Entzug der Erlaubnis.

bb. *Aufhebung der Erlaubnis*

§ 35 Abs. 2 und Abs. 2a KWG enthält einen abschließenden Katalog der Aufhebungsgründe. Danach kann die Erlaubnis entzogen werden, wenn das Kreditinstitut für mindestens sechs Monate untätig bleibt (Nr. 1), ein Kreditinstitut in der Rechtsform des Einzelkaufmanns betrieben wird (Nr. 2), die Erlaubnisvoraussetzungen nicht mehr vorliegen oder entfallen sind (Nr. 3), Gläubigergefährdung besteht (Nr. 4), wenn nachhaltig gegen Bestimmungen des KWG, des Wertpapierhandelsgesetzes oder die entsprechenden Durchführungsverordnungen oder gegen die EU-Marktmissbrauchsverordnung (VO 596/2014) oder EU-Kapitaladäquanzverordnung (VO 575/2013) oder EU-Verordnung über die Transparenz von Wertpapierfinanzierungsgeschäften und der Weiterverwendung der EU-Finanzmarktverordnung (VO 600/2014) verstoßen wird (Nr. 6–10). Des Weiteren soll die BaFin die Erlaubnis aufheben, falls ein Insolvenzverfahren eröffnet oder die Auflösung des Instituts beschlossen wird (vgl. § 35 Abs. 2a KWG).

b. *Maßnahmen gegen die Geschäftsleitung*

Die BaFin kann nach § 36 KWG verlangen, dass ungeeignete Geschäftsleiter abberufen werden (Abberufungsverlangen), oder sie kann ihnen mit sofortiger Wirkung die Tätigkeit als Geschäftsleiter untersagen (Tätigkeitsverbot). Das Tätigkeitsverbot bezieht sich nicht nur auf die Ausübung der gegenwärtigen Geschäftsführungs- und Vertretungsfunktion, sondern (bis zur Aufhebung) auf jede Geschäftsleiterfunktion beim selben oder anderen Instituten. Abberufungsverlangen und Tätigkeitsverbot sind weniger einschneidende Maßnahmen als eine Betriebsschließung und daher bei Vorliegen der Voraussetzungen als milderes Mittel geboten. Die Gründe nach § 36 Abs. 1 KWG sind identisch mit denen für den Erlaubnisentzug (vgl. § 36 KWG i. V. m. § 35 Abs. 2 Nr. 3, 4, 6 KWG). Als weiteren Grund nennt § 36 Abs. 2 KWG vorsätzliche oder leichtfertige Verstöße gegen Aufsichtsnormen, die trotz Vorwarnung fortgesetzt werden. Das Abberufungsverlangen kann selbstständig angeordnet werden, ohne dass es zu einem sofortigen Tätigkeitsverbot kommt. Hingegen kann das Tätigkeitsverbot nur verfügt werden, wenn die BaFin gleichzeitig oder vorher die Abberufung verlangt hat.

c. *Finanzielle Sanktionen*

§ 56 KWG regelt zentral die bußgeldbewehrten Ordnungswidrigkeiten gegen gesetzliche Bestimmungen oder darauf aufbauende Anordnungen der Aufsichtsbehörde, wobei die BaFin gem. § 60 KWG als zuständige Verwaltungsbehörde i. S. d. § 36 Abs. 1 Nr. 1 OWiG die Ordnungswidrigkeiten selbst verfolgt und ahndet. § 56 KWG wurde mehrmals hinsichtlich des Bußgeldrahmens und der Adressaten zur Umsetzung der Europäischen Vorgaben gründlich überarbeitet[403]. § 56 Abs. 6 KWG unterscheidet fünf Stufen des Bußgeldrahmens mit Höchstgrenzen zwischen 100.000 EUR und 5 Mio. EUR. Der gesetzliche Rahmen unterscheidet nicht danach, ob die Tat vorsätzlich oder unvorsätzlich begangen wurde. Ergänzend gilt deshalb § 17 Abs. 2 OWiG, wonach die

---

403 Glos in: Binder/Glos/Riepe 2018, Kapitel 13, Rn. 167.

fahrlässig begangene Tat im Höchstmaß nur mit der Hälfte des angedrohten Höchstbetrages der Geldbuße geahndet werden darf[404].

d. Strafrechtliche Verfolgung

Außerhalb des Bußgeldverfahrens gem. § 56 KWG gibt es noch verschiedene Straftaten nach §§ 54 ff. KWG, die aber im Rahmen der allgemeinen strafprozessualen Regeln verfolgt werden.

Durch das Trennbankengesetz[405] wurde § 54a KWG geschaffen, der eine Strafvorschrift beinhaltet, wonach eine Strafbarkeit eines Geschäftsleiters gegeben ist, wenn ein Geschäftsleiter vorsätzlich und schuldhaft gegen eine Sorgfaltspflicht nach § 25c Abs. 4a oder 4b KWG verstößt und hierdurch zumindest fahrlässig bewirkt, dass das Institut in seinem Bestand gefährdet wird. Nach § 25a Abs. 4a KWG haben die Geschäftsleiter eines Instituts dafür Sorge zu tragen, dass das Institut insbesondere über

- eine auf die nachhaltige Entwicklung des Instituts gerichtete Geschäftsstrategie und eine damit konsistente Risikostrategie,
- ein Verfahren zur Ermittlung und Sicherstellung der Risikotragfähigkeit,
- interne Kontrollverfahren mit einem internen Kontrollsystem und einer internen Revision sowie
- eine angemessene personelle und technisch-organisatorische Ausstattung verfügt.

Der Geschäftsleiter ist nur dann strafbar, wenn die BaFin zuvor eine vollziehbare Anordnung nach § 25c Abs. 4c KWG erlassen und er dieser zuwidergehandelt hat. Dieses Erfordernis stellt einen Strafausschließungsgrund (§ 54a Abs. 3 KWG) dar. Um strafrechtlich belangt werden zu können, muss die Schieflage des Instituts darauf beruhen, dass der Geschäftsleiter die Anordnung der BaFin nicht befolgt hat.

---

404 Lindermann, in: Boos/Fischer/Schulte-Mattler/Lindemann 2016, § 56 Rn. 13.

405 Gesetz zur Abschirmung von Risiken und Planung der Sanierung und Abwicklung von Kreditinstituten und Finanzgruppen vom 7.Aug.2013, BGBl.I S 3090 ff. § 54a KWG wurde durch dessen Art 3 eingeführt.

C. Zwischenergebnisse

I. Gegenstände der laufenden Aufsicht

Obwohl das BAG die Gegenstände der laufenden Aufsicht nicht explizit auflistet, lässt sich der Umfang der laufenden Aufsicht über chin. Geschäftsbanken vor allem aus dem BAG Kapitel 3 „Aufsichtsaufgaben" (§§ 15–32 BAG) und Kapitel 4 „Aufsichtsmaßnahmen" (§§ 33–42 BAG) und der Leitlinie für die externen Prüfer umreißen. Zur Beurteilung der Einhaltung der von § 21 Abs. 3 BAG vorgeschriebenen Grundsätze für einen umsichtigen Bankbetrieb durch Geschäftsbanken überwacht und prüft die Bankenaufsichtsbehörde vor Ort und Off-Site und bewertet die von den Geschäftsbanken vorzulegenden Unterlagen und die von ihnen etablierten Prozesse (§§ 23 u. 24 BAG) im Rahmen von makro- und mikroprudenziellen Bewertungskonzepten. Nach dem Beurteilungsergebnis erlässt sie die aufsichtlichen Verwaltungsmaßnahmen (§§ 33–42 BAG). Gem. § 21 Abs. 3 BAG müssen sich sodann alle Finanzinstitute im Bankensektor bei dem Geschäftsbetrieb strikt an die Grundsätze für einen umsichtigen Betrieb halten. Dem Wortlaut nach beinhaltet § 21 Abs. 2 BAG den Grundsatz für einen umsichtigen Geschäftsbetrieb mit folgenden Elementen:

- Risikomanagement,
- interne Kontrolle,
- Eigenkapitalquote,
- Kapitalqualität,
- Schadenreserve,
- Risikokonzentration,
- Transaktionen mit verbundenen Personen, und
- Liquidität.

In den vergangenen Jahren haben CBRC/CBIRC basierend auf den internationalen regulatorischen Reformerfahrungen – vor allem den Rahmenbedingungen des Basler Ausschusses für Bankenaufsicht – unter Berücksichtigung der tatsächlichen Situation im chinesischen Bankensektor verschiedene risikoorientierte Aufsichtsmaßnahmen festgelegt, die zur Regulierung des ganzheitlichen Risikomanagements das Kapitalmanagement, Kreditrisiko, Marktrisiko, Liquiditätsrisiko und operationelle Risiko sowie das konsolidierte Management einschließen, um das Risikomanagement der Geschäftsbanken zu stärken und zu standardisieren.

Gleichwohl achten die europäischen und deutschen Bankenregulierer sehr auf die risikoorientierte Aufsicht, um die Stabilität sowohl auf mikro- als auch auf makroökonomischer Ebene aufrechtzuerhalten. Inhaltlich unterscheiden sich die Gegenstände von der laufenden Aufsicht in beiden Ländern kaum und entsprechen dem Inhalt des ganzheitlichen Riskmanagements.

II. Risikomanagement

Die chin. Aufsichtsbehörde bemüht sich seit 2008, einen ganzheitlichen Rahmen für das Risikomanagement durch die auslegenden Richtlinien über den ganzheitlichen Rahmen für die Risikoüberwachung zu etablieren und gibt die qualitativen und quantitativen Indikatoren zur aufsichtlichen Überwachung vor. Demgegenüber verwendet der deutsche Regulierer eher unbestimmte Rechtsbegriffe, da die Institute bei unterschiedlichen Umständen angemessene Maßnahmen aufgreifen sollen, was ebenfalls dem von den europäischen Regulierern vorgegebenen Verhältnismäßigkeitsgrundsatz bei der Finanzaufsicht entspricht. Hierfür setzen die Mindestanforderungen an das Risikomanagement (MaRisk) an. Auf der Basis von § 25a KWG, der die organisatorischen Pflichten von Instituten mit Blick auf das institutsinterne Risikomanagement regelt, geben die MaRisk einen ganzheitlichen Rahmen für das Management aller wesentlichen Risiken vor. Die MaRisk stecken einen prinzipienorientierten Rahmen ab, der den Instituten jedoch zugleich noch Spielräume für eine individuelle Umsetzung einräumt. Zahlreiche Öffnungsklauseln stellen zudem sicher, dass auch kleinere Institute die Anforderungen flexibel umsetzen können[406].

III. Bewertungskonzepte

Bei der laufenden Aufsicht hat sowohl die chin. als auch die dt. Aufsichtsbehörde Bewertungskonzepte verwendet. Jedoch unterscheiden sich diese sowohl bei den Zuständigkeiten als auch den Konzeptschwerpunkten sowie Bewertungskomponenten wenig, da sie die vom Basler Ausschuss entwickelten Aufsichtsstandards als Referenz genommen haben. In China haben die chin. Bankenaufsichtsbehörde im engeren Sinne und die PBoC jeweils eigene Bewertungskonzepte; in Deutschland dagegen gibt es im Rahmen des einheitlichen SSM nur ein Bewertungskonzept, welches sowohl von der BaFin als auch von der BuBa verwendet wird.

406 BaFin's Webseite unter https://www.bafin.de/DE/Aufsicht/BankenFinanzdienstleister/Risikomanagement/risikomanagement_node.html.

IV. Mikro- und makroprudenzielle Aspekte im Bewertungskonzept

Der chin. Finanzaufsichtsregulierer splittet die mikro- und makroprudenziellen Aspekte in den Bewertungskonzepten jeweils nach den Zuständigkeiten der Aufsichtsbehörden. Das bedeutet, dass die Aufsichtsbehörden für operative und mikroprudenzielle Aufsicht die Banken nur nach den mikroprudenziellen Aspekten laufend bewerten und die Aufsichtsbehörden für makroprudenzielle Aufsicht die Banken nur aus den makroprudenziellen Aspekten prüfen und beurteilen sollen, während das vom europäischen Regulierer entwickelten Bewertungskonzept die beiden Aspekte gleichmäßig beinhaltet.

V. Aufsichtliche Instrumente

Es gibt in beiden Aufsichtssystemen zur laufenden Aufsicht in vielerlei Hinsicht vergleichbare Ansätze der verschiedenen Eingriffsmaßnahmen, bei denen sich durchaus nationale Besonderheiten ausprägen, welche jedoch in den gleichen Rahmenbedingungen bleiben.

5. Kapitel: Zusammenfassung, Probleme und Vorschläge sowie Ausblick

Die rechtsvergleichende Analyse des Bankenaufsichtsrechts in China und Deutschland hat außer einigen gemeinsamen Zielen und Entwicklungslinien auch erhebliche Unterschiede aufgezeigt, die in jedem Hinblick tiefgreifende wissenschaftliche Auseinandersetzungen ermöglichen können. Folgend werden zunächst unter A. die wichtigsten Befunde aus den vorherigen Kapiteln noch mal zusammenfassend genannt, um anschließend unter B. die Probleme in Bezug auf die chin. Bankenaufsicht zu resümieren sowie die entsprechenden Vorschläge zu unterbreiten. Am Ende wird unter C. ein Ausblick für die beiden Amtsträger für die nächste Zukunft gegeben.

A. Zusammenfassung

1. Institutionelles Aufsichtsmodell

Im Hinblick auf das institutionelle Aufsichtsmodell entwickelte sich China von dem Monobankenaufsichtssystem über das Trennaufsichtsmodell bis hin zum dualistischen Aufsichtssystem bzw. tendenzieller Zentralisierung der Finanzaufsicht auf PBoC. In der chin. Literatur und Praxis wird trotz der Verschmelzung der Bankenaufsichts- und Versicherungsaufsichtsbehörden immer noch heiß diskutiert, ob der SR weiterhin vorhat, die Wertpapieraufsicht auch in die CBIRC integrieren zu lassen. Es sei nicht auszuschließen, dass die chin. Regierung auch für das Bankenaufsichtsmodell einen eigenen Weg einschlagen und die Forschung und die Untersuchung über ein geeignetes Bankenaufsichtssystem entwickeln will.

Dagegen modernisierte sich das dt. Bankenaufsichtssystem von Trennaufsichtsmodellen (Banken-, Versicherung und Wertpapieraufsicht), Allfinanzaufsicht mit zwei Säulen für die Bankenaufsicht bis zur zweistufigen Aufsichtskonstruktion unter dem Einfluss von europäischen Vorgaben. Die BaFin als die national zuständige Bankenaufsichtsbehörde ist ein wichtiger Teil des einheitlichen europäischen Bankenaufsichtsmechanismus und wird somit immer mehr von den europäischen Vorgaben im Bankensektor beeinflusst.

2. Makroprudenzielle vs. mikroprudenzielle Aufsicht

Die Überwachung des gesamten Finanzsystems ist ein neues Element des Aufsichtssystems; sie befindet sich insbesondere in China noch im Aufbau. Während die CBIRC für die mikroprudenzielle Aufsicht – also Überwachung der einzelnen Geschäftsbanken, sog. Unternehmensaufsicht – zuständig ist, ist die PBoC für die makroprudenzielle Aufsicht bzw. die chin. Finanzstabilität zuständig. Die beiden Aufsichtsbehörden verfügen jeweils über die mikroprudenziellen oder makroprudenziellen Instrumente. Der Aufbau der makroprudenziellen Aufsicht in China ist in 2016 durch die Einführung von MPA (Macro Prudential Assessment) durch die PBoC gekennzeichnet.
Dagegen erfolgte in Deutschland mit der Gründung des Ausschusses für Finanzstabilität (AFS) am 18. März 2013 eine institutionelle Verzahnung der laufenden makroprudenziellen Überwachung der Bundesbank mit der mikroprudenziellen Aufsicht der BaFin. Die BaFin als Bankenaufsichtsbehörde im eigenen Sinne hat einen gut bestückten mikroprudenziellen Instrumentenkasten, verfügt aber auch über makroprudenzielle Instrumente wie etwa den antizyklischen Kapitalpuffer.

3. Makroprudenzielle Instrumente

Es ist absehbar, dass die Zuständigkeit der PBoC für die makroprudenzielle Aufsicht mit der GBG-Novelle 2020 im Einklang mit BASEL III im Gesetzestext – GBG-Entwurf – manifestiert wird. Obwohl § 46 Abs. 1 GBG Entwurf 2020 die makroprudenziellen Instrumente in §. 34 Nr. 1–Nr. 7 GBG-Entwurf 2020 nicht abschließend genannt hat, wäre eine auslegende Richtlinie zur Umsetzung der makroprudenziellen Anforderungen unter Berücksichtigung der chin. Gesetzgebungstradition und Besonderheiten abzuwarten, in welcher die von Banken zu erfüllenden konkreten Anforderungen und die Überwachungsrahmenbedingungen festgelegt sind. Dabei könnte der chin. Amtsträger zum Design der Rahmenbedingungen für die Makroaufsicht die deutschen Regelungen nach § 48t KWG i. V. m. §§ 10–10 f KWG als Vorbild nehmen.

4. Zusammenarbeit von Unternehmens- und Systemaufsicht bzw. Mikro- und Makroaufsicht

Abgesehen von der Aufgabenverteilung aus dem mikro- und makroprudenziellen Aspekt, ist die notwendige Zusammenarbeit und der Informationsaustausch zwischen Unternehmens- und Systemaufsicht ebenfalls ein Thema. Zwar besteht eine organisatorische Koordination zwischen PBoC und CBIRC

durch Etablierung bestimmter Behördeneinheiten oder personalübergreifender Vereinbarungen; hierdurch wird jedoch der für die Aufgabenerfüllung erforderliche gegenseitige Informationsfluss nicht gewährleistet und somit die erforderliche Zusammenarbeit nicht effektiv durchgeführt.
Nach der Finanzorganisationsreform seit 2018 konzentriert sich die chin. Bankenaufsichtsbehörde im engeren Sinne – CBIRC – ausschließlich auf die mikroprudenzielle Aufsicht, während der chin. Zentralbank PBoC durch die GBG- und VBG-Novelle die makroprudenzielle Kompetenz zugewiesen werden sollte. Die chin. Finanzaufsichtsreform bezweckt die Bildung eines modernen Aufsichtssystems mit drei Säulen: Mikro- und Makroaufsicht sowie Verhaltensaufsicht, welche jeweils unabhängig arbeiten und gegenseitig Informationen austauschen und abstimmen sollen.
Anderes als in China, gilt die Zusammenarbeit zwischen BaFin und BuBa sowie den europäischen Finanzaufsichtsbehörden als gesetzlich vorgesehene Pflicht. In Deutschland werden die von der BuBa im Rahmen des Meldewesens angeforderten Informationen gleichzeitig mit der BaFin für Prüfungszwecke oder laufende Aufsicht ausgetauscht. Zudem wurde, als Konsequenzen aus der globalen Finanzkrise 2007/2008, auf Empfehlung von ESRB zur Einrichtung einer makroprudenzielle Behörden oder Gremien auf nationaler Ebene das Gesetz zur Überwachung der Finanzstabilität umgesetzt. Dieses verpflichtet zur Zusammenarbeit von BuBa, BaFin und BMF auf dem Gebiet der Finanzstabilität und sieht, mit der Gründung des Ausschusses für Finanzstabilität (AFS) am 18. März 2013, eine institutionelle Verzahnung der laufenden makroprudenziellen Überwachung der Bundesbank mit der mikroprudenziellen Aufsicht der BaFin vor. Darüber hinaus ist die Zusammenarbeit zwischen der makro- und mikroprudenziellen Aufsicht in Deutschland als gegenseitige Informationspflicht in der Aufsichtsrichtlinie verankert und somit in der Praxis umgesetzt.

5. Inländer vs. Ausländer

Trotz über 40 Jahren Markteröffnung gelten in vielen Bankenaufsichtsbereichen, wie die materiale Kapitalanforderung, beschränkte Produktarten und Geschäftsumfang, oft noch einige strengere Sonderregelungen. Ein einfaches Beispiel bei der Markteintrittsaufsicht zeigt, dass in China sowohl die formellen als auch die materiellen Zulassungsvoraussetzungen zwischen chinesischem und ausländischem Gründer unterscheiden, während die dt. Amtsträger, abgesehen von der zusätzlichen Genehmigung durch den ausländischen Amtsträger, für Kreditinstitute aus dem Drittland im Allgemeinen die gleichen formellen und materiellen Voraussetzungen für Inländer und Ausländern gelten lassen.

6. Formelle Markteintrittsaufsicht

Unabhängig von den Rechtsformen der zu gründenden Banken untergliedert sich das Zulassungsverfahren bei der chin. Bankenaufsichtsbehörde immer in zwei Phasen – Errichtungsvorbereitungs- sowie Betriebsführungsphasen –, während es in Deutschland von der nationalen oder der europäischen Zuständigkeit abhängig ist. Zuständig für die Erteilung der Bankerlaubnis für ein CRR-Institut ist die Europäische Zentralbank (EZB). In allen anderen Fällen erteilt die BaFin die Erlaubnis zum Betreiben von Bankgeschäften. Unabhängig vom jeweils zuständigen Entscheidungsträger sind die Anträge auf die Erteilung einer Bankerlaubnis immer bei der BaFin einzureichen.

7. Proportionalitätsprinzip

Ein weiterer grundlegender Unterschied bei der Bankenaufsicht der beiden Länder liegt in dem Spannungsverhältnis zwischen prinzipien- und regelbasierter Regulierung. Während der chin. Bankenregulierer mit über 5.000 Vorschriften allein für den Bankensektor bis ins letzte Detail ausdefiniert, setzt der deutsche nach den europäischen Vorgaben risikoorientiert einen Rahmen an bestandskräftigen Prinzipien, innerhalb dessen er den zu beaufsichtigenden Kreditinstituten gewisse Spielräume und Freiheiten gewährt.

8. Bewertungskonzepte

Untersuchungswürdig ist ebenfalls das Bewertungs- und Beurteilungskonzept ggü den zu beaufsichtigenden Banken. Zur Bewertung von Geschäftsbanken gibt es durch PBoC und CBIRC verschiedene Bewertungskonzepte mit unterschiedlichen Zielrichtungen. Da bei der Datenerhebung keine gesetzliche Pflicht zum Informationsaustausch zwischen PBoC und CBIRC vorgesehen ist und unterschiedliche Meldefristen für die zu erhebenden Informationen gelten, ist mit der Doppellieferung der zu meldenden Informationen quartalsweise, halbjährlich oder jährlich erheblicher Aufwand für die beaufsichtigten Geschäftsbanken verbunden. Dagegen sind, dank des Mechanismus für den Informationsaustausch unter BaFin, BuBa und EZB sowie des einheitlichen Bewertungskonzepts, die zu meldenden Informationen im Rahmen von SREP an die BuBa zu liefern.

9. Regelbasierte und prinzipienbasierte Aufsicht

Nach der chin. Gesetzgebungstradition wollen die chin. Aufsichtsregulierer eher eine stärkere regelbasierte Regulierung, um die Banken einheitlich mit klar definierten Verhaltensvorgaben und wenigen Auslegungsspielräumen zu beaufsichtigen. Dies zeigt sich vor allem bei der Markteintrittsaufsicht sowie bei der laufenden Aufsicht. Allmählich haben die chin. Regulierer und Aufseher bei der Umsetzung von BASEL II realisiert, dass ein Zuviel an starren Regeln heutzutage den dynamischen Finanzmärkten und individuellen Risikoprofilen nicht mehr gerecht wird. Dagegen kann ein Zuviel an Prinzipien eine schwächere Form der Regulierung begründen oder die Vorhersehbarkeit und Harmonisierung der Rechtsanwendung der aufsichtlichen Maßnahmen über einzelne Institute und Länder hinweg erschweren. Es ist zwar absehbar, dass die Regulierung in der Zukunft ein Mix aus regelbasierter und prinzipienbasierter Aufsicht sein wird. Jedoch ist es für die Regulierer und Aufseher eine Herausforderung, wie man die Balance zwischen der regelbasierten und der prinzipienbasierten Aufsicht halten kann.

10. Prinzip der Proportionalität

Während dem chin. Bankenaufsichtsrecht das Prinzip der Proportionalität für die Erstellung des Risikoprofils einer Geschäftsbank eher fremd ist, zieht es sich als allgemeiner Grundsatz quer durch das gesamte deutsche Bankenaufsichtsrecht. Das Proportionalitätsprinzip findet sich in §§ 25a ff. KWG und MaRisk AT 1 Tz. 2, wonach der Grundsatz der doppelten Proportionalität somit nicht nur für die qualitative Aufsicht aufgrund der europäischen Vorgaben, sondern auch für die Anforderungen an die Kreditinstitute gilt. Der Grundsatz der doppelten Proportionalität besagt, dass

- die Ausgestaltung des bankinternen Prozesses (ICAAP) proportional zur Größe, zum Geschäftsvolumen und der Risikostruktur des Instituts und
- die Prüfung des Prozesses (ICAAP) durch die Bankenaufsicht hinsichtlich der Häufigkeit und Intensität proportional zur Ausgestaltung der bankinternen Prozesse zu sein hat[407].

407 Braun, in: Boos/Fischer/Schulte-Mattler, KWG, CRR-VO 5. Auflage 2016, § 25a Rn. 88.

11. Prudenzielle Aufsicht vs. Verhaltensaufsicht

Die Entwicklung der Verhaltensaufsicht befindet sich in China erst in einer Startphase, nachdem dieses Aufsichtsmodell auf der Fünften Nationalen Finanzarbeitskonferenz 2017 verlangt wurde. Dagegen haben die europäischen und deutschen Regulierer schon seit langer Erfahrung mit diesem weiteren Aufsichtszweig neben der prudenziellen Aufsicht gehabt. In Deutschland sind prudenzielle Aufsicht und Verhaltensaufsicht unter einem Dach der BaFin angesiedelt und es wurden schon viele Vorgaben zum Verbraucherschutz erlassen.
Der chin. Bankenregulierer bezweckt die Schließung dieser Regelungslücke, indem er den Verbraucherschutz bei der Novellierung des GBG berücksichtigt hat und ein Kapitel 6 (§§ 70–78 GBG-Entwurf 2020) zum Schutz von Kundeninteressen aus den Aspekten Kostentransparenz, Darlehensvergabe, Datenschutz sowie Werbung eingeführt werden soll.

12. Reichweite aufsichtlicher Konsequenzen

Während die regulatorischen Konsequenzen in China zusätzlich auf Privatvermögen und Berufsverbot der verantwortlichen Mitarbeiter und deren Vorgesetzten ausgeweitet sind, beschränkt sich die verwaltungsrechtliche Haftung in Deutschland auf die Geschäftsleiterverantwortlichkeit. Ob die Ausdehnung der verwaltungsrechtlichen Konsequenzen und die Abschreckungsmethode in China zur Finanzstabilität aus dem mikro- und makroprudenziellen Aspekt beitragen kann, ist aufgrund der Bedeutung für die Effektivität der Aufsicht unter Berücksichtigung der nationalen Besonderheiten diskussionswürdig.

13. Strafrechtliche Instrumente

Die strafrechtliche Kompetenz der chin. Aufsichtsbehörde ist gesetzlich nicht geregelt. Trotz des Novellierungsplans von GBG und VBG wird keine Strafnorm im eigentlichen Sinne aufgenommen. Nach wie vor stellen die PBoC und CBIRC als Verwaltungsbehörde einen Verstoß gegen Strafnormen fest und leiten sie den Fall samt den ermittelten Nachweisen an die Strafverfolgungsbehörde weiter. Dagegen verfügt die deutsche Bankenaufsichtsbehörde über die strafrechtliche Kompetenz (vgl. §§ 54–55b KWG). Zudem hat die praktische Relevanz durch verbesserte Befugnisse zur Sachverhaltsermittlung (vgl. §§ 24c, 44c, 60a KWG) zugenommen. Es ist zu überlegen, dass die chin. Aufsichtsbehörde ebenfalls vor dem Hintergrund der Komplexität und Dynamik der

Aufsichtsmaterie mit einem angemessenen strafrechtlichen Instrument auszustatten ist.

14. Internationale Zusammenarbeit

Tendenziell stehen alle regulatorischen Entwicklungen zur internationalen Harmonisierung. Im Hinblick auf die zunehmenden grenzüberschreitenden Bankgeschäfte sowie die Globalisierung des Bankwesens ist in beiden Ländern in vielen Bereichen die internationale Zusammenarbeit zur Standardisierung der Bankenaufsichtsrahmenbedingungen zu betonen.

15. Garantie der funktionalen Unabhängigkeit von Aufsichtsbehörden

Während die finanzielle und funktionale Unabhängigkeit der Aufsichtsbehörden in China unter der Leitung der SR sowohl im BAG als auch im VBG-Entwurf 2020 zugesagt wird, ist die funktionale Unabhängigkeit von BaFin und BuBa ebenfalls gesetzlich garantiert. Inwieweit die funktionale Unabhängigkeit bewirkt werden kann, ist grundsätzlich von den nationalen Besonderheiten abhängig.

B. Probleme sowie Vorschläge für die chin. Bankenaufsicht

I. Beseitigung der Regulierungsdissonanz

Ohne Zweifel haben die bankenaufsichtlichen Regulierer eine Fülle von Gesetzen, Verwaltungsvorschriften, Durchführungsverordnungen, Auslegungshinweisen und Mitteilungen mit chin. Geschwindigkeit erlassen. Bis zum Stichtag 22.02.2018 sind insgesamt 386 von der PBoC erlassene Vorschriften von den Geschäftsbanken zu beachten[408]; bis zum 30.06.2021 gelten insgesamt 191 von SAFE erlassene Vorschriften[409]; bis 30.06.2021 sind insgesamt 5.513[410] Vorschriften allein auf dem Gebiet der Bankenaufsicht anzuwenden. Trotz der Menge an Vorschriften bestehen häufig überschneidende oder sogar in Konflikt

408 PBoC's Öffentliche Bekanntmachung mit Ren Min Yin Hang Ling [2018] Nr. 2 vom 22.02.2018, erhältlich unter http://www.pbc.gov.cn/goutongjiaoliu/113456/113469/3487572/index.html).

409 SAFE's öffentliche Bekanntmachung, erhältlich unter http://www.safe.gov.cn/safe/2021/0720/19437.html.

410 Statistik von Legal and Judicial Information Center for CHINA-ASEA Countries, erhältlich unter http://temp.pkulaw.cn:8117/law/chl?ClassCodeKey=„0370302.

geratene Regelungen, die jeweils von CBIRC und PBoC im Hinblick auf die gleichen Aufsichtsangelegenheiten veröffentlicht wurden, da diese jeweils von BAG oder VBG zu gleichen Regulierungsgegenständen ermächtigt sind. Zu den überschneidenden Bereichen gehören z. B. Kapitalregulierung, Kreditregulierung, Bestimmungen zur Bekämpfung der Geldwäsche, makroprudenzielle Regulierung, Verbraucherschutz und Einlagensicherungssysteme.
Die Unstimmigkeit wurde zusätzlich durch die Organisationsreformen in 2003 und 2018 verschlimmert, da PBoC und CBRC aus der Epoche manchmal noch als Bankenaufsichtsbehörde für mikroprudenzielle Aufsicht in den Vorschriften auftauchen und diese noch nicht berichtigt wurden.
Vor diesem Hintergrund ist es nun höchste Zeit für die chin. Bankenaufsichtsregulierer, vor allem die sich wiederholenden Regelungen für gleiche Regulierungsgegenstände, Überschneidungen, Inkonsistenzen und Widersprüche zu bereinigen. Hierfür soll die Maßnahme eingeführt werden, dass alle relevanten Regelungen mindestens alle fünf Jahre auf ihre Gültigkeit bzw. Angemessenheit zu überprüfen sind. Eine solche Maßnahme ist ebenfalls im Hinblick auf die dynamische Entwicklung durch Digitalisierung und Globalisierung der Bankgeschäfte notwendig. Darüber hinaus soll die PBoC – als gesetzlich für das Entwerfen von wichtigen Gesetzen und Verordnungen in der Finanzbranche, für die Etablierung von grundlegenden Systemen und zum Erlass der mit der Wahrnehmung von prudenzieller Aufsicht im Zusammenhang stehenden Vorschriften zuständige Stelle – die von einer wichtigen Regelung betroffenen anderen Aufsichtsbehörden – vor allem CBIRC und CSRC – vor dem Gesetzeserlass ausreichend konsultieren. Schließlich könnte die Anzahl der bankenaufsichtlichen Regelungen allein durch die Harmonisierung von Sonderregelungen für ausländische Gründer deutlich verringert werden.

II. Systematisierung des Bankenaufsichtsrechts

Obwohl die von chin. Bankenregulierern unermüdlich geschaffenen Vorschriften seit 40 Jahren auf dem Bankenaufsichtsgebiet den internationalen Gesetzen – vor allem dem BASEL-Regelwerk – in nichts nachstehen, fehlt es an der inneren Stimmigkeit und es kommt für Anwender häufig zu Wertungswidersprüchen und Rechtsunsicherheiten. Diese Unstimmigkeit wird verschlimmert, wenn ein formales Gesetz in Bezug auf unterschiedliche Aufsichtsobjekte durch umfangreiche Durchführungsverordnungen bzw. Verwaltungsvorschriften auszulegen ist und viele Überschneidungen, Inkonsistenzen und noch direktere Konflikte zwischen unterschiedlichen Regelungsgebern gegeben sind.

Um das gesetzgebungstechnische Problem zu lösen, wäre der chin. Bankenregulierer als erstes mit der Frage zu konfrontieren, nach welchen Kriterien die Aufsichtsobjekte – inländische oder ausländische Bank, Geschäftsbanken oder Politikbank, Staatsbank oder Privatbank etc. – zu kategorisieren sind. Ein systematisches Bankenaufsichtsrecht braucht zwar selbstverständlich ein einheitliches System aller Rechtsgebiete, jedoch kann die PBoC zunächst die Stimmigkeit allein unter den drei wichtigsten Gesetzen auf dem Gebiet der Bankenaufsicht erzielen. Zudem kann sie ebenfalls überlegen, bei der Regulierung der Bankenaufsicht nicht alles bis ins letzte Detail gesetzlich zu definieren, sondern sich darauf beschränken, einen Rahmen an bestandskräftigen Prinzipien zu setzen, innerhalb dessen sowohl der Aufsichtsbehörde als auch den Geschäftsbanken gewisse Spielräume und Freiheiten gewährt werden. Diesen Umstieg zu einer stärker prinzipienorientierten Regulierung im Bankensektor hat der europäische Bankenregulierer schon mit dem Übergang zu Basel II vollzogen. Schließlich sollten bei den noch zu entwickelnden Rechtsgebieten wie Makro- und Verhaltensaufsicht von Anfang an die klaren Zuständigkeiten, ungehinderter Informationsaustausch und Maßnahmen zum Verbraucherschutz etc. festgelegt werden.

III. Verbesserung der Zusammenarbeit zwischen Mikro- und Makroaufsicht

Zwar ist die aus den Mitgliedern von PBoC, CBIRC, CSRC und SAFE bestehende „Finanzaufsichts- und Koordinierungssitzung auf Ministerebene" schon seit 2013 eingeführt, die personalübergreifende Vereinbarung zwischen Mikro- und Makroaufsicht – PBoC und CBIRC – getroffen und zudem der Finanzstabilitäts- und Entwicklungsausschuss des Staatsrates (im Folgenden „Finanzausschuss" genannt) im Jahr 2017 eingerichtet worden, um den Informationsaustausch horizontal und vertikal unter den Aufsichtsbehörden zu ermöglichen. Dennoch mangelt es insgesamt unter den Finanzaufsichtsbehörden an einem standardisierten Informationsaustauschmechanismus, damit die Informationen zwischen Mikro- und Makroaufsicht ungehindert zeitnah fließen und sich bündeln können. Ohne einheitliche Informationen von Mikro- und Makroaufsicht führt diese Situation nicht nur zu Doppelbelastung und erhöhtem Aufwand für die zu prüfenden Banken, sondern auch zu erhöhten Aufsichtskosten, zu Regulierungsvakuum bzw. -wettbewerb und zur schwierigen Überwachung, Bewertung und Frühwarnung vor systemischen Risiken. Um solche Probleme zu lösen, ist es empfehlenswert, dass zunächst eine handhabbare Regelung oder Vereinbarung zur Koordinierung zwischen Mikro- und

Makroaufsicht gegeben werden soll, welche – wie die in Deutschland geltende Aufsichtsrichtlinie – allein die Zuständigkeiten, Aufgabenverteilung, Informationsaustausch, Instrumente etc. klar vorschreibt. Darüber hinaus könnte man bzgl. des Informationsaustausches überlegen, ob die Aufsichtsbehörden mit der Hilfe von RegTech eine Plattform etablieren könnten für den gleichzeitigen Zugriff der zu beaufsichtigenden Banken sowie den der Makro- und Mikroaufsicht.

C. Ausblicke

Als Hauptakteure in der globalen Finanzwelt verfolgen die chin. Finanzmarktregulierer umsichtige und schrittweise Reformen, und werden diese aller Voraussicht nach weiter vorantreiben. Die wichtigsten Reformaufgaben sind nun durch den VBG-Entwurf 2020 gesetzlich durch die sechs neuaufgenommenen Verantwortungsbereiche vorgesehen.
Voraussichtlich wird der makroprudenzielle Regulierungsrahmen in den nächsten Jahren wesentlich ausgebaut. Er beinhaltet hauptsächlich:

- Entwicklung eines grundlegenden Systems für die prudenzielle Aufsicht;
- Formulierung, Umsetzung der Kreditpolitik, Verantwortung für die Makroaufsicht sowie Überwachung und Steuerung der Umsetzung der Geld- und Kreditpolitik durch Finanzinstitute;
- Formulierung von Grundregeln, Überwachungsanalysen und konsolidierte Aufsicht über Finanzgruppen und systemrelevante Finanzinstitute sowie Formulierung, Überwachung und Bewertung von Grundregeln für finanzübergreifende Geschäfte (z. B. Großvermögensverwaltung);
- Führung bei der Prävention und Beseitigung systemischer Finanzrisiken, Organisation der Umsetzung des Einlagensicherungssystems und Verwaltung des Einlagensicherungsfonds gemäß der Bewilligung;
- Leitung des nationalen Koordinierungsmechanismus für die Fallbearbeitung im Finanzbereich und Organisation der Durchführung der Überprüfung der nationalen Finanzsicherheit;
- Implementierung eines grenzüberschreitenden Kapitalflussmanagements;
- Leitung von Finanzstandardisierung und Finanztechnologie, d. h. die Zentralbank muss die Führung bei der Formulierung und Förderung der Umsetzung von Finanztechnologieentwicklungsplänen und der Ausarbeitung von Grundregeln für die Finanztechnologieaufsicht übernehmen.

Blickt man auf die Implikationen der Transformation der gesamten Wirtschaft einschließlich des Kreditgeschäfts, haben die Bankenregulierer und Aufseher

zu fragen, wie die Transformation in Richtung Nachhaltigkeit und Digitalisierung in den Banken wirkt.
Vor der schnellen Digitalisierung und der Pandemie haben sowohl die chin. als auch die europäischen Regulatoren und Aufseher erkannt, dass die Transformation in Richtung Nachhaltigkeit und Digitalisierung in der Finanzbranche nicht gebremst werden können. Hierfür haben sie sich entschieden, diese Transformation strategisch zu betrachten, die eigene Rolle als Regulatoren und Aufseher neu zu definieren und dafür zu sorgen, dass die Stabilität der Banken und der Volkswirtschaft gewahrt bleibt. Die Transformation wird sich über einen sehr langen Zeitraum erstrecken, aber dennoch müssen die Bankenregulierer und Aufseher jetzt schon handeln!
Ein weiteres interessantes Phänomen zu beobachten ist dabei, als der chin. Gesetzgeber bzw. Regulierer im Hinblick auf die Bankenaufsicht die aktuell gültigen Regelungen systematisch harmonisieren bzw. Rechtslücke schließen will, um einerseits den Markteintritt von ausländischen Investoren zu erleichtern und andererseits die Effizienz der Bankenaufsicht zu verbessern bzw. zu lockern, will der EU-Gesetzgeber die bankenaufsichtlichen Anforderungen auf der europäischen Ebene mit dem Bankenpaket 2021[411] verschärfen, z.B. bei der Prüfung von Schlüsselfunktionsinhaber, der Erweiterung von Aufsichtsbefugnisse, der Erhöhung der Verwaltungssanktion sowie der Aufnahme von ESG-Risiken ins Riskmanagement. Mit Spannung ist zu erwarten, dass sich die regulatorischen Anforderungen an die Banken infolge der Globalisierung und Digitalisierung in der Zukunft immer mehr annähern.
Mit dem chinesischen Sprichwort „Habe keine Angst davor, langsam zu sein. Fürchte dich nur davor, stehen zu bleiben“ wird diese Forschungsarbeit abgeschlossen.

411 Pressemitteilung vom 27.Okt. 2021 über Überarbeitung der europäischen Bankenregeln CRR/CRD mit Referenznr. 2021/0341 (COD), erhältlich unter https://ec.europa.eu/commission/presscorner/detail/de/ip_21_5401; https://ec.europa.eu/finance/docs/law/211027-proposal-crd-5_en.pdf.

Anlage 1 Geschäftsbankengesetz der Volksrepublik China[412]

Erlass des Präsidenten der Volksrepublik China Nr. 34

Das Geschäftsbankengesetz der Volksrepublik China wurde auf der 13. Sitzung des Ständigen Ausschusses des VIII. Nationalen Volkskongresses am 10. Mai 1995 mit Referenznummer 47/1995 verabschiedet, die erste Revision wurde auf der 6. Sitzung des Ständigen Ausschusses des X. Nationalen Volkskongresses am 27. Dezember 2003 mit Referenznummer Zhu Xi Ling 13/2003 beschlossen; die zweite Revision wurde auf der 16. Sitzung des Ständigen Ausschusses des XII. Nationalen Volkskongresses am 29. August 2015 mit Referenznummer Zhu Xi Ling 34/2015 beschlossen und die revidierte Fassung hiermit bekannt gemacht und wird vom 1. Oktober 2015 an angewendet.

XI Jinping, Präsident der Volksrepublik China

29.08.2015

Kapitel I Allgemeine Bestimmungen

Artikel 1 Um die legalen Rechtsinteressen von Geschäftsbanken, Einlegern und sonstigen Kunden zu schützen, die Geschäftstätigkeiten der Geschäftsbanken zu normieren, die Vermögensqualität des Kreditwesens zu verbessern, die Aufsicht und Verwaltung zu stärken, den soliden und gesunden Betrieb der Geschäftsbanken zu gewährleisten, die Ordnung des Kreditwesens zu schützen und die Entwicklung der sozialistischen Marktwirtschaft zu fördern, wird das vorliegende Gesetz formuliert.

Artikel 2 Die in diesem Gesetz genannten "Geschäftsbanken" sind diejenigen juristischen Personen, die nach diesem Gesetz und dem Gesellschaftsgesetz der Volksrepublik China errichtet sind, Einlagen aus dem Publikum aufzunehmen, Kredite zu gewähren, Kontenabrechnung durchzuführen und unter anderem Verrechnungsgeschäfte abzuwickeln.

Artikel 3 Geschäftsbanken können folgende Geschäfte teilweise oder vollständig betreiben:

---

412 Diese überarbeitete Übersetzung für die revidierte Fassung mit Referenznr. Zhu Xi Ling 34/2015, welche vom 1. Oktober 2015 an in Kraft treten soll, erfolgt in Anlehnung an der deutschen Übersetzung, in: Frank Münzel (Hrsg.), Chinas Recht, 27.12.03/2 für den Gesetztext mit Referenznr. Zhu Xi Ling 13/2003, online erhältlich unter http://www.chinas-recht.de/inhalt.htm.

(1) Aufnahmen von Einlagen aus dem Publikum;
(2) Gewährung von kurz-, mittel- und langfristigen Krediten;
(3) Abwicklung von inländischem und internationalem Settlement;
(4) Akzeptieren und Diskontieren von Wechseln und Schecks;
(5) Ausgabe von Finanzanleihen;
(6) in Vertretung Ausgabe, Einlösung und Verkauf von Staatsanleihen;
(7) Kauf und Verkauf von Staats- oder Finanzanleihen;
(8) Interbankkreditaufnahme und -vergabe;
(9) Kauf und Verkauf von Devisen für eigene Zwecke oder in Vertretung;
(10) Bankkartengeschäft;
(11) Letter of Credit Service und Garantie;
(12) Zahlungseinzug in Vertretung sowie Versicherungsgeschäft in Vertretung;
(13) Bereitstellung von Tresorfächern; und
(14) sonstige von der Bankaufsichtsbehörde des Staatsrates genehmigte Geschäfte.

Der Geschäftsumfang einer Geschäftsbank bestimmt sich nach deren Satzung und ist der Bankaufsichtsbehörde des Staatsrates zur Genehmigung vorzulegen.
Mit der Genehmigung der Volksbank der Volksrepublik China kann eine Geschäftsbank Devisenverrechnungs- und Devisenhandelsgeschäfte durchführen.

Artikel 4 Geschäftsbanken betreiben ihre Geschäfte nach den Grundsätzen von Sicherheit, Liquidität und Effizienz mit voller Autonomie und übernehmen die alleinige Verantwortung für ihre eigenen Risiken, Gewinne und Verluste und errichten einen Selbstbeschränkungsmechanismus für Geschäfte.

Geschäftsbanken müssen Geschäfte nach den gesetzlichen Bestimmungen durchführen, die frei von Einmischung von Unternehmenseinheiten oder einzelner Personen sind.
Geschäftsbanken tragen die zivilrechtliche Haftung selbständig mit ihrem Gesamtvermögen als juristische Personen.

Artikel 5 Im Geschäftsverkehr mit Kunden sind die Grundsätze von Gleichbehandlung, Freiwilligkeit, Fairness, Treu und Glauben einzuhalten.

Artikel 6 Geschäftsbanken schützen die legalen Rechtsinteressen von Einlegern frei vom Eingreifen von Unternehmenseinheiten oder einzelnen Personen.

Artikel 7 Geschäftsbanken müssen bei der Durchführung von Kreditgeschäften die Kreditwürdigkeit des Kreditnehmers streng prüfen, von ihm Sicherheiten verlangen und das Darlehen bei Fälligkeit fristgemäß zurücknehmen.

Die fristgemäße Zurücknahme von Kapital und Zinsen des Darlehens von den Kreditnehmern ist vom Gesetz geschützt.

Artikel 8 Geschäftsbanken führen Geschäfte gemäß den einschlägigen Bestimmungen der Gesetze und Verwaltungsvorschriften durch und dürfen die Interessen des Staates und der Gesellschaft nicht verletzen.

Artikel 9 Geschäftsbanken führen ihre Geschäfte unter Wahrung des Grundsatzes des lauteren Wettbewerbes durch und dürfen keinen unlauteren Wettbewerb vornehmen.

Artikel 10 Geschäftsbanken unterliegen der Aufsicht der Bankaufsichtsbehörde des Staatsrates nach den gesetzlichen Bestimmungen; sofern Gesetze anders bestimmen, dass die betreffenden Geschäfte der Aufsicht einer anderen Aufsichtsbehörde oder eines anderen Institutes unterliegen, so finden solche gesetzlichen Bestimmungen Anwendung.

Kapitel II Gründung und Organisation von Geschäftsbanken

Artikel 11 Die Gründung einer Geschäftsbank unterliegt der Prüfung und Genehmigung der Bankaufsichtsbehörde des Staatsrates.

Ohne Genehmigung der Bankaufsichtsbehörde des Staatsrates dürfen weder Unternehmenseinheiten noch Einzelpersonen Einlagen aus dem Publikum aufnehmen oder sonstige Geschäfte einer Geschäftsbank ausüben; keine Unternehmenseinheit darf das Wort "Bank" für ihren Geschäftsnamen verwenden.

Artikel 12 Zur Errichtung einer Geschäftsbank sind folgende Voraussetzungen zu erfüllen:

(1) die nach diesem Gesetz und dem Gesellschaftsgesetz der Volksrepublik China beschlossene Satzung;
(2) Erfüllung der Anforderung an das Mindestregisterkapital nach diesem Gesetz;
(3) Vorstand und leitende Manager mit entsprechender Sachkunde und fachspezifischer Berufspraxis, die sie zu ihrem Amt befähigen;
(4) Vorhandensein von gesunder und vollständiger Organisation und Managementordnung;
(5) die Anforderungen erfüllende Geschäftsräume und andere Einrichtungen für die Geschäftstätigkeit.

Sonstige Voraussetzungen zum sorgfältigen Betrieb sind bei der Errichtung der Geschäftsbank noch zu erfüllen.

Artikel 13 Zur Errichtung einer nationalen Geschäftsbank beträgt das Mindestregisterkapital RMB 1.000.000.000 Yuan, zur Errichtung einer städtischen Geschäftsbank beträgt das Mindestregisterkapital RMB 100.000.000 Yuan, und zur Errichtung einer ländlichen Geschäftsbank RMB 50.000.000 Yuan. Das Registerkapital muss tatsächlich in Geld eingezahltes Kapital sein.

Die Bankaufsichtsbehörde des Staatsrates kann den Mindestbetrag des Registerkapitals anpassen, wie er es für eine ordnungsgemäße Beaufsichtigung erforderlich hält, wobei die Höhe des Mindestregisterkapitals nicht unter den im vorigen Absatz bestimmten Beträgen liegen darf.

Artikel 14 Der Antragsteller legt der Bankaufsichtsbehörde des Staatsrates folgende Dokumente und Materialien zur Errichtung einer Geschäftsbank vor:
(1) einen Antrag unter anderem mit Informationen über Namen, Standort, Registerkapital und Geschäftsumfang der zu errichtenden Geschäftsbank;
(2) Machbarkeitsbericht;
(3) sonstige von der Bankaufsichtsbehörde des Staatsrates verlangte Dokumente und Materialien.

Artikel 15 Wenn der Antrag auf Errichtung einer Geschäftsbank die Anforderungen im Sinne von Artikel 14 der Prüfung nach erfüllt hat, muss der Antragsteller den formellen Antrag ausfüllen und folgende Unterlagen und Materialien einreichen:
(1) Satzungsentwurf;
(2) Sachkundenachweise der geplanten Vorstände und der leitenden Manager;
(3) Nachweis der Überprüfung des Kapitals, welcher von einem gesetzlich anerkannten Kapitalüberprüfungsinstitut ausgestellt ist;
(4) Namensliste der Gesellschafter, die von den Gesellschaftern investierte Kapitalhöhe und die Anteile;
(5) Kreditwürdigkeitsbescheinigung und relevante Dokumente der Gesellschafter, die mehr als 5 % des Registerkapitals halten;
(6) Geschäftspolitik und -pläne;
(7) relevante Dokumente über Geschäftsräume, Sicherheitsschutzmaßnahmen und Einrichtungen im Zusammenhang mit dem Geschäftsbetrieb;
(8) sonstige von der Bankaufsichtsbehörde des Staatsrates vorgeschriebene Dokumente und Materialien.

Artikel 16 Die genehmigten Geschäftsbanken erhalten die Geschäftslizenz von der Bankaufsichtsbehörde des Staatsrates und müssen sich mit dieser Geschäftslizenz bei der Verwaltung der Industrie und des Handels registrieren lassen, und den Gewerbeschein erhalten.

Artikel 17 Für die Organisationsform und -struktur der Geschäftsbank gelten die Bestimmungen des Gesellschaftsgesetzes der Volksrepublik China.

Wenn die vor dem Inkrafttreten dieses Gesetzes errichteten Geschäftsbanken die Anforderungen an die Organisationsform und ihre Organe nach dem Gesellschaftsgesetz der Volksrepublik China nicht völlig erfüllen, können sie weiterhin die alten Vorschriften anwenden; der Staatsrat bestimmt die Frist, wann der vorige Absatz auf solche Geschäftsbanken angewendet werden soll.

Artikel 18 Eine staatliche Geschäftsbank setzt einen Aufsichtsrat ein. Der Staatsrat bestimmt die Art und Weise der Bildung des Aufsichtsrates.

Der Aufsichtsrat überwacht die Qualität des Kreditvermögens der staatlichen Geschäftsbank, das Verhältnis der Aktiva zu den Passiva, die Gegenwarts- und Wertzuwächse des Staatsvermögens usw. sowie die Handlungen der leitenden Manager im Hinblick auf Verletzung von Gesetzen, Verwaltungsvorschriften oder Satzung sowie Handlungen, die den Interessen der Bank schaden.

Artikel 19 Eine Geschäftsbank kann bei Bedarf Zweigniederlassungen innerhalb und außerhalb des Hoheitsgebietes der Volksrepublik China errichten. Die Gründung einer Zweigniederlassung ist von der Bankaufsichtsbehörde des Staatsrates zu prüfen und zu genehmigen. Zweigniederlassungen im Territorium der Volksrepublik China sind nicht entsprechend den Verwaltungsbezirken der Volksrepublik China errichtet.

Wenn eine Geschäftsbank Zweigniederlassungen im Territorium der Volksrepublik China errichtet, muss das Betriebskapital entsprechend ihrem Geschäftsumfang zur Verfügung gestellt werden. Das Gesamtbetriebskapital von allen Zweigniederlassungen darf 60 % des Gesamtkapitals der Hauptstelle nicht übersteigen.

Artikel 20 Der Antragsteller legt der Bankaufsichtsbehörde des Staatsrates folgende Dokumente und Materialien zur Errichtung einer Geschäftsbankzweigniederlassung vor:

(1) Antrag unter Angabe des Namens, der Höhe des Betriebskapitals, des Geschäftsumfanges, und Standorte der Hauptstelle und der Zweigniederlassung;
(2) Finanz- und Rechnungslegungsbericht des Antragstellers der letzten zwei Jahre;
(3) Sachkundenachweis der geplanten leitenden Manager;
(4) Geschäftsstrategie und -plan;

(5) Dokumente für die Geschäftsräume, die Sicherheitsmaßnahmen sowie sonstige für den Geschäftsbetrieb relevante Einrichtungen; und
(6) sonstige von der Bankaufsichtsbehörde des Staatsrates vorgeschriebene Dokumente und Materialien.

Artikel 21 Die genehmigte Zweigniederlassung einer Geschäftsbank erhält die Geschäftslizenz von der Bankaufsichtsbehörde des Staatsrates und muss sich mit dieser Geschäftslizenz bei der Verwaltung der Industrie und des Handels registrieren lassen, und den Gewerbeschein erhalten.

Artikel 22 Eine Geschäftsbank muss das Finanzsystem in Bezug auf ihre Zweigniederlassungen nach den Prinzipien von konsolidierter Rechnungsführung, einheitlicher Verfügung des Kapitals und hierarchischer Verwaltung gestalten.

Die Zweigniederlassung einer Geschäftsbank ist keine juristische Person, führt ihre Geschäftstätigkeit im Rahmen der Ermächtigungen der Hauptstelle durch und die Hauptstelle ist dafür zivilrechtlich verantwortlich.

Artikel 23 Die Bankaufsichtsbehörde des Staatsrates gibt die Einrichtung einer Geschäftsbank und ihrer Zweigniederlassung nach deren Genehmigung öffentlich bekannt.

Nehmen eine Geschäftsbank und ihre Zweigniederlassung das Geschäft nach dem Erhalt der Geschäftslizenz innerhalb von sechs Monaten ohne ordentlichen Grund nicht auf oder stellen sie trotz Geschäftsaufnahme das Geschäft nach Geschäftsaufnahme mehr als sechs aufeinanderfolgende Monate ein, so ist die Geschäftslizenz von der Bankaufsichtsbehörde des Staates zu widerrufen und dies öffentlich bekannt zu geben.

Artikel 24 Eine Änderung von folgenden Umständen bei einer Geschäftsbank ist von der Bankaufsichtsbehörde des Staatsrates zu genehmigen:

(1) Änderung des Namens;
(2) Änderung des Registerkapitals;
(3) Änderung der Standorte der Hauptstelle oder der Zweigniederlassung;
(4) Anpassung des Geschäftsumfanges;
(5) Änderung der Gesellschafter, die mehr als 5 % des Gesamtkapitals oder der Gesamtsumme der Anteile innehaben;
(6) Änderung der Satzung; oder
(7) sonstige von der Bankaufsichtsbehörde des Staatsrates vorgeschriebene Änderungen.

Beim Austauschen von Vorständen und leitenden Managern muss eine Geschäftsbank der Bankaufsichtsbehörde des Staatsrates zur Prüfung von deren Amtsbefähigung berichten.

Artikel 25 Das Gesellschaftsgesetz der Volksrepublik China regelt die Spaltung oder die Verschmelzung der Geschäftsbank.

Die Spaltung und Verschmelzung einer Geschäftsbank sind von der Bankaufsichtsbehörde des Staatsrates zu prüfen und zu genehmigen.

Artikel 26 Eine Geschäftsbank soll ihre Geschäftslizenz nach Gesetzen und Verwaltungsvorschriften gebrauchen. Die Geschäftslizenz darf nicht gefälscht, geändert, übertragen, vermietet oder ausgeliehen werden.

Artikel 27 Liegt einer von folgenden Umständen vor, darf eine Person nicht zum Vorstand oder zum leitenden Manager einer Geschäftsbank ernannt werden:

(1) wenn die Person wegen Amtsunterschlagung, Bestechung im Amt, Unterschlagung, Zweckentfremdung von Vermögen oder der Störung der Wirtschaftsordnung der sozialistischen Marktwirtschaft zu einer Kriminalstrafe verurteilt worden ist, oder ihr wegen einer Straftat die politischen Rechte entzogen worden sind;

(2) wenn eine Gesellschaft oder ein Unternehmen wegen Insolvenz abgewickelt worden ist, die Person, die Vorstandsmitglied oder Fabrikleiter oder Geschäftsführer dieser Gesellschaft bzw. dieses Unternehmens und für die Insolvenz persönlich verantwortlich war;

(3) wenn die Person der Geschäftsführer einer Gesellschaft oder eines Unternehmens gewesen ist, und dieser Gesellschaft bzw. diesem Unternehmen der Gewerbeschein wegen einer Rechtsverletzung entzogen worden ist, für die die Person persönliche Verantwortung trägt;

(4) wenn die Person fällige persönliche Schulden größeren Umfanges nicht beglichen hat.

Artikel 28 Beim Erwerb von mehr als 5 % der Gesamtanteile einer Geschäftsbank durch irgendeine Unternehmenseinheit oder Einzelperson ist eine vorherige Genehmigung durch die Bankaufsichtsbehörde des Staatsrates erforderlich.

Kapitel III Schutz für Einleger

Artikel 29 Eine Geschäftsbank, die Spareinlagen von privaten Einlegern annimmt, folgt dem Prinzip der freiwilligen Einlagen, der kostenlosen

Abhebungen, der Verzinslichkeit der Einlagen und der Vertraulichkeit der Einleger.

Eine Geschäftsbank ist bei Spareinlagen von privaten Einlegern berechtigt, jeder Unternehmenseinheit und jeder Einzelperson Auskünfte zu verweigern, Einfrierung und Abführung abzulehnen, sofern gesetzlich nichts anderes bestimmt ist.

Artikel 30 Eine Geschäftsbank ist bei Spareinlagen von Unternehmenseinheiten berechtigt, jeder Unternehmenseinheit und jeder Einzelperson Auskünfte zu verweigern, sofern Gesetze und Verwaltungsvorschriften nichts anderes bestimmt haben; eine Geschäftsbank ist berechtigt, bei jeder Unternehmenseinheit und jeder Einzelperson die Einfrierung und Abführung abzulehnen, sofern gesetzlich nichts anderes bestimmt ist.

Artikel 31 Eine Geschäftsbank bestimmt den Einlagenzinssatz innerhalb den von der Chinesischen Volksbank festgelegten Ober- und Untergrenzen des Einlagenzinssatzes und veröffentlicht diesen.

Artikel 32 Eine Geschäftsbank zahlt bei der Chinesischen Volksbank Einlagenrücklagen in Übereinstimmung mit den Vorschriften der Volksbank China und reserviert hinreichende Mittel.

Artikel 33 Eine Geschäftsbank muss die Auszahlung von Einlagenkapital und Zinsen gewährleisten und darf sie weder verzögern noch verweigern.

Kapitel IV Grundregeln für Kredite und andere Geschäfte

Artikel 34 Eine Geschäftsbank führt Kreditgeschäfte nach der volkswirtschaftlichen und gesellschaftlichen Entwicklung und unter der Anleitung der staatlichen Industriepolitik aus.

Artikel 35 Vor der Kreditvergabe soll eine Geschäftsbank den Verwendungszweck des Darlehens und die Rückzahlungsfähigkeit des Kreditnehmers und die Rückzahlungsart etc. der Kredite streng prüfen.

Bei einem Kredit von Geschäftsbanken erfolgen die Prüfung und die Vergabe eines Darlehens getrennt sowie die Prüfung und die Genehmigung des Darlehens über die Stufen der Hierarchie der Bank verteilt.

Artikel 36 Für einen Kredit von einer Geschäftsbank muss der Kreditnehmer Sicherheiten gewährleisten. Die Geschäftsbank muss die Rückzahlungsfähigkeit von Bürgen, die Zugehörigkeit der Rechte an mit Hypotheken und Pfandrechten belasteten Sachen und deren Wert und die Vollstreckbarkeit von Hypotheken und Pfandrechten streng prüfen.

Kommt die Geschäftsbank nach ihrer Überprüfung und Bewertung zum Ergebnis, dass ein Kreditnehmer gute Kreditwürdigkeit hat und rückzahlungsfähig ist, muss der Kreditnehmer keine Sicherheiten bereitstellen.

Artikel 37 Eine Geschäftsbank soll einen schriftlichen Kreditvertrag mit dem Kreditnehmer abschließen. Der Vertrag muss die Kreditart, den Nutzungszweck des Darlehens, den Betrag, den Zinssatz, die Rückzahlungsfrist, die Rückzahlungsart, die Haftung wegen Vertragsverletzung und andere von beiden Parteien für notwendig gehaltene Punkte beinhalten.

Artikel 38 Eine Geschäftsbank bestimmt den Kreditzinssatz innerhalb der von der Chinesischen Volksbank vorgesehenen Ober- und Untergrenzen für den Kreditzinssatz.

Artikel 39 Geschäftsbankenkredite müssen folgende Bestimmungen zur Verwaltung von Aktiva und Passiva einhalten:

(1) die Kapitaladäquanzquote darf nicht weniger als 8 % betragen;
(2) das Verhältnis zwischen dem Saldo der flüssigen Mittel und dem Saldo der flüssigen Verbindlichkeiten darf nicht weniger als 25 % betragen;
(3) das Verhältnis des Kreditsaldos desselben Kreditnehmers zur Kapitalbilanz von Geschäftsbanken darf 10 % nicht überschreiten;
(4) weitere Bestimmungen der Bankenaufsichtsbehörde des Staatsrates über das Verhältnis der Aktiva zu den Passiva.

Die vor dem Inkrafttreten dieses Gesetzes gegründeten Geschäftsbanken müssen die Bestimmungen des vorstehenden Absatzes innerhalb einer bestimmten Frist nach dem vorgenannten Absatz erfüllen, falls das Verhältnis der Aktiva zu den Passiva der Geschäftsbank die Anforderung des vorstehenden Absatzes nicht erfüllt. Die konkreten Maßnahmen sind vom Staatsrat festzulegen.

Artikel 40 Eine Geschäftsbank darf keinen ungesicherten Kredit an verbundene Personen vergeben; die Voraussetzungen für den gesicherten Kredit an die verbundenen Personen dürfen nicht besser sein als die für vergleichbare Kredite an andere Kreditnehmer.

Die im vorstehenden Absatz genannte verbundene Person bezieht sich auf
(1) Vorstände, Aufsichtsräte, Manager, Führungskräfte, Kreditgeschäftsmitarbeiter von einer Geschäftsbank sowie deren nahe Verwandte;
(2) Gesellschaften, Unternehmen und andere Wirtschaftsorganisationen, in welche die in der vorgenannten Nummer genannten Personen investiert haben oder leitende Posten im Management innehaben.

Artikel 41 Keine Unternehmenseinheit oder Einzelperson kann Geschäftsbanken zwingen, Kredite zu vergeben oder Sicherheiten zu stellen. Eine Geschäftsbank ist berechtigt, eine Anweisung zurückzuweisen, mit der eine Unternehmenseinheit oder eine Einzelperson von ihr die Kreditvergabe oder die Sicherheitsgewährung verlangt.

Artikel 42 Der Kreditnehmer muss bei Fälligkeit den Kredit zurückzahlen und die Zinsen auszahlen.

Zahlt der Kreditnehmer bei Fälligkeit einen gesicherten Kredit nicht fristgemäß zurück, ist die Geschäftsbank berechtigt, nach dem Gesetz von den Bürgen die Zahlung von Kredit und Zinsen zu verlangen oder sich aus der Sicherheit bevorzugt zu befriedigen.

Eine Geschäftsbank muss über die Immobilien und Gesellschaftsanteile, welche die Geschäftsbank durch die Ausübung von Hypotheken und Pfandrechten erlangt, innerhalb von zwei Jahren ab dem Tag der Erlangung der Rechte verfügen.

Zahlt der Kreditnehmer bei Fälligkeit den Kredit nicht zurück, haftet der Kreditnehmer nach der Vertragsvereinbarung.

Artikel 43 Eine Geschäftsbank darf weder Treuhandinvestitions- und Wertpapierhandelsgeschäft im Territorium der Volksrepublik China ausüben, noch in Immobilien ohne Eigennutzungszweck oder in Nichtbanken-Finanzinstitute und -Unternehmen investieren, soweit der Staat nichts anderes bestimmt.

Artikel 44 Übt die Geschäftsbank Verrechnungsgeschäfte wie Wechsel- und Scheckakzeptanz, Überweisungen und Rechnungseinzug aus, muss sie innerhalb der vorgeschriebenen Fristen die Wechsel und Schecks einlösen bzw. eingegangene Zahlungen in die Konten einbuchen; sie darf Belege, Wechsel und Schecks nicht unterdrücken oder vorschriftswidrig zurückweisen. Die Bestimmungen für die Einlösungs- und Einbuchungsfrist sind öffentlich bekannt zu machen.

Artikel 45 Wenn eine Geschäftsbank Finanzanleihen emittiert oder einen Kredit im Ausland aufnimmt, muss sie dies zur vorherigen Genehmigung gemäß den gesetzlichen und verwaltungsrechtlichen Vorschriften melden.

Artikel 46 Bei Interbankkrediten sind die Bestimmungen der Chinesischen Volksbank zu beachten. Kein aufgenommener Kredit darf zur Kreditgewährung für Anlagevermögen oder für Investition verwendet werden.

Nachdem die Einlagenrücklage eingezahlt, eine hinreichende Zahlungsreserve zurückgelegt und fällige Kredite der Chinesischen Volksbank zurückgezahlt worden sind, dürfen die Interbankkredite nur aus übrigen ungenutzten Mitteln vergeben werden. Aufgenommene Interbankkredite werden verwendet, um Fehlbeträge zur Verrechnung von Wechseln und Schecks sowie die Interbanksaldos wegen unterschiedlicher Zinssätze auszugleichen und um einen vorübergehenden Bedarf an liquidem Betriebskapital zu decken.

Artikel 47 Geschäftsbanken dürfen nicht vorschriftswidrig Zinssätze erhöhen oder senken oder andere unlautere Mittel nutzen, um Einlagen einzuwerben oder Darlehen zu vergeben.

Artikel 48 Unternehmens- und Institutionseinheiten können autonom eine Geschäftsstelle einer Geschäftsbank bestimmen, bei der sie ein Basiskonto eröffnen, um die täglichen Überweisungen und Bargeldeinnahmen und -ausgaben abzuwickeln; sie dürfen nicht mehr als zwei Basiskonten haben.

Keine Unternehmenseinheit und keine Einzelperson dürfen ein Konto im Namen der Einzelpersonen für das Geldmittel einer Unternehmenseinheit eröffnen und dieses Geldmittel dort einzahlen.

Artikel 49 Die Geschäftszeit einer Geschäftsbank muss für die Kunden bequem sein und bekanntgemacht werden. Eine Geschäftsbank muss ihren Geschäftsbetrieb während der bekanntgemachten Geschäftszeit ausüben, sie darf die Geschäftszeit weder eigenmächtig einstellen noch verkürzen.

Artikel 50 Eine Geschäftsbank kann vorschriftsgemäß Bearbeitungsgebühren für die Geschäftsabwicklung erheben.

Gebührengegenstände und -standard werden von der Bankaufsichtsbehörde des Staatsrates und der Volksbank China entsprechend ihrer Aufgabenverteilung jeweils in Zusammenarbeit mit der Preisverwaltungsabteilung des Staatsrates festgelegt.

Artikel 51 Geschäftsbanken müssen nach den staatlichen Bestimmungen die Buchführungsberichte, Geschäftsverträge und sonstige Dokumente aufbewahren.

Artikel 52 Mitarbeiter der Geschäftsbanken muss sich an die Gesetze, Verwaltungsrechtsnormen und sonstigen Bestimmungen zur Geschäftsführung halten und darf kein nachfolgend genanntes Fehlverhalten begehen:

(1) Ausnutzung von Amtsbefugnissen, um Bestechungen zu verlangen oder anzunehmen, oder in Verletzung staatlicher Bestimmungen unter irgendwelchen Bezeichnungen Provision oder Verfahrensgebühren zu verlangen;
(2) Ausnutzung von Amtsbefugnissen, um das Vermögen der Bank oder von Kunden zu veruntreuen, zweckentfremden oder unterschlagen;

(3) vorschriftswidrige Kredit- oder Sicherheitsgewährung an die Verwandten oder Freunde zu privaten Vorteilen;
(4) Nebentätigkeit bei anderen Wirtschaftsorganisationen;
(5) sonstige Verstöße gegen Gesetze, Verwaltungsrechtsnormen und sonstige Bestimmungen zur Geschäftsführung.

Artikel 53 Mitarbeiter von Geschäftsbanken dürfen während ihrer Amtszeit keine Staats- und Geschäftsgeheimnisse offenlegen.

Kapitel V Finanzen und Rechnungswesen

Artikel 54 Eine Geschäftsbank muss in Übereinstimmung mit den Gesetzen und dem einheitlichen Buchführungssystem des Staates sowie den einschlägigen Bestimmungen der Bankaufsichtsbehörde des Staatsrates die eigenen Finanz- und Buchhaltungssysteme einrichten und verbessern.

Artikel 55 Eine Geschäftsbank muss gemäß den einschlägigen staatlichen Bestimmungen ihre Geschäftsaktivitäten und ihren Finanzstatus wahrheitsgemäß erfassen und widerspiegeln, einen jährlichen Finanzbericht erstellen und diesen der Bankaufsichtsbehörde des Staatsrates, der Volksbank und der Finanzabteilung des Staatsrates rechtzeitig vorlegen. Eine Geschäftsbank darf keine weiteren Rechnungsbücher außerhalb der gesetzlich bestimmten Buchführung einrichten.

Artikel 56 Eine Geschäftsbank muss innerhalb von drei Monaten nach dem Ende jedes Buchführungsjahres Geschäfts- und Prüfungsberichte gemäß den Bestimmungen der Bankaufsichtsbehörde des Staatsrates veröffentlichen.

Artikel 57 Eine Geschäftsbank muss gemäß den einschlägigen staatlichen Vorschriften Rückstellungen für faule Kredite bilden und gegen faule Kredite aufrechnen.

Artikel 58 Das Buchführungsjahr der Geschäftsbank läuft vom 1. Januar bis zum 31. Dezember.

Kapitel VI Aufsicht und Verwaltung

Artikel 59 Eine Geschäftsbank muss gemäß den einschlägigen Bestimmungen ihre eigenen Geschäftsregeln festlegen und die Risikokontroll- und internen Kontrollsysteme der Bank einrichten und verbessern.

Artikel 60 Eine Geschäftsbank muss Systeme für die buchhalterische Nachprüfung und Überprüfung ihrer Einlagen, ihrer Kredite, ihrer Verrechnungen, der faulen Kredite und anderer Umstände schaffen und verbessern.

Eine Geschäftsbank muss ihre Zweigniederlassungen regelmäßig überprüfen und überwachen.

Artikel 61 Eine Geschäftsbank muss vorschriftsgemäß Bilanzen, Gewinn- und Verlustrechnungen und andere Finanzberichte, statistische Berichte und Dokumente an die Bankaufsichtsbehörde des Staatsrates und die Chinesische Volksbank übermitteln.

Artikel 62 Die Bankaufsichtsbehörde des Staatsrates ist berechtigt, jederzeit gemäß den Bestimmungen von Kapitel 3, 4 und 5 dieses Gesetzes die Einlagen, Kredite, Kontoabwicklungen und Forderungsausfälle der Geschäftsbanken zu überprüfen und zu beaufsichtigen. Während ihrer Kontroll- und Aufsichtstätigkeiten sollen die Kontrolleure der Aufsichtsbehörden ihre legalen Ausweise vorlegen. Eine Geschäftsbank muss die Finanzbuchhaltungsdaten, Geschäftsverträge und sonstige Informationen über ihr Geschäft und Management nach den Anforderungen der Bankaufsichtsbehörde des Staatsrates zur Verfügung stellen.

Die Chinesische Volksbank ist berechtigt, die Geschäftsbanken nach Artikel 32 und Artikel 34 des Volksbankgesetzes der Volksrepublik China zu prüfen und zu beaufsichtigen.

Artikel 63 Eine Geschäftsbank unterliegt der Prüfung einer Prüfungsgesellschaft nach den gesetzlichen Bestimmungen.

Kapitel VII Übernahme und Beendigung

Artikel 64 Wenn eine Kreditkrise bei der Geschäftsbank eingetreten ist oder eintreten könnte, welche die Interessen der Einleger ernstlich gefährdet, kann die Bankaufsichtsbehörde des Staatsrates die Übernahme der Verwaltung dieser Bank durchführen.

Das Ziel der Übernahme liegt im Ergreifen von erforderlichen Maßnahmen, um die Interessen der Einleger zu schützen und die Betriebsfähigkeit der Geschäftsbank zu einem normalen Geschäftsbetrieb wiederherzustellen. Die Forderungen und Verbindlichkeiten der übernommenen Geschäftsbank bleiben durch die Übernahme unverändert.

Artikel 65 Die Übernahme der Verwaltung ist von der Bankaufsichtsbehörde des Staatsrates zu beschließen und durchzuführen. Der Beschluss über die Übernahme der Verwaltung muss folgende Punkte beinhalten:

(1) Name der übernommenen Geschäftsbank;
(2) Grund der Übernahme;

(3) Übernehmende Institution;
(4) Dauer der Übernahme.

Der Beschluss über die Übernahme ist durch die Bankaufsichtsbehörde des Staatsrates öffentlich bekannt zu machen.

Artikel 66 Die Übernahme beginnt mit dem Tag der Ausführung des Beschlusses über die Übernahme.

Vom Beginn der Übernahme der Verwaltung an übt die übernehmende Institution das Geschäftsführungsrecht aus.

Artikel 67 Nach dem Ablauf der Übernahmefrist kann die Bankaufsichtsbehörde des Staatsrates beschließen, diese zu verlängern, die Dauer der Übernahme darf aber insgesamt zwei Jahre nicht überschreiten.

Artikel 68 Unter folgenden Umständen ist die Übernahme zu beenden:
(1) die im Beschluss über die Übernahme der Verwaltung bestimmte Dauer der Übernahme oder die von der Bankaufsichtsbehörde des Staatsrates beschlossene Verlängerung ist abgelaufen;
(2) vor Ablauf der Dauer der Übernahme hat die Geschäftsbank ihre Betriebsfähigkeit zu einem normalen Geschäftsbetrieb wiedererlangt;
(3) vor Ablauf der Dauer der Übernahme wird die Geschäftsbank [mit einer anderen] verschmolzen oder erklärt ihre Insolvenz nach dem Gesetz.

Artikel 69 Wenn es erforderlich ist, dass eine Geschäftsbank wegen Spaltung, Verschmelzung oder Eintritt sonstiger in der Satzung vorgesehener Auflösungsgründe aufzulösen ist, muss sie den Antrag bei der Bankaufsichtsbehörde des Staatsrates stellen, dem die Auflösungsgründe und ein Plan zur Zahlung von Einlagenkapital und Zinsen und zur Abwicklung sonstiger Verbindlichkeiten beigefügt werden. Nach der Genehmigung durch die Bankaufsichtsbehörde des Staatsrates wird die Geschäftsbank aufgelöst.

Wenn eine Geschäftsbank aufgelöst wird, muss nach dem Gesetz eine Abwicklungsgruppe errichtet und die Abwicklung durchgeführt werden, und nach dem Abwicklungsplan müssen Einlagenkapital und Zinsen und sonstige Verbindlichkeiten rechtzeitig zurückgezahlt werden. Die Bankaufsichtsbehörde des Staatsrates überwacht den Abwicklungsverlauf.

Artikel 70 Wenn eine Geschäftsbank wegen des Entzuges der Geschäftslizenz aufgehoben wird, muss die Bankaufsichtsbehörde des Staatsrates nach dem Gesetz die Errichtung einer Abwicklungsgruppe organisieren und die

Abwicklung durchführen, und nach dem Abwicklungsplan Einlagenkapital und Zinsen und sonstige Verbindlichkeiten rechtzeitig begleichen.

Artikel 71 Wenn die Geschäftsbank fällige Verbindlichkeiten nicht bezahlen kann, wird ihre Insolvenz mit dem Einverständnis der Bankaufsichtsbehörde des Staatsrates vom Volksgericht nach dem Gesetz erklärt. Nachdem die Insolvenz einer Geschäftsbank erklärt worden ist, organisiert das Volksgericht die Bildung einer Abwicklungsgruppe aus der Bankaufsichtsbehörde des Staatsrates und sonstigen einschlägigen Behörden und Personen, um die Abwicklung durchzuführen.

Bei der Abwicklung einer Geschäftsbank wegen Insolvenz müssen nach der Begleichung der Abwicklungskosten und der geschuldeten Löhne und Arbeitsversicherung das Einlagenkapital und die Zinsen der Spareinlagen von Einzelpersonen bevorzugt bezahlt werden.

Artikel 72 Die Geschäftsbank wird mit ihrer Auflösung, Aufhebung oder Insolvenzerklärung beendet.

Kapitel VIII Gesetzliche Haftung

Artikel 73 Ist einer von folgenden Umständen bei einer Geschäftsbank vorhanden, welcher Vermögensschäden bei den Einlegern oder sonstigen Kunden verursacht, verpflichtet sich die Geschäftsbank, die Verzugszinsen zu zahlen sowie sonstige zivilrechtliche Haftung zu tragen:

(1) wenn eine Bank ohne Grund verzögert oder sich weigert, das Einlagenkapital und die Zinsen zu zahlen;

(2) wenn eine Bank die Vorschriften über die Abwicklung von Wechseln und Schecks verletzt, indem sie die Wechsel und Schecks nicht durch Zahlung oder in anderer Form einlöst, den Eingang von Zahlungen nicht einbucht, die Zahlungsaufträge und Wechsel bzw. Schecks zurückbehält oder zurückweist;

(3) wenn eine Bank bzgl. der Einlagen von einer Einzelperson oder einer Unternehmenseinheit rechtswidrig Auskunft ersucht, diese einfriert oder einzieht;

(4) wenn eine Bank entgegen den Bestimmungen dieses Gesetzes das Interesse von Einlegern und sonstigen Kunden verletzt.

Liegt eine rechtswidrige Handlung im Sinne des vorangegangenen Absatzes vor, so ordnet die Bankaufsichtsbehörde des Staatsrates die Korrektur an; gibt es rechtswidrige Einnahmen, zieht sie die rechtswidrigen Einnahmen ein;

wenn die rechtswidrigen Einnahmen mehr als RMB 50.000 Yuan erreichen, ist ein Bußgeld mindestens in Höhe des Ein- bis Fünffachen der rechtswidrigen Einnahmen zu verhängen; gibt es keine rechtswidrigen Einnahmen oder erreichen sie nicht RMB 50.000 Yuan, ist ein Bußgeld in Höhe von mindestens RMB 50.000 Yuan und höchstens RMB 500.000 Yuan zu verhängen.

Artikel 74 Ist einer der folgenden Umstände bei einer Geschäftsbank vorhanden, so ordnet die Bankaufsichtsbehörde des Staatsrates die Korrektur des Fehlverhaltens an; gibt es rechtswidrige Einnahmen, zieht sie die rechtswidrigen Einnahmen ein; wenn die rechtswidrigen Einnahmen bei mehr als RMB 50.000 Yuan liegen, ist ein Bußgeld in Höhe des Ein- bis Fünffachen der rechtswidrigen Einnahmen zu verhängen; gibt es keine rechtswidrigen Einnahmen oder liegen die rechtswidrigen Einnahmen unter RMB 50.000 Yuan, ist ein Bußgeld zwischen RMB 50.000 Yuan und RMB 500.000 Yuan zu verhängen; bei besonders schwerwiegenden Fällen oder keiner Korrektur bei Fristablauf kann sie die Betriebseinstellung zur Konsolidierung anordnen oder die Geschäftslizenz entziehen; wenn es sich um eine Straftat handelt, wird nach dem Gesetz die strafrechtliche Verantwortung verfolgt:

(1) ungenehmigte Gründung von Zweigniederlassungen;
(2) ungenehmigte Spaltung oder Verschmelzung oder Änderungen, die entgegen den gesetzlichen Bestimmungen nicht gemeldet werden;
(3) Erhöhung oder Senkung des Zinssatzes entgegen den gesetzlichen Bestimmungen oder Aufnahme von Einlagen oder Gewährung von Krediten in sonstiger rechtswidriger Weise;
(4) Vermieten oder Verleihen der Geschäftslizenz;
(5) ungenehmigtes Handeln von Devisen oder ungenehmigter Kauf bzw. Verkauf von Devisen in Vertretung;
(6) ungenehmigter Kauf und Verkauf von Staatsanleihen oder Ausgabe bzw. Kauf und Verkauf von Finanzanleihen;
(7) rechtswidrige Durchführung von Geschäften in Treuhandinvestitions- oder Wertpapierhandelsgeschäfte, Investition in Immobilien ohne Eigennutzungszweck oder Investition in Nichtbank-Finanzinstitute und Unternehmen;
(8) Gewährung von Kredit- oder Bürgschaftsdarlehen an die verbundenen Personen mit besseren Konditionen als für andere Kreditnehmer eines gleichartigen Darlehens.

Artikel 75 Ist einer der folgenden Umstände bei einer Geschäftsbank vorhanden, ist die Korrektur durch die Bankaufsichtsbehörde des Staatsrates anzuordnen und ein Bußgeld zwischen RMB 200.000 Yuan und RMB 500.000 Yuan zu verhängen; bei besonders schwerwiegenden Fällen oder keiner Korrektur bei Fristablauf kann die Bankaufsichtsbehörde des Staatsrates eine Betriebsschließung zur Konsolidierung anordnen oder die Geschäftslizenz entziehen; wenn es sich um eine Straftat handelt, wird nach dem Gesetz die strafrechtliche Verantwortung verfolgt:

(1) Verweigerung oder Behinderung der Kontrolle und Überwachung durch die Bankaufsichtsbehörde des Staatsrates;
(2) Bereitstellung eines Finanzberichtes oder einer Erklärung und eines statistischen Berichtes, die falsch sind oder wichtige Tatsachen verschleiern;
(3) Nichteinhaltung der Bestimmungen über die Kapitalausstattung, die Liquiditätsquote, die Einlagen-Darlehensquote von einem Kreditnehmer sowie sonstiger Bestimmungen über das Verhältnis der Aktiva zu den Passiva.

Artikel 76 Ist einer von folgenden Umständen bei einer Geschäftsbank vorhanden, ist die Korrektur durch die Chinesische Volksbank anzuordnen; gibt es rechtswidrige Einnahmen, zieht sie die rechtswidrigen Einnahmen ein; wenn die rechtswidrigen Einnahmen bei mehr als RMB 50.000 Yuan liegen, ist ein Bußgeld in Höhe des Ein- bis Fünffachen der rechtswidrigen Einnahmen zu verhängen; gibt es keine rechtswidrigen Einnahmen oder liegen die rechtswidrigen Einnahmen unter RMB 500.000 Yuan, ist ein Bußgeld zwischen RMB 500.000 Yuan und RMB 2.000.000 Yuan zu verhängen; bei besonders schwerwiegenden Fällen oder keiner Korrektur bei Fristablauf kann die Chinesische Volksbank der Bankaufsichtsbehörde des Staatsrates empfehlen, eine Betriebsschließung zur Konsolidierung anzuordnen oder die Geschäftslizenz zu entziehen; handelt es sich um eine Straftat, wird nach dem Gesetz die strafrechtliche Verantwortung verfolgt:

(1) ungenehmigte Abwicklung von Devisenabrechnung oder -verkauf;
(2) ungenehmigte Platzierung auf dem Interbank-Anleihenmarkt, Kauf oder Verkauf von Finanzanleihen oder ungenehmigte Kreditaufnahme im Ausland;
(3) vorschriftswidrige Interbank-Kreditaufnahme und -vergabe.

Artikel 77 Ist einer von folgenden Umständen bei einer Geschäftsbank vorhanden, ist die Korrektur durch die Chinesische Volksbank anzuordnen und ein Bußgeld zwischen RMB 200.000 Yuan und RMB 500.000 Yuan zu verhängen; bei besonders schwerwiegenden Fällen oder keiner Korrektur bei Fristablauf kann die Chinesische Volksbank der Bankaufsichtsbehörde des Staatsrates empfehlen, eine Betriebsschließung zur Konsolidierung anzuordnen oder die Geschäftslizenz zu entziehen; handelt es sich um eine Straftat, wird nach dem Recht die strafrechtliche Verantwortung verfolgt:

(1) Verweigerung oder Behinderung von Kontrolle und Überwachung durch die Chinesische Volksbank;
(2) Bereitstellung eines Finanzberichtes oder einer Erklärung und eines statistischen Berichtes, die falsch sind oder wichtige Tatsachen verschleiern; oder
(3) Nichteinzahlung von Einlagenrücklagen nach dem von der Chinesischen Volksbank vorgeschriebenen Verhältnis.

Artikel 78 Sind die in Artikel 73 bis Artikel 77 dieses Gesetzes genannten Umstände bei einer Geschäftsbank vorhanden, so sind gegen die direkt verantwortlichen Vorstände oder leitenden Manager sowie die direkt verantwortlichen Mitarbeiter Disziplinarmaßnahmen zu verhängen; handelt es sich um eine Straftat, wird nach dem Recht die strafrechtliche Verantwortung verfolgt.

Artikel 79 Ist einer von folgenden Umstände vorhanden, ist die Korrektur durch die Bankaufsichtsbehörde des Staatsrates anzuordnen; gibt es rechtswidrige Einnahmen, zieht sie die rechtswidrigen Einnahmen ein; wenn die rechtswidrigen Einnahmen bei mehr als RMB 50.000 Yuan liegen, ist ein Bußgeld in Höhe des Ein- bis Fünffachen der rechtswidrigen Einnahmen zu verhängen; gibt es keine rechtswidrigen Einnahmen oder liegen die rechtswidrigen Einnahmen unter RMB 50.000 Yuan, ist ein Bußgeld zwischen RMB 50.000 Yuan und RMB 500.000 Yuan zu verhängen:

(1) ungenehmigte Verwendung des Wortes "Bank" im Namen;
(2) ungenehmigter Erwerb von mehr als 5 % der Gesamtanteile einer Geschäftsbank; oder
(3) Eröffnung eines Sparkontos im Namen einer Einzelperson, um das Geldmittel einer Unternehmenseinheit anzulegen.

Artikel 80 Übermittelt eine Geschäftsbank der Bankaufsichtsbehörde des Staatsrates nicht vorschriftsgemäß die einschlägigen Dokumente und Unterlagen, ist die Korrektur durch die Bankaufsichtsbehörde des Staatsrates anzuordnen; im Fall ohne Korrektur nach Fristablauf ist ein Bußgeld zwischen RMB 100.000 Yuan und RMB 300.000 Yuan zu verhängen.

Übermittelt eine Geschäftsbank der Chinesischen Volksbank nicht vorschriftsgemäß die einschlägigen Dokumente und Unterlagen, ist die Korrektur durch die Chinesische Volksbank anzuordnen; im Fall ohne Korrektur nach Fristablauf ist ein Bußgeld zwischen RMB 100.000 Yuan und RMB 300.000 Yuan zu verhängen.

Artikel 81 Wird eine Geschäftsbank ohne Genehmigung der Bankaufsichtsbehörde des Staatsrates eigenmächtig errichtet, oder werden widerrechtlich Einlagen aus dem Publikum eingeworben oder in verdeckter Weise eingeworben, und handelt es sich dabei um eine Straftat, wird nach dem Gesetz die strafrechtliche Verantwortung verfolgt; außerdem ist eine solche Geschäftsbank durch die Bankaufsichtsbehörde des Staatsrates zu unterbinden.

Wird die Geschäftslizenz einer Geschäftsbank gefälscht, verändert oder übertragen, und handelt es sich dabei um eine Straftat, so wird nach dem Recht die strafrechtliche Verantwortung verfolgt.

Artikel 82 Erlangt ein Kreditnehmer den Kredit in betrügerischer Weise und handelt es sich um eine Straftat, wird nach dem Gesetz die strafrechtliche Verantwortung verfolgt.

Artikel 83 Begeht eine Geschäftsbank ein Fehlverhalten im Sinne von Artikel 81 und Artikel 82 dieses Gesetzes, welches einen Straftatbestand noch nicht erfüllt, ist die rechtswidrige Einnahme von der Bankenaufsichtsbehörde des Staatsrates einzuziehen; liegen die rechtswidrigen Einnahmen bei mehr als RMB 500.000 Yuan, ist ein Bußgeld in Höhe des Ein- bis Fünffachen der rechtswidrigen Einnahmen zu verhängen; gibt es keine rechtswidrigen Einnahmen oder liegen die rechtswidrigen Einnahmen unter RMB 500.000 Yuan, ist ein Bußgeld zwischen RMB 500.000 Yuan und RMB 2.000.000 Yuan zu verhängen.

Artikel 84 Nutzt ein Mitarbeiter von Geschäftsbanken seine Amtspflichten aus, um Bestechungen zu verlangen oder anzunehmen oder in Verletzung staatlicher Bestimmungen unter irgendwelchen Bezeichnungen Provision oder Kommission aller Arten zu bekommen, und handelt es sich um eine Straftat, wird nach dem Recht die strafrechtliche Verantwortung verfolgt;

Wird ein Schaden nach dem vorigen Absatz im Zusammenhang mit der Kreditvergabe oder Gewährleistung von Sicherheiten verursacht, haftet er auf vollen oder teilweisen Ersatz.

Artikel 85 Nutzt ein Mitarbeiter von Geschäftsbanken seine Amtspflichten aus, um das Vermögen der Bank oder von Kunden zu veruntreuen, zweckentfremden oder unterschlagen, und handelt es sich um eine Straftat, wird nach dem Gesetz die strafrechtliche Verantwortung verfolgt; handelt es sich um eine Straftat, sind Disziplinarmaßnahmen zu ergreifen.

Artikel 86 Wenn ein Mitarbeiter von Geschäftsbanken rechtswidrig durch Vernachlässigung seiner Amtspflicht Schaden verursacht, sind Disziplinarmaßnahme zu ergreifen; handelt es sich um eine Straftat, wird nach dem Gesetz die strafrechtliche Verantwortung verfolgt.

Wenn ein Schaden durch Gewährung von Kredit oder Sicherheiten aus vorschriftswidrigen privaten Interessen des Mitarbeiters an Verwandte oder Freunde verursacht wird, haftet der Mitarbeiter auf vollen oder teilweisen Ersatz.

Artikel 87 Wenn ein Mitarbeiter von Geschäftsbanken Staats- oder Geschäftsgeheimnisse preisgegeben hat, die er während seiner Amtszeit erfahren hat, sind Disziplinarmaßnahme dagegen zu ergreifen; handelt es sich um eine Straftat, wird nach dem Gesetz die strafrechtliche Verantwortung verfolgt.

Artikel 88 Wenn eine Unternehmenseinheit oder eine Einzelperson einer Geschäftsbank die Kreditvergabe oder die Gewährung von Sicherheiten befiehlt, sind Disziplinarmaßnahmen gegen das direkt verantwortliche zuständige und sonstige direkt verantwortliche Personal oder direkt verantwortliche Mitarbeiter zu ergreifen; ist Schaden verursacht worden, so haften sie gemeinsam auf vollen oder teilweisen Ersatz.

Wenn ein Mitarbeiter von Geschäftsbanken den Befehl einer Unternehmenseinheit oder einer Einzelperson zur Kreditvergabe oder zur Gewährung von Sicherheiten nicht zurückweist, sind Disziplinarmaßnahmen zu ergreifen; ist Schaden verursacht worden, so haftet er auf entsprechenden Ersatz.

Artikel 89 Verstößt eine Geschäftsbank gegen die Bestimmungen dieses Gesetzes, kann die Bankaufsichtsbehörde des Staatsrates unter den jeweiligen Umständen die Befähigung von direkt verantwortlichen Vorständen oder leitenden Managern für eine bestimmte Frist oder sogar lebenslänglich entziehen; oder sie kann den direkt verantwortlichen Vorständen und leitenden Managern und sonst direkt verantwortlichen Mitarbeitern für eine bestimmte Frist oder für immer Tätigkeit im Banksektor verbieten.

Erfüllen die Handlungen der Geschäftsbank noch keinen Straftatbestand, so können direkt verantwortliche Vorstände, leitende Manager und sonst direkt verantwortliche Mitarbeiter verwarnt oder ein Bußgeld zwischen RMB 50.000 und 500.000 Yuan verhängt werden.

Artikel 90 Wollen sich Geschäftsbanken sowie deren Mitarbeiter der Verhängung von Verwaltungsstrafen nicht unterwerfen, können sie nach dem Verwaltungsverfahrensgesetz bei dem Volksgericht Klage erheben.

Kapitel IX Ergänzende Bestimmungen

Artikel 91 Wird eine Geschäftsbank vor der Anwendung dieses Gesetzes gemäß den Bestimmungen vom Staatsrat gegründet, ist ein nochmaliges Prüfungs- und Genehmigungsverfahren nicht erforderlich.

Artikel 92 Die Bestimmungen dieses Gesetzes finden Anwendung auf die Geschäftsbanken mit ausländischem Kapital, chinesisch-ausländische Joint-Venture-Geschäftsbanken und Zweigniederlassungen von ausländischen Geschäftsbanken, sofern Gesetze und Verwaltungsvorschriften nicht anders geregelt sind.

Artikel 93 Die einschlägigen Bestimmungen dieses Gesetzes finden Anwendung auf die städtischen Kreditgenossenschaften und ländlichen Kreditgenossenschaften, wenn sie Einlagen-, Kredit- und Abwicklungsgeschäfte ausüben.

Artikel 94 Die einschlägigen Bestimmungen dieses Gesetzes finden auf die Postbanken Anwendung, wenn sie einschlägige Geschäfte von Geschäftsbanken ausüben.

Artikel 95 Dieses Gesetz tritt am 1. Oktober 2015 in Kraft.

Anlage 2 Bankenaufsichtsgesetz der Volksrepublik China[413]

Erlass des Präsidenten der Volksrepublik China
Nr. 58
HU Jintao, Präsident der Volksrepublik China
31. Oktober. 2006

Das Bankaufsichtsverwaltungsgesetz der Volksrepublik China wurde auf der 6. Sitzung des Ständigen Ausschusses des X. Nationalen Volkskongresses am 27. Dezember 2003 mit Referenznummer Zhu Xi Ling 11/2003 verabschiedet, die erste Revision wurde auf der 24. Sitzung des Ständigen Ausschusses des X. Nationalen Volkskongresses am 31. Oktober 2006 beschlossen und die revidierte Fassung hiermit bekannt gemacht und wird vom 1. Januar 2007 an angewendet.

Kapitel I Allgemeine Bestimmungen

Artikel 1 Um die Aufsicht über den Bankensektor zu stärken, die Aufsichtstätigkeit zu normieren, den Risiken im Bankensektor vorzubeugen und sie zu beseitigen, die legalen Rechtsinteressen der Einleger und anderer Kunden zu schützen, und eine gesunde Entwicklung des Bankensektors zu fördern, wird das vorliegende Gesetz formuliert.

Artikel 2 Zur Beaufsichtigung der landesweiten Finanzinstitute im Bankensektor und deren Bankgeschäfte ist die Bankaufsichtsbehörde des Staatsrates zuständig.

Der in diesem Gesetz verwendete Begriff "Finanzinstitute im Bankensektor" bezieht sich auf die Geschäftsbanken, städtische Kreditgenossenschaften, ländliche Kreditgenossenschaften und andere Finanzinstitute und politische Banken, welche im Territorium der Volksrepublik China gegründet sind und Einlagen aus dem Publikum aufnehmen.

---

413 Diese überarbeitete Übersetzung für die revidierte Fassung mit Referenznr. Zhu Xi Ling 58/2006, welche vom 1.Januar 2007 an in Kraft treten soll, erfolgt in Anlehnung an der deutschen Übersetzung, in Frank Münzel (Hrsg.), Chinas Recht, 27.12.03/1 für den Gesetztext mit Referenznr. Zhu Xi Ling 11/2003, auch veröffentlicht im: ZChinR 2005/Nr. 3 Seite 245 – 255, online erhältlich unter https://www.zchinr.org/index.php/zchinr/article/view/1480/1518.

Das vorliegende Gesetz gilt ebenfalls zur Beaufsichtigung der Vermögensverwaltungsgesellschaften, Treuhandinvestitionsgesellschaften, Finanzgesellschaften und der in der Volksrepublik China niedergelassenen Finanzleasinggesellschaften sowie sonstiger durch die Bankaufsichtsbehörde des Staatsrates genehmigter Finanzinstitute im Bankensektor.
Nach diesem Gesetz sowie einschlägigen Bestimmungen beaufsichtigt die Bankaufsichtsbehörde des Staatsrates die Auslandsgeschäftstätigkeiten der von ihr genehmigten Finanzinstitute sowie der in den vorstehenden beiden Absätzen gelisteten Finanzinstitute, welche im Ausland gegründet sind.

Artikel 3 Das Ziel der Bankaufsicht liegt in der Förderung eines rechtmäßigen, stabilen und soliden Betriebes des Bankensektors und der Wahrung des Vertrauens der Öffentlichkeit in den Bankensektor.

Die Bankaufsicht soll die fairen Wettbewerbe des Bankensektors schützen und die Wettbewerbsfähigkeit des Bankensektors verbessern.

Artikel 4 Bei der Bankaufsicht soll die Bankaufsichtsbehörde die Grundsätze der Rechtmäßigkeit, Transparenz, Unparteilichkeit und Effizienz beachten.

Artikel 5 Die Bankaufsichtsbehörde und deren mit der Bankaufsicht beauftragte Mitarbeiter üben ihre Aufgaben im Einklang mit dem Gesetz aus und erhalten den Schutz des Gesetzes. Die lokalen Regierungen, die Regierungsabteilungen aller Stufen, die sozialen Körperschaften und Einzelpersonen dürfen sich in die Aufsicht nicht einmischen.

Artikel 6 Die Bankaufsichtsbehörde des Staatsrates muss mit der Volksbank der Volksrepublik China sowie anderen Finanzaufsichtsbehörden des Staatsrates ein Informationsaustauschsystem zur gemeinsamen Nutzung der Aufsichtsdaten einrichten.

Artikel 7 Die Bankaufsichtsbehörde des Staatsrates kann mit Bankaufsichtsbehörden anderer Länder oder Regionen zusammenarbeiten, um eine grenzübergreifende Aufsicht und Verwaltung durchzuführen.

Kapitel II Aufsichtsorgane

Artikel 8 Die Bankaufsichtsbehörde des Staatsrates richtet nach Bedarf ihrer Aufgabenerfüllung untergeordnete Dienststellen ein. Die Bankaufsichtsbehörde des Staatsrates übt ihre Führung und Verwaltung von ihren untergeordneten Dienststellen einheitlich aus.

Die untergeordneten Dienststellen nehmen ihre Aufsichtsaufgaben im Rahmen der von der Bankaufsichtsbehörde des Staatsrates übertragenen Befugnisse wahr.

Artikel 9 Die mit der Aufsicht und Verwaltung beauftragten Mitarbeiter der Bankaufsichtsbehörde müssen über die dem Amt entsprechende Sachkunde und Berufserfahrung verfügen.

Artikel 10 Die Mitarbeiter der Bankaufsichtsbehörde müssen treu ihr Amt wahren, sich rechtmäßig, fair und ehrlich verhalten, dürfen ihre Positionen nicht missbräuchlich zum Erlangen unlauterer Vorteile ausnutzen und keine Positionen in Finanzinstituten oder sonstigen Unternehmen gleichzeitig wahrnehmen.

Artikel 11 Die Mitarbeiter der Bankaufsichtsbehörden müssen nach den gesetzlichen Bestimmungen die Staatsgeheimnisse bewahren und haften für die Wahrung der Geheimnisse der von ihnen beaufsichtigten Finanzinstitute im Bankensektor und der betroffenen Personen.

Beim Austausch von Aufsichtsdaten mit den Bankaufsichtsbehörden anderer Länder oder Regionen muss die Bankaufsichtsbehörde des Staatsrates Maßnahmen für die Geheimhaltung solcher Daten treffen.

Artikel 12 Die Bankaufsichtsbehörde des Staatsrates muss das Aufsichtsverfahren offenlegen sowie ein Überwachungssystem für die Verantwortlichkeiten und ein internes Kontrollsystem einrichten.

Artikel 13 Die lokalen Regierungen sowie Behörden aller Stufen müssen die Durchführung von Maßnahmen zum Behandeln der Risiken und beim Ermitteln von Vorstößen von Finanzinstituten im Bankensektor gegen Bankrecht und sonstige Aufsichtstätigkeit begleiten und unterstützen.

Artikel 14 Die Rechnungsprüfungs- und Revisionsbehörden des Staatsrates müssen die Tätigkeiten der Bankaufsichtsbehörde des Staatsrates nach den gesetzlichen Regelungen überwachen.

Kapitel III Aufsichtsaufgaben

Artikel 15 Die Bankaufsichtsbehörde des Staatsrates legt Verordnungen und Vorschriften zur Beaufsichtigung von Finanzinstituten im Bankensektor im Einklang mit Gesetzen und den Verwaltungsvorschriften fest und erlässt sie.

Artikel 16 Die Bankaufsichtsbehörde des Staatsrates prüft und genehmigt die Errichtung, Änderung und Beendigung sowie den Geschäftsumfang von Finanzinstituten im Bankensektor gemäß den von den Gesetzen und Verwaltungsvorschriften festgelegten Bedingungen und Verfahren.

Artikel 17 Zur Errichtung eines Finanzinstituts im Bankensektor, zur Veränderung des Gesamtkapitals oder beim Überschreiten des vorgeschriebenen Anteils eines Anteilsinhabers muss die Bankaufsichtsbehörde des Staatsrates die Herkunft der Geldmittel des Anteilsinhabers, seine Finanzverhältnisse, Kapitalaufstockungsfähigkeit und Bonität überprüfen.

Artikel 18 Die Produkte innerhalb des Geschäftsbereichs eines Finanzinstituts im Bankensektor unterliegen der Prüfung und Genehmigung der Bankaufsichtsbehörde des Staatsrates oder werden von diesem zu den Akten gemeldet. Die Bankaufsichtsbehörde des Staatsrates bestimmt nach Gesetzen und Verwaltungsvorschriften, welche Produkte geprüft und genehmigt bzw. zu den Akten gemeldet werden müssen, und macht das öffentlich bekannt.

Artikel 19 Ohne Genehmigung der Bankaufsichtsbehörde des Staatsrates darf keine juristische Person oder natürliche Person ein Finanzinstitut im Bankensektor errichten oder Bankgeschäfte betreiben.

Artikel 20 Die Bankaufsichtsbehörde des Staatsrates überwacht die Amtsbefähigung der Vorstandsmitglieder und leitenden Manager von einem Finanzinstitut im Bankensektor für ihre Ämter. Die konkreten Maßnahmen werden von der Bankaufsichtsbehörde des Staatsrates festgesetzt.

Artikel 21 Die Grundsätze für einen umsichtigen Betrieb durch Finanzinstitute im Bankensektor sind in den Gesetzen und Verwaltungsrechtsnormen manifestiert und können nach Gesetzen und Verwaltungsvorschriften auch von der Bankaufsichtsbehörde des Staatsrates festgesetzt werden.

Die im vorhergehenden Absatz erwähnten „Grundsätze für einen umsichtigen Betrieb“ umfassen insbesondere das Risikomanagement, die interne Kontrolle, den Solvabilitätskoeffizient, die Vermögensqualität, die Verlustrückstellungen, Risikokonzentrationen, die verbundenen Geschäfte und die Vermögensliquidität. Alle Finanzinstitute im Bankensektor müssen sich strikt an die Grundsätze für einen umsichtigen Betrieb halten.

Artikel 22 Die Bankaufsichtsbehörde des Staatsrates muss innerhalb der vorgeschriebenen Frist schriftlich über die Genehmigung oder Ablehnung eines der folgenden Anträge beschließen; beschließt sie, ihn abzulehnen, muss sie die Gründe dafür angeben:

(1) Anträge auf Errichtung eines Finanzinstituts im Bankensektor innerhalb von sechs Monaten nach dem Eingang der Antragsunterlagen;

(2) Anträge auf Änderung, Beendigung oder Erweiterung von Geschäftsumfang und Produkten innerhalb des Geschäftsumfangs innerhalb von drei Monaten nach dem Eingang der Antragsunterlagen;

(3) Eignungsprüfung der Vorstände und leitenden Manager für ihre Ämter innerhalb von 30 Tagen nach dem Eingang der Antragsunterlagen.

Artikel 23 Die Bankaufsichtsbehörde muss Geschäftstätigkeiten und Risikostatus der Finanzinstitute im Bankensektor offshore überwachen, ein Aufsichtsinformationssystem für Finanzinstitute im Bankensektor einrichten, analysieren und den Risikostatus der Finanzinstitute im Bankensektor bewerten.

Artikel 24 Die Bankaufsichtsbehörde muss die Geschäftstätigkeiten und den Risikostatus von Finanzinstituten im Bankensektor vor Ort überprüfen.

Die Bankaufsichtsbehörde des Staatsrates legt das Verfahren zur Vor-Ort-Kontrolle fest und normiert die Handlung der Vor-Ort-Kontrolle.

Artikel 25 Die Bankaufsichtsbehörde des Staatsrates muss die Finanzinstitute im Bankensektor auf Basis der konsolidierten Abschlüsse beaufsichtigen.

Artikel 26 Auf den Vorschlag der Chinesischen Volksbank zur Überprüfung von Finanzinstituten im Bankensektor an die Aufsichtsbehörde des Staatsrates, ist innerhalb von 30 Tagen nach dem Eingang des Vorschlags eine Antwort abzugeben.

Artikel 27 Die Bankaufsichtsbehörde des Staatsrates muss ein System zur Einstufung der beaufsichtigten Finanzinstitute im Bankensektor und ein Risikofrühwarnsystem einrichten und je nach der Einstufung eines Finanzinstituts im Bankensektor und seiner Risiken festlegen, wie oft und welcher Bereich zu überprüfen ist, ebenso, welche anderen Maßnahmen ergriffen werden müssen.

Artikel 28 Die Bankaufsichtsbehörde des Staatsrates muss ein System zur Aufdeckung und zur Meldung von unerwarteten Ereignissen einrichten.

Entdeckt eine Bankaufsichtsbehörde einen Notfall, der zu einem systematischen Bankrisiko führen kann oder die Stabilität der Gesellschaft ernsthaft beeinträchtigen kann, muss sie unverzüglich dem Verantwortlichen der Bankaufsichtsbehörde des Staatsrates Bericht erstatten. Wenn der Verantwortliche es für notwendig hält, dem Staatsrat Bericht zu erstatten, erstattet er dem Staatsrat unverzüglich den Bericht und unterrichtet die Volksbank, das Finanzministerium und sonstige betroffene Abteilungen des Staatsrates.

Artikel 29 Die Bankaufsichtsbehörde des Staatsrates muss gemeinsam mit der Volksbank, dem Finanzministerium und anderen einschlägigen Abteilungen des Staatsrates ein Notfallabwicklungssystem im Bankensektor einrichten, einen Notfallplan für den Bankensektor festlegen und die Organe für ihre Behandlung und die Amtsaufgaben der betroffenen Personen, die zu ergreifenden Maßnahmen und zu befolgenden Verfahren festlegen, um unerwartete Ereignisse im Bankensektor unverzüglich und effektiv behandeln zu können.

Artikel 30 Die Bankaufsichtsbehörde des Staatsrates ist für die einheitliche Erstellung der landesweiten Statistiken und Aufstellung der Finanzinstitute im Bankensektor zuständig und veröffentlicht sie gemäß den einschlägigen staatlichen Vorschriften.

Artikel 31 Die Bankaufsichtsbehörde des Staatsrates leitet und überwacht die Aktivitäten der Bankenselbstdisziplinarorganisationen.

Die Satzung der Bankenselbstdisziplinarorganisationen muss der Bankaufsichtsbehörde des Staatsrates zu den Akten gemeldet werden.

Artikel 32 Die Bankaufsichtsbehörde des Staatsrates kann internationale Kommunikation und Zusammenarbeit im Bereich der Bankaufsicht ausüben.

Kapitel IV Aufsichtsmaßnahmen

Artikel 33 Zur Erfüllung ihrer Amtsaufgaben ist die Bankaufsichtsbehörde berechtigt, von Finanzinstituten im Bankensektor ihre Bilanzen, ihre Gewinn- und Verlustrechnungen und andere Finanz-, Buchführungs- und statistische Aufstellungen sowie Unterlagen über ihre Geschäftsführung und die von registrierten Buchprüfern erstatteten Buchprüfungsberichte zu verlangen.

Artikel 34 Die Bankaufsichtsbehörde kann nach den Grundsätzen zur umsichtigen Aufsichtsführung bei den Vor-Ort-Prüfungen folgende Maßnahmen ergreifen:

(1) Eintreten ins Finanzinstitut im Bankensektor, um Prüfungen durchzuführen;
(2) Befragung der Manager von Finanzinstituten im Bankensektor und Verlangen von deren Erklärungen zu den betreffenden überprüften Angelegenheiten;
(3) Nachschlagen und Kopieren von Schriftstücken und Unterlagen des Finanzinstituts im Bankensektor bezüglich der betreffenden überprüften Angelegenheiten; Versiegelung von Schriftstücken und Unterlagen, die entfernt, versteckt oder zerstört werden könnten;
(4) Überprüfung des vom Finanzinstitut im Bankensektor benutzten elektronischen Computersystems zur Verwaltung der geschäftlichen Daten.

Eine Vor-Ort-Prüfung muss vom Verantwortlichen der Bankaufsichtsbehörde genehmigt werden. Eine Prüfung muss von mindestens zwei Prüfern vorgenommen werden, welche dem Recht entsprechende Ausweise und den schriftlichen Prüfungsbescheid vorzeigen müssen; gibt es weniger als zwei Prüfer, oder weisen sie nicht dem Recht entsprechende Ausweise und den schriftlichen Prüfungsbescheid vor, ist das Finanzinstitut im Bankensektor berechtigt, die Prüfung zu verweigern.

Artikel 35 Die Bankaufsichtsbehörde kann nach Bedarf zur Erfüllung ihrer Amtsaufgaben mit Vorstandsmitgliedern und leitenden Managern eines Finanzinstituts im Bankensektor Aufsichtsgespräche führen und von ihnen Auskunft über die Geschäftstätigkeit des Finanzinstituts im Bankensektor und wichtige Angelegenheiten der Risikokontrolle verlangen.

Artikel 36 Die Bankaufsichtsbehörde muss die Finanzinstitute im Bankensektor anhalten, vorschriftsgemäß ihre Finanz- und Buchführungsberichte, die Lage bei ihrer Risikokontrolle, Änderungen bei den Vorstandsmitgliedern und leitenden Managern und andere wichtige Angelegenheiten wahrheitsgemäß offenzulegen.

Artikel 37 Wenn ein Finanzinstitut im Bankensektor die Grundsätze sorgfältiger Geschäftsführung verletzt, muss die Bankaufsichtsbehörde des Staatsrates oder ihre untergeordnete Stelle auf Provinzstufe es anweisen, das Fehlverhalten innerhalb einer bestimmten Frist zu korrigieren; wenn es das Fehlverhalten nicht fristgemäß abgestellt hat, oder das Fehlverhalten den stabilen Betrieb dieses Finanzinstituts ernstlich gefährdet, wenn es die legalen Rechtsinteressen von Einlegern und anderen Kunden verletzt, können mit Genehmigung des Verantwortlichen der Bankaufsichtsbehörde des Staatsrates oder ihrer untergeordnete Stelle auf Provinzstufe je nach den Umständen folgende Maßnahmen ergriffen werden:

(1) die vorläufige Einstellung von Teilgeschäften sowie die Genehmigung neuer Geschäftstätigkeit können angeordnet werden;
(2) die Verteilung von Dividenden und anderem Einkommen kann eingeschränkt werden;
(3) Vermögensübertragungen können eingeschränkt werden;
(4) es kann angeordnet werden, dass die Anteilsinhaber ihre Anteilsrechte übertragen sollen oder die Rechte der betreffenden Anteilsinhaber können eingeschränkt werden;
(5) es kann angeordnet werden, Vorstandsmitglieder und leitende Manager auszutauschen oder deren Rechte zu beschränkten;
(6) die Genehmigung zur Errichtung weiterer Zweigstellen kann nicht erteilt werden.

Nachdem ein Finanzinstitut im Bankensektor Fehlverhalten korrigiert hat, muss der Bankaufsichtsbehörde des Staatsrates oder ihrer untergeordneten Stelle auf Provinzebene berichtet werden. Die Bankaufsichtsbehörde des Staatsrates oder ihre untergeordnete Stelle auf Provinzebene nehmen das Ergebnis dieser Korrektur ab, und wenn es den Grundsätzen sorgfältiger Geschäftsführung entspricht, sind die gegenüber dem Finanzinstitut im Bankensektor ergriffenen Maßnahmen innerhalb von drei Tagen nach dem Abschluss der Abnahme aufzuheben.

Artikel 38 Ist eine Kreditkrise bei einem Finanzinstitut im Bankensektor bereits eingetreten oder könnte eintreten, und werden die legalen Rechtsinteressen von Einlegern und anderen Kunden erheblich beeinträchtigt, kann die Bankaufsichtsbehörde des Staatsrates nach dem Gesetz die Übernahme der Verwaltung dieses Finanzinstituts im Bankensektor durchführen oder seine Restrukturierung anordnen; Übernahme der Verwaltung und Reorganisation des Finanzinstituts im Bankensektor werden nach den einschlägigen gesetzlichen Vorschriften und den Bestimmungen des Staatsrates durchgeführt.

Artikel 39 Wenn ein Finanzinstitut im Bankensektor seine Geschäfte rechtswidrig oder fehlerhaft betreibt, und es die Ordnung des Finanzgewerbes und das Allgemeininteresse erheblich beeinträchtigen würde, falls solches Fehlverhalten nicht aufgehoben wird, ist die Bankaufsichtsbehörde des Staatsrates berechtigt, es aufzulösen.

Artikel 40 Wird die Verwaltung eines Finanzinstituts im Bankensektor übernommen, ein Finanzinstitut im Bankensektor restrukturiert oder aufgehoben, ist die Bankaufsichtsbehörde des Staatsrates berechtigt, von den Vorstandsmitgliedern, leitenden Managern und anderem Personal des betroffenen Finanzinstituts im Bankensektor zu verlangen, dass sie ihre Amtspflichten entsprechend den Anforderungen der Bankaufsichtsbehörde des Staatsrates wahrnehmen.

Während der Dauer der Übernahme der Verwaltung, der Restrukturierung oder der Abwicklung wegen Auflösung können mit Genehmigung des Verantwortlichen der Bankaufsichtsbehörde des Staatsrates gegenüber direkt verantwortlichen Vorstandsmitgliedern und leitenden Managern sowie anderem direkt verantwortlichem Personal die folgenden Maßnahmen ergriffen werden:

(1) wenn die Ausreise dieser Personen aus dem Gebiet der Volksrepublik China die Interessen des Staates erheblich schädigen könnte, können die Ausreisekontrollbehörden aufgefordert werden, ihre Ausreise zu verhindern;

(2) bei den Justizorganen kann beantragt werden, ihnen die Verschiebung und Übertragung von Vermögen und die Begründung anderer Rechte an ihrem Vermögen zu verbieten.

Artikel 41 Mit Genehmigung des Verantwortlichen der Bankaufsichtsbehörde des Staatsrates oder einer ihrer untergeordneten Stellen auf Provinzebene sind die Bankaufsichtsbehörden berechtigt, die Konten von der Rechtsverletzung verdächtiger Finanzinstitute im Bankensektor, ihres Personals und sonstiger verbundener Parteien zu ermitteln; besteht der Verdacht, dass rechtswidrige Geldmittel verschoben oder verborgen werden sollen, kann mit Genehmigung des Verantwortlichen der Bankaufsichtsbehörde bei den Justizorganen beantragt werden, diese Geldmittel einzufrieren.

Artikel 42 Bei der Prüfung von Finanzinstituten im Bankensektor kann mit Zustimmung der verantwortlichen Person einer Bankaufsichtsbehörde ab der Verwaltungsstufe der in Bezirke unterteilten Städte[414] folgende Maßnahmen gegen die verdächtigen Personen und Unternehmenseinheiten getroffen werden:

(1) Auskunftsersuchen bei relevanten Unternehmenseinheiten oder Personen und Aussageverlangen;
(2) Nachschlagen und Kopieren von einschlägigen Unterlagen und Dokumenten in Bezug auf Finanzbuchhaltung und Vermögensregistrierung;
(3) vorherige Registrierung und Aufbewahrung von Schriftstücken und Unterlagen, die entfernt, versteckt oder zerstört werden könnten.

Eine Prüfung muss von mindestens zwei Prüfern vorgenommen werden, welche dem Recht entsprechende Ausweise und den schriftlichen Prüfungsbescheid vorzeigen müssen; gibt es weniger als zwei Prüfer, oder weisen sie nicht dem Recht entsprechende Ausweise und den schriftlichen Prüfungsbescheid vor, ist das Finanzinstitut im Bankensektor berechtigt, die Prüfung zu verweigern.
Die relevanten Unternehmenseinheiten und Personen müssen die rechtmäßigen Maßnahmen begleiten, wahrheitsgemäß den Sachverhalt erklären und

414 „Die in Bezirke unterteilten Städte" sind solche Städte, welche in Bezirke unterteilt haben. Ab dieser Verwaltungsstufe von Bankaufsichtsbehörde kann deren Verantwortlichen eine Reihe Maßnahmen treffen gegen verdächtigte Person. Eine verantwortliche Person einer Bankaufsichtsbehörde unter dieser Verwaltungsstufe der in Bezirke unterteilten Städte hat keine diese Befugnis mehr. Denn Bankaufsichtsbehörde des Staatsrates hat noch Unterdienststelle.

relevante Schriftstücke, Unterlagen liefern und dürfen sie nicht ablehnen, verhindern und verheimlichen.

Kapitel V Gesetzliche Haftung

Artikel 43

Liegt einer von folgenden Umständen bei dem Manager der Bankaufsichtsbehörde des Staatsrates vor, wird nach dem Gesetz eine Verwaltungsdisziplinarstrafe verhängt; erfüllt er einen strafrechtlichen Tatbestand, so wird nach dem Gesetz die strafrechtliche Haftung verfolgt:

(1) Verstoß gegen die Bestimmungen zur Überprüfung und Genehmigung eines Finanzinstituts im Bankensektor bei der Errichtung, Änderung, Beendigung sowie zur Überprüfung und Genehmigung des Geschäftsumfangs und der Geschäftsarten innerhalb des Geschäftsumfangs;
(2) Verstoß gegen die Bestimmungen zur Vor-Ort-Kontrolle der Finanzinstitute im Bankensektor;
(3) Unterlassung der Notfallmeldung gemäß Artikel 28 dieses Gesetzes;
(4) Verstoß gegen die Bestimmungen zur Abfrage von Bankkonten oder zur Beantragung der Mitteleinfrierung;
(5) Verstoß gegen die Bestimmungen zur Maßnahmenverordnung oder Strafverhängung;
(6) Verstoß gegen die Bestimmungen gemäß Artikel 42 dieses Gesetzes zur Ermittlung der relevanten Unternehmenseinheit oder Person;
(7) sonstige Handlungen des Missbrauchs von Amtsbefugnissen oder Vernachlässigung des Amts.

Wenn Manager der Bankaufsichtsbehörde bei der Überwachung und Verwaltung korrupt handeln, Bestechungen annehmen, Staats- und Geschäftsgeheimnisse sowie die personenbezogenen Daten preisgeben, und erfüllt dies den strafrechtlichen Tatbestand, wird nach dem Gesetz die strafrechtliche Verantwortung verfolgt; erfüllt dies keinen strafrechtlichen Tatbestand, wird nach dem Gesetz eine Verwaltungsdisziplinarstrafe verhängt.

Artikel 44 Ist ein Finanzinstitut im Bankensektor ohne Genehmigung errichtet oder wird eine Tätigkeit rechtswidrig ausgeübt, welche nur von einem Finanzinstitut im Bankensektor durchgeführt werden darf, wird es von der Bankaufsichtsbehörde des Staatsrates unterbunden; ist eine Straftat gegeben, so wird nach dem Gesetz die strafrechtliche Haftung verfolgt. Liegt keine Straftat vor, zieht die Bankaufsichtsbehörde des Staatsrates die rechtswidrigen Einnahmen ein; bei rechtswidrigen Einnahmen in Höhe von mehr als

RMB 500.000 Yuan wird außerdem ein Bußgeld mindestens in Höhe des einfachen und höchstens in Höhe des fünffachen der rechtswidrigen Einnahmen verhängt; gibt es keine rechtswidrigen Einnahmen oder liegt der Betrag der rechtswidrigen Einnahmen unter RMB 500.000 Yuan, wird außerdem ein Bußgeld in Höhe von mindestens RMB 500.000 Yuan und höchstens RMB 2.000.000 Yuan verhängt.

Artikel 45 Liegt bei einem Finanzinstitut im Bankensektor einer der folgenden Umstände vor, so ist Korrektur von der Bankaufsichtsbehörde des Staatsrates anzuordnen; gibt es rechtswidrige Einnahmen über RMB 500.000 Yuan, sind die rechtswidrigen Einnahmen einzuziehen und außerdem wird ein Bußgeld mindestens in Höhe des einfachen und höchstens in Höhe des fünffachen der rechtswidrigen Einnahmen verhängt; gibt es keine rechtswidrigen Einnahmen oder liegt der Betrag der rechtswidrigen Einnahmen unter RMB 500.000 Yuan, wird außerdem ein Bußgeld in Höhe von mindestens RMB 500.000 Yuan und höchstens RMB 2.000.000 Yuan verhängt; bei einem besonders schwerwiegenden Fall oder ohne Korrektur nach Fristablauf kann die Sanierung des Betriebs durch Betriebseinstellung angeordnet oder die Geschäftslizenz eingezogen werden; liegt eine Straftat vor, so wird nach dem Gesetz die strafrechtliche Verantwortung verfolgt:

(1) Errichtung einer Zweigniederlassung ohne Genehmigung;
(2) Änderung oder Beendigung ohne Genehmigung;
(3) Ausführung von nicht genehmigten oder von nicht gemeldeten Geschäften entgegen den Bestimmungen;
(4) Erhöhung oder Herabsetzung von Einlagenzinssatz oder Kreditzinssatz entgegen den Bestimmungen.

Artikel 46 Gibt es einen der folgenden Umstände bei einem Finanzinstitut im Bankensektor, wird von der Bankaufsichtsbehörde des Staatsrates die Korrektur und die Verhängung einer Geldbuße von RMB 200.000 bis 500.000 Yuan angeordnet; ist ein Umstand besonders schwerwiegend oder erfolgt die Korrektur nicht innerhalb der gesetzten Frist, ist die Betriebseinstellung anzuordnen oder die Lizenz zu entziehen; ist eine Straftat gegeben, so wird nach dem Gesetz die strafrechtliche Haftung verfolgt:

(1) Ernennung von Vorständen und leitenden Angestellten ohne Eignungsprüfung;
(2) Verweigern oder Verhindern von Offshore- oder Onshore-Prüfung;

(3) Bereitstellung von falschen Aussagen, Berichten, anderen Dokumenten und Materialien oder das Verheimlichen von wichtigen Tatsachen, Berichten und anderen Dokumenten und Materialien;
(4) Informationsoffenlegung nicht nach dem Gesetz;
(5) schwere Verstöße gegen die Grundsätze sorgfältiger Geschäftsführung vorsichtiger Betriebsregeln; oder
(6) Verweigerung der Durchführung der Maßnahmen gemäß Artikel 37 dieses Gesetzes.

Artikel 47 Legen die Finanzinstitute im Bankensektor Aufstellungen, Berichte und sonstige Schriftstücke und Unterlagen nicht vorschriftsgemäß vor, wird von der Bankaufsichtsbehörde angeordnet, das zu korrigieren; korrigieren sie das nicht fristgemäß, so wird ein Bußgeld zwischen RMB 100.000 und 300.000 Yuan verhängt.

Artikel 48 Verstößt ein Finanzinstitut im Bankensektor gegen Gesetze, Verwaltungsvorschriften und die einschlägigen staatlichen Regelungen der Bankaufsicht, kann die Bankaufsichtsbehörde nicht nur nach den Artikeln 44 bis 47 dieses Gesetzes, sondern auch je nach unterschiedlichen Umständen folgende Maßnahmen ergreifen:

(1) sie kann das Finanzinstitut im Bankensektor anweisen, die disziplinarischen Maßnahmen gegen die direkt haftenden Vorstände, leitenden Manager und andere verantwortlichen Personen zu verhängen;
(2) sie kann, auch wenn eine Handlung des Finanzinstituts im Bankensektor keine Straftat erfüllt, die direkt haftenden Vorstände, leitenden Manager und andere verantwortliche Personen verwarnen und gegen sie ein Bußgeld zwischen RMB 50.000 und RMB 500.000 Yuan verhängen;
(3) sie kann den direkt haftenden Vorständen, leitenden Managern für eine bestimmte Frist oder für immer die Befähigung für ihr Amt entziehen; sie kann den direkt verantwortlichen Vorstandsmitgliedern und leitenden Managern und sonst direkt verantwortlichen Personen für eine bestimmte Frist oder für lebenslang eine Tätigkeit im Bankensektor verbieten.

Artikel 49 Verhindert jemand eine nach dem Gesetz durch die Mitarbeiter der Bankaufsichtsbehörde durchzuführende Prüfung oder Untersuchung, wird ihm ein Bußgeld gegen die öffentliche Sicherheit auferlegt; handelt es sich um eine Straftat, so wird nach dem Gesetz die strafrechtliche Haftung verfolgt.

Kapitel VI Ergänzende Bestimmungen

Artikel 50 Gibt es Rechts- und Verwaltungsvorschriften, die für die Beaufsichtigung der im Territorium der Volksrepublik China eröffneten politischen Banken und Vermögensverwaltungsgesellschaften gelten sollen, haben die maßgeblichen Rechts- und Verwaltungsvorschriften den Anwendungsvorrang.

Artikel 51 Soweit Gesetze und Verwaltungsrechtsnormen für die Aufsicht über die im Territorium der Volksrepublik China errichteten Finanzinstitute des ausländischen Kapitals im Bankensektor, die chinesisch-ausländischen Finanzinstitute im Bankensektor mit gemeinsamem Kapital oder Zweigniederlassungen von Finanzinstituten des ausländischen Kapitals anderes bestimmen, gelten solche einschlägigen Gesetze und Verwaltungsvorschriften.

Artikel 52 Das vorliegende Gesetz tritt am 1. Februar 2004 in Kraft.

Anlage 3 Volksbankgesetz der VR China[415]

Erlass des Präsidenten der Volksrepublik China
Nr. 12
HU Jintao, Präsident der Volksrepublik China
27. Dezember 2003

Das revidierte Volksbankgesetz der Volksrepublik China wurde auf der 6. Sitzung des Ständigen Ausschusses des X. Nationalen Volkskongresses am 27. Dezember 2003 mit Referenznummer Zhu Xi Ling 12/2003 verabschiedet, welches die auf der 3. Sitzung des VIII. Nationalen Volkskongresses am 18.3.1995 mit Referenznummer Zhu Xi Ling 46/1995 verabschiedete Version ersetzt.

1. Kapitel: Allgemeine Bestimmungen

Artikel 1 Zur Festlegung der Stellung der Chinesischen Volksbank, zur Klarstellung ihrer Aufgaben, zur Gewährleistung der richtigen Festsetzung und Ausführung der staatlichen Währungspolitik, zur Errichtung und zur Verbesserung des makroökonomischen Regulierungssystems durch die Zentralbank und zur Bewahrung der Finanzstabilität wird dieses Gesetz formuliert.

Artikel 2 Die Chinesische Volksbank ist die Zentralbank der VR China. Unter der Führung des Staatsrates setzt die Chinesische Volksbank die Währungspolitik fest und führt sie aus, beugt Krisen im Finanzwesen vor und löst sie auf und bewahrt die Finanzstabilität.

Artikel 3 Ziel der Währungspolitik ist es, die Stabilität des Währungswerts zu wahren und damit das Wirtschaftswachstum zu fördern.

Artikel 4 Die Chinesische Volksbank erfüllt folgende Aufgaben:

1. Erlass und Ausführung der mit ihren Aufgaben im Zusammenhang stehenden Anweisungen und Vorschriften;
2. Festlegung und Ausführung der Währungspolitik nach dem Gesetz;

415 Diese überarbeitete Übersetzung für die revidierte Fassung mit Referenznr. Zhu Xi Ling 12/2003, welche vom 1. Februar 2004 an in Kraft treten soll, erfolgt in Anlehnung an der deutschen Übersetzung, in: Frank Münzel (Hrsg.), Chinas Recht, 27.12.03/1 für den Gesetztext mit Referenznr. Zhu Xi Ling 46/1995, online erhältlich unter http://www.chinas-recht.de/inhalt.htm.

3. Ausgabe von Renminbi und Steuerung von deren Umlauf;
4. Beaufsichtigung der Interbankengeschäfte für Geldleihen und Schuldverschreibungen;
5. Durchführung der Devisensteuerung und Beaufsichtigung des Devisenmarktes;
6. Beaufsichtigung des Goldmarktes;
7. Halten, Verwaltung und Betreiben von staatlichen Devisen- und Goldreserven;
8. Führung der Staatskasse;
9. Aufrechterhaltung der ordnungsgemäßen Funktionalität des Zahlungs- und Verrechnungssystems;
10. Arbeitsanleitung und Planung gegen Geldwäsche im Finanzwesen und Überwachung von Geldmitteln gegen Geldwäsche;
11. Erfassung von Statistiken, Untersuchungen, Analysen und Prognosen für das Finanzwesen;
12. Teilnahme an den einschlägigen internationalen Finanzaktivitäten als staatliche Zentralbank;
13. sonstige vom Staatsrat erteilte Aufgaben.

Zur Ausführung der Währungspolitik kann die Chinesische Volksbank die im 4. Kapitel bestimmten Finanzgeschäfte ausüben.

Artikel 5 Die Chinesische Volksbank legt das Jahresvolumen der benötigten Banknoten, Zinssätze, Wechselkurse und sonstige vom Staatsrat bestimmte wichtige Angelegenheiten fest und führt sie nach der Genehmigung durch den Staatsrat aus.

Legt die Chinesische Volksbank sonstige Angelegenheiten fest, die nicht die im vorherigen Absatz genannten betreffen, führt sie diese sofort aus und meldet dem Staatsrat zu Akten.

Artikel 6 Die Chinesische Volksbank muss den Ständigen Ausschuss des Nationalen Volkskongresses über die Verhältnisse in der Währungspolitik informieren und Arbeitsberichte im Finanzwesen erstatten.

Artikel 7 Unter der Leitung des Staatsrates führt die Chinesische Volksbank nach dem Gesetz die Währungspolitik unabhängig durch, erfüllt ihre Aufgaben und betreibt ihre Geschäfte ohne Einmischung seitens territorialer Regierungen, der Abteilungen der Regierungen aller Stufen, gesellschaftlicher Körperschaften oder Einzelner.

Artikel 8 Das Gesamtkapital der Chinesischen Volksbank wird vom Staat gestellt und gehört zum Staatseigentum.

Artikel 9 Der Staatsrat richtet einen Mechanismus zur Finanzaufsichtskoordinierung ein; die konkrete Regelung ist vom Staatsrat festzusetzen.

2. Kapitel: Organisation

Artikel 10 Die Chinesische Volksbank hat einen Präsidenten und mehrere Vizepräsidenten. Die Wahl des Präsidenten der Chinesischen Volksbank erfolgt auf den Vorschlag des Ministerpräsidenten und wird vom Nationalen Volkskongress beschlossen; während der Sitzungspausen des Nationalen Volkskongresses beschließt dessen Ständiger Ausschuss und der Präsident der Chinesischen Volksbank wird vom Staatspräsidenten der VR China ernannt und entlassen. Die Vizepräsidenten der Bank werden vom Ministerpräsidenten ernannt und entlassen.

Artikel 11 Verantwortlich für die Chinesische Volksbank ist der Präsident der Bank. Der Präsident leitet die Arbeit der Chinesischen Volksbank, die Vizepräsidenten unterstützen ihn bei seiner Arbeit.

Artikel 12 Bei der Chinesischen Volksbank besteht eine Währungspolitikkommission. Der Staatsrat bestimmt Aufgaben, Zusammensetzung und Arbeitsverfahren der Währungspolitikkommission und meldet dem Ständigen Ausschuss des Nationalen Volkskongresses zu den Akten. Die Währungspolitikkommission der Chinesischen Volksbank muss bei der makroökonomischen Regulierung und Kontrolle durch den Staat und bei Festlegung und Korrekturen der staatlichen Währungspolitik eine wichtige Rolle spielen.

Artikel 13 Nach den Bedürfnissen, die sich bei der Erfüllung ihrer Aufgaben ergeben, errichtet die Chinesische Volksbank Zweigstellen als delegierte Organe der Chinesischen Volksbank. Die Chinesische Volksbank führt eine einheitliche Leitung und Steuerung ihrer Zweigstellen durch. Aufgrund von Ermächtigungen durch die Chinesische Volksbank schützen die Zweigstellen der Chinesischen Volksbank die Stabilität des Finanzwesens ihres Zuständigkeitsgebietes und übernehmen die betreffenden Geschäfte.

Artikel 14 Der Präsident, die Vizepräsidenten und die sonstigen Mitarbeiter der Chinesischen Volksbank müssen ihr Amt gewissenhaft ausüben, sie dürfen ihre Amtsbefugnis weder missbrauchen noch zu ihrem privaten Vorteil verfolgen, und sie dürfen keine Nebentätigkeiten bei irgendeinem Finanzinstitut, Unternehmen oder Fonds ausüben.

Artikel 15 Der Präsident, die Vizepräsidenten und die sonstigen Mitarbeiter der Chinesischen Volksbank müssen Staatsgeheimnisse gemäß dem Recht bewahren und sind auch dafür verantwortlich, für die Finanzinstitute und die Betroffenen, mit denen sie bei der Erfüllung ihrer Aufgaben zu tun haben, Verschwiegenheit über deren Geschäftsgeheimnisse zu bewahren.

3. Kapitel: Renminbi

Artikel 16 Gesetzliche Währung der VR China ist der Renminbi. Sämtliche öffentlichen und privaten Verbindlichkeiten auf dem Territorium der VR China werden in Renminbi bezahlt, keine Unternehmenseinheit und kein Einzelner darf seine Annahme ablehnen.

Artikel 17 Die Einheit des Renminbi ist der Yuan, ergänzende Einheiten sind der Jiao und der Fen.

Artikel 18 Der Renminbi wird von der Chinesischen Volksbank einheitlich gedruckt und ausgegeben.

Wenn die Chinesische Volksbank eine neue Ausgabe von Renminbi ausgibt, muss sie das Ausgabedatum, den Nennwert, das Design, Muster und Spezifikationen öffentlich bekannt machen.

Artikel 19 Es ist verboten, Renminbi zu fälschen oder zu verfälschen. Es ist verboten, gefälschte oder verfälschte Renminbi zu verkaufen oder zu kaufen. Es ist verboten, gefälschte oder verfälschte Renminbi zu transportieren, zu besitzen oder zu gebrauchen. Es ist verboten, Renminbi vorsätzlich zu vernichten oder zu beschädigen. Es ist verboten, in Werbung, in Druckerzeugnissen oder auf sonstigen Waren Muster von Renminbi rechtswidrig zu verwenden.

Artikel 20 Keine Unternehmenseinheit und kein Einzelner dürfen Geldscheine drucken und verkaufen, um sie anstelle des Renminbi auf dem Markt im Umlauf zu bringen.

Artikel 21 Beschädigte und verschmutzte Renminbi werden nach den Vorschriften der Chinesischen Volksbank ausgetauscht, und von ihr zurückgenommen und vernichtet.

Artikel 22 Die Chinesische Volksbank richtet eine Kasse zur Ausgabe von Renminbi ein, und bei ihren Zweigstellen Zweigkassen. Die Zweigkassen weisen RMB zum Emittieren von Fonds zu und müssen nach den Zuweisungsanweisungen der Kassen höherer Stufe verfahren. Keine Unternehmenseinheit und kein Einzelner darf diese Fonds vorschriftswidrig verwenden.

4. Kapitel: Geschäfte

Artikel 23 Zur Ausführung der Währungspolitik kann die Chinesische Volksbank die folgenden Instrumente der Währungspolitik einsetzen:

1. sie kann verlangen, dass Finanzinstitute im Banksektor im vorgeschriebenen Verhältnis Einlagenrückstellungen einzahlen;
2. sie kann den Grundzinssatz der Zentralbank festsetzen;
3. sie kann für die Finanzinstitute im Banksektor, die bei der Chinesischen Volksbank ein Konto haben, Rediskontierungen durchführen;
4. sie kann Geschäftsbanken Darlehen gewähren;
5. sie kann auf dem öffentlichen Markt Staats-, sonstige Regierungs- und Finanzanleihen sowie Devisen kaufen und verkaufen;
6. sie kann sonstige vom Staatsrat bestimmte Instrumente der Währungspolitik einsetzen.

Wenn die Chinesische Volksbank zur Ausführung der Währungspolitik die im vorigen Absatz aufgeführten Instrumente der Währungspolitik einsetzt, kann sie dazu konkrete Bedingungen und Verfahren bestimmen.

Artikel 24 Die Chinesische Volksbank verwaltet gemäß den Gesetzen und Verwaltungsrechtsvorschriften die Staatskasse.

Artikel 25 Die Chinesische Volksbank kann in Vertretung der Finanzabteilung des Staatsrates bei den einzelnen Finanzinstituten die Emission und die Einlösung von Staats- und sonstigen Regierungsanleihen organisieren.

Artikel 26 Die Chinesische Volksbank kann nach Bedarf Konten für Finanzinstitute im Banksektor eröffnen, darf aber solche Konten nicht überziehen lassen.

Artikel 27 Die Chinesische Volksbank muss Verrechnungssysteme zwischen den Finanzinstituten im Banksektor organisieren oder deren Organisation unterstützen, die Verrechnung zwischen den Finanzinstituten im Banksektor koordinieren und Verrechnungsdienste leisten. Die konkreten Verfahren werden von der Chinesischen Volksbank bestimmt.

Die Chinesische Volksbank legt zusammen mit der Bankenaufsichtsbehörde des Staatsrates Vorschriften für Zahlungen und Verrechnungen fest.

Artikel 28 Die Chinesische Volksbank kann nach den Bedürfnissen zur Ausführung der Währungspolitik Beträge, Fristen, Zinssätze und Formen ihrer Darlehen an Geschäftsbanken bestimmen; die Fristen der Darlehen dürfen aber ein Jahr nicht überschreiten.

Artikel 29 Die Chinesische Volksbank darf den staatlichen Fiskus sein Konto nicht überziehen lassen, und sie darf nicht direkt Staats- und sonstige Regierungsanleihen kaufen oder ihren Absatz garantieren.

Artikel 30 Die Chinesische Volksbank darf territorialen Regierungen und Abteilungen der Regierungen aller Stufen keine Darlehen gewähren, sie darf

Nichtbanken-Instituten, anderen Unternehmenseinheiten und Einzelnen keine Darlehen gewähren, außer der Staatsrat bestimmt, dass die Chinesische Volksbank Darlehen an bestimmte Finanzinstitute gewähren darf.

Die Chinesische Volksbank darf für keine Unternehmenseinheit und keine Einzelnen Sicherheit leisten.

5. Kapitel: Aufsicht über das Finanzwesen

Artikel 31 Die Chinesische Volksbank überwacht und überprüft gemäß dem Recht den Finanzmarkt, übt makroökonomische Regulierung und Kontrolle über den Finanzmarkt aus und fördert die harmonische Entwicklung.

Artikel 32 Die Chinesische Volksbank ist berechtigt, die folgenden Handlungen der Finanzinstitute, anderer Unternehmenseinheiten und Einzelner zu überprüfen und zu beaufsichtigen:

1. Handlungen, die mit der Einlagenrückstellungen zu tun haben;
2. mit besonderen Arten von Darlehen der Chinesischen Volksbank zusammenhängende Handlungen;
3. Handlungen, mit denen Vorschriften zur Steuerung des Renminbi ausgeführt werden;
4. Handlungen, mit denen Vorschriften zur Steuerung des Marktes für Ausleihungen zwischen Banken und des Marktes für Schuldverschreibungen zwischen Banken ausgeführt werden;
5. Handlungen, mit denen Vorschriften zur Devisensteuerung ausgeführt werden;
6. Handlungen, mit denen Vorschriften zur Goldsteuerung ausgeführt werden;
7. Handlungen, mit denen in Vertretung der Chinesischen Volksbank die Staatskasse geführt wird;
8. Handlungen, mit denen Vorschriften zur Steuerung von Abwicklungen ausgeführt werden;
9. Handlungen, mit denen Vorschriften gegen Geldwäsche ausgeführt werden.

Mit den im vorigen Absatz genannten „besonderen Arten von Darlehen der Chinesischen Volksbank" sind vom Staatsrat beschlossene von der Chinesischen Volksbank an Finanzinstitute vergebene Darlehen für besonders bestimmte Zwecke gemeint.

Artikel 33 Die Chinesische Volksbank kann nach den Bedürfnissen zur Ausführung der Währungspolitik und zum Schutz der Finanzstabilität der Bankaufsichtsbehörde des Staatsrates vorschlagen, Finanzinstitute im Banksektor zu überprüfen und zu überwachen. Die Bankaufsichtsbehörde des Staatsrates muss den Vorschlag nach dessen Eingang innerhalb von 30 Tagen beantworten.

Artikel 34 Wenn bei Finanzinstituten im Banksektor Zahlungsschwierigkeiten auftreten, die zu einer riskanten Lage im Finanzwesen führen können, hat die Chinesische Volksbank das Recht, zum Schutz der Finanzstabilität mit Genehmigung des Staatsrates Finanzinstitute im Banksektor zu überprüfen und zu überwachen.

Artikel 35 Die Chinesische Volksbank hat, wenn die Ausführung ihrer Aufgaben es erfordert, das Recht, von Kreditorganen des Bankgewerbes zu verlangen, dass sie ihr die nötigen Bilanzen, Gewinn- und Verlustrechnungen und andere finanzbuchhalterische und statistische Aufstellungen und Unterlagen einreichen.

Die Chinesische Volksbank muss zusammen mit dem Bankaufsichtsorgan des Staatsrates und sonstigen Organen des Staatsrates für die Aufsicht über das Kreditwesen Mechanismen schaffen, um Aufsichtsdaten gemeinsam zu verwenden.

Artikel 36 Der Chinesischen Volksbank obliegt es, die Zahlen und Aufstellungen der landesweiten Statistik des Finanzwesens einheitlich aufzustellen und nach den einschlägigen staatlichen Vorschriften zu veröffentlichen.

Artikel 37 Die Chinesische Volksbank muss Regelungen für die Kontrollen und Prüfungsmechanismen innerhalb ihres eigenen Systems schaffen und vervollkommnen und die interne Kontrolle verstärken.

6. Kapitel: Finanzielle Buchführung

Artikel 38 Die Chinesische Volksbank wird mit einem unabhängigen Finanzhaushalt verwaltet.

Nachdem der Haushalt der Chinesischen Volksbank von der Finanzabteilung des Staatsrates überprüft worden ist, wird er in den zentralen Haushalt aufgenommen und unterliegt der Überwachung der Haushaltsausführung durch die Finanzabteilung des Staatsrates.

Artikel 39 Das Einkommen der Chinesischen Volksbank während eines Buchführungsjahres abzüglich der Ausgaben dieses Jahres und einer [davon] in Höhe eines von der Finanzabteilung des Staatsrates nach Überprüfung festgesetzten Anteils zurückgestellten Gesamtrücklage, also der Nettogewinn, wird in Gänze an den zentralen Fiskus abgeführt.

Ein Verlust der Chinesischen Volksbank wird durch Zuweisungen aus dem zentralen Fiskus ersetzt.

Artikel 40 Bei den finanziellen Einnahmen und Ausgaben und der Buchführung der Chinesischen Volksbank müssen die Gesetze und Verwaltungsrechtsnormen und die staatliche einheitliche Buchhaltungs- und Finanzordnung angewendet werden; sie unterliegen der getrennt vom Rechnungsprüfungsorgan und von der Finanzabteilung des Staatsrates nach dem Recht durchgeführten Rechnungsprüfung und Überwachung.

Artikel 41 Die Chinesische Volksbank muss innerhalb von 3 Monaten nach dem Abschluss eines Buchführungsjahres eine Bilanz, eine Gewinn- und Verlustrechnung und die dazu in Bezug stehenden Finanzbuchführungsaufstellungen sowie einen Jahresbericht aufstellen und gemäß den einschlägigen staatlichen Vorschriften bekanntmachen.

Das Buchführungsjahr der Chinesischen Volksbank läuft vom 1.1. bis zum 31.12.

7. Kapitel: Gesetzliche Verantwortung

Artikel 42 Die strafrechtliche Verantwortung dessen, der Renminbi fälscht, verfälscht, gefälschte oder verfälschte Renminbi verkauft oder, obwohl er klar weiß, dass sie gefälscht oder verfälscht sind, Renminbi transportiert, wird, wenn dies eine Straftat bildet, nach dem Recht verfolgt; wenn es noch keine Straftat bildet, werden von den Organen der öffentlichen Sicherheit bis zu 15 Tage Haft und bis zu 10.000 Yuan Geldbuße verhängt.

Artikel 43 Wenn der Kauf gefälschter oder verfälschter Renminbi oder der Besitz oder Gebrauch gefälschter oder verfälschter Renminbi im klaren Bewusstsein, dass sie gefälscht oder verfälscht sind, eine Straftat bildet, wird nach dem Recht die strafrechtliche Verantwortung verfolgt; wenn er noch keine Straftat bildet, werden von den Organen der öffentlichen Sicherheit bis zu 15 Tagen Haft und bis zu 10.000 Yuan Geldbuße verhängt.

Artikel 44 Wer in Werbung, in Druckerzeugnissen oder auf sonstigen Waren rechtswidrig Muster von Renminbi verwendet, muss von der Chinesischen Volksbank angewiesen werden, dies zu korrigieren und die rechtswidrig gebrauchten Renminbi-Muster zu vernichten; rechtswidrig Erlangtes wird eingezogen, und es wird eine Geldbuße bis zu 50.000 Yuan verhängt.

Artikel 45 Wenn jemand Geld vertretende Scheine herstellt und verkauft, um sie anstelle des Renminbi auf dem Markt umlaufen zu lassen, muss die Chinesische Volksbank ihn anweisen, die rechtswidrigen Handlungen einzustellen, und mit einer Geldbuße bis zu 200.000 Yuan belegen.

Artikel 46 Wenn die in Artikel 32 aufgeführten Handlungen einschlägigen Vorschriften zuwiderlaufen, und die einschlägigen Gesetze und Verwaltungsrechtsnormen Sanktionen vorsehen, werden Sanktionen nach diesen Vorschriften verhängt; wenn die einschlägigen Gesetze und Verwaltungsrechtsnormen keine Sanktionen vorsehen, wird von der Chinesischen Volksbank je nach den Umständen eine Verwarnung erteilt, rechtswidrig Erlangtes eingezogen und, wenn mindestens 500.000 Yuan rechtswidrig erlangt worden sind, außerdem eine Geldbuße in Höhe des Ein- bis Fünffachen des rechtswidrig Erlangten, wenn nichts oder eine Summe unter 500.000 Yuan rechtswidrig erlangt worden ist, in Höhe von 500.000 bis 2 Millionen Yuan verhängt; direkt verantwortliche Vorstandsmitglieder, leitende Manager und anderes direkt verantwortliches Personal werden verwarnt und mit einer Geldbuße von 50.000 bis 500.000 Yuan belegt; wenn der Sachverhalt eine Straftat bildet, wird nach dem Recht die strafrechtliche Verantwortung verfolgt.

Artikel 47 Wenn sich ein Beteiligter einer Verwaltungssanktion nicht unterwerfen will, kann er nach dem Verwaltungsprozessgesetz der VR China Verwaltungsklage erheben.

Artikel 48 Wenn es bei der Chinesischen Volksbank zu einer der folgenden Handlungen kommt, werden nach dem Recht gegen direkt verantwortliches zuständiges Personal und anderes direkt verantwortliches Personal Verwaltungssanktionen verhängt; wenn die Handlung eine Straftat bildet, wird die strafrechtliche Verantwortung nach dem Recht verfolgt:

1. wenn unter Verletzung von Artikel 30 Abs. 1 Darlehen gewährt werden;
2. wenn für Einheiten oder Einzelne Sicherheit geleistet wird;
3. wenn Ausgabefonds eigenmächtig eingesetzt werden.

Wenn eine der im vorigen Absatz aufgeführten Handlungen Verluste verursacht, haftet direkt verantwortliches zuständiges und anderes direkt verantwortliches Personal auf Ersatz eines Teils oder des gesamten Schadens.

Artikel 49 Wenn territoriale Regierungen, Abteilungen der Regierungen aller Stufen, gesellschaftliche Körperschaften oder Einzelne der Chinesischen Volksbank oder ihren Mitarbeitern befehlen, in Verletzung von Artikel 30 Darlehen zu geben oder Sicherheit zu leisten, werden nach dem Recht gegen direkt verantwortliches zuständiges Personal und anderes direkt verantwortliches Personal Verwaltungssanktionen verhängt; wenn die Handlung eine Straftat bildet, wird die strafrechtliche Verantwortung nach dem Recht verfolgt; wenn Verluste verursacht werden, wird auf Ersatz eines Teils oder des gesamten Schadens gehaftet.

Artikel 50 Wenn die Mitarbeiter der Chinesischen Volksbank Staatsgeheimnisse durchsickern lassen, oder wenn sie Handelsgeheimnisse durchsickern lassen, die sie erfahren haben, und dies eine Straftat bildet, wird die strafrechtliche Verantwortung nach dem Recht verfolgt; wenn es noch keine Straftat bildet, werden nach dem Recht Verwaltungssanktionen verhängt.

Artikel 51 Wenn die Mitarbeiter der Chinesischen Volksbank Unterschlagungen begehen und sich bestechen lassen, mit unsauberen Mitteln ihren privaten Vorteil verfolgen, ihre Amtsgewalt missbrauchen und ihre Amtspflichten vernachlässigen, und dies eine Straftat bildet, wird die strafrechtliche Verantwortung nach dem Recht verfolgt; wenn es noch keine Straftat bildet, werden nach dem Recht Verwaltungssanktionen verhängt.

8. Kapitel: Ergänzende Bestimmungen

Artikel 52 Unter dem von diesem Gesetz verwendeten Begriff „Finanzinstitute im Banksektor“ versteht man die im Territorium der Volksrepublik China eingerichteten Geschäftsbanken, städtischen Kreditgenossenschaften, dörflichen Kreditgenossenschaften und sonstigen Finanzinstitute, die die Einlagen des Publikums einwerben, sowie die politischen Banken. Für die auf dem Territorium der Volksrepublik China eingerichteten Vermögensverwaltungsgesellschaften, Treuhand- und Investitionsgesellschaften, Finanzgesellschaften, Finanzleasinggesellschaften und sonstigen mit Genehmigung der Bankenaufsichtsbehörde des Staatsrates errichteten Finanzinstitute gilt ebenfalls dieses Gesetz.

Artikel 53 Dieses Gesetz tritt mit der Verkündung in Kraft.

Literaturverzeichnis

Texte in deutscher und englischer Sprache

Beber, Heike	Wirkungen des bankaufsichtsrechtlichen Instrumentariums auf den Wettbewerb im Kreditgewerbe. Marburger Schriften zum Genossenschaftswesen Bd. 64, Marburg 1988. (zit. Beber [1988])
Becker, Dirk	Rahmenbedingungen und Problembereiche für die Tätigkeit von Auslandsbanken in China, in: von Stein, Joh. Heinrich (Hrsg.) Das Finanzsystem Chinas im Wandel, (= Schriftenreihe der Stiftung Kreditwirtschaft an der Universität Hohenheim, Band 6), Frankfurt a. M. 1997, S. 227–240 (zit. Becker [1997])
Binder, Jens-Hinrich; Glos, Alexander; Riepe, Jan	Handbuch Bankenaufsichtsrecht, RWS Verlag Kommunikationsforum GmbH Köln 2018 (zit. Binder/Glos/Riepe [2018])
Blaß, Robin	Abwicklung von Banken – Eine Untersuchung der Entstehung und der Funktionsweise des Einheitlichen Abwicklungsmechanismus innerhalb der Europäischen Bankenunion, Verlag Nomos 2019 (zit. Blaß [2019])
Blume, Andreas	China und die WTO: Wird sich China an die Spielregeln halten? In: CHINA aktuell, August 2001, S. 869–879 (zit. Blume [2001])
Bohnet, Armin	„Sozialistische" Marktwirtschaft im Kommunismus – Eine Bestandsaufnahme der chinesischen Wirtschaftsreform, (= Berichte zur Wirtschafts- und Gesellschaftspolitik Chinas, Nr. 25), Gießen 1997 (zit. Bohnet [1987])
Boos/Fischer/Schulte-Mattler/Lindemann	KWG CRR-VO, Kommentar zu Kreditwesengesetz, VO (EU) Nr. 575/2013 (CRR) und Ausführungsvorschriften (zit.: Boos/Fischer/Schulte-Mattler/Lindemann [2016])
Bundesrat	Stellungnahme des Bundesrates zum Gesetzesentwurf des KWG, in: Deutscher Bundestag Drucksache, 3/1114, S. 49. (zit. Bundesrat [1961])
Burdekin, Richard C. K.	China's Monetary Challenges – Past Experience and Future Perspects, Cambrigde University Press, New York 2008 (zit.: Burdekin [2008])
Cho, Hyekyung	Chinas langer Marsch in den Kapitalismus, 2005 (zit.: Cho [2005])
Clifford, Mark L.	Mehr Transparenz und Rechenschaft im Finanzsystem Chinas, in: Brahm, Laurence J. (Hrsg.): Chinas Jahrhundert: Die Zukunft der nächsten ökonomischen Supermacht hat bereits begonnen, (Deutsche Edition), Weinheim 2001, S. 380–387 (zit.: Clifford [2001])

Cousin, Violaine	Banking in China, 2007 (zit.: Cousin [2007])
Engelhardt, Christian/Klein, Sascha:	Bitcoins – Geschäfte mit Geld, das keines ist Technische Grundlagen und zivilrechtliche Betrachtung in: MMR 2014, 355
Faßbender, Dominik	P2P-Kreditmärkte als Finanzintermediäre: Eine empirische Analyse deutscher P2P-Kreditmärkte zur Beurteilung der Eignung als Finanzintermediäre Taschenbuch – 10. Februar 2012, GRIN 2012 (zit.: Faßbender [2012]), online erreichbar unter http://www.weltbild.de/3/17440340-1/ebook/p2p-kreditmaerkte-als-finanzintermediaere.html
Foehn, Pascal	Kundenwert im Private Banking – unter besonderer Berücksichtigung der Herleitung, Prüfung und Implementierung eines unternehmensspezifischen Kundenwertmodells in der Schweiz und Greater China, Universität Zürich 2006 (zit.: Foehn [2006])
Gendrisch, Thorsten/ Gruber, Walter/Hahn, Ronny (Hrsg.)	Handbuch Solvabilität – Aufsichtliche Kapitalanforderungen an Kreditinstitute (3. Auflage), Schäffer-Poeschel Verlag Stuttgart 2020 (zit.: Gendrisch/Gruber/Hahn [2020])
Guo, Yong	Banking Reforms and Monetary Policy in the People's Republic of China, Hampshire 2002 (zit.: Guo [2002])
Hansakul, Syetarn	Chinas Finanzsektor: Institutionelle Rahmenbedingungen und Strukturprobleme, China Spezial, Deutsche Bank Research, März 2004, erhältlich unter: http://www.dbresearch.com/PROD/DBR_INTERNET_EN=PROD0000000000072461.pdf, S. 15. (zit.: Hansakul [2004])
He, Qianglian	China in der Modernisierungsfalle – Deutsche Ausgabe aus dem Chinesischen von Christine Reisner, Hamburger Edition, Hamburg 2006 (zit.: He [2006])
Hopt, Klaus/Binder, Jens-Hinrich/ Böcking, Hans-Joachim (Hrsg.)	Handbuch Corporate Governance von Banken und Versicherungen (2.Auflage) Franz Vahlen in Gemeinschaft mit Verlag C.H.BECK, München 2020 (zit.: Hopt/Binder/Böcking [2002])
Huang, Daiwei	Der chinesische Bankensektor im Zeichen des WTO-Beitritts – Reformrückstände und Herausforderungen, Arbeitsbericht, Universität Bremen, Bremen 2002 (zit.: Huang [2002])
Huang, Shiang-Bor	Finanzaufsicht in Deutschland und der EU. Berlin, Deutschland: Peter Lang Verlag. Retrieved Dec 18, 2021, from https://www.peterlang.com/document/1046415 (zit.: Huang [2014])
Jiang, Lulu	Die Rolle und Probleme der Banken im chinesischen Transformationsprozess in der Finanzmarktöffnung, Diss. Universität Bayreuth, Bayreuth 2009 (zit.: Jiang [2009])

Klein, Wilhelm	Der Entwurf eines Gesetzes über das Kreditwesen – ein zeitgemäßer Gesetzesvorschlag, in: Die Aktiengesellschaft, Heft 8, 1960. (zit. Klein [1960])
Köhler, Lukas Philipp,	Rulemaking in der Bankenunion: Administrative Normsetzung von EBA und EZB zur Gewährleistung kohärenter Regulierungsverträge, Mohr Siebeck, Tübingen 2020 (zit.: Köhler [2020])
Libanio, Giberto	Pepole's Bank of China in: The Encyclopedia of Central Banking, (Hrsg) von Louis-Philippe Rochon, Sergio Rossi, S. 403–405, Verlag Edward Elgar (zit. Libanio [2015])
LIU Xiaolin	Die Entwicklung des Rechts der Kreditwirtschaft in der VR China unter besonderer Berücksichtigung der Finanzierung der Industrie durch die Bank, 1949 – 1989, Peter Lang, Frankfurt am Main; Berlin; Bern; New York; Paris; Wien 1996 (zit.: Liu [1996])
Luz, Günter/Neus, Werner/Schaber, Mathias/Schneider, Peter/Wagner, Claus-Peter/Weber, Max (Hrsg.)	Kommentar zu KWG, CRR, SAG, FKAG, SolvV, GroMiKV, LiqV und weiteren aufsichtsrechtlichen Vorschriften, Schäffer Poeschel Stuttgart 2020 (zit.: Luz/Neus/Schaber/Schneider/Wagner/Weber [Autor])
Ma, Weihua	Die Bankaufsicht in der VR China und in der Bundesrepublik Deutschland – eine rechtsvergleichende Analyse, Diss. Universität Regensburg, Regensburg 1999 (zit.: Ma [1999])
Mayer, Helmut	Das Bundesaufsichtsamt für das Kreditwesen, Düsseldorf 1981, (zit. Mayer [1981]).
Mugler, Andreas	Das deutsche Bankensystem im internationalen Vergleich: Vergleich der Bankensystem Deutschland, der USA, Japans und Großbritanniens, Disserta-Verlag Hamburg, 2014 (zit. Mugler [2014])
Mülhaupt, Ludwig	Von der Bankenkrise 1931 zur Bankenaufsicht 1981, in: IfK-Nachrichten H. 23, Münster 1982, (zit. Mülhaupt [1982])
Münzel, Frank	Das neue Bankaufsichtsgesetz der Volksrepublik China, in ZChinR 2005, S. 241–244, erhältlich unter http://www.zchinr.de/upload/68/ZChinR-05-03.pdf (eingesehen am 25.12.2013)
Myeongjin Han	Die Unabhängigkeit der Bundesanstalt für Finanzdienstleistungsaufsicht – Unter besonderer Berücksichtigung ihrer Organisation als rechtsfähige Anstalt des öffentlichen Rechts Dissertation 2015, Peter Lang Verlag Freiburg, (zit. Myeongjin Han [2015])
Nowaczyk, Paulina	Wechselkurs und Währungsregime der Volksrepublik China, 2011 (zit. Nowacyzk [2011])

Peng, Yuanyuan	The Chinese Banking Industry – Lessons from history for today's challenges, Routledge, New York 2007 (zit.: Peng [2007])
Pißler, Benjamin Knut	Chinesisches Kapitalmarktrecht – Börsenrecht und Recht der Wertpapiergeschäfte mit Aktien in der Volksrepublik China, Tübingen, Mohr Siebeck, Tübingen 2004 (zit.: Pißler [2004])
Riedl, Erich	Die Bankenaufsicht in der Verkehrswirtschaft, Nürnberg 1962, (zit. Riedl [1962]).
Riemenschneider, Jakob	Das Darlehensrecht in Volksrepublik China, De Guyer Verlag 2008, (zit.: Riemenschneider [2008])
Rochon, Louis-Philippe/ Rossi, Sergio	People's Bank of China, in: The Encyclopedia of Central Banking, S. 403–405, Edward Elgar Pub Cheltenham UK 2015, (zit. Louis-Philippe/ Sergio [2015]).
Roth, Tilmann	Die indirekte Bankenaufsicht durch die Europäische Zentralbank, Verlag Nomos 2018, (zit.: Roth [2018])
Schminansky, Herbert/Bunte, Hermann-Josef/ Lwowski, Hans-Jürgen	(Hrsg.) Bankrechts-Handbuch, Verlag C.H.Beck oHG München 2017 (zit. Schminansky/Bunte/Lwowski [2017])
Schmitz, Elmar E.	Bankenreform und geldpolitische Steuerung in der Volksrepublik China – Entwicklung, Stand und Perspektiven, Dissertation, Books on Demand GmbH, Norderstedt 2004 (zit.: Schmitz [2004])
Schneider, Manfred	Praxis der Bankenaufsicht, Frankfurt/M. 1977, (zit. Schneider [1997])
Schneider, Uwe H.	Die Entwicklung des Bankenaufsichtsrechts, in: Deutscher Sparkassen- und Giroverband (Hrsg.) 1984, S. 83–111, (zit. Schneider [1984])
Schork, Ludwig	Gesetz über das Kreditwesen, Köln / Bonn / München 1965 (zit. Schork [1965])
Thuoy-Phuong, Ta	Die chinesische Bankenreform, in: ZChinR 2005, S. 404 ff., erhältlich unter http://www.dcjv.org/upload/71/ZChinR-05-04.pdf (eingesehen am 30.10.2013) (zit.: Thuoy-Phuong [2006])
Tokley, I.A./Ravn, Tina	Banking Law in China, Sweet& Maxwell, Hong Kong 1997 (zit.: Tokley/Ravn [2008])
Wan, Timothy Haosen	Development of Banking Law in the Greater China Area: PRC and Taiwan, Kluwer Law International, Bosten 1999 (zit.: Wan [1999])
WANG Wei	China's Banking Law and the National Treatment of Foreign-Funded Banks, Farnham, Surrey, UK: Ashgate Publishing, 2013 (zit. WANG [2013])

WEI Wenbing — The banking law system in transitional China a comparative review in the light of EU banking rules, Schulthess Juristische Medien 2005 Zürich (zit.: Wei [2005])

Texte in chinesischer Sprache

陈卫东/张兴荣/熊启跃/原晓惠 [CHEN Weidong/ ZHANG Xingrong/ XIONG Qiyue/ YUAN Xiaohui] — 中国银行业对外开放：发展、影响与政策[Öffnung der chinesischen Bankenbranche: Entwicklung, Einfluss und Politik],in: 金融监管研究[Forschung über Finanzaufsicht] 2018 Nr. 10, Seite 1–17 (zit.: CHEN/ZHANG/XIONG/YUAN [2018])

戴相龙[DAI Xianglong] — 中国金融改革开放难忘的十年[Die unvergesslichen zehnjährige Chinas Finanzreform], in: 中国金融 [Jinrong Fayuan] 2018, Nr. 23, S. 22–25 (zit.: DAI Xianglong [2018])

杜亚斌[Du, Yabin] — 全球化趋势下我国银行业的潜在危机与重建战略[Die potentiale Krise und die Strategie zur Neugestaltung des chinesischen Bankensektors vor dem Hintergrund der Globalisierung], in: 中国经济问题 [Wirtschaftliche Fragen in China], 2001/3, S. 51–59 (zit.: DU Yabin [2001])

杜朝运/林航[DU Chaoyun/LIN Hang] — 强化我国金融宏观审慎监管的思考[Überlegungen zur Stärkung der makroprudenziellen Finanzaufsicht], in: 经济与管理评论[Ökonomie und Managementbewertung] 2012 Nr. 1 Seite 101-105(zit.: DU Chaoyun/LIN Hang [1999])

高建/胡文豪[GAO Jian/HU Wenhao] — 看懂银行系列报告之一：央行宏观审慎评估体系（MPA）全解析[Vollständige Analyse über das Macro Prudential Assessment System (MPA) der Zentralbank, Branchenbericht], veröffentlicht am 31.03.2017, erhältlich unter http://pg.jrj.com.cn/acc/Res/CN_RES/INDUS/2017/3/21/e484f4f6-32cd-470d-bcda-aa7019cf3af5.pdf (zit.: GAO/HU [2017])

郭凤花[GUO Fenghua] — 基于金融危机和新常态下金融发展趋势浅谈我国金融监管的完善 [Eine kurze Diskussion über die Verbesserung der Finanzaufsicht meines Landes auf der Grundlage des finanziellen Entwicklungstrends während der Finanzkrise und der neuen Normalität], in: 《时代金融》[Shi Dai Jin Rong] 2017 Nr. 30 Seite 19–20 (zit.: GUO Fenghua [2017])

贺力平[HE Liping] — 四十年来中国金融改革的主线[Die Hauptlinie der Chinas Finanzreform seit 40 Jahre], in: 国际金融 [Guo Ji Jin Rong] 2018, Nr. 12, S. 10–13 (zit.: HE Liping [2018])

胡美军[HU Meijun] — 强化哲学思维 提升银行业现场检查质效, in: China Banking 2017 Nr. 17 Seite 43–45 (zit.: HU Meijun [2017])

黄志凌[HUANG Zhiling] 金融监管的作用、定位与改革方向[Die Rolle, Positionierung und Reformrichtung der Finanzaufsicht], in: 金融监管研究 [Finanzaufsichtsforschung] 2017, Nr. 10, S. 1–12 (zit.: HUANG Zhiling [2017])

姜建清[JIANG Jianqing] 中国金融改革开放的回顾与思考[Rückblick und Gedanken über die Chinas Finanzreform], ein Vortrag am 12. März 2019, Text erhältlich unter http://www.sfi.org.cn/plus/view.php?aid=1201 (zit.: JIANG Jianqing [2019])

李怀珍[LI Huaizhen] 银行持续监管的六大内涵[Sechs Punkte über die nachhaltige Bankenaufsicht für dieanken], in: 银行家[Bankers] 2006, Nr. 7, S. 50–53. (zit.: LI Huaizhen [2006])

李伟航/许玲 [LI Weihang/XU Ling] 宏观审慎监管政策工具有效性研究 ———基于DSGE 模型的实证分析 [Forschung zur Wirksamkeit makroprudenzieller Politikinstrumente ——Empirische Analyse basierend auf dem DSGE-Modell] in: [Journal of Southeast University(Philosophy and Social Science)] Nov. 2018 Nr. 6 Gesamtausgabe 20 S. 76–89 (zit.: LI Weihang/XU Ling [2018])

李扬等 [LI Yang] 新中国金融60年 [60-Jähriges Finanzwesen in China], 中国财政金融出版社 [China Financial & Economic Publishing House] 2009 (zit.: LI Yang & weitere [2009])

李杨 [LI Yang] 腕骨(CARPALS)监管体系在我国大型商业银行分支机构监管中的应用研究[Praxisforschung über das CARPELS-Bewertungssystem zur Überwachung von Zweigniederlassung einer großen Geschäftsbank], Masterarbeit bei der Shandong University of Finance and Economics, Veröffentlichung vom 05.06.2015 mit Masterarbeiter-Nummern: TDXL10456150312, China Bibliothek Nummern: F832.21 (zit.: LI Yang [2015])

廖凡/王斯曼[LIAO Fan/WANG Siman] 略论人民银行与银监会监管职能的划分与协调[Diskussion über die Verteilung und Harmonisierung der Aufsichtsfunktion zwischen PBOC und CBRC], in: 金融法苑 [Jin Rong Fa Yuan] 2003, Nr. 8, S.47 ff. (zit.: LIAO Fan/WANG Siman [2003])

刘定华/郑 远民[LIU Dinghua/ZHENG Yuanmin] 金融监管的立法原则与模式[Grundsätze und Modelle der Gesetzgebung zur Finanzaufsicht], in: 法学研究 [Fa Xue Yan Jiu] 2002, Nr. 5, S. 108–119 (zit.: LIU Dinghua/ZHENG Yuanmin [2002])

刘纪鹏/刘彪 [LIU Jipeng/LIU Biao] 中国金融业综合经营趋势下的监管模式选择 [Die Wahl des Aufsichtsmodus unter dem Trend des umfassenden Betriebs der chinesischen Finanzindustrie], in: 《清华金融评论》[Tsinghua Financial Review] 2016 Nr. 1 | Seiten 54–56 27 (zit.: LIU Jipeng/LIU Biao [2016])

刘鹏 [LIU Peng]	我国商业银行公司治理："形似"与"神似" [Unternehmensführung von chin. Geschäftsbanken: „Äußerliche Ähnlichkeit“ und „Geistesverwandtschaft“], in: 金融理论与实践 2015年第2期(总第427期) [Finanztheorie und Praxis] 2015 Nr. 2 (Gesamtausgabe Nr. 427), Seite 108–112, (zit.: LIU Peng [2015])
罗平, 吴军梅 [LUO Ping/WU Junmei]	银行监管学 [Bankenaufsicht], Herausgeber: China Financial & Economic Publishing House, China Beijing 2015 (zit.: WU Ping/ WU Junmei [2015])
马静[MA Jing]	金融强监管形势下人民银行行政处罚工作面临的新挑战——基于《行政处罚法》修改视角[Herausforderungen der verwaltungsrechtlichen Instrumente an die chin. Zentralbank in der Situation einer strengen Finanzaufsicht -aufgrund der Revision des Verwaltungsstrafgesetzes], in: 吉林金融研究 [Ji Lin Finanzforschung] 2021, Nr. 4, Seite 64–67 （zit. MA Jing [2021]）
乔海滨[QIAO Haibin]	央行金融机构评级工作开展中存在的 问题和对策建议[Die zur Bewertung von Finanzinstitute durch PBoC vorhandenen Probleme sowie Verbesserungsvorschlag], in: 北方金融[Bei Fang Jin Rong] 2019 Nr. 3, Seite 103–105 (zit.: QIAO Haibin [2019])
本刊编辑部Redaktion der Zeitschrift	中国人民银行五十年光辉历程[Fünfzig Jahre glorreiche Geschichte der People’s Bank of China], in: 中国银行业[Shan Xi Finanz] 1998 Nr. 10 S. 7–9 (zit.: Redaktion von Shanxi Finanz [1998])
单建军[SHAN Jianjun]	银行监管评级 宏观审慎评估与央行金融机构评级比较分析研究 [Vergleiche von Bankenaufsichtsrating, makroprudenziellen Bewertung sowie Finanzinstitutsrating], in: 黑龙江金融[Hei Long Jiang Jin Rong] 2019 Nr. 5, S. 23–27 (zit.: SHAN Jianjun [2019])
孙海波[SUN Haibo]	商业银行监管评级大起底！[Überblick über die aufsichtsrechtlichen Ratingssysteme von Geschäftsbanken]，online Veröffentlichung vom 26.04.2020 unter https://mp.weixin.qq.com/s?__biz=MzA3MjkyODI1Nw==&mid=2654086385&idx=1&sn=39560bebdc0714a2c7f13fd9bff8139b&chksm=84d0599fb3a7d08977cbfe035c2c8b0b4c024c7a8d7069, (zit.: SUN Haibo [2020] [2019]) b66298ae6f795308ddde4bd273f157&scene =21 (zit.: SUN Haibo [2020])

孙喜涛[SUN Xitao] 基于金融危机和新常态下金融发展趋势浅谈我国金融监管的完善，我国金融监管模式改善建议 [Basierend auf dem Trend der finanziellen Entwicklung während der Finanzkrise und der neuen Normalität – eine kurze Diskussion über die Verbesserung der Finanzaufsicht meines Landes und Vorschläge zur Verbesserung des Finanzaufsichtsmodells in China]《经济技术协作信息》[Economic and Technical Cooperation Information], 2015/26 S. 25 (zit.: SUN Xitao [2015])

唐翔宇/陈云良/曾薇[TANG Xiangyu/ CHEN Yunliang/ ZENG Wei] 中国银行业的变迁：打破垄断与加强规制 [Veränderungen im chinesischen Bankensektor: Monopolbruch und Stärkung der Regulierung], in: 湖南社会科学[Hu Nan She Hui Ke Xue] 2015, Nr. 4, S. 148–150. (zit.: TANG Xiangyu/CHEN Yunliang/ZENG Wei [2015])

袁开宇 [YUAN Kaiyu] 中国金融监管模式的选择[Die Wahl des chinesischen Finanzaufsichtsmodells]，in: 《中国法律评论》[China Law Review]2017 Nr. 2 Seit 189–198 (zit.: YUAN Kaiyu [2017])

王雪莹[WANG Xueying] 银保监会对银行业监管方式改进研究[Forschung zur Verbesserung der Bankenregulierungsmethoden durch CBIRC] Masterarbeit von 2018 bei der Haerbin Universität in November 2018 (zit.: WANG Xueying [2018])

卫春挺/裴海金[WEI Chunting/ PEI Haijin] 完善我国银行监管体制的措施探讨[Disskussion zur Vervollständigung des Finanzaufsichtssystems in China], in: 中国城市经济[Jinrong Fayuan] 2011, Nr. 27, S. 55–56. (zit.: WEI Chunting/PEI Haijin [2011])

吴晓灵[WU Xiaoling] 金融改革开放在路上[Finanzereform- und öffnung auf den Weg], in: 中国金融 [Zhong Guo Jin Rong] 2018, Nr. 23, S. 29–32. (zit.: WU Xiaoling [2018])

武康平[WU Kangping] 货币银行学[Lehrbuch für Währung und Kreditwesen] 清华大学出版社[Qing Hua Universität Verlag] 1999 (zit.: WU Kangping [1999])

曾筱清 [ZENG Xiaoqing] 中国人民银行金融监管权有效行使的法治保障[Rechtliche Gewährung zur effektiven Finanzaufsicht durch People's Bank of China], in: 经济法研究 [Forschungen im Wirtschaftsrecht] 2018 Nr. 2 Gesamtausgabe Nr. 28 （zit. ZENG [2018])

张晟[ZHANG Sheng/ZHANG Tian] 从六十件大事看建设银行六十年发展华章[Aus 60 großen Ereignisse zur Bewertung der 60-Jährigen Entwicklung von Construction of Bank], in: 中国银行业[China Banking] 2014, Nr. 10 S. 102–106 (zit.: ZHANG Sheng/ZHANG Tian [2014])

张黎[ZHANG Li] 论中国金融监管"-行三会"制度的现状与发展 [Zur aktuellen Situation und Entwicklung des chinesischen Finanzaufsichtssystems „eine Bank mit drei Kommissionen"], in: 财讯[Financial News] 2016 Nr. 4, Seie 11–12 (zit.: ZHANG Li [2016])

张黎明[ZHANG Liming]	巴塞尔协议III下我国商业银行流动性风险监管研究[Forschung zur Überwachung des Liquiditätsrisikos von Geschäftsbanken in meinem Land unter Basel III], in: 税务与经济[Taxation and Economy] 2020 Nr. 1 Gesamtausgabe Nr. 228 S. 19–24 (zit.: ZHANG Liming [2020])
赵畅[ZHAO Chang]	我国金融监管的发展探讨 – 以银保监会的组建为例 [Diskussion über die Entwicklung von Chinas Finanzaufsicht – Gründung der Chinas Banking and Insurance Regulatory Commission als Beispiel], in: 中国市场 [China Markt] 2019 Nr. 19/Gesamtausgabe Nr. 1010, S. 9–10 (zit.: ZHAO Chang [2019])
赵丹丹[ZHAO Dandan]	我国银行业监管现状及其完善对策研究, Masterarbeit, Online Veröffentlichung von Dong Nan Universität in: Juni 2017 (zit.: ZHAO Dandan [2017])
赵一林[ZHAO Yilin]	宏观审慎监管与银行风险研究[Forschung an der makroprudenziellen Aufsicht und die Bankenrisiken], Doktorarbeit von der University of international Business and Economics in Mai 2018 (zit. ZHAO Yilin [2018])
郑泽华[ZHENG Zehua]	中国金融监管的历史演进与改革重点[Entwicklungsgeschichte und Reformschwerpunkte der chin. Finanzaufsicht] in: 海南金融 [Hainan Finanz] 2004 Nr. 7 Seite 37 – 40 (zit.: ZHENG Zehua [2004])
周治富[ZHOU Zhifu]	理解中国金融改革—-一个制度金融学范式的解释框架[Verständnis der Chinas Finanzreform – Ein Interpretationsrahmen für das institutionelle Finanzparadigma] in: 金融监管研究 [Forschung an Finanzaufsicht] 2017, Nr. 2, S. 93–108 (zit.: ZHOU Zhifu [2017])
朱大旗/邱潮斌[ZHU Daqi/QIU Chaobin]	关于中国人民银行与银监会职责分工的探讨-兼评《中国人民银行法》的修订与《银行业监督管理法》的制定[Grundsätze und Modelle der Gesetzgebung zur Finanzaufsicht], in: 甘肃政法学院学报 [Journal of Gans Institute of Political Science and Law] 2004, Gesamt-Nr. 73, S. 6–13 (zit.: ZHU Daqi/QIU Chaobin [2004])
邹宏元[ZOU Hong Yuan]	金融风险管理(第四版) [Risikomanagement in Finanzwesen (4. Auflage)], Southwestern University of Finance and Economics Press 2018 (zit.: ZOU [2018])

www.ingramcontent.com/pod-product-compliance
Ingram Content Group UK Ltd.
Pitfield, Milton Keynes, MK11 3LW, UK
UKHW021836290926
8980IPUK00004B/482

9 783631 897942